MOS
Microsoft Office Specialist
攻略問題集

Excel 2016 エキスパート

日経BP社

目次

はじめに ——————————————————————————— (5)
本書の使い方 ————————————————————————— (9)
MOS試験について ——————————————————————— (15)
試験の操作方法 ———————————————————————— (16)
受験時のアドバイス —————————————————————— (18)

第1章　ブックのオプションと設定の管理 ——————————— 1

□ 1-1　ブックを管理する ————————————————————— 2
- 1-1-1　ブックをテンプレートとして保存する ————————— 2
- 1-1-2　ブック間でマクロをコピーする ——————————— 7
- 1-1-3　別のブックのデータを参照する ——————————— 13
- 1-1-4　構造化参照を使ってデータを参照する ——————— 20
- 1-1-5　非表示のリボンタブを表示する ——————————— 23

□ 1-2　ブックの校閲を管理する ————————————————— 26
- 1-2-1　ワークシートを保護する ——————————————— 26
- 1-2-2　範囲の編集を許可する ——————————————— 31
- 1-2-3　数式の計算方法を設定する ————————————— 35
- 1-2-4　ブックの構成を保護する ——————————————— 39
- 1-2-5　ブックのバージョンを管理する ———————————— 41
- 1-2-6　パスワードでブックを暗号化する ——————————— 46

第2章　ユーザー定義のデータ表示形式やレイアウトの適用 ——— 51

□ 2-1　ユーザー定義の表示形式と入力規則をデータに適用する ——— 52
- 2-1-1　ユーザー定義の表示形式を作成する ———————— 52
- 2-1-2　連続データの詳細オプションを使って
　　　　セルにデータを入力する ———————————————— 57
- 2-1-3　ユーザー設定リストを使ってセルにデータを連続入力する —— 63
- 2-1-4　データの入力規則を設定する ————————————— 68

□ 2-2　詳細な条件付き書式やフィルターを適用する ——————— 73
- 2-2-1　ユーザー設定の条件付き書式ルールを作成する ——— 73
- 2-2-2　数式を使った条件付き書式ルールを作成する ———— 79
- 2-2-3　条件付き書式ルールを管理する ———————————— 83

- ☐ 2-3 ユーザー設定のブックの要素を作成する、変更する ——— 87
  - 2-3-1 セルのスタイルを作成する、変更する ——— 87
  - 2-3-2 ユーザー設定のテーマを作成する、変更する ——— 92
  - 2-3-3 ユーザー設定の色の書式を作成する ——— 97
  - 2-3-4 簡単なマクロを作成する、変更する ——— 100
  - 2-3-5 フォームコントロールを挿入する、設定する ——— 108
- ☐ 2-4 ほかの言語に対応したブックを準備する ——— 114
  - 2-4-1 複数の言語に対応した表示形式でデータを表示する ——— 114
  - 2-4-2 ほかの言語の通貨書式を適用する ——— 117
  - 2-4-3 本文や見出しのフォントに対する複数の
    オプションを管理する ——— 121

第3章　高度な機能を使用した数式の作成 ——— 127

- ☐ 3-1 数式に関数を適用する ——— 128
  - 3-1-1 関数をネストして論理演算を行う ——— 128
  - 3-1-2 AND、OR、NOT 関数を使って論理演算を行う ——— 133
  - 3-1-3 VLOOKUP 関数に IF 関数を組み合わせて
    エラーを回避する ——— 139
  - 3-1-4 SUMIFS、AVERAGEIFS、COUNTIFS 関数を
    使って論理演算を行う ——— 143
- ☐ 3-2 関数を使用してデータを検索する ——— 148
  - 3-2-1 VLOOKUP 関数、HLOOKUP 関数を使って
    データを検索する ——— 148
  - 3-2-2 MATCH 関数を使ってデータを検索する ——— 154
  - 3-2-3 INDEX 関数を使ってデータを検索する ——— 157
- ☐ 3-3 高度な日付と時刻の関数を適用する ——— 160
  - 3-3-1 NOW 関数、TODAY 関数を使用して
    日付や時刻を参照する ——— 160
  - 3-3-2 日付 / 時刻関数を使って日付と時刻をシリアル値にする ——— 164
  - 3-3-3 日付 / 時刻関数を使用して日付や日数を求める ——— 168
- ☐ 3-4 データ分析、ビジネス分析を行う ——— 175
  - 3-4-1 データを取り込む、変換する、結合する、表示する、
    データに接続する ——— 175
  - 3-4-2 データを統合する ——— 182
  - 3-4-3 ゴールシークを使用して What-If 分析を実行する ——— 188
  - 3-4-4 シナリオの登録と管理を使用して What-If 分析を実行する ——— 190
  - 3-4-5 キューブ関数を使って Excel データモデルから
    データを取り出す ——— 195
  - 3-4-6 財務関数を使ってデータを計算する ——— 204

- ☐ 3-5 数式のトラブルシューティングを行う ———— 208
  - 3-5-1 参照元をトレースする ———— 208
  - 3-5-2 参照先をトレースする ———— 211
  - 3-5-3 ウォッチウィンドウを使ってセルや数式をウォッチする ———— 214
  - 3-5-4 エラーチェックルールを使って数式を検証する ———— 217
  - 3-5-5 数式を検証する ———— 220
- ☐ 3-6 名前付き範囲とオブジェクトを定義する ———— 224
  - 3-6-1 単一のセルに名前を付ける ———— 224
  - 3-6-2 データ範囲に名前を付ける ———— 228
  - 3-6-3 テーブルに名前を付ける ———— 230
  - 3-6-4 名前付き範囲とオブジェクトを管理する ———— 233

第4章 高度な機能を使用したグラフやテーブルの作成 ———— 237

- ☐ 4-1 高度な機能を使用したグラフを作成する ———— 238
  - 4-1-1 グラフに近似曲線を追加する ———— 238
  - 4-1-2 2軸グラフを作成する ———— 241
  - 4-1-3 グラフをテンプレートとして保存する ———— 245
- ☐ 4-2 ピボットテーブルを作成する、管理する ———— 250
  - 4-2-1 ピボットテーブルを作成する ———— 250
  - 4-2-2 ピボットテーブルのレイアウトを変更する、データをグループ化する ———— 254
  - 4-2-3 フィールドの選択項目とオプションを変更する ———— 258
  - 4-2-4 集計フィールド、表の形式、スタイルを変更する ———— 262
  - 4-2-5 集計方法や表示形式を変更する ———— 267
  - 4-2-6 スライサーやタイムラインを使用してデータを抽出する ———— 271
  - 4-2-7 GETPIVOTDATA 関数を使用してピボットテーブル内のデータを参照する ———— 275
- ☐ 4-3 ピボットグラフを作成する、管理する ———— 281
  - 4-3-1 ピボットグラフを作成する ———— 281
  - 4-3-2 既存のピボットグラフのオプションを操作する ———— 286
  - 4-3-3 ピボットグラフにスタイルを適用する ———— 289
  - 4-3-4 ピボットグラフを使ってドリルダウン分析をする ———— 291

索引 ———— 295
模擬練習問題 ———— 302
模擬テストプログラムの使い方 ———— 304
模擬テストプログラム 問題と解答 ———— 313

はじめに

> **重要なお知らせ**
>
> - 本書解説および模擬練習問題の実習と、模擬テストプログラムの実行には、コンピューターに**適切なバージョンの Windows と Office がインストールされている**必要があります。次ページの「■学習に必要なコンピューター環境」を参照してください。
> - 模擬テストプログラムを実行する前に、必ず 304 ページの**「模擬テストプログラムの使い方」を確認**してください。
> - 本書や模擬テストについてのよくあるご質問と回答は、**本書のウェブページをご参照**ください。
>   https://project.nikkeibp.co.jp/bnt/atcl/18/B36400/

本書は、Microsoft Office Specialist（MOS）に必要なアプリケーションの機能と操作方法を、練習問題で実習しながら学習する試験対策問題集です。試験の出題範囲をすべて学習することができます。
本書は「本誌解説」「模擬練習問題」「模擬テストプログラム」の 3 つの教材で学習を行います。

■ 本誌解説
個々の機能について、練習問題＋機能の説明＋操作手順という 3 ステップで学習します。
学習のために利用する実習用データは CD-ROM からインストールしてください。インストール方法は（7）ページを参照してください。

■ 模擬練習問題
より多くの問題を練習したい、という方のための模擬問題です。模擬テストプログラムではプログラムの都合上判定ができないような問題も収録しています。問題は 302 ページに掲載しています。解答に使用するファイルは実習用データと一緒にインストールされます。同じ場所に解答（PDF ファイル）と完成例ファイルが入っているので、自分の解答（成果物）と比較し、答え合わせを行ってください。

■ 模擬テストプログラム
実際の MOS 試験に似た画面で解答操作を行います。採点は自動で行われ、実力を確認できます。模擬テストは CD-ROM からインストールしてください。インストール方法は（7）ページ、詳しい使い方は 304 ページを参照してください。

模擬テストには次の 2 つのモードがあります。
・練習モード：　一つのタスクごとに採点します。
・本番モード：　実際の試験と同じように、50 分の制限時間の中で解答します。終了すると合否判定が表示され、問題ごとの採点結果を確認できます。作成したファイルはあとで内容を確認することもできます。

■ 学習に必要なコンピューター環境（実習用データ、模擬テストプログラム）

OS	Windows 7、Windows 8.1、Windows 10（日本語版、32ビットおよび64ビット）。本書発行後に発売されたWindowsのバージョンへの対応については、本書のウェブページ（https://project.nikkeibp.co.jp/bnt/atcl/18/B36400/）を参照してください。
アプリケーションソフト	Microsoft Office 2016（日本語版、32ビットおよび64ビット）をインストールし、ライセンス認証を完了させた状態。なお、ストアアプリ版 Office 2016 ではなく、デスクトップアプリ版である必要があります。お使いのOffice 2016がどちらかを確認する方法およびストアアプリ版をデスクトップアプリ版に入れ替える方法は、本書のウェブページ（https://project.nikkeibp.co.jp/bnt/atcl/18/B36400/）の「お知らせ」を参照してください。
インターネット	本誌解説の中には、インターネットに接続されていないと実習できない機能が一部含まれています。模擬テストプログラムの実行にインターネット接続は不要ですが、模擬テストプログラムの更新プログラムの適用にはインターネット接続が必要です。
ハードディスク	200MB以上の空き容量が必要です。
画面解像度	本誌解説は画面解像度が1280×768ピクセルの環境での画面ショットを掲載しています。リボン形状を誌面と同じにする場合は、横1280ピクセルに設定してください。模擬テストプログラムの実行には、横1280ピクセル以上を推奨します。
CD-ROMドライブ	実習用データおよび模擬テストのインストールに必要です。

※ 模擬テストプログラムは、Office 2016以外のバージョンやMicrosoft以外の互換Officeでは動作いたしません。また、Office 2016とほかのバージョンやMicrosoft以外の互換Officeが混在した環境では、本プログラムの動作を保証しておりません。

※Office 2016は、本プログラムのインストールより先にインストールしてください。本プログラムのインストール後にOfficeのインストールや再インストールを行う場合は、いったん本プログラムをアンインストールしてください。

■ インストール方法

本書付属 CD-ROM では次の2つをインストールできます。
・模擬テストプログラム
・実習用データと模擬練習問題
これらは別々にインストールできます。

●インストール方法

CD-ROM をドライブに挿入すると、自動再生機能によりインストールが始まります。始まらない場合は、CD-ROM の中にある MosExcel2016Expert_Setup.exe をダブルクリックしてください（ファイルを間違えないようご注意ください）。

インストールウィザードで右の画面が表示されたら、インストールするモジュールの左にあるアイコンをクリックします。インストールする場合は［この機能をローカルのハードディスクドライブにインストールします。］（既定値）、インストールしない場合は［この機能を使用できないようにします。］を選んでください。その他の項目を選択すると正常にインストールされないのでご注意ください。

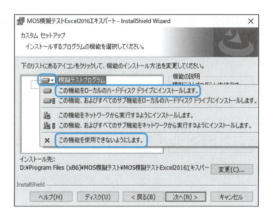

あとから追加でインストールする場合は、［設定］の［アプリ］を開いて、［MOS 模擬テスト Excel2016 エキスパート］をクリックします。表示された［変更］ボタンをクリックするとインストールウィザードが始まります。右下の画面で［変更］を選んで［次へ］をクリックすると、右上と同じ画面が表示されます。

※「インストールしています」の画面が表示されてからインストールが開始されるまで、かなり長い時間がかかる場合があります。インストールの進行を示すバーが変化しなくても、そのまましばらくお待ちください。

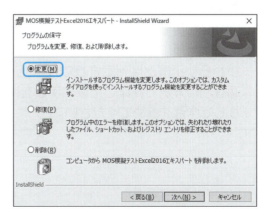

●Windows 7 の場合
模擬テストプログラムの起動には、Windows に .NET Framework 4.5 がインストールされている必要があります。Windows 7 で .NET Framework 4.5 がインストールされていない場合には、模擬テストプログラムの前に .NET Framework 4.5 のインストールが行われます。「MOS 模擬テスト Word2016 エキスパートをコンピューターにインストールするには、以下のアイテムが必要です。」と表示されたら、[インストール]をクリックしてください。.NET Framework 4.5 のインストールには数分程度の時間がかかることがあります。

●インストール場所
模擬テストプログラム： インストールプログラムが提示します。この場所は変更できます。
実習用データ： [ドキュメント] - [Excel2016 エキスパート(実習用)] フォルダー。この場所は変更できませんが、インストール後に移動させることはできます。

●アンインストール方法
① Windows に管理者（Administrator）でサインイン / ログオンします。
② コントロールパネルの［プログラムと機能］ウィンドウを開き、[MOS 模擬テスト Word2016 エキスパート] を選んで［アンインストール］をクリックします。
※ アンインストールを行うと、実習用データ（あとで作成したものを除く）も削除されます。

おことわり
Officeの更新状況や機能・サービスの変更により、模擬テストプログラムの正解手順に応じた操作ができなかったり、正しい手順で操作したにもかかわらず正解とは判定されなかったりすることがあります。その場合は、適宜別の方法で操作したり、手順を確認のうえ、ご自分で正解と判断したりして学習を進めてください。

本書の使い方

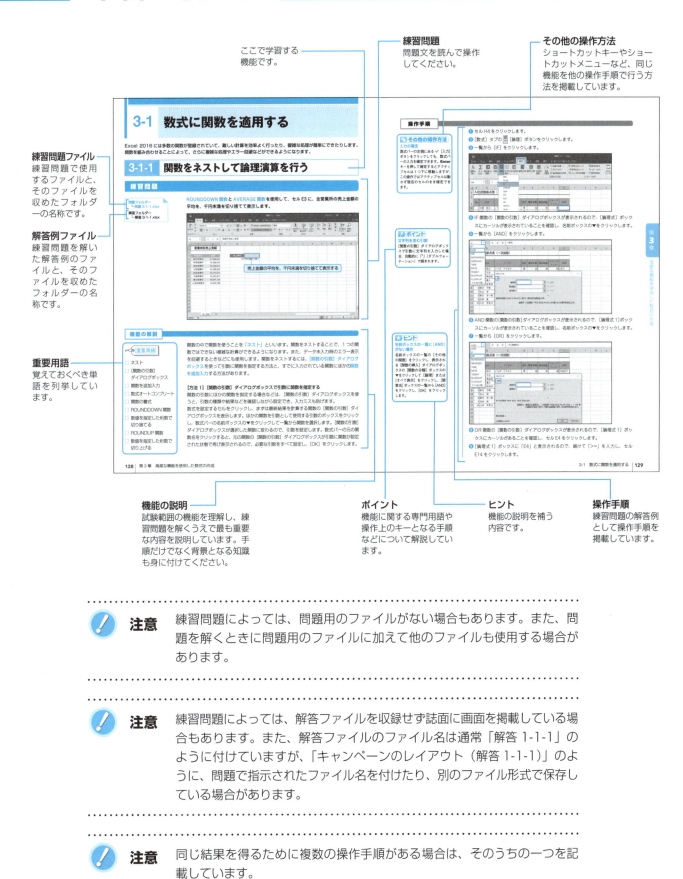

ここで学習する機能です。

練習問題 問題文を読んで操作してください。

その他の操作方法 ショートカットキーやショートカットメニューなど、同じ機能を他の操作手順で行う方法を掲載しています。

練習問題ファイル 練習問題で使用するファイルと、そのファイルを収めたフォルダーの名称です。

解答例ファイル 練習問題を解いた解答例のファイルと、そのファイルを収めたフォルダーの名称です。

重要用語 覚えておくべき単語を列挙しています。

機能の説明 試験範囲の機能を理解し、練習問題を解くうえで最も重要な内容を説明しています。手順だけでなく背景となる知識も身に付けてください。

ポイント 機能に関する専門用語や操作上のキーとなる手順などについて解説しています。

ヒント 機能の説明を補う内容です。

操作手順 練習問題の解答例として操作手順を掲載しています。

注意 練習問題によっては、問題用のファイルがない場合もあります。また、問題を解くときに問題用のファイルに加えて他のファイルも使用する場合があります。

注意 練習問題によっては、解答ファイルを収録せず誌面に画面を掲載している場合もあります。また、解答ファイルのファイル名は通常「解答1-1-1」のように付けていますが、「キャンペーンのレイアウト（解答1-1-1）」のように、問題で指示されたファイル名を付けたり、別のファイル形式で保存している場合があります。

注意 同じ結果を得るために複数の操作手順がある場合は、そのうちの一つを記載しています。

■ Excel 2016 の画面

クイックアクセスツールバー

[上書き保存][元に戻す]など、作業内容にかかわらず頻繁に利用するボタンが集められたバー。ボタンをカスタマイズすることもできる。

[ファイル]タブ

クリックすると、[新規][開く][名前を付けて保存][印刷]などの画面が表示され、ファイルに関する操作ができる。

タブ

ウィンドウ上の[ホーム][挿入]…と表示された部分。クリックすると、その下のボタンの内容が変化する。図形やテーブルなどを選択すると、それに関するタブが新たに表示される。

リボン

ウィンドウ上の[ホーム][挿入]…と表示された部分とその下のボタンが並んでいるエリア。

詳細なダイアログボックスの表示

クリックすると、より詳細な設定ができるダイアログボックスや作業ウィンドウが表示される。

ミニツールバー

文字を選択したとき選択文字の右上に現れるバー。文字を選択したときは透明な状態で表示され、マウスポインターをミニツールバーの上に移動すると不透明になってボタンがクリックできる。ミニツールバーはマウスを右クリックしても表示される。

表示選択ショートカット

[標準][ページレイアウト][改ページプレビュー]の各表示画面に切り替えるボタンが配置されている。

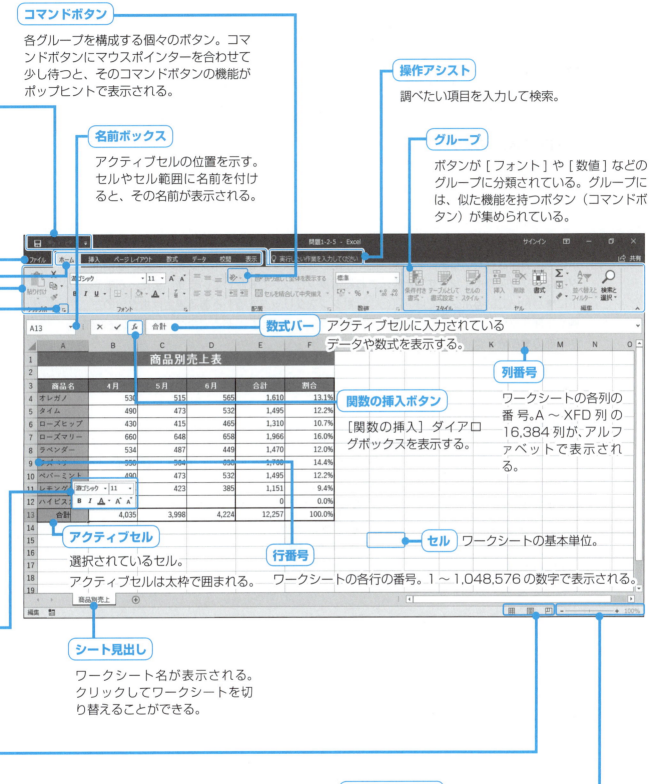

コマンドボタン
各グループを構成する個々のボタン。コマンドボタンにマウスポインターを合わせて少し待つと、そのコマンドボタンの機能がポップヒントで表示される。

操作アシスト
調べたい項目を入力して検索。

名前ボックス
アクティブセルの位置を示す。セルやセル範囲に名前を付けると、その名前が表示される。

グループ
ボタンが [フォント] や [数値] などのグループに分類されている。グループには、似た機能を持つボタン（コマンドボタン）が集められている。

数式バー
アクティブセルに入力されているデータや数式を表示する。

関数の挿入ボタン
[関数の挿入] ダイアログボックスを表示する。

列番号
ワークシートの各列の番号。A ～ XFD 列の 16,384 列が、アルファベットで表示される。

アクティブセル
選択されているセル。アクティブセルは太枠で囲まれる。

行番号
ワークシートの各行の番号。1 ～ 1,048,576 の数字で表示される。

セル　ワークシートの基本単位。

シート見出し
ワークシート名が表示される。クリックしてワークシートを切り替えることができる。

ズームスライダー
ウィンドウ右下にあり、表示倍率を変更する。スライダーをドラッグすると表示倍率を変更できる。また、[拡大]、[縮小] をクリックすると 10%ずつ拡大、縮小できる。

(11)

■ **本書の表記**

本書では、Windows 10 上で Excel 2016 を操作した場合の画面表示、名称を基本に解説し、次のように表記しています。

● **画面に表示される文字**

メニュー、コマンド、ボタン、ダイアログボックスなどの名称で画面に表示される文字は、角かっこ（[ ]）で囲んで表記しています。アクセスキー、コロン（:）、省略記号（...）、チェックマークなどの記号は表記していません。

● **ボタン名の表記**

ボタンに表記されている名前を、原則的に使用しています。なお、ボタン名の表記がないボタンは、マウスでポイントすると表示されるポップヒントで表記しています。また、右端や下に▼が付いているボタンでは、「[○○] ボタンをクリックする」とある場合はボタンの左側や上部をクリックし、「[○○] ボタンの▼をクリックする」とある場合は、ボタンの右端や下部の▼部分をクリックすることを表します。

■ **実習用データの利用方法**

インストール方法は、(7) ページを参照してください。[Excel2016 エキスパート（実習用）] フォルダーは [ドキュメント] の中にあり、以下のフォルダーとファイルが収録されています。

フォルダー名	内容
[問題] フォルダー	練習問題用のファイル
[解答] フォルダー	練習問題の解答例ファイル
[模擬練習問題] フォルダー	模擬練習問題に関する、解答に必要なファイル、完成例ファイル、問題と解答例

おことわり

Officeの更新状況や機能・サービスの変更により、誌面の通りに表示されなかったり操作できなかったりすることがあります。その場合は適宜別の方法で操作してください。

■ 学習の進め方

本誌解説は、公開されている MOS 2016 エキスパートの「出題範囲」に基づいて章立てを構成しています。このため、Excel の機能を学習していく順序としては必ずしも適切ではありません。Excel の基本から応用へと段階的に学習する場合のカリキュラム案を以下に示しますが、もちろんこの通りでなくてもかまいません。

本書は練習問題（1-1-1 のような項目ごとに一つの練習問題があります）ごとに実習用の問題ファイルが用意されているので、順序を入れ替えても問題なく練習できるようになっています。

1. 効率的なデータ入力

2-1-2	連続データの詳細オプションを使ってセルにデータを入力する
2-1-3	ユーザー設定リストを使ってセルにデータを連続入力する
2-1-4	データの入力規則を設定する

2. ユーザー設定の書式の適用

2-4-1	複数の言語に対応した表示形式でデータを表示する
2-4-2	ほかの言語の通貨書式を適用する
2-1-1	ユーザー定義の表示形式を作成する
2-3	ユーザー設定のブックの要素を作成する、変更する（2-3-4、2-3-5 を除く）
2-4-3	本文や見出しのフォントに対する複数のオプションを管理する
2-2	詳細な条件付き書式やフィルターを適用する

3. 数式と関数

3-1	数式に関数を適用する
3-2	関数を使用してデータを検索する
3-3	高度な日付と時刻の関数を適用する
3-4-6	財務関数を使ってデータを計算する
3-5	数式のトラブルシューティングを行う（3-5-3 を除く）
3-6	名前付き範囲とオブジェクトを定義する
1-2-3	数式の計算方法を設定する

4. データの分析

3-4	データ分析、ビジネス分析を行う（3-4-6 を除く）
3-5-3	ウォッチウィンドウを使ってセルや数式をウォッチする

5. 高度なグラフの作成

4-1	高度な機能を使用したグラフを作成する

6. データーベース機能

4-2	ピボットテーブルを作成する、管理する
4-3	ピボットグラフを作成する、管理する

7. ブックの管理と保護

1-1	ブックを管理する（1-1-2 を除く）
1-2	ブックの校閲を管理する（1-2-3 を除く）

8. マクロとフォームの操作

2-3-4	簡単なマクロを作成する、変更する
1-1-2	ブック間でマクロをコピーする
2-3-5	フォームコントロールを挿入する、設定する

MOS 試験について

●試験の内容と受験方法

MOS（マイクロソフトオフィススペシャリスト）試験については、試験を実施しているオデッセイコミュニケーションズの MOS 公式サイトを参照してください。
https://mos.odyssey-com.co.jp/

● Excel 2016 エキスパート（上級）の出題範囲

より詳しい出題範囲（PDF ファイル）は MOS 公式サイトからダウンロードできます。その PDF ファイルにも書かれていますが、出題範囲に含まれない操作や機能も出題される可能性があります。

ブックのオプションと設定の管理
・ブックを管理する
・ブックの校閲を管理する

ユーザー定義のデータ表示形式やレイアウトの適用
・ユーザー定義の表示形式と入力規則をデータに適用する
・詳細な条件付き書式やフィルターを適用する
・ユーザー設定のブックの要素を作成する、変更する
・ほかの言語に対応したブックを準備する

高度な機能を使用した数式の作成
・数式に関数を適用する
・関数を使用してデータを検索する
・高度な日付と時刻の関数を適用する
・データ分析、ビジネス分析を行う
・数式のトラブルシューティングを行う
・名前付き範囲とオブジェクトを定義する

高度な機能を使用したグラフやテーブルの作成
・高度な機能を使用したグラフを作成する
・ピボットテーブルを作成する、管理する
・ピボットグラフを作成する、管理する

試験の操作方法

MOS 2016 の試験形式は、MOS 2010 とも MOS 2013 とも異なります。試験問題の構成や操作方法などは試験開始前に説明画面が表示されますが、なるべく事前に頭に入れておき、問題の解答操作以外のところで時間を取られないよう注意しましょう。

●試験問題の構成

試験は「マルチプロジェクト」と呼ぶ形式で、5～7 個のプロジェクトで構成されています。プロジェクトごとに一つの文書（ファイル）が開き、そのファイルに対して解答操作を行います。タスク（問題）はプロジェクトごとに 4～7 個、試験全体で 26～35 個あります。

●プロジェクトの操作

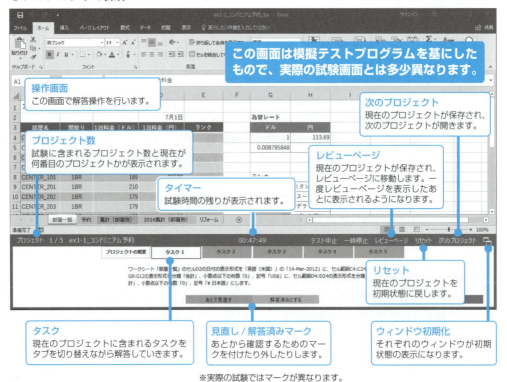

試験が始まると上記のような画面が表示されます。上半分がプロジェクトファイルを開いた Excel のウィンドウです。下半分が試験の操作ウィンドウで、問題文の表示、タスク（問題）の切り替え、次のプロジェクトへの移動、［解答済みにする］と［あとで見直す］のマーク付けなどを行います。［プロジェクトの背景］［タスク 1］［タスク 2］…という部分はタブになっていて、選択されているタスクの問題文やプロジェクトの簡単な説明がその下に表示されます。

一つのタスクについて、解答操作を行ったら［解答済みにする］をクリック、解答操作に自信がない（あとで見直したい）場合や解答をいったんスキップする場合は［あとで見直す］をクリックします。なお、［解答済みにする］マークや［あとで見直す］マークは確認のためのものであり、試験の採点には影響しません。その後、ほかのタスクに切り替えます。タスクは番号にかかわらずどの順序でも解答することができます。解答操作をキャンセルしてファイルを初期状態に戻したいときは［リセット］をクリックします。この場合、そのプロジェクトのすべてのタスクに関する解答操作が失われます。

全部のタスクを解答またはスキップしたら［次のプロジェクト］をクリックします。するとそのプロジェクトが保存され、次のプロジェクトが開きます。試験の操作ウィンドウの上部のバーには試験に含まれるプロジェクト数と現在が何番目のプロジェクトかが「1/5」という形式で表示されており、その横に残り時間が表示されています。最後のプロジェクトで［次のプロジェクト］をクリックすると、レビューページが表示されます。

●レビューページ

この画面は模擬テストプログラムを基にしたもので、実際の試験画面とは多少異なります。

レビューページには、解答操作の際に付けた［解答済みにする］と［あとで見直す］のマークがそれぞれのタスクに表示されます。タスク番号をクリックすると試験の操作画面に戻り、該当するプロジェクトのファイルが開きます。プロジェクトファイルは保存したときの状態で、クリックしたタスクが選択されています。解答の操作、修正、確認などを行ったら［解答済みにする］や［あとで見直す］のマークの状態を更新します。

一度レビューページが表示されたあとは、試験の操作ウィンドウの右上にこの一覧画面に戻るための［レビューページ］が表示され、クリックするとプロジェクトが保存されてレビューページに戻ります。

すべての操作や確認が完了したら［テスト終了］ボタンをクリックして試験を終了します。［テスト終了］ボタンをクリックしなくても、試験時間の50分が経過したら自動的に終了します。

受験時のアドバイス

▶▶▶ 試験開始前に配布資料をよく読む

試験開始前には、試験官の注意をよく聞き、配布される資料をきちんと読みましょう。資料には解答時の注意点などが書かれており、それが採点に影響することもありますから、確認漏れのないよう注意します。

▶▶▶ タスクの解答順にはこだわらない

一つの成果物（ファイル）を完成させるという形式のMOS 2013とは異なり、MOS 2016は個々のタスクの内容が独立したものになっています。このため、MOS 2013のような完成例は提示されませんし、完成イメージをつかむ作業も必要ありません。
また、一つのプロジェクト内では同じファイルに対して操作を行いますが、タスクは基本的に相互の関連がないので、前のタスクを解答しないと次のタスクが解答できない、ということはありません。左の「タスク1」から順に解答する必要はありません。

▶▶▶ 一つのタスクに固執しない

できるだけ高い得点をとるためには、やさしい問題を多く解答して正解数を増やすようにします。とくに試験の前半で難しい問題に時間をかけてしまうと、時間が足りなくなる可能性があります。タスクの問題文を読んで、すぐに解答できる問題はその場で解答し、すぐに解答できそうにないと感じたら、早めにスキップして解答を後回しにします。全部のタスクを開いたら、スキップしたタスクがあっても次のプロジェクトに進みます。

▶▶▶ ［解答済みにする］か［あとで見直す］のチェックは必ず付ける

一つのタスクについて、解答したときは［解答済みにする］、解答に自信がないかすぐに解答できないときは［あとで見直す］のチェックを必ず付けてから、次のタスクを選択するようにします。これらのチェックは採点結果には影響しませんが、あとでレビューページを表示したときに重要な情報になるので、付け忘れないようにします。

▶▶▶ レビューページで未了タスクを確認

どのタスクの解答を解答済みにしたかは、レビューページで確認します。レビューページはすべてのプロジェクトを保存（［次のプロジェクト］ボタンをクリック）しないと表示されません。レビューページで［解答済みにする］マークも［あとで見直す］マークも付いていないタスクは、タスクの問題文を見逃している可能性があるので、そのタスクがあればまず確認し解答します。
次に、［あとで見直す］マークが付いているタスクに取りかかります。解答できたら［あとで見直す］マークのチェックを外し［解答済みにする］マークをチェックしてから、レビューページに戻ります。

▶▶▶ 残り時間を意識し、早めにレビューページを表示する

プロジェクト操作画面とレビューページには、試験の残り時間が表示されています。試験終了間際にならないうちに、すべてのプロジェクトをいったん保存してレビューページを表示するように心がけます。

▶▶▶ ［リセット］ボタンは慎重に

［リセット］ボタンをクリックすると、現在問題文が表示されているタスクだけではなく、そのプロジェクトにあるタスクの操作がすべて失われるので注意が必要です。途中で操作の間違いに気づいた場合、なるべく［リセット］ボタンを使わず、［元に戻す］ボタン（またはCtrl+Zキー）で操作を順に戻すようにしましょう。

▶▶▶ 指示外の設定は変更しない

操作項目に書かれていない設定項目は既定のままにしておきます。これを変更すると採点結果に悪影響を与える可能性があります。

▶▶▶ 英数字や記号は基本的に半角文字

英数字や記号など、半角文字と全角文字の両方がある文字については、具体的な指示がない限り半角文字を入力します。

▶▶▶ ファイルの保存は適度に

ファイルをこまめに保存するよう、案内画面には書かれていますが、それほど神経質になる必要はありません。ファイルの保存操作をするかどうかは採点結果には影響しません。何らかの原因で試験システムが停止してしまった場合に、操作を途中から開始できるようにするためのものです。ただし、このようなシステム障害の場合にどういう措置がとられるかは状況次第ですので、会場の試験官の指示に従ってください。

Chapter 1

ブックのオプションと設定の管理

本章で学習する項目

☐ ブックを管理する
☐ ブックの校閲を管理する

1-1 ブックを管理する

ブックをテンプレートとして保存したり、マクロをコピーして使用したりすることで、ブックを白紙の状態から作成する手間を省き、作業を効率化できます。また、別のブックや同じブック内のデータを参照すると、データが書き換わったときに自動的に参照先のデータも変更されるのでデータを一元管理できます。

1-1-1 ブックをテンプレートとして保存する

練習問題

問題フォルダー
└問題 1-1-1.xlsx

解答フォルダー
├請求書_bp
│　（解答 1-1-1）.xltx
└リオン楽器様ご請求書
　（解答 1-1-1）.xlsx

【操作 1】このブックを「請求書_bp」という名前のテンプレートとして、[Office のカスタムフォルダー] に保存してください。保存後、ブックを閉じます。

【操作 2】保存したテンプレート「請求書_bp」を使用して新規ブックを作成し、セル B4 に「リオン楽器」と入力し、「リオン楽器様ご請求書」という名前で、[Excel2016 エキスパート（実習用）] フォルダーに保存します。

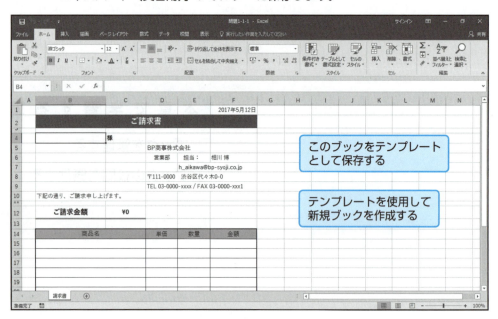

機能の解説

□ テンプレート
□ [名前を付けて保存]
□ [名前を付けて保存] 画面
□ [その他のオプション]
□ [参照]
□ [名前を付けて保存] ダイアログボックス

よく使用する表などが含まれたブックは、書式や数式などを設定してテンプレート（ひな形）として保存しておくと、それを元にしてすぐに新規ブックが作成できて便利です。

●ブックをテンプレートとして保存する

作成したブックを新しいテンプレートとして保存するには、[ファイル] タブをクリックし、[名前を付けて保存] をクリックして [名前を付けて保存] 画面を表示します。[その他のオプション] または [参照] をクリックすると、[名前を付けて保存] ダイアログボックスが表示されるので、[ファイルの種類] ボックスをクリックして、一覧から [Excel テンプレート] をクリックします。[ファイルの場所] が [ドキュメント] の [Office のカスタムテンプレート] に自動的に切り替わるので、ファイル名を付けて保存します。

- ☐ [Excel テンプレート]
- ☐ [Office のカスタムテンプレート] フォルダー
- ☐ [個人用] の
  テンプレート

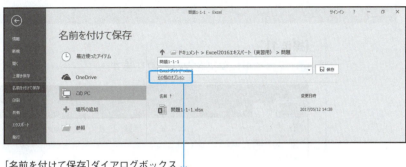

[名前を付けて保存] ダイアログボックス

★ヒント
[Office のカスタムテンプレート] フォルダー
Excel や Word などの Microsoft Office アプリを起動したときに、[ドキュメント] フォルダーの中に自動的に作成されます。

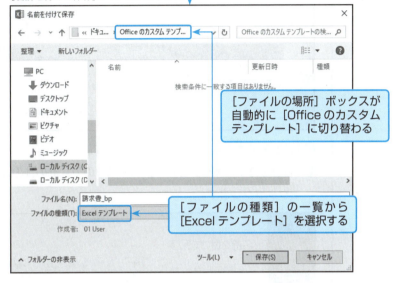

● 保存したテンプレートとして利用する

テンプレートを [Office のカスタムテンプレート] フォルダーに保存すると、Excel の起動時の画面や [新規] 画面の [個人用] のテンプレートの一覧に表示されるようになります。

★ヒント
あらかじめ登録されているテンプレートの利用
[新規] 画面の [お勧めのテンプレート] には、Excel にあらかじめ登録されているテンプレートが表示されています。また、キーワードで検索したり、書類の分類を選択したりして、マイクロソフト社からインターネット経由で無料で提供されているテンプレートを使うこともできます。

★ヒント
テンプレートの削除
保存したテンプレートを削除するには、[ファイル] タブをクリックし、[開く] をクリックして、[開く] 画面を表示します。[参照] をクリックして、[ファイルを開く] ダイアログボックスを表示し、[ファイルの場所] ボックスにテンプレートが保存されているフォルダー（この問題では [Office のカスタムテンプレート] フォルダー）を指定します。削除したいテンプレートのファイルを右クリックし、ショートカットメニューの [削除] をクリックします。

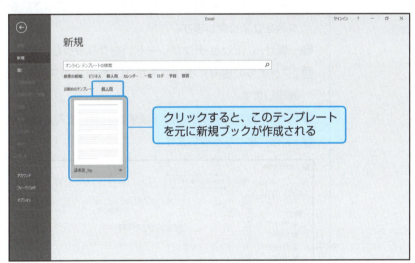

1-1 ブックを管理する

操作手順

【操作1】

❶ [ファイル] タブをクリックします。

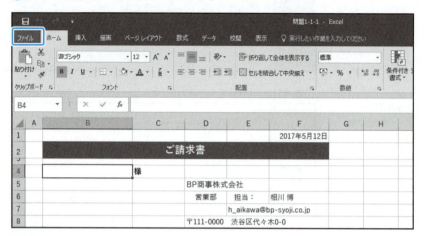

❷ [名前を付けて保存] をクリックします。

❸ [名前を付けて保存] 画面が表示されるので、[その他のオプション]（または [参照]）をクリックします。

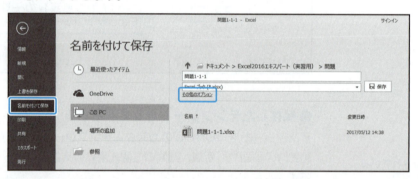

❹ [名前を付けて保存] ダイアログボックスが表示されるので、[ファイルの種類] ボックスをクリックします。

❺ 一覧から [Excel テンプレート] をクリックします。

❻ [ファイルの場所] ボックスが [Office のカスタムテンプレート] になったことを確認します。

❼ [ファイル名] ボックスに「請求書_bp」と入力します。

❽ [保存] をクリックします。

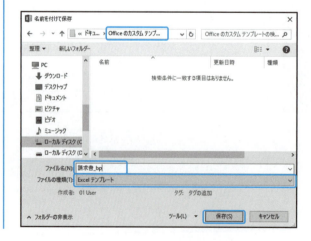

❾［ファイル］タブをクリックします。

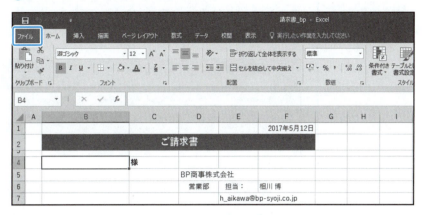

❿［閉じる］をクリックして、ブックを閉じます。

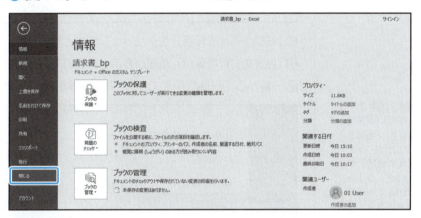

【操作2】

⓫［ファイル］タブをクリックします。

⓬［新規］をクリックします。

⓭［新規］画面が表示されるので、［個人用］をクリックします。

⓮［請求書_bp］をクリックします。

1-1　ブックを管理する　　5

⓯ テンプレート「請求書_bp」を使用した新規ブック「請求書_bp1」が表示されます。

⓰ セル B4 に「リオン楽器」と入力します。

⓱ [ファイル] タブをクリックします。

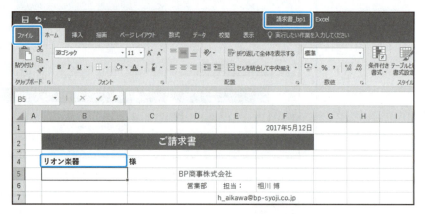

⓲ [名前を付けて保存] をクリックします。

⓳ [名前を付けて保存] 画面が表示されるので、[この PC] をクリックします。

⓴ 一覧から [Excel2016 エキスパート（実習用）] をクリックします。

> **ヒント**
>
> **一覧に [Excel2016 エキスパート（実習用）] がない場合**
> [参照] をクリックして、[名前を付けて保存] ダイアログボックスを表示し、[ファイルの場所] ボックスに、[ドキュメント] フォルダー内の [Excel2016 エキスパート（実習用）] フォルダーを指定します。

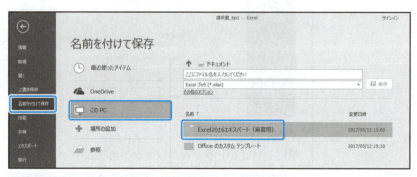

㉑ ファイルの場所が「ドキュメント＞ Excel2016 エキスパート（実習用）」に変わったことを確認します。

㉒ [ここにファイル名を入力してください] ボックスに「リオン楽器様ご請求書」と入力します。ファイルの種類が [Excel ブック（*.xlsx）] となっていることを確認します。

㉓ [保存] をクリックします。

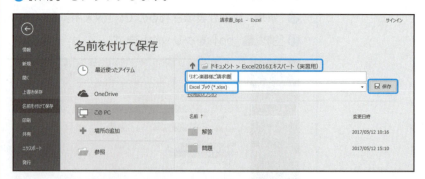

※ 操作終了後、[Office のカスタムテンプレート] フォルダーのテンプレート「請求書_bp」と [Excel2016 エキスパート（実習用）] フォルダーに保存したブック「リオン楽器様ご請求書」は削除しておきます。

1-1-2 ブック間でマクロをコピーする

練習問題

【操作1】Excel マクロ有効ブック「注文一覧（問題1-1-2）」をマクロを有効にして開きます。

【操作2】Excel マクロ有効ブック「注文一覧（問題1-1-2）」に登録されているマクロ「曜日付き日付」を、ブック「売上一覧（問題1-1-2）」にコピーし、Excel マクロ有効ブック「注文一覧（問題1-1-2）」を閉じます。

【操作3】ブック「売上一覧（問題1-1-2）」の「注文日」の日付に対してマクロ「曜日付き日付」を実行します。

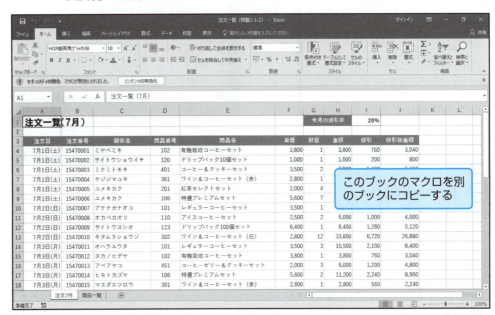

機能の解説

- □ マクロ
- □ ［セキュリティの警告］メッセージバー
- □ ［コンテンツの有効化］
- □ VBA
- □ VBE
- □ ［マクロ］ボタン
- □ ［マクロ］ダイアログボックスの［編集］
- □ マクロのコピー
- □ ［エクスポート］
- □ ［エクスポート］画面
- □ ［ファイルの種類の変更］

マクロが登録されているブックを開くと、「セキュリティの警告」メッセージバーが表示されます。マクロを有効にする場合は［コンテンツの有効化］をクリックします。一度マクロを有効にすると、次回以降同じブックを開くときには警告は表示されずにマクロが有効になります。

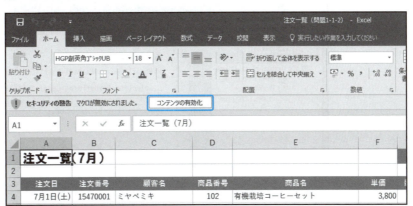

- ☐ [マクロ有効ブック]
- ☐ [名前を付けて保存]
- ☐ [名前を付けて保存] ダイアログボックス
- ☐ [Excel マクロ有効ブック]
- ☐ Microsoft Excel セキュリティセンター
- ☐ [オプション]
- ☐ [Excel のオプション] ダイアログボックス
- ☐ [セキュリティセンター]
- ☐ [セキュリティセンターの設定]
- ☐ [セキュリティセンター] ダイアログボックス
- ☐ [マクロの設定]

★ ヒント
マクロの作成
「2-3-4」参照

マクロとは、アプリケーションにおける操作を登録し、必要なときに自動的に実行できる機能です。マクロを使用すれば、手作業では面倒な処理や繰り返し行うことが多い処理を自動化して、作業時間を短縮することができます。マクロに登録した操作は **VBA**（Visual Basic for Applications）というプログラミング言語で記述され、**VBE**（Visual Basic Editor）を使用してプログラムコードの表示や編集ができます。VBE を起動するには、[表示] タブの [マクロ] ボタンをクリックし、表示される [マクロ] ダイアログボックスの [編集] をクリックします。

● **VBE の構成**

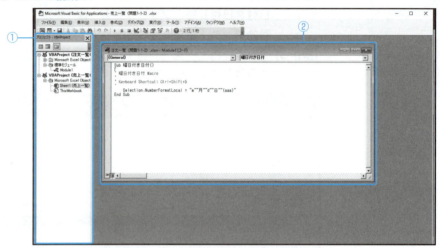

① [プロジェクト] ウィンドウ：ブックの構成要素が階層構造で表示されます。記録されたマクロは [標準モジュール] の [Module1] に保存されています。

② コードウィンドウ：マクロのプログラムコードを表示、編集します。

● **マクロのコピー**

ブックに登録されているマクロは別のブックに**コピー**して使うことができます。コピーするマクロを含むブックとコピー先のブックの両方を開き、VBE を起動します。[プロジェクト] ウィンドウに、開いているブックが一覧表示されるので、コピーするモジュールをコピー先のブックにドラッグします。

● マクロ有効ブックとして保存

マクロを含んだブックを保存する場合は、［ファイル］タブをクリックし、［エクスポート］をクリックします。［エクスポート］画面の［ファイルの種類の変更］をクリックし、［ファイルの種類の変更］の［マクロ有効ブック］をクリックし、［名前を付けて保存］をクリックします。［名前を付けて保存］ダイアログボックスが表示されるので、［ファイルの種類］ボックスに［Excel マクロ有効ブック］と表示されていることを確認して保存します。

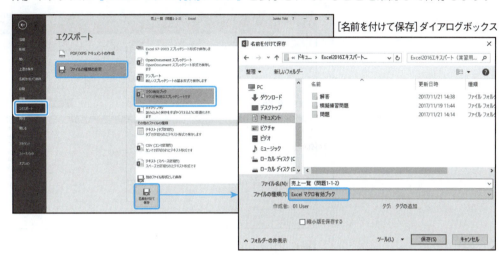

［名前を付けて保存］ダイアログボックス

● マクロの設定

マクロが登録されているブックを開くときに、マクロを実行させるかどうかは、Microsoft Excel セキュリティセンターで設定できます。それには、［ファイル］タブをクリックし、［オプション］をクリックします。［Excel のオプション］ダイアログボックスが表示されるので、［セキュリティセンター］をクリックし、［セキュリティセンターの設定］をクリックします。［セキュリティセンター］ダイアログボックスが表示されるので、［マクロの設定］をクリックすると、設定を変更もしくは確認できます。設定としては［警告を表示せずにすべてのマクロを無効にする］［警告を表示してすべてのマクロを無効にする］［デジタル署名されたマクロを除き、すべてのマクロを無効にする］［すべてのマクロを有効にする］の４つが選べます。なお、既定値では［警告を表示してすべてのマクロを無効にする］が設定されています。

［Excel のオプション］ダイアログボックスの［セキュリティセンター］

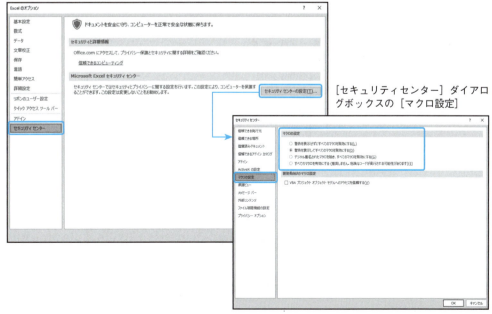

［セキュリティセンター］ダイアログボックスの［マクロ設定］

操作手順

【操作1】

① [問題] フォルダーの Excel マクロ有効ブック「注文一覧（問題1-1-2）」を開きます。

② 「セキュリティの警告」メッセージバーが表示されたときは、[コンテンツの有効化] をクリックします。

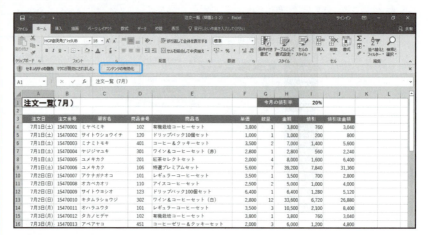

【操作2】

③ [問題] フォルダーのブック「売上一覧（問題1-1-2）」を開きます。

④ [表示] タブの [マクロ] ボタンをクリックします。

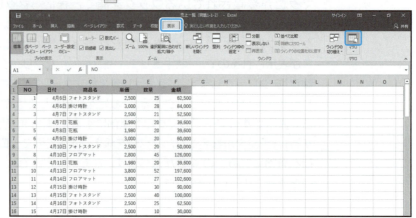

⑤ [マクロ] ダイアログボックスが表示されるので、[マクロ名] の一覧に ['注文一覧（問題1-1-2）.xlsm'! 曜日付き日付] が表示されていることを確認し、[編集] をクリックします。

ヒント

VBE の起動

[開発] タブが表示されている場合は、[Visual Basic] ボタンをクリックしても VBE を起動できます。[開発] タブを表示するには、リボン上で右クリックし、ショートカットメニューの [リボンのユーザー設定] をクリックします。[Excel のオプション] ダイアログボックスが表示されるので、[リボンのユーザー設定] の下側のボックスの一覧の [開発] チェックボックスをオンにし、[OK] をクリックします。

[Visual Basic] ボタン

❻ VBE（Visual Basic Editor）が起動します。

❼ [プロジェクト] ウィンドウの [VBAProject（注文一覧（問題 1-1-2）.xlsm）] の [標準モジュール] の [Module1] を [VBAProject（売上一覧（問題 1-1-2）.xlsx）] にドラッグします（ドラッグしている間はマウスポインターの形が になります）。

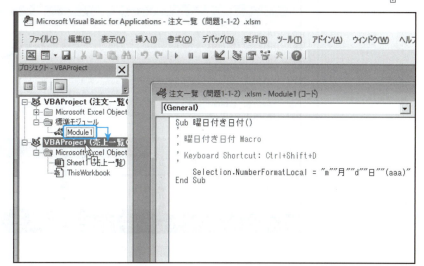

❽ マウスのボタンから指を離すと、[VBAProject（売上一覧（問題 1-1-2）.xlsx）] の下に [標準モジュール] がコピーされます。

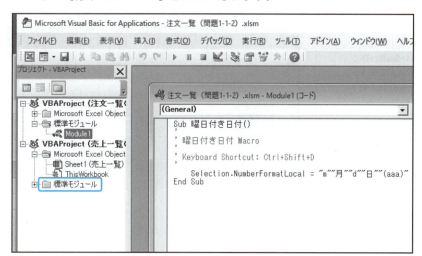

❾ ×［閉じる］ボタンをクリックして、VBE を閉じます。

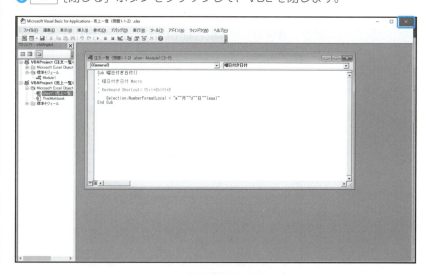

❿ タスクバーの Excel のアイコンをポイントし、[注文一覧（問題 1-1-2）]の縮小表示の 閉じるボタンをクリックします。

⓫ ブック「注文一覧（問題 1-1-2）」が閉じます。

【操作 3】

⓬ ブック「売上一覧（問題 1-1-2）」のセル B2 ～ B87 を範囲選択します。

⓭ [表示] タブの [マクロ] ボタンをクリックします。

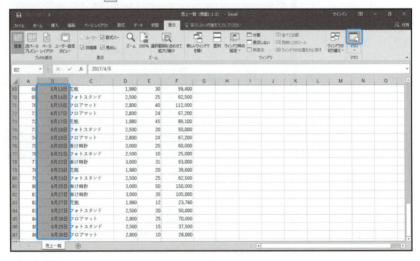

★ヒント
マクロの実行
マクロ「曜日付き日付」にはショートカットキー **Ctrl**+**Shift**+**D** が割り当てられています。このキーを押してもマクロを実行できます。

⓮ [マクロ] ダイアログボックスが表示されるので、[マクロ名] ボックスの [曜日付き日付] が選択されていることを確認し、[実行] をクリックします。

❶⓯ セル B2～B87 の日付が「○月○日（曜日）」の形式で表示されます。

1-1-3　別のブックのデータを参照する

練習問題

問題フォルダー
└売上集計
　（問題 1-1-3）.xlsx
　商品一覧
　（問題 1-1-3）.xlsx
解答フォルダー
└売上集計
　（解答 1-1-3）.xlsx
　商品一覧
　（解答 1-1-3）.xlsx

【操作 1】ブック「売上集計（問題 1-1-3）」のワークシート「7 月売上」のセル B9 を基点とする位置に、ブック「商品一覧（問題 1-1-3）」のワークシート「商品一覧」のセル範囲 C9:D29 を、リンク貼り付けします。

【操作 2】ブック「売上集計（問題 1-1-3）」のワークシート「7 月売上」のセル A6 を基点とする位置に、ブック「商品一覧（問題 1-1-3）」のワークシート「商品区分」のセル範囲 A2:H2 を、図としてリンク貼り付けします。

【操作 3】ブック「商品一覧（問題 1-1-3）」のワークシート「商品区分」のセル F2 の値を「ワイン」、ワークシート「商品一覧」のセル D9 の値を「2800」に変更し、ブック「売上集計（問題 1-1-3）」の、それらのデータを参照しているセルの値が変更されたことを確認します。

ヒント
解答例ファイルのリンク
リンク先のファイルの場所が変わると、リンクが正しく機能しないため、売上集計（解答 1-1-3）のリンク先は、同じ「解答」フォルダーにある商品一覧（解答 1-1-3）にしています。

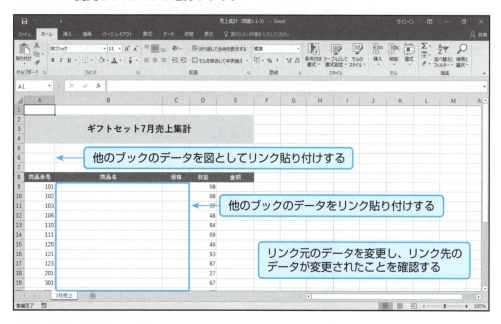

機能の解説

重要用語

- リンク貼り付け
- ［コピー］ボタン
- ［貼り付け］ボタン
- ［リンク貼り付け］
- 参照式
- 図としてリンク貼り付け
- ［リンクされた図］
- 起動時の確認

セルのデータを、別のブックで参照するには、リンク貼り付けの機能を使用します。リンク貼り付けすると、リンク元のセルの値を変更したときに、リンク先のセルの値も変更されます。リンク貼り付けをするには、リンク元のセルを選択し、［ホーム］タブの［コピー］ボタンをクリックします。続いて、リンク先のセルを選択し、［ホーム］タブの［貼り付け］ボタンの▼をクリックし、［その他の貼り付けオプション］の一覧から［リンク貼り付け］をクリックします。

●参照式

リンク貼り付けをすると、リンク先のセルには、リンク元のセルを参照する参照式が入力されます。参照式は次のような形式で入力されます。

同じワークシートのセルの場合	＝セル番地
異なるワークシートのセルの場合	＝ワークシート名！セル番地
異なるブックのセルの場合	='［ブック名.xlsx］ワークシート名'！セル番地

参照式は直接入力することもできます。参照式を修正するとリンク元のブックやセルの指定を変更することができます。

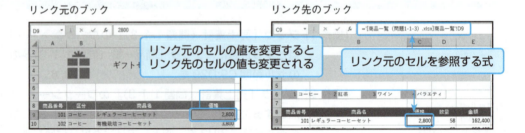

●図としてリンク貼り付け

セル範囲をコピーして、別の場所に図としてリンク貼り付けすることができます。図の形式になるため、自由に配置したり、サイズを変更したりできるようになり、列幅の異なる表を配置したいときなどに便利です。リンク元のセルの値や書式を変更すると、貼り付けられた図の中の参照しているセルの値や書式も変更されます。

図としてリンク貼り付けするには、リンク元のセルを選択し、［ホーム］タブの［コピー］ボタンをクリックします。続いて、貼り付け先のセルを選択し、［ホーム］タブの［貼り付け］ボタンの▼をクリックし、［貼り付けのオプション］の一覧から［リンクされた図］をクリックします。リンクされた図には、リンク元のセル範囲を参照する参照式が設定されます。

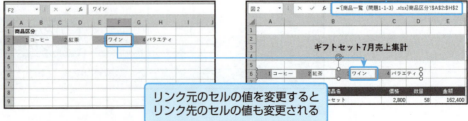

★ ヒント
リンク元のブックが開いている場合
リンク元のブックが開いている状態でリンクを含むブックを開いたときは、リンクが自動的に更新されます。

★ ヒント
セキュリティの警告
リンク貼り付けを実行後、初めてリンクを含むブックを開くと、セキュリティの警告が表示されます。セキュリティの警告の［コンテンツの有効化］をクリックするとリンクが有効になります。

● 起動時の確認
既定の設定では、リンクを含むブックを開いたときに、リンク元のブックが開かれていない場合は、リンクを更新するかどうかを確認するメッセージが表示されます。

リンクを含むブックを開いたときに表示されるリンクの更新の確認メッセージ

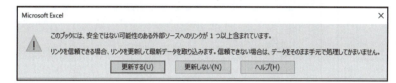

操作手順

【操作1】
❶ ブック「売上集計（問題 1-1-3）」を開きます。

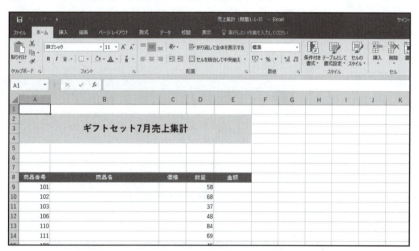

❷ ブック「商品一覧（問題 1-1-3）」を開きます。
❸ ブック「商品一覧（問題 1-1-3）」のワークシート「商品一覧」のセル C9 ～ D29 を範囲選択します。
❹ ［ホーム］タブの ［コピー］ボタンをクリックします。

💡 その他の操作方法
コピー
選択範囲内で右クリックし、ショートカットメニューの［コピー］をクリックします。

💡 その他の操作方法
ショートカットキー
Ctrl ＋ C キー（コピー）

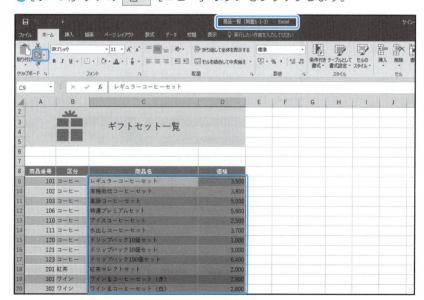

❺ [表示] タブの [ウィンドウの切り替え] ボタンをクリックします。

❻ 一覧から [売上集計(問題1-1-3)] をクリックします。

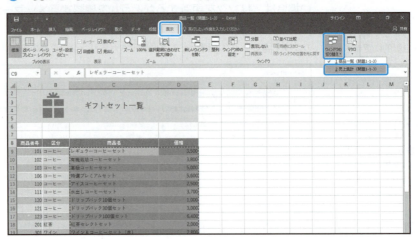

❼ ブック「売上集計(問題1-1-3)」のワークシート「7月売上」が表示されるので、セルB9をクリックします。

❽ [ホーム] タブの [貼り付け] ボタンの▼をクリックします。

❾ [その他の貼り付けオプション] の一覧から [リンク貼り付け] をクリックします。

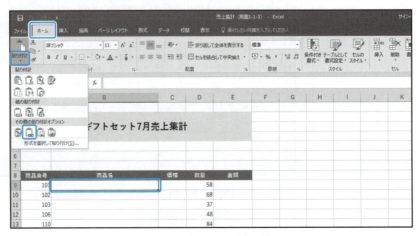

❿ セルB9～C29に、それぞれコピー元の対応するセルを参照する数式が入力されます。

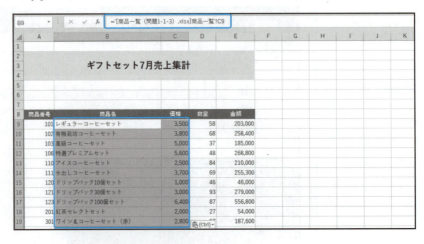

ポイント

貼り付け先のセルの指定

貼り付け先のセルとして、左上端の1つのセルだけをクリックして、指定するとコピー元と同じ行数×列数の範囲に貼り付けられます。

その他の操作方法

リンク貼り付け

[貼り付け] ボタンをクリックするか、**Ctrl**+**V** キーを押すと、コピー元のデータと書式がすべて貼り付けられます。貼り付けた後に表示される [(Ctrl)▼] [貼り付けのオプション] ボタンをクリックして、[その他の貼り付けオプション] の一覧から [リンク貼り付け] をクリックしてもリンク貼り付けできます。

[貼り付け] ボタン

ヒント

金額の計算

セルE9～E29にはあらかじめ価格と数量をもとに金額を求める数式が入力されているため、計算結果が表示されます。

ヒント

リンクの解除

[データ] タブの [リンクの編集] [リンクの編集] をクリックし、表示される [リンクの編集] ダイアログボックスで、一覧から解除するリンクを選択し、[リンクの解除] をクリックすると、リンクを解除することができます。

【操作 2】

⓫ ［表示］タブの ［ウィンドウの切り替え］ボタンをクリックします。

⓬ 一覧から［商品一覧（問題 1-1-3）］をクリックします。

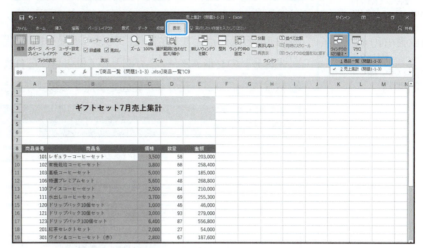

⓭ ブック［商品一覧（問題 1-1-3）］が表示されるので、ワークシート「商品区分」のシート見出しをクリックします。

⓮ セル A2 ～ H2 を範囲選択します。

⓯ ［ホーム］タブの ［コピー］ボタンをクリックします。

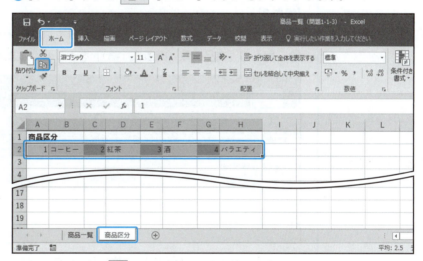

⓰ ［表示］タブの ［ウィンドウの切り替え］ボタンをクリックします。

⓱ 一覧から［売上集計（問題 1-1-3）］をクリックします。

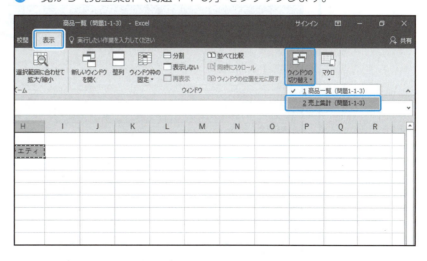

1-1 ブックを管理する　17

その他の操作方法
図としてリンク貼り付け

[貼り付け] ボタンをクリックするか、**Ctrl** + **V** キーを押して貼り付けた後に表示される [(Ctrl)▼] [貼り付けのオプション] ボタンをクリックして、[その他の貼り付けオプション] の一覧から [リンクされた図] をクリックしても、図としてリンク貼り付けされます。

[貼り付け] ボタン

⑱ ブック [売上集計(問題 1-1-3)] のワークシート「7月売上」が表示されるので、セル A6 をクリックします。

⑲ [ホーム] タブの [貼り付け] ボタンの▼をクリックします。

⑳ [その他の貼り付けオプション] の一覧から [リンクされた図] をクリックします。

㉑ セル A6 を基点とする位置に、ブック「商品一覧(問題 1-1-3)」のワークシート「商品区分」のセル A2 〜 H2 が図として貼り付けられます。

㉒ 数式バーにコピー元のセル範囲を参照する数式が表示されます。

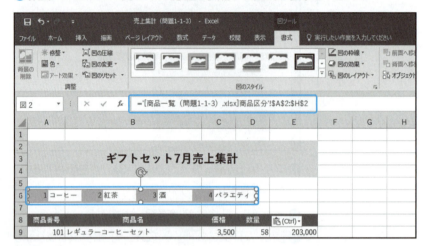

【操作 3】

㉓ [表示] タブの [ウィンドウの切り替え] ボタンをクリックします。

㉔ 一覧から [商品一覧(問題 1-1-3)] をクリックします。

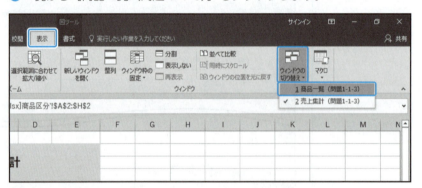

㉕ ブック「商品一覧(問題 1-1-3)」のワークシート「商品区分」が表示されるので、セル F2 に「ワイン」と入力します。

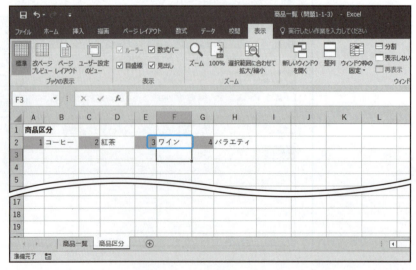

㉖ ワークシート「商品一覧」のシート見出しをクリックします。

㉗ セル D9 に「2800」と入力します。

㉘ ［表示］タブの ［ウィンドウの切り替え］ボタンをクリックします。

㉙ 一覧から［売上集計（問題 1-1-3）］をクリックします。

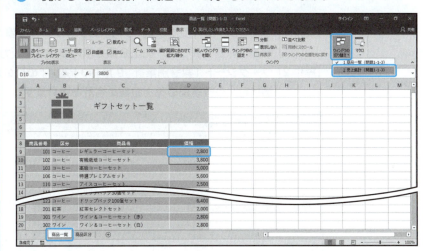

㉚ ブック［売上集計（問題 1-1-3）］のワークシート「7 月売上」が表示されるので、6 行目の 3 番目の項目値が「ワイン」、セル C9 の値が「2,800」に変わったことを確認します。

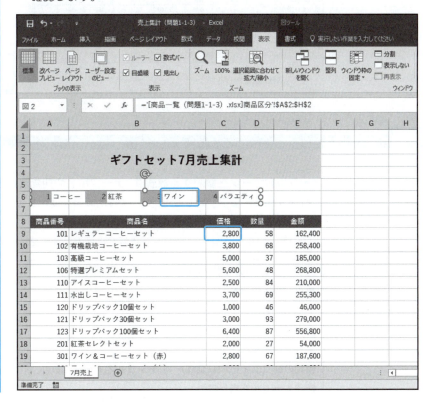

1-1 ブックを管理する　19

1-1-4　構造化参照を使ってデータを参照する

練習問題

問題フォルダー
└問題1-1-4.xlsx

解答フォルダー
└解答1-1-4.xlsx

【操作1】ワークシート「受講状況_9月」のテーブル「受講状況」の「売上金額」の列に、構造化参照を使って、売上金額を求める数式を入力します。

【操作2】ワークシート「教室別集計_9月」の「金額」の列の数式を修正して、テーブル「受講状況」の教室別の売上金額の合計を求めます。

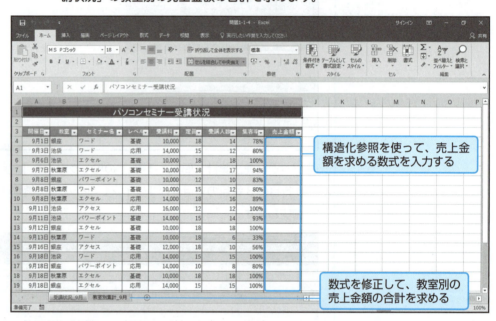

機能の解説

☐ テーブル
☐ 構造化参照

テーブルのデータを参照する数式は、テーブル名や列見出し名で指定することができます。これを「**構造化参照**」といいます。構造化参照を使用すると、テーブルの行や列が追加された場合にセル参照が自動的に調整されます。

上図のテーブル「受講状況」を参照する場合の主な構造化参照の指定は次のようになります。

テーブル内のセル範囲	構造化参照	テーブル「受講状況」の場合
見出し行を除いたテーブル全体	テーブル名	受講状況
見出し行も含めたテーブル全体	テーブル名 [# すべて]	受講状況 [# すべて]
特定の列（フィールド全体）	テーブル名 [列見出し]	受講状況 [受講人数]
数式入力セルと同じ行の特定の列のセル	@ [列見出し]	@ [受講人数]
数式入力セルと同じ行の連続する列の範囲	テーブル名 [@ [列見出し]：[列見出し]]	受講状況 [@ [定員]：[受講人数]]

構造化参照は、通常、テーブル内を直接クリックまたはドラッグすると自動的に入力されるので、必要に応じて「@」や [# すべて] などを追加します（記号は半角で入力します）。

操作手順

【操作1】

❶ ワークシート「受講状況_9月」のセル I4 をクリックします。

❷ 「=」を入力します。

❸ 受講料のセル E4 をクリックします。

❹ セル I4 に「=[@受講料]」と入力されます。

❺ 「*」を入力します。

❻ 受講人数のセル G4 をクリックします。

❼ セル I4 に「=[@受講料]*[@受講人数]」と入力されます。

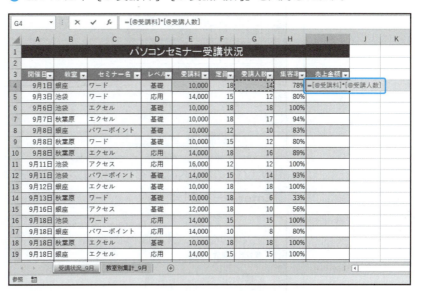

❽ Enter キーを押します。

❾ セル I4 に「140,000」と表示されます。

❿ 「売上金額」の列に数式が自動的にコピーされ、それぞれの行の売上金額が表示されます。

【操作2】

⓫ ワークシート「教室別集計_9月」のシート見出しをクリックします。

⓬ セルD4をクリックします。

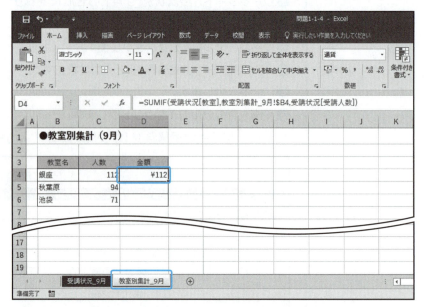

⓭ 数式バーの数式内の「[受講人数]」を「[売上金額]」に修正します。

⓮ **Enter** キーを押します。

⓯ セルD4の値が「¥1,292,000」に修正されます。

⓰ セルD4をクリックします。

⓱ セルD4の右下のフィルハンドルをポイントし、マウスポインターの形が+に変わったらダブルクリックします。

⓲ セルD4の数式がD5～D6にコピーされ、テーブル「受講状況」の教室別の売上金額が表示されます。

1-1-5 非表示のリボンタブを表示する

練習問題

問題フォルダー
└問題 1-1-5.xlsm

解答フォルダー
└解答 1-1-5.xlsm

【操作 1】リボンに［開発］タブを表示します。
【操作 2】［開発］タブのボタンを使って、「注文日」の日付に対してマクロ「曜日付き日付」を実行します。

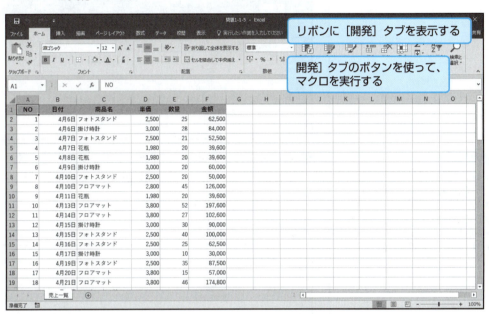

機能の解説

重要用語

☐ リボンの非表示のタブを表示
☐ ［リボンのユーザー設定］
☐ ［Excel のオプション］ダイアログボックスの［リボンのユーザー設定］

Excel 2016 のリボンには初期設定で、［ファイル］、［ホーム］、［挿入］、［ページレイアウト］、［数式］、［データ］、［校閲］、［表示］タブが表示されています。ほかにも［開発］タブが用意されていますが、非表示になっています。非表示のタブを表示するには、リボン上で右クリックし、ショートカットメニューの［リボンのユーザー設定］をクリックします。［Excel のオプション］ダイアログボックスが表示されるので、［リボンのユーザー設定］で各タブのチェックボックスをオンにします。

［Excel のオプション］ダイアログボックスの［リボンのユーザー設定］

操作手順

> **ヒント**
> **マクロを有効にして開く**
> 「セキュリティの警告」メッセージバーが表示されたら［コンテンツの有効化］をクリックします（「1-1-2」参照）。

【操作 1】

① ［問題］フォルダーの Excel マクロ有効ブック「問題 1-1-5」をマクロを有効にして開きます。

② リボン上で右クリックし、ショートカットメニューの［リボンのユーザー設定］をクリックします。

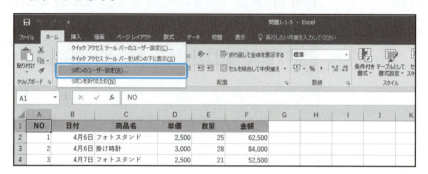

③ ［Excel のオプション］ダイアログボックスの［リボンのユーザー設定］が表示されるので、［リボンのユーザー設定］の下側のボックスの一覧の［開発］チェックボックスをオンにします。

④ ［OK］をクリックします。

> **ヒント**
> **タブの非表示**
> ［Excel のオプション］ダイアログボックスの［リボンのユーザー設定］の下側のボックスの一覧にある各タブのチェックボックスをオフにすると、非表示になります。

⑤ リボンに［開発］タブが表示されます。

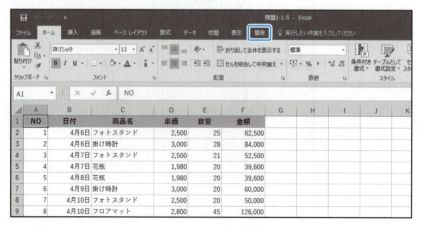

24　第 1 章　ブックのオプションと設定の管理

【操作2】

❻ セル B2 ～ B87 を範囲選択します。

❼ ［開発］タブの ［マクロ］ボタンをクリックします。

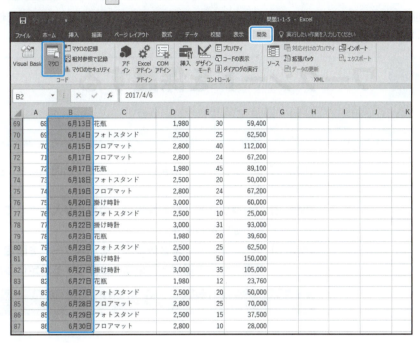

❽ ［マクロ］ダイアログボックスが表示されるので、［マクロ名］ボックスの［曜日付き日付］が選択されていることを確認し、［実行］をクリックします。

❾ セル B2 ～ B87 の日付が「○月○日（曜日）」の形式で表示されます。

※ 操作終了後、［開発］タブを非表示にしておきます。

1-2 ブックの校閲を管理する

編集操作を制限するときは、シートの保護やブックの保護を設定します。また、ブックを他の人に渡すときは、パスワードを設定してセキュリティに注意します。

1-2-1 ワークシートを保護する

練習問題

問題フォルダー
　└問題 1-2-1.xlsx
解答フォルダー
　└解答 1-2-1.xlsx

【操作 1】ワークシート「来客数集計」のセル範囲 A4:G7 と A9:G11 のロックを解除します。

【操作 2】ワークシート「来客数集計」の数式が入力されているすべてのセルに、数式の非表示を設定します。

【操作 3】ワークシート「来客数集計」をパスワードを設定せずに保護します。ただし、すべてのセルの選択と行の挿入は許可する設定にします。

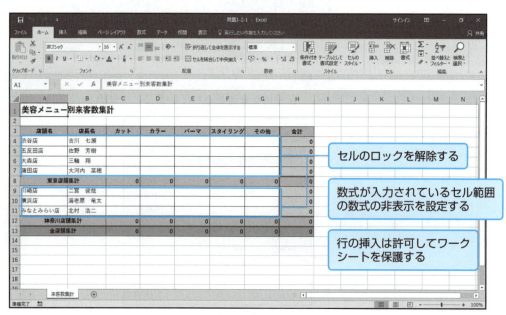

機能の解説

- □ シートの保護
- □ セルのロックを解除
- □［書式］ボタン
- □［セルのロック］をオフ
- □ 数式の非表示
- □［セルの書式設定］

シートの保護は、セルのデータの書き換えや書式設定などの編集操作を制限するための機能です。全面的にシートを保護することもできますが、通常はデータの書き換えを許可するセルを除いてシートの保護を設定します。書き換えを許可するセル範囲は、セルのロックを解除することで指定できます。Excel の初期設定では、すべてのセルがロックされています。したがって、シートを保護する際にはその前に書き換えを許可するセルのロックを解除する必要があります。

26　第 1 章　ブックのオプションと設定の管理

- [セルの書式設定]ダイアログボックスの[保護]タブ
- [表示しない]チェックボックス
- [シートの保護]
- [シートの保護]ダイアログボックス
- [ブックの保護]
- [保護解除]

● セルのロックを解除する

セルのロックを解除するには、目的のセル範囲を選択し、[ホーム]タブの [書式]ボタンをクリックし、[保護]の[セルのロック]をクリックしてオフにします。

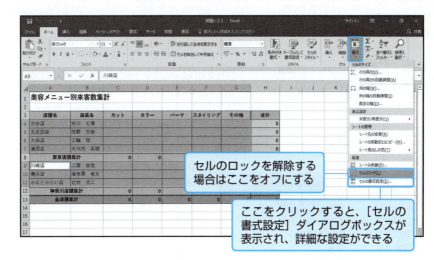

● 数式を非表示にする

セルを選択したときに、そのセルの数式を数式バーに表示しない設定にすることもできます。目的のセル範囲を選択し[ホーム]タブの 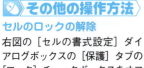 [書式]ボタンをクリックし、[保護]の一覧から[セルの書式設定]をクリックします。[セルの書式設定]ダイアログボックスが表示されるので、[保護]タブの[表示しない]チェックボックスをオンにします。
セルのロックと同様に、この機能もシートを保護したときに有効になります。

> **その他の操作方法**
> セルのロックの解除
> 右図の[セルの書式設定]ダイアログボックスの[保護]タブの[ロック]チェックボックスをオフにしても、セルのロックを解除できます。

> **その他の操作方法**
> [セルの書式設定]ダイアログボックスの表示
> 目的のセルを選択し、右クリックしてショートカットメニューの[セルの書式設定]をクリックしても表示されます。

[セルの書式設定]ダイアログボックスの[保護]タブ

1-2 ブックの校閲を管理する

●シートを保護する

シートを保護するには、[ホーム] タブの [書式] ボタンをクリックし、[保護] の一覧から [シートの保護] をクリックします。[シートの保護] ダイアログボックスが表示されるので、[このシートのすべてのユーザーに許可する操作] ボックスから、許可する項目を選択します。

[シートの保護] ダイアログボックス

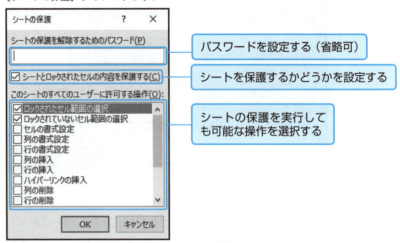

保護を設定した後に、ロックされたセルのデータを書き換えようとすると、保護されていることを警告するメッセージが表示されます。メッセージを確認して [OK] をクリックします。

シートが保護されていることを知らせる警告メッセージ

●シートの保護を解除する

シートを保護すると、許可されていない機能のリボンのボタン等が淡色表示になり使用できなくなります。また、[ファイル] タブの [ブックの保護] の色が変わり、シートが保護されていることと、保護されているシート名が表示されます。保護を解除するには、その右側にある [保護解除] をクリックします。

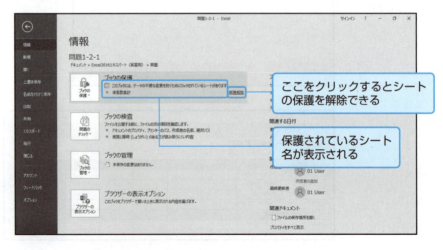

> **その他の操作方法**
> シートの保護
>
> [校閲] タブの [シートの保護] ボタンをクリックしても、[シートの保護] ダイアログボックスが表示され、シートを保護できます。
>
> [シートの保護] ボタン

> **ポイント**
> [ロックされたセル範囲の選択] と [ロックされていないセル範囲の選択]
>
> 初期設定では、[シートの保護] ダイアログボックスの [ロックされたセル範囲の選択] と [ロックされていないセル範囲の選択] チェックボックスがオンに設定されています。この場合、セルのロックの有無にかかわらず、すべてのセルの選択ができます。
> [ロックされていないセル範囲の選択] チェックボックスのみをオンにすると、ロックされていないセルだけが選択できます。なお、[ロックされたセル範囲の選択] チェックボックスだけをオンにすることはできません。

> **ヒント**
> パスワードの設定
>
> [シートの保護を解除するためのパスワード] ボックスにパスワードを入力することで、シートの保護を解除する際にパスワードの入力を求めるようにできます。パスワードは半角の 255 文字以内で、文字や数字、スペース、記号が使用でき、大文字と小文字も区別されます。なお、パスワードを忘れると解除ができなくなるので注意してください。

> **その他の操作方法**
> シートの保護の解除
>
> シートが保護されているときは、[校閲] タブの [シートの保護] ボタンが [シート保護の解除] ボタンに変わります。これをクリックすることでもシートの保護を解除できます。
>
> [シート保護の解除] ボタン

操作手順

【操作 1】

① ワークシート「来客者集計」のセル範囲 A4 〜 G7 を範囲選択します。

② **Ctrl** キーを押しながら、A9 〜 G11 を範囲選択します。

③ ［ホーム］タブの ［書式］ボタンをクリックします。

④ ［保護］の［セルのロック］をクリックしてオフにします。

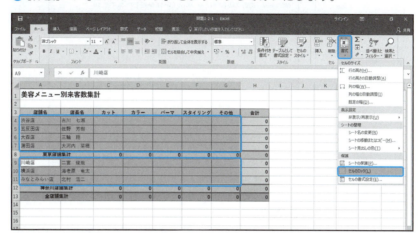

【操作 2】

⑤ 任意のセルをクリックして、セルの範囲選択を解除します。

⑥ ［ホーム］タブの ［検索と選択］ボタンをクリックします。

⑦ ［数式］をクリックします。

⑧ 数式が入力されているセル（セル C8 〜 G8、セル C12 〜 G13、セル H4 〜 H13）が選択されます。

⑨ ［ホーム］タブの ［書式］ボタンをクリックします。

⑩ ［保護］の一覧から［セルの書式設定］をクリックします。

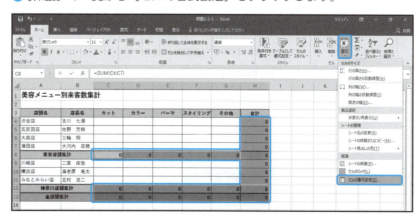

ヒント
数式の入力されているセルの選択

数式の入力されているセルをそれぞれ選択してもかまいませんが、［検索と選択］ボタンをクリックし、［数式］をクリックすると、数式の入力されているセルが一括で選択されるので便利です。事前に複数セルが範囲選択されているとその範囲内のセルだけが検索されるので、ワークシート内のすべての数式の入力されているセルを選択する場合は、目的のワークシートの 1 つのセルだけを選択しておきます。これは、どのセルでもかまいません。

⓫ [セル書式設定] ダイアログボックスが表示されるので、[保護] タブの [表示しない] チェックボックスをオンにします。

⓬ [OK] をクリックします。

【操作3】

⓭ [ホーム] タブの [書式] ボタンをクリックします。

⓮ [保護] の一覧から [シートの保護] をクリックします。

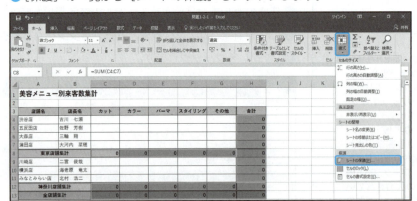

⓯ [シートの保護] ダイアログボックスが表示されるので、[シートとロックされたセルの内容を保護する] チェックボックスがオンになっていることを確認します。

⓰ [このシートのすべてのユーザーに許可する操作] ボックスの [ロックされたセル範囲の選択] と [ロックされていないセル範囲の選択] チェックボックスがオンになっていることを確認します。

⓱ [行の挿入] チェックボックスをオンにします。

⓲ [OK] をクリックします。

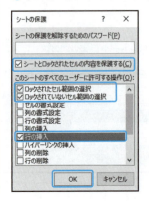

1-2-2 範囲の編集を許可する

練習問題

問題フォルダー
└問題 1-2-2.xlsx

解答フォルダー
└解答 1-2-2.xlsx

【操作 1】ワークシート「来客数集計」のセル範囲 C4:G7 と C9:G11 に範囲の編集を許可します。その際、範囲のタイトルを「来客数入力」、範囲パスワードを「1234」にします。

【操作 2】ワークシート「来客数集計」をパスワードを設定せずに保護します。

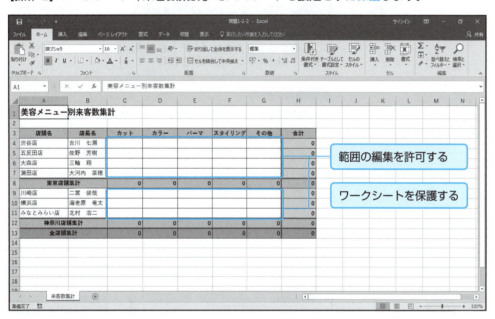

機能の解説

重要用語

- 範囲の編集の許可
- [範囲の編集を許可] ボタン
- [範囲の編集の許可] ダイアログボックス
- [新規]
- [新しい範囲] ダイアログボックス
- [シートの保護]
- [シートの保護] ダイアログボックス
- 編集者の許可
- [許可]
- [(範囲名)のアクセス許可] ダイアログボックス
- [範囲のロック解除] ダイアログボックス

範囲の編集の許可は、ワークシートが保護されているときに、パスワードを知っているユーザーだけがロックを解除して編集できるようにする機能です。あらかじめロックを解除する対象の範囲に名前とパスワードを設定しておき、ワークシートを保護します。その範囲内に入力しようとするとパスワード入力が求められ、パスワードを入力すると編集が可能になります。

●範囲の編集の許可

範囲の編集を許可するには、対象とする範囲を選択し、[校閲] タブの [範囲の編集を許可] [範囲の編集を許可] ボタンをクリックします。[範囲の編集の許可] ダイアログボックスが表示されるので、[新規] をクリックします。[新しい範囲] ダイアログボックスが表示されるので、[タイトル] ボックスに範囲名を入力し、[セルの参照] ボックスでロックを解除する範囲を確認し、必要に応じて変更します（セル範囲を選択した状態でこのダイアログボックスを表示した場合は選択したセル範囲が設定されています）。[範囲パスワード] ボックスにパスワードを設定し、[OK] をクリックすると、[パスワードの確認] ダイアログボックスが表示されるので、再びパスワードを入力し、[OK] をクリックします。
[範囲の編集の許可] ダイアログボックスに戻り、[シートの保護] をクリックすると、[シートの保護] ダイアログボックスが表示されるので、シートの保護を設定します（「1-2-1」参照）。

> **ヒント**
> **パスワードの設定**
> [範囲パスワード] ボックスには、半角の255文字以内で、文字や数字、スペース、記号が入力でき、大文字と小文字も区別されます。なお、パスワードを忘れると解除ができなくなるため、管理には注意してください。

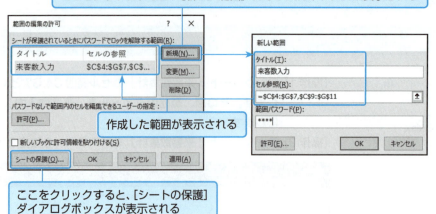

●編集者の許可

[範囲の編集の許可] ダイアログボックスの [パスワードなしで範囲内のセルを編集できるユーザーの指定] の [許可] をクリックすると、[(範囲名) のアクセス許可] ダイアログボックスが表示されます。[追加] ボタンをクリックすると、[ユーザーまたはグループの選択] ダイアログボックスが表示され、ユーザー名やグループなどを指定することができます。

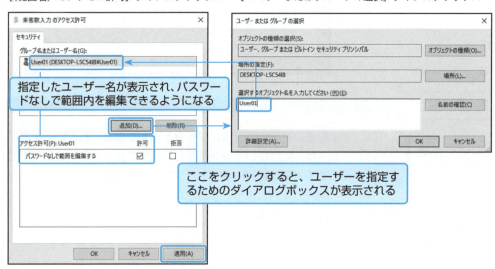

保護を設定した後に、編集を許可する範囲として設定された範囲内のデータを書き換えようとすると、[範囲のロック解除] ダイアログボックスが表示されるので、[このセルを編集するためのパスワードを入力してください] ボックスにパスワードを入力します。[OK] をクリックすると、その範囲内に入力できるようになります。なお、編集を許可されていない範囲のセルのデータを書き換えようとすると、保護されていることを警告するメッセージが表示されます。

編集を許可する範囲で表示される［範囲のロック解除］ダイアログボックス

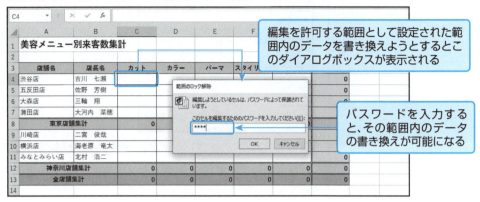

編集を許可する範囲として設定された範囲内のデータを書き換えようとするとこのダイアログボックスが表示される

パスワードを入力すると、その範囲内のデータの書き換えが可能になる

操作手順

【操作1】

❶ ワークシート「来客者集計」のセル範囲 C4 ～ G7 を範囲選択します。

❷ Ctrl キーを押しながら、C9 ～ G11 を範囲選択します。

❸ ［校閲］タブの ［範囲の編集を許可］ボタンをクリックします。

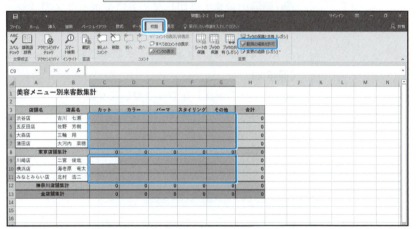

❹ ［範囲の編集の許可］ダイアログボックスが表示されるので、［新規］ボタンをクリックします。

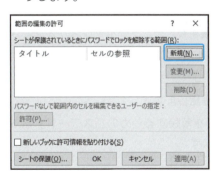

❺ ［新しい範囲］ダイアログボックスが表示されるので、［タイトル］ボックスに「来客数入力」と入力します。

❻ ［セル参照］ボックスに「＝$C$4:$G$7,$C$9:$G$11」と表示されていることを確認します。

❼ ［範囲パスワード］ボックスに「1234」と入力します。

❽ ［OK］をクリックします。

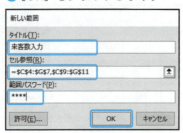

❾ ［パスワードの確認］ダイアログボックスが表示されるので、［パスワードをもう一度入力してください。］ボックスに再度「1234」と入力します。

❿ ［OK］をクリックします。

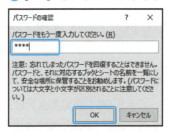

⓫ ［範囲の編集の許可］ダイアログボックスの［シートが保護されているときにパスワードでロックを解除する範囲］ボックスに、タイトル「来客数入力」、セルの参照に「$C$4:$G$7,C...」と表示されていることを確認します。

【操作2】

⓬ ［シートの保護］をクリックします。

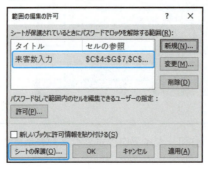

⓭ ［シートの保護］ダイアログボックスが表示されるので、［シートとロックされたセルの内容を保護する］チェックボックスがオンになっていることを確認します。

⓮ ［このシートのすべてのユーザーに許可する操作］ボックスの［ロックされたセル範囲の選択］と［ロックされていないセル範囲の選択］チェックボックスがオンになっていることを確認します。

⓯ ［シートの保護を解除するためのパスワード］ボックスには何も入力せずに［OK］をクリックします。

★ヒント
範囲の編集の許可の解除

シートの保護を解除すると（「1-2-1」参照）、範囲の編集の許可は無効になり、パスワードを入力しなくても書き換えができるようになります。許可の設定範囲を削除する場合は、［範囲の編集の許可］ダイアログボックスの［シートが保護されているときにパスワードでロックを解除する範囲］ボックスの一覧から削除する範囲を選択し、[削除] をクリックします。

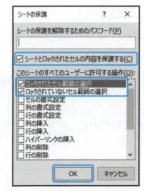

34　第1章　ブックのオプションと設定の管理

1-2-3 数式の計算方法を設定する

練習問題

問題フォルダー
└問題 1-2-3.xlsx

解答フォルダー
└解答 1-2-3.xlsx

【操作 1】ブックの計算方法を**手動**にし、**ブックの保存前に再計算されない**設定にします。
【操作 2】セル A16 に「12:20」、セル B16 に「2」、セル E16 に「2」と入力して計算が自動的に行われないことを確認し、再計算を実行します。

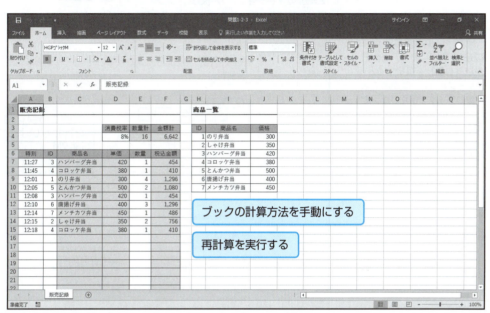

機能の解説

- 再計算
- [計算方法の設定] ボタン
- [自動]
- [手動]
- [再計算実行] ボタン
- [Excel のオプション] ダイアログボックスの [数式]
- [計算方法の設定]
- [ブックの保存前に再計算を行う] チェックボックス

セルに値を入力すると、そのセルを参照している数式が自動的に**再計算**され、計算結果の表示が更新されます。しかし、ワークシートで扱っているデータ量が多く、複雑な数式が大量に設定されている場合、コンピューターの能力によっては、1 回の再計算に非常に時間がかかってしまうことがあります。このようなブックでは、自動再計算を停止し、作業の区切りごとにまとめて再計算を実行することで、作業時間を短縮できます。

計算の設定を変更するには、[数式] タブの [計算方法の設定] ボタンをクリックします。既定値では [自動] になっているので [手動] に変更します。この状態では、セルの値を変更しても再計算は行われず、[数式] タブの [再計算実行] ボタンをクリックすることで、自分の好きなタイミングで再計算を実行できます。なお、計算方法の設定は、ブック単位で保存されます。

[数式] タブの [計算方法の設定] ボタンをクリックした状態

1-2 ブックの校閲を管理する

［計算方法の設定］ボタンで［手動］にした場合、［再計算実行］ボタンをクリックしなくても、ブックを保存するときに自動で再計算されます。ブックの保存時にも再計算されないようにするには、［Excelのオプション］ダイアログボックスで設定します。それには、［ファイル］タブをクリックし、［オプション］をクリックします。［Excelのオプション］ダイアログボックスが表示されるので、［数式］をクリックし、［計算方法の設定］の［手動］をクリックします。淡色表示だった［ブックの保存前に再計算を行う］チェックボックスが表示されるので、オフにします。

[Excelのオプション]の[数式]タブ

★ヒント
［データテーブル以外自動］
［計算方法の設定］の［データテーブル以外自動］を選択すると、データテーブル（1つの数式に対し、複数のデータを使用したシミュレーションが行える機能）の処理の結果として表示されている値以外の数式が、自動的に再計算されます。

操作手順

【操作1】
❶［ファイル］タブをクリックします。

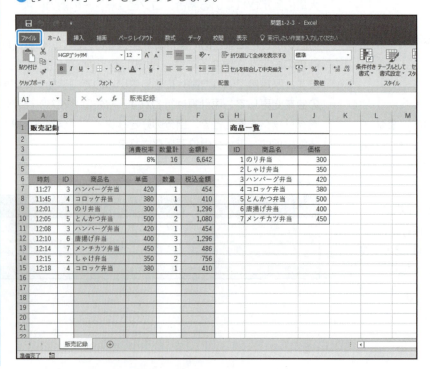

❷ [オプション] をクリックします。

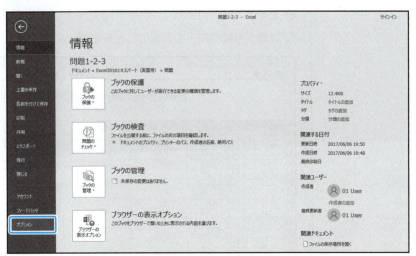

❸ [Excel のオプション] ダイアログボックスが表示されるので、[数式] をクリックします。

❹ [計算方法の設定] の [手動] をクリックします。

❺ [ブックの保存前に再計算を行う] チェックボックスが変更可能になるので、これをオフにします。

❻ [OK] をクリックします。

1-2 ブックの校閲を管理する 37

【操作2】

❼ セルA16に「12:20」、セルB16に「2」、セルE16に「2」と入力します。

❽ 計算が自動的に行われないことを確認します。

❾ [数式] タブの [再計算実行] ボタンをクリックします。

❿ 再計算が行われ、セルC16に「しゃけ弁当」、セルD16に「350」、セルF16に「756」と計算結果が表示されます。

その他の操作方法

再計算の実行
F9 キーを押しても再計算を実行できます。

ヒント

シート再計算
[数式] タブの [シート再計算] ボタンをクリックすると、ブック全体ではなく現在のシートのみ再計算が実行されます。

1-2-4 ブックの構成を保護する

練習問題

問題フォルダー
└問題 1-2-4.xlsx

解答フォルダー
└解答 1-2-4.xlsx

ブックの保護を実行して、シート構成を保護します。パスワードは設定しません。

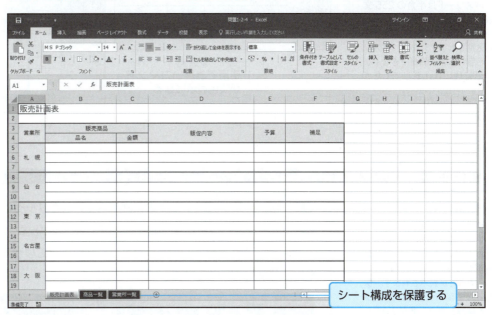

シート構成を保護する

機能の解説

❏ 重要用語

- ❏ ブックの保護
- ❏ シート構成の保護
- ❏ ［ブックの保護］ボタン
- ❏ ［シート構成とウィンドウの保護］ダイアログボックス
- ❏ ［シート構成］チェックボックス

ブックの保護は、ワークシートの挿入や削除、名前の変更、移動やコピー、表示 / 非表示などを制限するための機能です。［校閲］タブの ［ブックの保護］ボタンをクリックすると、［シート構成とウィンドウの保護］ダイアログボックスが表示されるので、［保護対象］の［シート構成］チェックボックスをオンにすると、シート構成を保護できます。

［シート構成とウィンドウの保護］ダイアログボックス

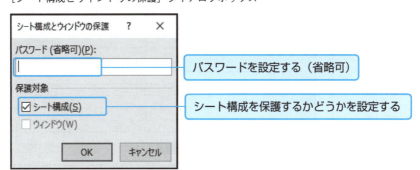

パスワードを設定する（省略可）

シート構成を保護するかどうかを設定する

その他の操作方法
ブックの保護
［ファイル］タブをクリックし、［情報］画面の［ブックの保護］ボタンをクリックして、［ブック構成の保護］をクリックしても、［シート構成とウィンドウの保護］ダイアログボックスが表示され、シート構成を保護できます。

［ブックの保護］ボタン

1-2 ブックの校閲を管理する 39

[シート構成を保護した後、シート見出しをドラッグしようとすると 🚫 が表示されて、移動やコピーができません。また、シート見出しを右クリックすると、ショートカットメニューのうち使用できないコマンドが淡色表示になっています。

> **ヒント**
> **パスワードを設定する**
> [シート構成とウィンドウの保護] ダイアログボックスの [パスワード（省略可）] ボックスにパスワードを入力することで、ブック構成の保護を解除する際にパスワードの入力を求めるようにできます。パスワードは半角の 255 文字以内で、文字や数字、スペース、記号が使用でき、大文字と小文字も区別されます。なお、パスワードを忘れると解除ができなくなるので管理には注意してください。

シート見出しをドラッグしようとした状態

シート見出しを右クリックした状態

使用できないコマンドが淡色表示になる

操作手順

> **ヒント**
> **ブックの保護の解除**
> ブックを保護すると、[ファイル] タブの [情報] の [ブックの保護] の色が変わり、ブックがロックされていることが表示されます。保護を解除するには、左側にある [ブックの保護] ボタンをクリックして一覧から [ブック構成の保護] をクリックしてオフにします。または、[校閲] タブの [ブックの保護] ボタンをクリックしてオフにします。パスワードが設定されている場合は [ブック保護の解除] ダイアログボックスが表示されるのでパスワードを入力します。
>
> [校閲] タブの [ブックの保護] ボタン

> **ヒント**
> **ウィンドウの保護と作業状態ファイル**
> [シート構成とウィンドウの保護] ダイアログボックスの [保護対象] の [ウィンドウ] チェックボックスは常に淡色表示になっていて設定できません。これは Excel 2013 以降、一つのブックが一つのウィンドウで表示される仕様に変わり、一つのウィンドウの中に複数のブックを開いて、レイアウトを固定することができなくなったためです。

❶ [校閲] タブの [ブックの保護] ボタンをクリックします。
❷ [シート構成とウィンドウの保護] ダイアログボックスが表示されるので、[保護対象] の [シート構成] チェックボックスがオンになっていることを確認します。
❸ [OK] をクリックします。

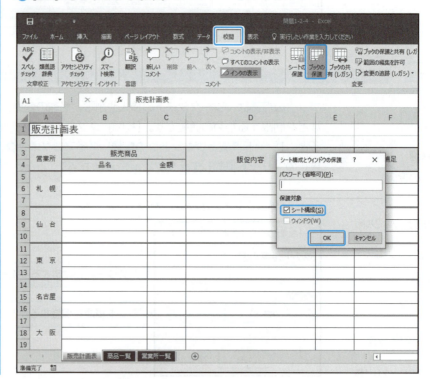

1-2-5 ブックのバージョンを管理する

練習問題

問題フォルダー
└問題 1-2-5.xlsx

解答フォルダー
└解答 1-2-5.xlsx

【操作 1】1 分ごとに自動回復用データが保存されるように設定を変更します。また、保存しないで終了した場合に最後に自動保存されたデータを残す設定になっていることを確認します。

【操作 2】ハイビスカスの売上を、4 月「377」、5 月「365」、6 月「407」と入力します。入力後 3 分経過したら、自動保存のバージョンが作成されたことを確認し、保存しないでブックを閉じます。

【操作 3】再びブックを開き、自動保存されたデータからブックを回復します。

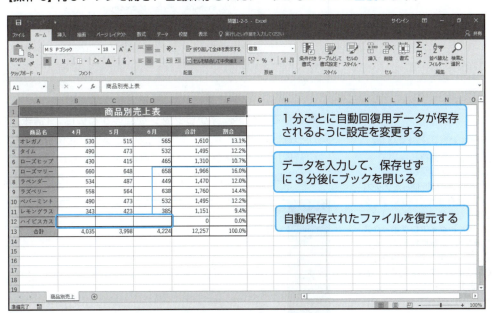

機能の解説

重要用語

☐ 自動回復用データを保存する

☐ バージョン

☐ ブックを回復

☐ [Excel のオプション] ダイアログボックスの [保存]

☐ [ブックの管理]

☐ [ブックの管理] ボタン

☐ [保存されていないブックの回復]

Excel 2016 には、一定の間隔で自動回復用データを保存する機能があり、ブックは既定値で 10 分間隔で保存されます。この自動保存されたデータをバージョンといいます。ブックの編集中に、自動保存のバージョンから選択することにより、自動保存された時点のブックに戻すことができます。また、最後に自動保存されたデータ（最終のバージョン）を残す設定になっているので、ブックを保存せずに閉じてしまった場合に、自動回復用のバージョンからブックを回復させることができます。これらの設定の変更は、[ファイル] タブをクリックし、[オプション] をクリックして表示される [Excel のオプション] ダイアログボックスの [保存] で行います。

[Excel のオプション] ダイアログボックスの [保存]

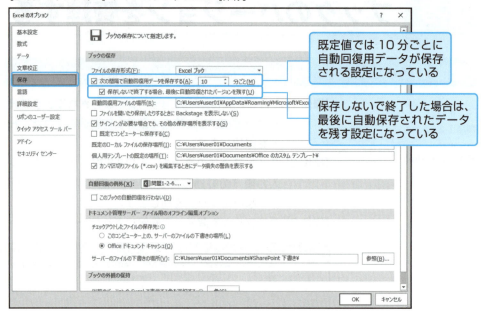

既定値では 10 分ごとに自動回復用データが保存される設定になっている

保存しないで終了した場合は、最後に自動保存されたデータを残す設定になっている

自動保存されたデータからブックを回復するには、[情報] 画面の [ブックの管理] の一覧から選択します。また、新規作成したブックを保存しないで閉じた場合は、[ブックの管理] ボタンをクリックし、[保存されていないブックの回復] をクリックすると、[ファイルを開く] ダイアログボックスが表示されるので、自動回復用データを指定します。

> **その他の操作方法**
> 新規作成して保存しないで閉じたブックの回復
>
> [開く] 画面の [最近使ったブック] の下の [保存されていないブックの回復] をクリックしても、[ファイルを開く] ダイアログボックスが表示され、自動回復用データを指定して、新規作成して保存しないで閉じたブックを復元することができます。

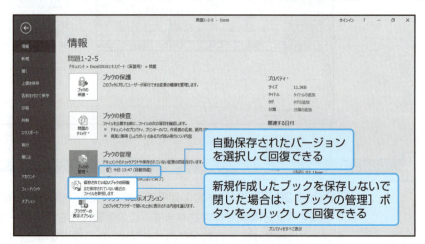

自動保存されたバージョンを選択して回復できる

新規作成したブックを保存しないで閉じた場合は、[ブックの管理] ボタンをクリックして回復できる

操作手順

【操作 1】
❶ [ファイル] タブをクリックします。

❷［情報］画面が表示されるので、［オプション］をクリックします。

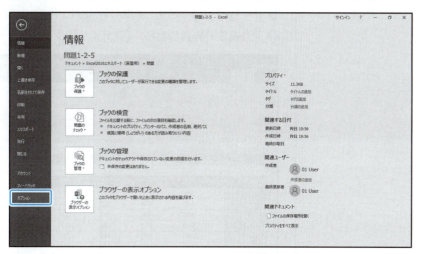

❸［Excel のオプション］ダイアログボックスが表示されるので、［保存］をクリックします。

❹［ブックの保存］の［次の間隔で自動回復用データを保存する］チェックボックスがオンになっていることを確認し、「1」分ごとに変更します。

❺［保存しないで終了する場合、最後に自動保存されたバージョンを残す］チェックボックスがオンになっていることを確認します。

❻［OK］をクリックします。

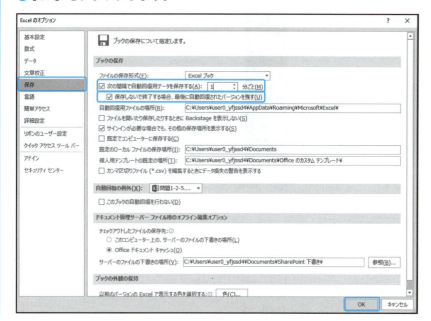

1-2　ブックの校閲を管理する　43

【操作2】

❼ セル B12 に「377」、セル C12 に「365」、セル D12 に「407」と入力します。
❽ 入力後 3 分経過したら、[ファイル]タブをクリックします。

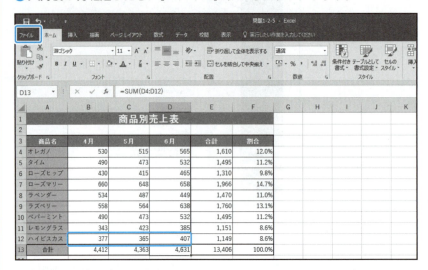

❾ [情報]画面が表示されるので、[ブックの管理]に[今日○○：○○（時刻）（自動回復）]と表示されており、セル B12 ～ D12 にデータを入力した時刻よりも後であることを確認します。
❿ [閉じる]をクリックします。

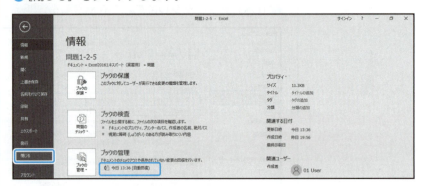

⓫ 「'問題 1-2-5.xlsx' への変更を保存しますか？」というメッセージが表示されたら、[保存しない]をクリックします。

【操作3】

⓬ [ファイル]タブをクリックします。
⓭ [開く]画面が表示されるので、[最近使ったアイテム]の[今日]の一覧から[問題 1-2-5]をクリックします。

⑭ ハイビスカスの売上データが入力されていない状態のブックが開きます。

⑮ ［ファイル］タブをクリックします。

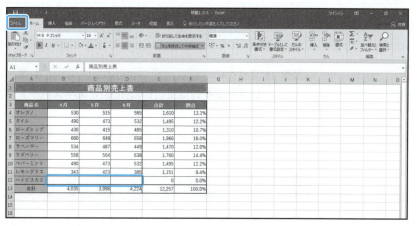

⑯ ［情報］画面が表示されるので、［ブックの管理］の［今日〇〇：〇〇（保存しないで終了）］をクリックします（〇〇：〇〇は時刻を表しています）。

⑰ ハイビスカスの売上データが入力された状態のブックが開きます。

⑱ メッセージバーに「復元された未保存のファイル」、タイトルバーに「未保存のファイル」と表示されていることを確認します。

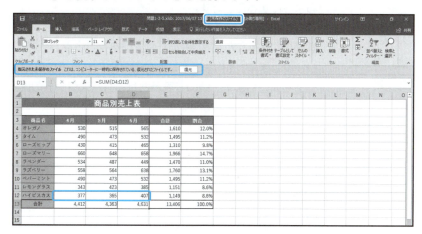

※ 解答操作が終了したら、手順❶～❻の操作で自動保存の間隔を10分に戻しておきます。

！ポイント

以前のバージョンで上書きする

メッセージバーの［復元］をクリックすると、「前回保存したバージョンを選択したバージョンで上書きしようとしています。」というメッセージが表示されます。［OK］をクリックすると、現在のファイルが以前の自動保存されたバージョンで上書きされます。

1-2-6 パスワードでブックを暗号化する

練習問題

問題フォルダー
└問題 1-2-6.xlsx

解答フォルダー
└上半期支店別売上
　（解答 1-2-6）.xlsx

【操作 1】ブックにパスワード「kamihan」を設定して暗号化し、「上半期支店別売上」という名前を付けて［Excel2016 エキスパート（実習用）］フォルダーに保存して閉じます。

【操作 2】保存したブック「上半期支店別売上」を、パスワード「kamihan」を入力して開きます。

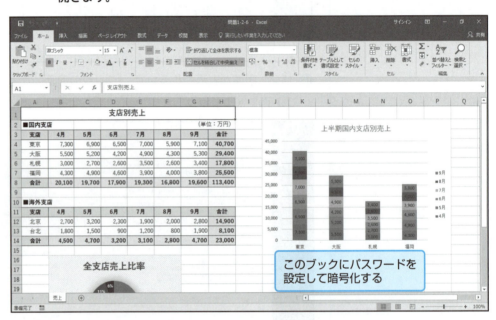

機能の解説

重要用語

☐ 暗号化
☐ パスワードの入力
☐ ［ブックの保護］ボタン
☐ ［パスワードを使用して暗号化］
☐ ［ドキュメントの暗号化］ダイアログボックス
☐ ［パスワード］ダイアログボックス

Excel にはシートやブックの要素を保護するなどの多様なセキュリティ機能がありますが、最も確実な方法はブックそのものを暗号化して、開くときにパスワードの入力を求めるようにすることです。

ブックを暗号化するには、ブックを開いた状態で［ファイル］タブをクリックし、［情報］画面の  ［ブックの保護］ボタンをクリックし、［パスワードを使用して暗号化］をクリックします。［ドキュメントの暗号化］ダイアログボックスが表示されるので、パスワードを入力します。続いて表示される［パスワードの確認］ダイアログボックスでも同じパスワードを入力します。

［ドキュメントの暗号化］ダイアログボックス

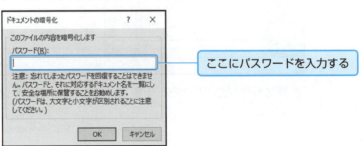

46　第 1 章　ブックのオプションと設定の管理

> **ヒント**
> **パスワードの設定**
> パスワードは半角の255文字以内で、文字や数字、スペース、記号が使用でき、大文字と小文字も区別されます。パスワードは設定後に解除や変更することができますが、パスワードを忘れるとブックを開くことができなくなります。パスワードの管理には注意してください。

暗号化したブックは、開くときに［パスワード］ダイアログボックスが表示され、正しいパスワードを入力しないと開くことができません。

暗号化したブックを開くときに表示される［パスワード］ダイアログボックス

正しいパスワードを入力しないとブックを開くことができない

操作手順

【操作1】

❶［ファイル］タブをクリックします。

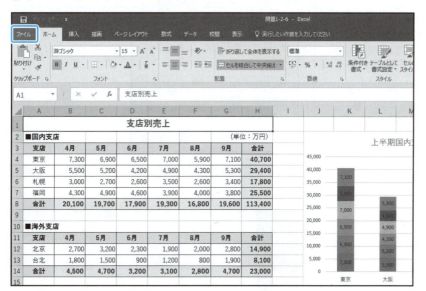

❷［情報］画面が表示されるので、［ブックの保護］ボタンをクリックします。

❸一覧から［パスワードを使用して暗号化］をクリックします。

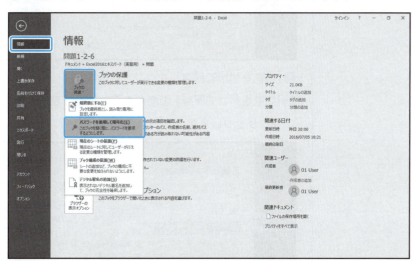

1-2 ブックの校閲を管理する 47

❹［ドキュメントの暗号化］ダイアログボックスが表示されるので、［パスワード］ボックスに「kamihan」と入力します。※画面上には「●●●●●●」と表示されます。

❺［OK］をクリックします。

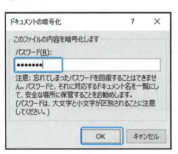

❻［パスワードの確認］ダイアログボックスが表示されるので、［パスワードの再入力］ボックスに再び「kamihan」と入力します。

❼［OK］をクリックします。

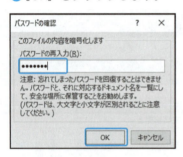

❽「ブックの保護」の色が変わり、「このブックを開くにはパスワードが必要です。」と表示されます。

❾［名前を付けて保存］をクリックします。

❿［名前を付けて保存］画面が表示されるので、［その他のオプション］（または［参照］）をクリックします。

★ヒント

パスワードの解除

設定したパスワードを解除するには、パスワードを入力してブックを開いたあとに、手順❶～❸を行い、表示される［ドキュメントの暗号化］ダイアログボックスの［パスワード］ボックスの「●」をすべて削除し、［OK］をクリックします。

★ヒント
書き込みパスワードの設定

[名前を付けて保存]ダイアログボックスの[ツール]をクリックし、[全般オプション]をクリックすると、[全般オプション]ダイアログボックスが表示され、[読み取りパスワード]と[書き込みパスワード]を設定できます。読み取りパスワードは[パスワードを使用して暗号化]と同じ機能で、設定するとブックを開くときにパスワードの入力が求められます。書き込みパスワードを設定すると、パスワードを知らなくても読み取り専用で開くことはできますが、パスワードを入力して開かないと上書き保存ができなくなります。

⓫ [名前を付けて保存]ダイアログボックスが表示されるので、[ファイルの場所]ボックスで[Excel2016エキスパート(実習用)]をクリックします。

⓬ [ファイル名]ボックスに「上半期支店別売上」と入力します。

⓭ [保存]をクリックします。

⓮ [ファイル]タブをクリックします。

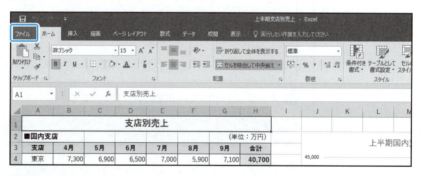

⓯ [閉じる]をクリックします。

⓰ ブック「上半期支店別売上」が閉じられます。

【操作2】

⓱ [ファイル]タブをクリックします。

⓳ [開く] 画面が表示されるので、[最近使ったアイテム] の [今日] の一覧から [上半期支店別売上] をクリックします。

⓳ [パスワード] ダイアログボックスが表示されるので、[パスワード] ボックスに、パスワード「kamihan」を入力します。

⓴ [OK] をクリックします。

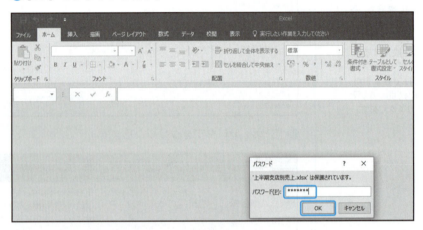

㉑ ブック「上半期支店別売上」が開きます。

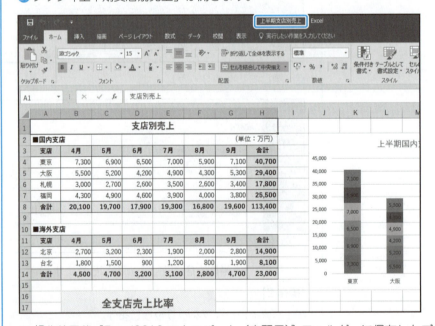

※ 操作終了後、[Excel2016 エキスパート（実習用）] フォルダーに保存したブック「上半期支店別売上」は削除しておきます。

Chapter

2 ユーザー定義のデータ表示形式や
レイアウトの適用

本章で学習する項目

☐ ユーザー定義の表示形式と入力規則を
　データに適用する

☐ 詳細な条件付き書式やフィルターを
　適用する

☐ ユーザー設定のブックの要素を
　作成する、変更する

☐ ほかの言語に対応したブックを
　準備する

2-1 ユーザー定義の表示形式と入力規則をデータに適用する

ユーザー定義の表示形式やユーザー設定リストを使用すると、独自の形式でデータを表示したり、規則性のないデータをオートフィルを使って連続入力するなど、表作成を効率よく進めることができます。

2-1-1 ユーザー定義の表示形式を作成する

練習問題

問題フォルダー
└問題2-1-1.xlsx

解答フォルダー
└解答2-1-1.xlsx

【操作 1】セル B3 〜 G3 に「2011 年度」「2012 年度」…「2016 年度」と表示されるようにユーザー定義の表示形式を設定します。

【操作 2】セル B4 〜 G14 のユーザー定義の表示形式を編集し、数値の下 3 桁を非表示にして千円単位で表示します。

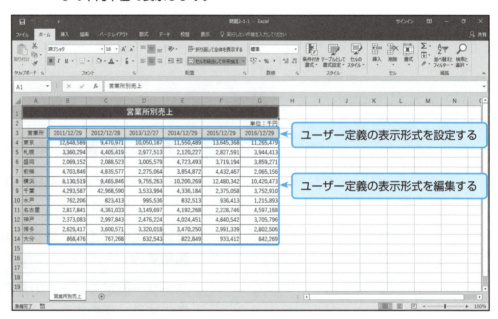

機能の解説

- ユーザー定義の表示形式
- 書式記号
- [セルの書式設定] ダイアログボックスの [表示形式] タブ
- [ユーザー定義]

Excel には数値、通貨、会計、日付、時刻、文字列などさまざまな表示形式があらかじめ用意されていますが、表示形式用の書式記号を組み合わせることによって、ユーザー独自の表示形式を設定することができます。これをユーザー定義の表示形式といいます。ユーザー定義の表示形式を設定するには、[ホーム] タブの [数値] グループ右下の [表示形式] ボタンをクリックし、[セルの書式設定] ダイアログボックスの [表示形式] タブを表示します。[分類] ボックスの [ユーザー定義] を選択し、[種類] ボックスに書式記号を組み合わせたユーザー定義の表示形式を設定します。

ヒント
［ユーザー定義］に登録されている表示形式

［ユーザー定義］には、さまざまな表示形式があらかじめ登録されています。登録されている表示形式を編集して新しい表示形式を作成することもできます。

ヒント
ユーザー独自の表示形式の削除

登録したユーザー独自の表示形式は［種類］ボックスの一覧に追加されます。［種類］ボックスの一覧から、削除したい表示形式を選択し、［削除］をクリックすると、追加した表示形式を削除することができます。

ヒント
正、負の値で異なる表示形式を設定する

「正の数値」「負の数値」「0」「文字列」の場合のそれぞれの表示形式を「;」(セミコロン) で区切って表します。

ヒント
色の書式記号

書式記号の先頭に［ ］で囲んだ色名を入力すると、色を指定することができます。たとえば「［赤］#,###」とすると、桁区切り記号が付いた数値が赤色で表示されます。色には、黒、緑、白、青、紫、黄、水、赤の8色が指定できます。

ヒント
条件の指定

条件を指定して、数値がそれを満たす場合のみ表示形式を適用することもできます。条件は比較演算子と値で指定し、［ ］で囲みます。たとえば「［緑］[>=10];［赤］[<10]」とすると、10以上が緑色、10未満が赤色で表示されます。

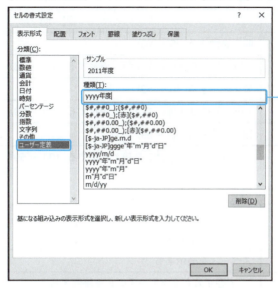

［セルの書式設定］ダイアログボックスの［表示形式］タブの［分類］の［ユーザー定義］を選択した状態

書式記号を使ってユーザー定義の表示形式を設定する

●数値の書式記号

書式記号	説明
#	数値の桁を示す。指定した桁数より少ない場合は有効桁数のみを表示する
0	数値の桁を示す。指定した桁数より少ない場合は空いた桁に「0」を表示する
?	数値の桁を示す。指定した桁数より少ない場合は空いた桁に空白を表示する
,	桁区切り記号のカンマ「,」を表示する。桁を示す#や0の書式記号の後に指定されている場合は1,000単位の位で数値が表示される
¥	通貨記号「¥」を表示する
%	パーセント「%」を表示する

●日付の書式記号

書式記号	説明
yy	西暦の年の下2桁を表示する
yyyy	西暦の年を4桁で表示する
e	和暦の年を表示する
ee	1桁の和暦の年に0を付けて2桁で表示する
g	元号を英字1文字で表示する（M、T、S、H）
gg	元号を漢字1文字で表示する（明、大、昭、平）
ggg	元号を漢字で表示する（明治、大正、昭和、平成）
m	月を表示する（1～12）
mm	1桁の月に0を付けて2桁で表示する（01～12）
mmm	月を英語3文字で表示する（Jan～Dec）
mmmm	月を英語で表示する（January～December）
d	日にちを表示する（1～31）
dd	1桁の日にちに0を付けて2桁で表示する（01～31）
ddd	曜日を英語3文字で表示する（Sun～Sat）
dddd	曜日を英語で表示する（Sunday～Saturday）
aaa	曜日を漢字1文字で表示する（日～土）
aaaa	曜日を漢字で表示する（日曜日～土曜日）

★ヒント
書式記号「m」
書式記号「m」と「mm」は、年や日と一緒に使用すると「月」、時や秒と一緒に使用すると「分」として扱われます。単独で使用する場合は「月」として扱われます。

●時刻の書式記号

書式記号	説　明
h	時を表示する（0～23）
hh	1桁の時に0を付けて2桁で表示する（00～23）
m	分を表示する（0～59）
mm	1桁の分に0を付けて2桁で表示する（00～59）
s	秒を表示する（0～59）
ss	1桁の秒に0を付けて2桁で表示する（00～59）

★ヒント
単位の表示
数値に単位などの文字列を付けて表示する場合は、文字列をダブルクォーテーション(")で囲み、数値を表示する書式記号と組み合わせて入力します。たとえば、「1000」と入力して、「1,000個」と表示する場合は、表示形式に「#,###"個"」と設定します。「1,000個」とセルに直接入力すると文字列になり計算ができなくなるのに対し、表示形式で設定した場合は数値なので計算することができます。

●文字の書式記号

書式記号	説　明
@	セル内の文字列を表示する
スペース	スペースを表示する
" "	" "で囲まれた文字列をそのまま表示する
_	その次の文字幅分スペースを表示する
*	その次の文字を列幅全体にわたって繰り返し表示する

操作手順

【操作1】

❶ セルB3～G3を範囲選択します。

❷ ［ホーム］タブの［数値］グループ右下の 🔲 ［表示形式］ボタンをクリックします。

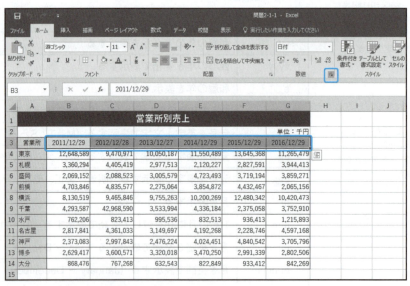

★ヒント
ダブルクォーテーション(")の入力を省略
［セルの書式設定］ダイアログボックスの［種類］ボックスに、ダブルクォーテーション(")を省略して文字列を入力しても、自動的にダブルクォーテーション(")が補われます。この例の場合は、「yyyy"年""度"」となります。「yyyy"年度"」と設定しても同様に表示されます。

❸ ［セルの書式設定］ダイアログボックスが表示されるので、［表示形式］タブの［分類］ボックスの［ユーザー定義］をクリックします。

❹ ［種類］ボックスに「yyyy年度」と入力します。

❺ ［サンプル］に「2011年度」と表示されたことを確認します。

> **その他の操作方法**
> ［セルの書式設定］ダイアログボックスの表示
>
> ［ホーム］タブの［数値の書式］ボックスの▼をクリックし、一覧から［その他の表示形式］をクリックしても、［セルの書式設定］ダイアログボックスを表示することができます。

> **ヒント**
> ユーザー独自の表示形式の保存
>
> ユーザー独自の表示形式はブックに保存されるので、他のブックでは使用できません。新しいブックで同じユーザー定義の独自の表示形式を使用するには、その表示形式が登録されているブックをテンプレートとして保存し、使用します（「1-1-1」参照）。

❻ ［OK］をクリックします。

❼ セル B3 ～ G3 の年に「年度」が付いて表示されます。

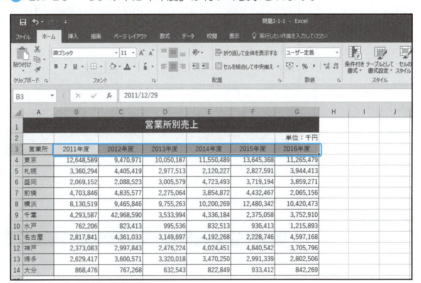

【操作 2】

❽ セル B4 ～ G14 を範囲選択します。

❾ ［ホーム］タブの［数値］グループ右下の ［表示形式］ボタンをクリックします。

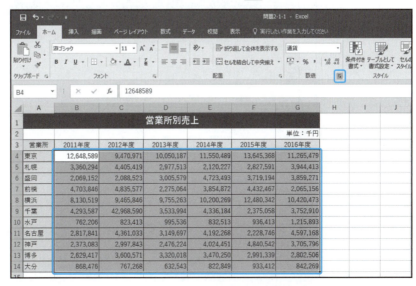

2-1 ユーザー定義の表示形式と入力規則をデータに適用する | 55

❿ ［セルの書式設定］ダイアログボックスが表示されるので、［分類］ボックスの［ユーザー定義］をクリックします。

⓫ ［種類］ボックスに「#,##0」と表示されるので、「0」の後ろに「，」（カンマ）を入力し、「#,##0,」とします。

⓬ ［サンプル］に「12,649」と表示され、下3桁が非表示になったことを確認します。

⓭ ［OK］をクリックします。

❿ セルB4～G14の数値の下3桁が非表示になります。

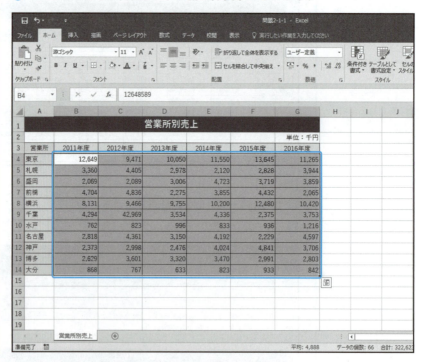

💡ヒント
表示形式を標準に戻す

セルを選択し、［ホーム］タブの［数値の書式］ボックスの▼をクリックして、一覧から［標準］をクリックすると、設定した表示形式が解除されます。［セルの書式設定］ダイアログボックスの［表示形式］タブで設定する場合は、［分類］ボックスの［標準］をクリックします。標準の書式記号は「G/標準」です。

2-1-2 連続データの詳細オプションを使ってセルにデータを入力する

練習問題

問題フォルダー
└ 問題2-1-2.xlsx
解答フォルダー
└ 解答2-1-2.xlsx

【操作1】フラッシュフィルを使用して、「班」の列にすべて「第1班」と入力します。ただし、セルの書式は変更しません。

【操作2】フラッシュフィルを使用して、「氏名」の列に「姓」と「名」の間に全角スペースをはさんでつなげた氏名を入力します。ただし、セルの書式は変更しません。

【操作3】H列に、連続データを作成して、2017年6月の土日を除く日付（週日）を入力します。

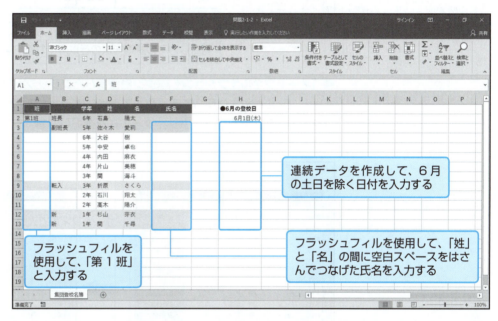

機能の解説

重要用語

☐ フラッシュフィル
☐ 入力したデータと同じ規則の文字列を自動的に入力する
☐ 入力中に表示される候補を確定する
☐ ［フィル］ボタン
☐ ［フラッシュフィル］
☐ ［オートフィルオプション］ボタン
☐ ［連続データの作成］
☐ ［連続データ］ダイアログボックス

フラッシュフィルは、入力したデータからExcelが規則性を認識し、入力したデータと同じ規則の文字列を自動的に入力する機能です。入力中に表示される候補を確定する方法と、データを入力後に［ホーム］タブの ［フィル］ボタンの▼をクリックして［フラッシュフィル］をクリックする方法、オートフィル機能を使用してデータを入力後に［オートフィルオプション］ボタンの一覧から選択する方法があります。
フラッシュフィルではセルの書式はコピーされないため、元の書式が保持されます。

2-1 ユーザー定義の表示形式と入力規則をデータに適用する | 57

● 入力中に表示される候補を確定する方法

サンプルとなるデータを入力し、次のセルにデータを途中まで入力すると、文字列の変換中でも同じ規則のデータが入力候補として表示され、**Enter** キーを 2 回押すことにより入力候補を確定し、同じデータ範囲に一括で入力できます。

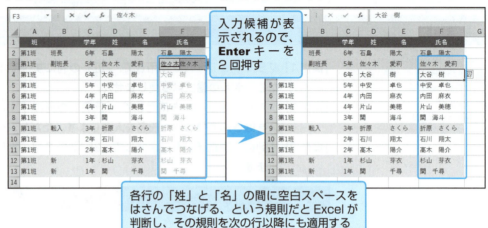

各行の「姓」と「名」の間に空白スペースをはさんでつなげる、という規則だと Excel が判断し、その規則を次の行以降にも適用する

● ［オートフィルオプション］ボタンを使用したフラッシュフィルの実行

オートフィル機能を使用してデータを入力後に表示される ［オートフィルオプション］ボタンの一覧にある［フラッシュフィル］を選択しても、フラッシュフィルを実行することができます。

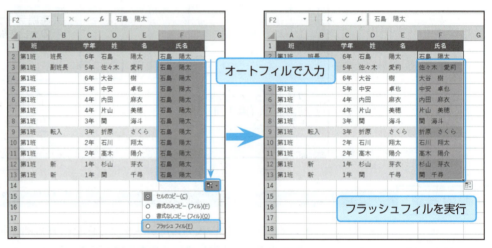

その他の操作方法

［フラッシュフィル］ボタン

［データ］タブの ［フラッシュフィル］ボタンをクリックしても、同様にフラッシュフィルが実行されます。

ヒント

［フィル］ボタンの一覧

［ホーム］タブの ［フィル］ボタンの▼をクリックした一覧には、［下方向へコピー］［右方向へコピー］［上方向へコピー］［左方向へコピー］など方向を指定してコピーするコマンドがあります。これらは、コピー先のセルを選択した状態で、コピー元のセルをどの方向にコピーするのかを指定します。

● ［フィル］ボタンを使用したフラッシュフィルの実行

サンプルとなるデータを入力後に、同じ規則で入力したいセルをアクティブにし、［ホーム］タブの ［フィル］ボタンをクリックし、一覧から［フラッシュフィル］をクリックします。

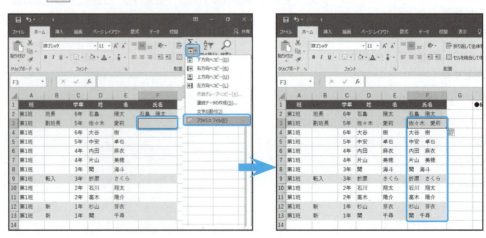

●連続データの作成

[フィル]ボタンの▼をクリックして、[連続データの作成]をクリックすると、[連続データ]ダイアログボックスが表示され、データを入力する範囲やデータの種類、増分値、停止値などを指定して、連続データを入力することができます。なお、作成した連続データには元になった値のセルと同じ書式が設定されます。

50 までの間で、1 から 5 ずつ増える値を入力するよう、[連続データ]ダイアログボックスで設定

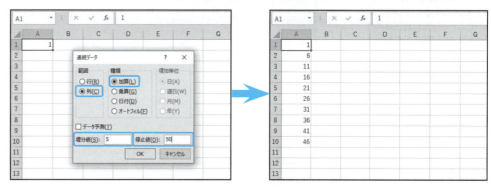

操作手順

【操作 1】

① セル A2 をクリックします。

② [ホーム]タブの [フィル]ボタンをクリックします。

③ 一覧から[フラッシュフィル]をクリックします。

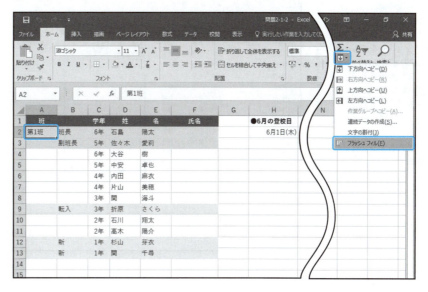

2-1 ユーザー定義の表示形式と入力規則をデータに適用する | 59

◆その他の操作方法

[オートフィルオプション] ボタンからフラッシュフィルを実行

セルA2をクリックし、右下のフィルハンドルをポイントし、マウスポインターの形が＋に変わったらダブルクリックします。セルA3～A13に「第2班」～「第12班」と入力され、セルA2と同じ塗りつぶしの色が設定されるので、セルA13の右下に表示される [オートフィルオプション] ボタンをクリックし、一覧から [フラッシュフィル] をクリックします。セルA3～A13に「第1班」と入力され、塗りつぶしの色が元に戻ります。

★ヒント

フラッシュフィルで変更されたセルの数

フラッシュフィルを実行すると、ステータスバーに「フラッシュフィルの変更されたセル：11」と、変更されたセルの数が表示されます。

★ヒント

フラッシュフィルの設定

フラッシュフィルがうまく動作しない場合は、[ファイル] タブをクリックし、[オプション] をクリックします。[Excelのオプション] ダイアログボックスが表示されるので、[詳細設定] をクリックし、[編集設定] にある [オートコンプリートを使用する] [フラッシュフィルを自動的に行う] のチェックボックスがいずれもオンになっているか確かめます。

❹ セルA3～A13に「第1班」と入力されます。書式は変更されません。

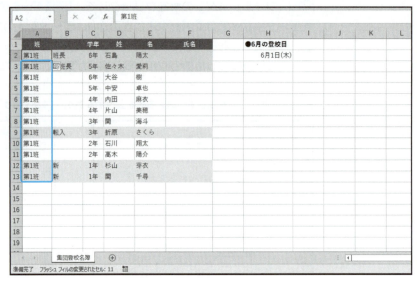

【操作2】

❺ セルF2をクリックします。

❻ 「石島　陽太」（姓と名の間は全角スペース）と入力します。

❼ セルF3に「佐々木」と入力します。

❽ 「佐々木　愛莉」と表示され、セルF4～F13にも、同じ行のD列の姓とF列の名を空白スペースをはさんでつなげた氏名が淡色表示されるので、**Enter** キーを押します。

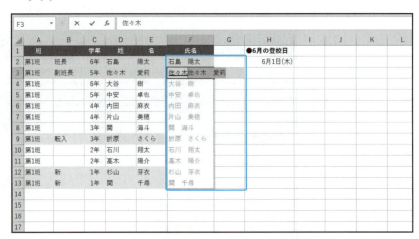

❾ 「佐々木　愛莉」の変換が確定するので、再度 **Enter** キーを押します。

その他の操作方法
[フィル] ボタンを使用

セルF2に「石島　陽太」と入力後、セルF3がアクティブになっている状態で、[ホーム] タブの [フィル] ボタンをクリックし、一覧から [フラッシュフィル] をクリックします。セルF4～F13に同じ行のD列の姓とE列の名を空白スペースをはさんでつなげた氏名が入力されます。書式は変わりません。

ヒント
日付の形式

セルH2の日付は、ユーザー定義の表示形式（「2-1-1」参照）で、曜日まで表示される設定になっています。連続データを作成すると同じ表示形式が設定されます。

⓾ セルF4～F13に同じ行のD列の姓とE列の名を空白スペースをはさんでつなげた氏名が入力されます。書式は変更されません。

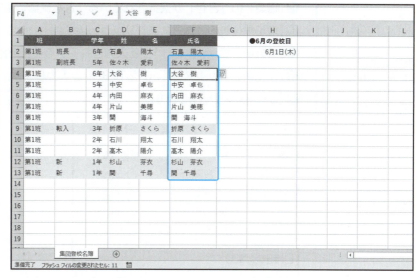

【操作3】

⓫ セルH2をクリックします。

⓬ [ホーム] タブの [フィル] ボタンをクリックします。

⓭ [連続データの作成] をクリックします。

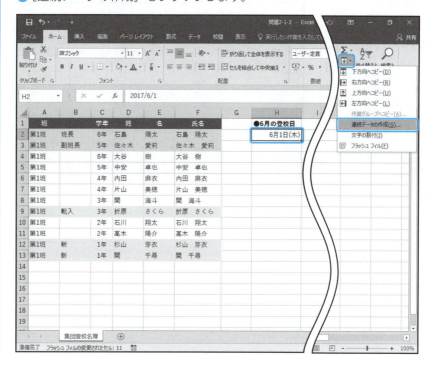

★ヒント
週日
[増加単位]を[週日]にすると、土日を除いた日付が入力されます。

★ヒント
日付の停止値
日付の連続データを作成する場合、[停止値]ボックスにはデータの最終範囲を「年／月／日」の形式（今年の場合は年を省略可）で入力します。

★ヒント
[オートフィルオプション]ボタンから[フラッシュフィル]を実行
セルH2の日付をオートフィルでコピーして表示される[オートフィルオプション]ボタンをクリックしても、一覧から[連続データ（週日単位）]を選択することができます。ただし、この方法では6月の最終日を指定することができないため、何行目までドラッグすればよいかがわからないため、この例には不向きです。

⑭［連続データ］ダイアログボックスが表示されるので、［範囲］の［列］をクリックします。
⑮［種類］の［日付］が選択されていることを確認します。
⑯［増加単位］の［週日］をクリックします。
⑰［増分値］ボックスに「1」と入力されていることを確認します。
⑱［停止値］ボックスに「2017/6/30」と入力します。
⑲［OK］をクリックします。

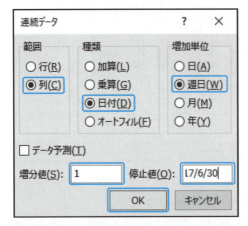

⑳ セルH3～H23に6月の土日を除いた日付が表示されます。

第2章　ユーザー定義のデータ表示形式やレイアウトの適用

2-1-3 ユーザー設定リストを使ってセルにデータを連続入力する

練習問題

問題フォルダー
└問題2-1-3.xlsx

解答フォルダー
└解答2-1-3.xlsx

【操作1】 ワークシート「営業所別売上」のセルA4～A14に入力されているデータをユーザー設定リストに登録します。

【操作2】 ワークシート「最優秀者」のセルB5～B11、セルG5～G8に、範囲の先頭セルに入力されている営業所名をもとにオートフィルを使用して連続入力します。

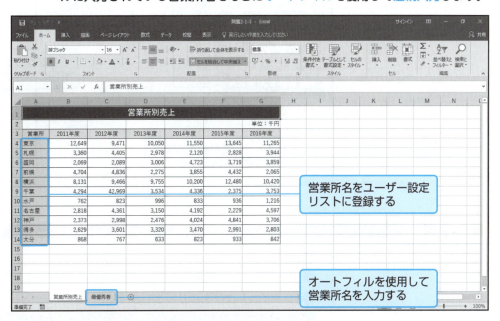

営業所名をユーザー設定リストに登録する

オートフィルを使用して営業所名を入力する

機能の解説

重要用語
☐ オートフィル
☐ ユーザー設定リスト
☐ 連続入力
☐ [Excelのオプション]ダイアログボックスの[詳細設定]
☐ [ユーザー設定リストの編集]
☐ [ユーザー設定リスト]ダイアログボックス

オートフィルは、隣接するセルに日付や時刻などの規則性のある連続データを作成する機能で、連続性のないデータの場合は同じ値がコピーされます。ただし、あらかじめユーザー設定リストに登録しておくと、オートフィルを使用して不規則なデータを連続入力することができるようになります。ユーザー設定リストに登録するには、[ファイル]タブの[オプション]をクリックします。[Excelのオプション]ダイアログボックスが表示されるので、[詳細設定]をクリックし、[全般]の[ユーザー設定リストの編集]をクリックします。

[Excelのオプション]ダイアログボックス

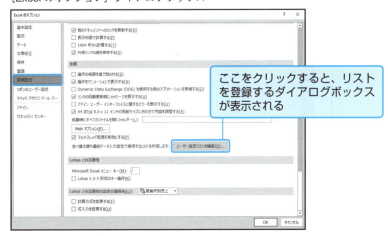

ここをクリックすると、リストを登録するダイアログボックスが表示される

2-1 ユーザー定義の表示形式と入力規則をデータに適用する

[ユーザー設定リスト］ダイアログボックスが表示されるので、リストを登録します。
リストの登録には、次の2つの方法があります。

【方法1】[リストの取り込み元範囲］ボックスにリストとして登録する項目が入力されているセル範囲を指定し、[インポート] をクリックします。

【方法2】[リストの項目］ボックスにリストの項目を並び順に従って **Enter** キーで区切って入力し、[追加] をクリックします。

> **★ヒント**
> **登録したリストの削除**
> 登録したリストを削除するには、[ユーザー設定リスト]ボックスの一覧から削除したいリストをクリックし、[削除]をクリックします。

[ユーザー設定リスト] ダイアログボックス

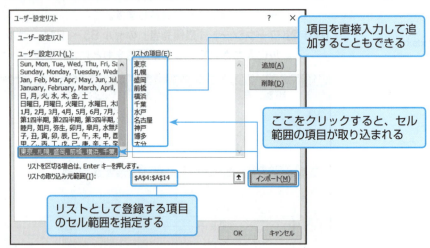

操作手順

【操作1】
① ワークシート「営業所別売上」のセル A4 ～ A14 を範囲選択します。
② [ファイル] タブをクリックします。

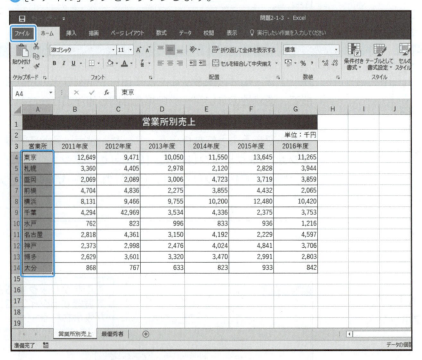

64 | 第2章 ユーザー定義のデータ表示形式やレイアウトの適用

❸［オプション］をクリックします。

❹［Excel のオプション］ダイアログボックスが表示されるので、［詳細設定］をクリックします。

❺［全般］の［ユーザー設定リストの編集］をクリックします。

2-1　ユーザー定義の表示形式と入力規則をデータに適用する　65

ヒント
データのインポート

セル範囲を選択せずに［Excelのオプション］ダイアログボックスを開き、［リストの取り込み元範囲］ボックスをクリックしてから、セル範囲を選択することもできます。

❻ ［ユーザー設定リスト］ダイアログボックスが表示されるので、［リストの取り込み元範囲］ボックスに「$A$4:$A$14」と表示されていることを確認し、［インポート］をクリックします。

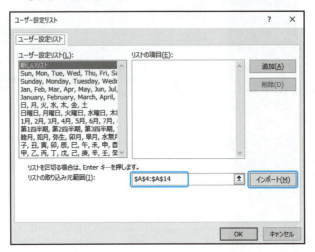

❼ ［リストの項目］ボックスと［ユーザー設定リスト］ボックスに、営業所名がセル範囲に入力されている順序で表示されます。

❽ ［OK］をクリックします。

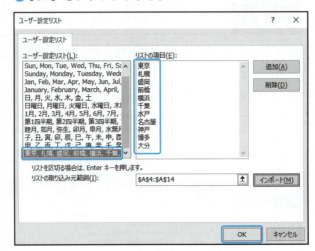

❾ ［Excelのオプション］ダイアログボックスの［OK］をクリックします。

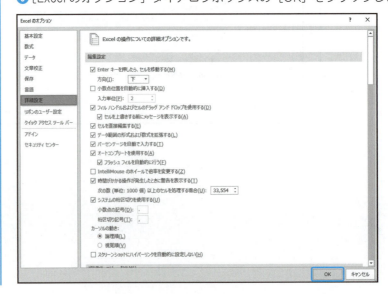

【操作2】

❿ ワークシート「最優秀者」のシート見出しをクリックします。

⓫ セルB5をクリックし、右下のフィルハンドルをポイントして、マウスポインターの形が＋に変わったら、ダブルクリックします。

⓬ セルB6～B11に営業所名が入力されます。

⓭ 同様にセルG5のフィルハンドルをダブルクリックします。

⓮ セルG6～G8に営業所名が入力されます。

※ 操作終了後、ユーザー設定リストに登録した営業所名は削除しておきます。

2-1-4 データの入力規則を設定する

練習問題

問題フォルダー
└問題2-1-4.xlsx

解答フォルダー
└解答2-1-4.xlsx

【操作1】セルD9（結合セル）にデータの入力規則を設定して、セル範囲I4:I9のデータのリストから選択して入力するようにし、それ以外のデータを入力した場合は、次のようなエラーメッセージが表示されるようにします。
- スタイル：停止
- タイトル：入力エラー
- エラーメッセージ：リストから選択してください。

【操作2】セルD9に設定されたリストを使用して、「牧野　絵美」の氏名とメールアドレスを入力します。

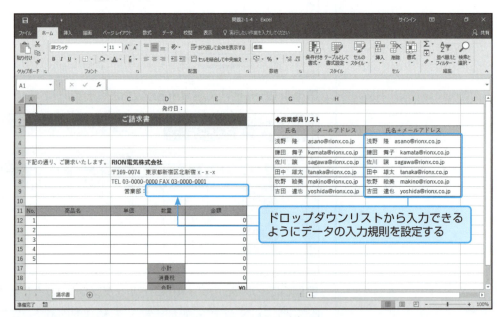

機能の解説

重要用語

- データの入力規則
- ［データの入力規則］ボタン
- ［データの入力規則］ダイアログボックス
- ［設定］タブの［入力値の種類］ボックス
- ［入力時メッセージ］タブ
- ［エラーメッセージ］タブ
- ［日本語入力］タブ

セルに入力できるデータの種類や文字数などを制限する場合は、データの入力規則を設定します。データの入力規則は無効なデータが入力されないように制限する機能です。入力制限以外にも、エラーメッセージを表示したり、日本語入力システムのオン／オフを自動的に切り替える機能があります。

データの入力規則を設定するには、目的のセルを選択し、［データ］タブの［データの入力規則］ボタンをクリックします。［データの入力規則］ダイアログボックスが表示されるので各タブで詳細を設定します。

● [設定] タブ

[入力値の種類] ボックスで、入力する値の種類を選択できます。選択した種類によって、その下に表示されるボックスの内容が異なります。

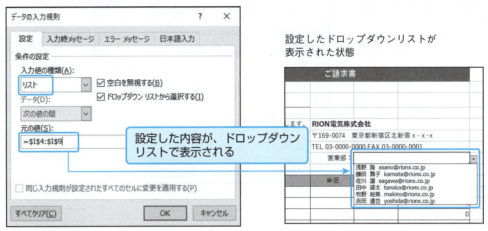

[入力値の種類] ボックスで選択した種類に応じて、入力制限の内容は次のように異なります。

入力値の種類	制限内容
すべての値	既定の設定。入力値が制限されないため、すべての値を入力できる
整数、小数点数	指定した範囲外の数値（整数、小数点数）の入力を制限する
リスト	指定したリストの範囲以外の値の入力を制限する。入力時に指定したリストがドロップダウンで表示され、選択できる
日付、時刻	「2017/2/1 から 2017/2/28」のように、指定した期間の日付、時刻に入力を制限する
文字列（長さ指定）	入力する文字数を制限する。全角、半角は問わない
ユーザー設定	別のセルの計算結果を参照して、入力を制限する条件を指定する

● [入力時メッセージ] タブ

入力規則が設定されたセルに入力するときに表示されるメッセージを設定できます。

2-1 ユーザー定義の表示形式と入力規則をデータに適用する | 69

ポイント
エラーメッセージの種類

エラーメッセージには、[停止]、[注意]、[情報]の3つのスタイルがあります。[スタイル]ボックスで指定したスタイルにより、エラーメッセージのアイコンやボタンが異なり、処理方法が変わります。

● [エラーメッセージ] タブ

入力規則で許されていないデータ（無効なデータ）を入力すると、指定した警告が表示されるように設定できます。

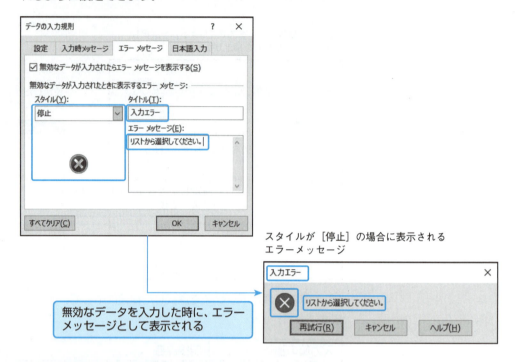

無効なデータを入力した時に、エラーメッセージとして表示される

スタイルが[停止]の場合に表示されるエラーメッセージ

ヒント
日本語入力

既定では、日本語入力システムは[コントロールなし]の状態になっています。

● [日本語入力] タブ

データ入力時に、日本語入力システムのオン／オフが自動的に切り替わるよう設定できます。

▼をクリックして、日本語入力オン、オフ、無効、ひらがな、全角カタカナなどを選択する

ヒント
「日本語入力オン」と「ひらがな」の違い

[日本語入力]ボックスの[日本語入力オン]を選択し設定すると、そのセルをクリックしたときに、日本語入力がオンの状態すなわち変換できる状態になります。入力モードは直前に選択した日本語入力モードがオンのセルと同じモードになります。たとえば、直前のモードがひらがなの場合はひらがなに、半角カタカナの場合は半角カタカナになります。[ひらがな]を選択し設定すると、そのセルをクリックしたときにひらがなで入力できる状態になります。

操作手順

【操作1】

❶ セル D9（結合セル）をクリックします。

❷ ［データ］タブの ［データの入力規則］［データの入力規則］ボタンをクリックします。

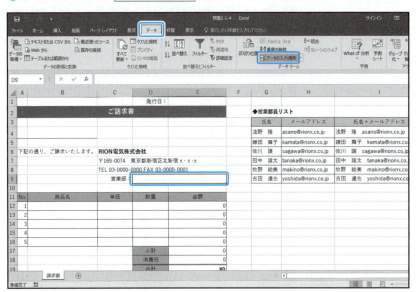

❸ ［データの入力規則］ダイアログボックスが表示されるので［設定］タブの［条件の設定］の［入力値の種類］ボックスの▼をクリックします。

❹ 一覧から［リスト］をクリックします。

❺ ［ドロップダウンリストから選択する］チェックボックスがオンになっていることを確認します。

❻ ［元の値］ボックスをクリックし、セル I4 〜 I9 を範囲選択します。

❼ ［元の値］ボックスに「=$I$4: $I$9」と表示されたことを確認します。

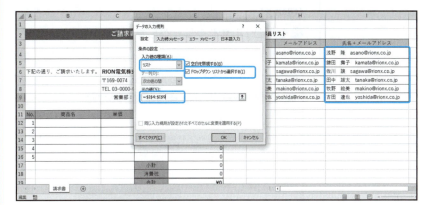

> **★ヒント**
> **スタイルの変更**
> ［スタイル］ボックスの▼をクリックすることで、他のスタイルに変更することができます。

❽ ［エラーメッセージ］タブの［無効なデータが入力されたらエラーメッセージを表示する］チェックボックスがオンになっていることを確認します。

❾ ［無効なデータが入力されたときに表示するエラーメッセージ］の［スタイル］ボックスに［停止］と表示されていることを確認します。

❿ ［タイトル］ボックスに「入力エラー」と入力します。

⓫ ［エラーメッセージ］ボックスに「リストから選択してください。」と入力します。

⓬ ［OK］をクリックします。

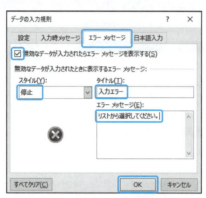

> **★ヒント**
> **データの入力規則のクリア**
> 入力規則を設定した範囲を選択し、❷ の手順で［データの入力規則］ダイアログボックスを表示し、［すべてクリア］をクリックします。

⓭ セル D9 にデータの入力規則が設定され、セルの右側にリストを表示するための▼が表示されます。

【操作 2】

⓮ セル D9 の▼をクリックします。

⓯ 一覧から［牧野　絵美　makino@rionx.co.jp］をクリックします。

⓰ セル D9 に「牧野　絵美　makino@rionx.co.jp」が入力されます。

2-2 詳細な条件付き書式やフィルターを適用する

条件付き書式では、複数の条件を設定したり、条件に数式を使用するなど、さまざまな指定をすることができます。また、フィルターオプションを使用すると、オートフィルターでは実現できない複数の条件を組み合わせてデータを抽出することができます。

2-2-1 ユーザー設定の条件付き書式ルールを作成する

練習問題

問題フォルダー
└問題2-2-1.xlsx

解答フォルダー
└解答2-2-1.xlsx

条件付き書式で新しいルールを作成して、セル B4 ～ G14 の値が 10000 以上の場合はフォントの色を「標準の色」の「青」、2000 以下の場合はフォントの色を「標準の色」の「赤」に設定します。
なお、セル B4 ～ G14 の数値は表示形式で千円単位に設定されています。

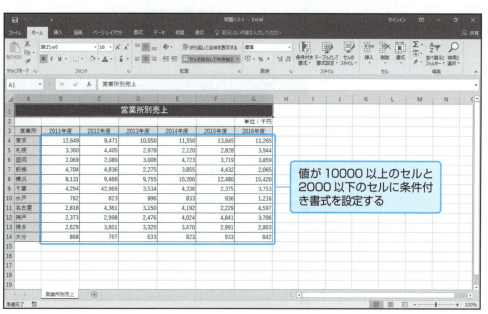

値が 10000 以上のセルと 2000 以下のセルに条件付き書式を設定する

機能の解説

重要用語

☐ 条件付き書式
☐ [条件付き書式] ボタン
☐ [新しいルール]
☐ [新しい書式ルール] ダイアログボックス

条件付き書式を使用すると、設定した条件を満たすセルに特定の書式を適用することができます。よく使われる「指定の値より大きい」「指定の値より小さい」「指定の範囲内」「指定の値に等しい」「文字列」などの条件は [ホーム] タブの [条件付き書式] ボタンをクリックし、[セルの強調表示ルール] をポイントして表示される一覧から選択することができます。ただし、「指定の値以上」「指定の値以下」などの条件やそのほかの詳細な書式は設定することができません。ユーザー独自の条件や書式の設定は、[ホーム] タブの [条件付き書式] ボタンをクリックし、[新しいルール] をクリックして表示される [新しい書式ルール] ダイアログボックスで行います。

[新しい書式ルール] ダイアログボックス

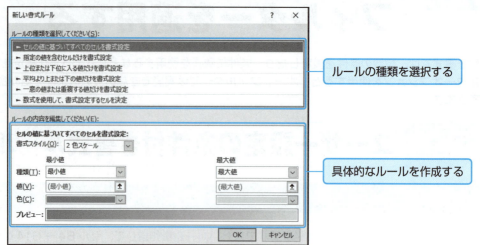

- ルールの種類を選択する
- 具体的なルールを作成する

操作手順

❶ セル B4 ～ G14 を範囲選択します。

❷ [ホーム] タブの [条件付き書式] ボタンをクリックします。

❸ [新しいルール] をクリックします

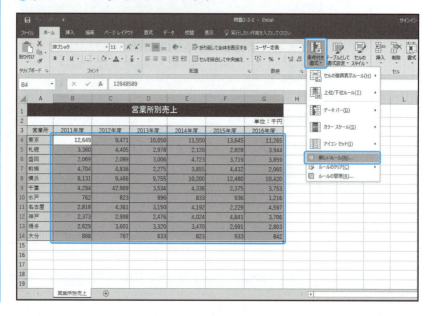

74　第 2 章　ユーザー定義のデータ表示形式やレイアウトの適用

❹［新しい書式ルール］ダイアログボックスが表示されるので、［ルールの種類を選択してください］の一覧から［指定の値を含むセルだけを書式設定］をクリックします。

❺［ルールの内容を編集してください］の［次のセルのみを書式設定］の左端のボックスが［セルの値］になっていることを確認します。

❻ 2番目の「次の値の間」と表示されているボックスの▼をクリックして、一覧から［次の値以上］をクリックします。

❼ 右端のボックスに「10000000」と入力します。

❽［書式］をクリックします。

> **ヒント**
> **数値の入力**
> このサンプルの数値は表示形式で千単位になっています。条件を指定するときは本来の値を入力します。

❾［セルの書式設定］ダイアログボックスが表示されるので、［フォント］タブの［色］ボックスの▼をクリックし、［標準の色］の一覧から［青］（右から3番目）をクリックします。

❿［プレビュー］のフォントの色が青になったことを確認し、［OK］をクリックします。

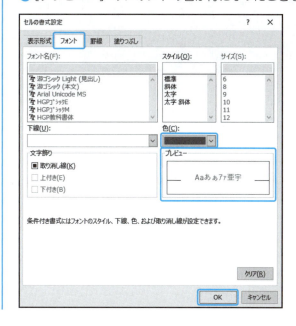

⓫ [新しい書式ルール] ダイアログボックスの [プレビュー] のフォントの色が青になっていることを確認し、[OK] をクリックします。

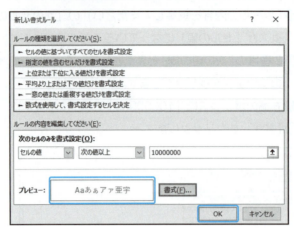

⓬ 値が 10000 以上のセルのフォントの色が青になります。

⓭ セル B4 〜 G14 を範囲選択したまま、[ホーム] タブの [条件付き書式] ボタンをクリックします。

⓮ [新しいルール] をクリックします。

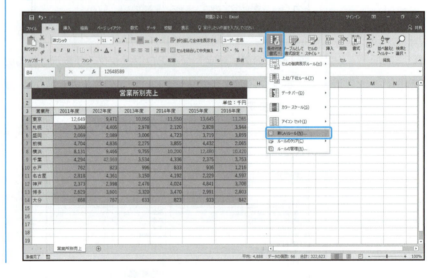

76　第 2 章　ユーザー定義のデータ表示形式やレイアウトの適用

⓯ [新しい書式ルール] ダイアログボックスが表示されるので、[ルールの種類を選択してください] の一覧から [指定の値を含むセルだけを書式設定] をクリックします。

⓰ [ルールの内容を編集してください] の [次のセルのみを書式設定] の左端のボックスが [セルの値] になっていることを確認します。

⓱ 2番目の「次の値の間」と表示されているボックスの▼をクリックして、一覧から [次の値以下] をクリックします。

⓲ 右端のボックスに「2000000」と入力します。

⓳ [書式] をクリックします。

⓴ [セルの書式設定] ダイアログボックスが表示されるので、[フォント] タブの [色] ボックスの▼をクリックし、[標準の色] の一覧から [赤] （左から2番目）をクリックします。

㉑ [プレビュー] のフォントの色が赤になったことを確認し、[OK] をクリックします。

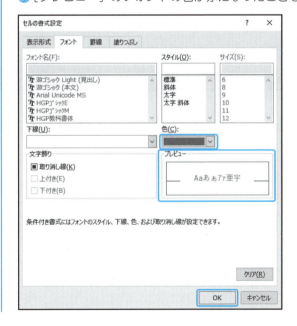

2-2 詳細な条件付き書式やフィルターを適用する 77

㉒ [新しい書式ルール]ダイアログボックスの[プレビュー]のフォントの色が赤になっていることを確認し、[OK]をクリックします。

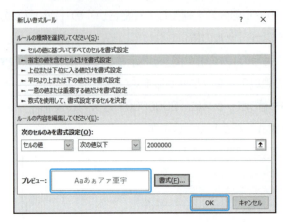

> **★ ヒント**
> **ルールの確認**
> 設定したルールを確認、編集するには、[ホーム]タブの[条件付き書式]ボタンをクリックし、[ルールの管理]をクリックして表示される[ルールの管理]ダイアログボックスを使用します（「2-2-3」参照）。
>
> 　[条件付き書式]ボタン

㉓ 任意のセルをクリックして、範囲選択を解除します。

㉔ 値が10000以上のセルのフォントの色が青、2000以下のセルのフォントの色が赤になったことを確認します。

2-2-2 数式を使った条件付き書式ルールを作成する

練習問題

問題フォルダー
└問題2-2-2.xlsx

解答フォルダー
└解答2-2-2.xlsx

WEEKDAY関数を使って曜日が土日の行に塗りつぶしの色を設定します。WEEKDAY関数は月曜日の戻り値が「0」になる種類を使用し、塗りつぶしの色はRGB値の赤「209」、緑「244」、青「152」を設定します。

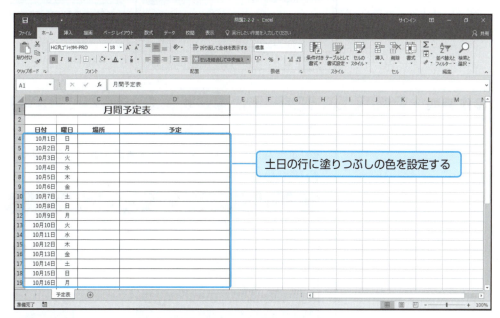

機能の解説

- WEEKDAY関数
- 条件に数式を設定
- ［新しい書式ルール］ダイアログボックス
- ［数式を使用して、書式設定するセルを決定］
- ［次の数式を満たす場合に値を書式設定］ボックス
- 行全体に条件付き書式を設定
- 複合参照

条件付き書式の条件に数式を設定すると、その計算結果によって、セルの書式を変化させることができます。［新しい書式ルール］ダイアログボックスの［ルールの種類を選択してください］の一覧から［数式を使用して、書式設定するセルを決定］をクリックし、［次の数式を満たす場合に値を書式設定］ボックスに数式を入力します。

●行全体に条件付き書式を設定する

条件付き書式で設定した条件を満たしたセルを含む行全体に書式を設定することもできます。条件付き書式を設定する際に表全体を範囲指定し、数式のセル参照は、条件の対象となるセルの列が参照されるように、「=WEEKDAY（$A4,3）」のように列を固定する複合参照で指定します。

［新しい書式ルール］ダイアログボックスで行全体に条件付き書式を設定

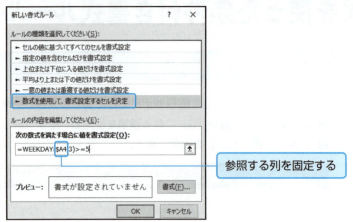

参照する列を固定する

操作手順

❶ セル A4 ～ D34 を範囲選択します。

❷ ［ホーム］タブの ［条件付き書式］ボタンをクリックします。

❸ ［新しいルール］をクリックします。

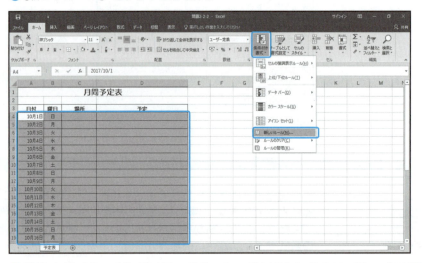

❹ ［新しい書式ルール］ダイアログボックスが表示されるので、［ルールの種類を選択してください］の一覧から［数式を使用して、書式設定するセルを決定］をクリックします。

❺ ［ルールの内容を編集してください］の［次の数式を満たす場合に値を書式設定］ボックスに「=WEEKDAY($A4,3)>=5」と入力します。

❻ ［書式］をクリックします。

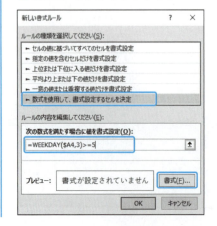

★ヒント
WEEKDAY 関数

WEEKDAY 関数の月曜日の戻り値が「0」になる「種類」（第2引数）は「3」です。月曜日の「0」から数えると土曜日が「5」、日曜日が「6」になるため、計算結果が5以上であれば、土日であると判断できます。WEEKDAY 関数については、「3-3-3」を参照してください。

❼ ［セルの書式設定］ダイアログボックスが表示されるので、［塗りつぶし］タブの［その他の色］をクリックします。

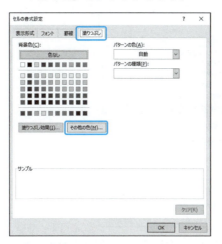

❽ ［色の設定］ダイアログボックスが表示されるので、［ユーザー設定］タブの［カラーモデル］ボックスに「RGB」と表示されていることを確認し、［赤］ボックスを「209」、［緑］ボックスを「244」、［青］ボックスを「152」にします。

❾ ［新規］に薄い緑色が表示されていることを確認し、［OK］をクリックします。

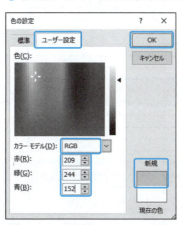

❿ ［セルの書式設定］ダイアログボックスの［サンプル］に薄い緑色の塗りつぶしが表示されていることを確認し、［OK］をクリックします。

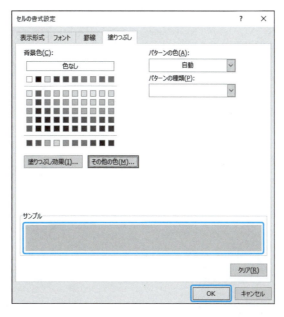

2-2 詳細な条件付き書式やフィルターを適用する | 81

⓫ ［新しい書式ルール］ダイアログボックスの［プレビュー］に薄い緑色の塗りつぶしが表示されていることを確認し、［OK］をクリックします。

⓬ 任意のセルをクリックして、選択範囲を解除します。

⓭ セルA4～D34の土日の行に薄い緑色の塗りつぶしが設定されたことを確認します。

2-2-3 条件付き書式ルールを管理する

練習問題

問題フォルダー
└問題 2-2-3.xlsx
解答フォルダー
└解答 2-2-3.xlsx

【操作 1】条件付き書式の 3 番目のルールを編集して、件数が 100 件以上の行に適用されるように変更します。
【操作 2】条件付き書式の適用順を変更します。
　　　　1 番目　オレンジ色の塗りつぶし（件数が 100 件以上）
　　　　2 番目　青色のフォント（未解決が 20 件以上）
　　　　3 番目　赤色のフォント（解決率が 80％以下）

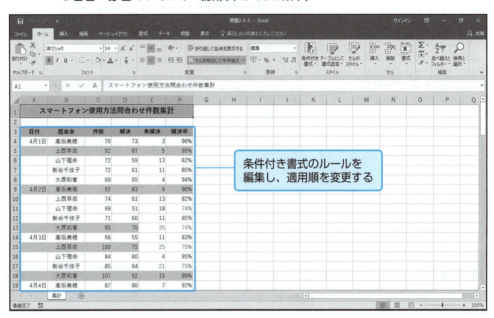

機能の解説

重要用語

- [条件付き書式] ボタン
- [ルールの管理]
- [条件付き書式ルールの管理] ダイアログボックス
- [ルールの編集]
- [書式ルールの編集] ダイアログボックス
- [書式ルールの表示] ボックス
- ルールの適用順を変更
- [上へ移動] ボタン
- [下へ移動] ボタン

セルに設定した条件付き書式のルールは、[ホーム] タブの [条件付き書式] ボタンをクリックし、[ルールの管理] をクリックして表示される [条件付き書式ルールの管理] ダイアログボックスに表示されます。

[条件付き書式ルールの管理] ダイアログボックスで、編集するルールを選択し、[ルールの編集] をクリックすると、[書式ルールの編集] ダイアログボックスが表示され、条件や書式を変更することができます。

ワークシート内に設定されているすべてのルールを表示するには、[書式ルールの表示] ボックスの▼をクリックし、一覧から [このワークシート] を選択します。

●ルールの適用順の変更

複数のルールが設定されている場合は、[条件付き書式ルールの管理] ダイアログボックスに表示されている順に適用されます。ルールの適用順を変更する場合は、[条件付き書式ルールの管理] ダイアログボックスでルールを選択し、▲ [上へ移動] ボタン、▼ [下へ移動] ボタンをクリックして、順序を入れ替えます。

ヒント
ルールの削除

ルールを削除するには、[条件付き書式ルールの管理] ダイアログボックスでルールを選択し、[ルールの削除] をクリックします。

ポイント
ルールの適用順

標準では、後から作成したルールが適用順の上位になります。

ヒント
[条件を満たす場合は停止] チェックボックス

複数の書式ルールを設定したときに、このチェックボックスをオンにすると、そのルールが条件を満たして適用された場合にそれより後のルールは適用されなくなります。既定ではオフになっていて、ルールはすべて適用されます。

[条件付き書式ルールの管理] ダイアログボックス

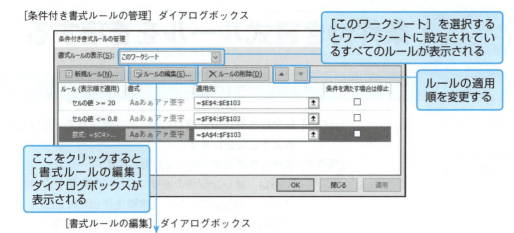

[このワークシート] を選択するとワークシートに設定されているすべてのルールが表示される

ルールの適用順を変更する

ここをクリックすると [書式ルールの編集] ダイアログボックスが表示される

[書式ルールの編集] ダイアログボックス

操作手順

【操作 1】

❶ [ホーム] タブの [条件付き書式] ボタンをクリックします。

❷ [ルールの管理] をクリックします。

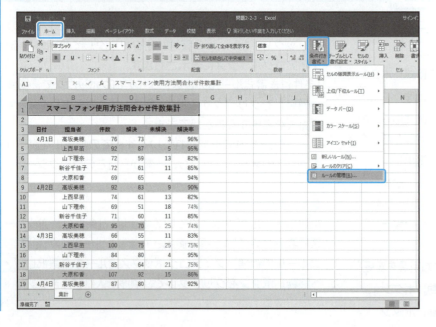

84 | 第 2 章 ユーザー定義のデータ表示形式やレイアウトの適用

❸［条件付き書式ルールの管理］ダイアログボックスが表示されるので、［書式ルールの表示］ボックスの▼をクリックし、一覧から［このワークシート］をクリックします。

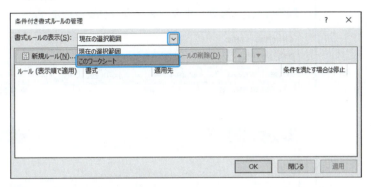

❹ワークシートに設定されているすべてのルールが表示されるので、［ルール（表示順で適用）］の一覧の3番目にある［数式 :=$C4>…］（ピンク色の塗りつぶしが設定されているルール）をクリックします。

❺［ルールの編集］をクリックします。

❻［書式ルールの編集］ダイアログボックスが表示されるので、［ルールの内容を編集してください］の［次の数式を満たす場合に書式設定］ボックスの「=$C4>=90」を「=$C4>=100」に変更します。

❼［OK］をクリックします。

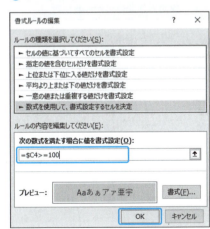

★ヒント
ルールの確認

列幅が足りなくてルールがすべて表示されていない場合は、ルールをポイントするとポップアップが表示され、設定されている条件を確認することができます。

★ヒント
適用先の変更

［条件付き書式ルールの管理］ダイアログボックスのルールの［適用先］ボックスには、各ルールが設定されているセル範囲が表示されています。この部分を編集して、条件付き書式の適用先を変更することができます。

【操作2】

❽ ［ルール（表示順で適用）］の一覧の3番目の［数式:=$C4>...］（ピンク色の塗りつぶしが設定されているルール）が選択されていることを確認します。

❾ ▲ ［上へ移動］ボタンを2回クリックします。

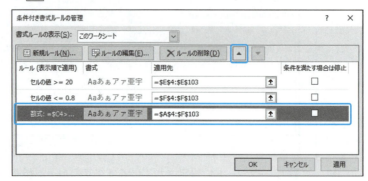

❿ ［数式:=$C4>...］（ピンク色の塗りつぶしが設定されているルール）が一番上に移動します。

⓫ ［OK］をクリックします。

⓬ 条件付き書式ルールの適用順が変更され、未解決が20件以上、または解決率が80%以下であっても、件数が100件以上の行は塗りつぶしの色がオレンジになります。

ヒント
条件付き書式の解除

特定のセル範囲に設定されている条件付き書式を解除する場合は、解除したいセル範囲を選択し、［ホーム］タブの［条件付き書式］ボタンをクリックし、［ルールのクリア］の［選択したセルからルールをクリア］をクリックします。ワークシートに設定されているすべての条件付き書式を解除する場合は、［ルールのクリア］の［シート全体からルールをクリア］をクリックします。

 ［条件付き書式］ボタン

2-3 ユーザー設定のブックの要素を作成する、変更する

ユーザー設定のスタイルやテンプレートを使用すると、簡単に書式の変更ができたり、同じような書類が作成できたりします。また、テーマやテーマの色をカスタマイズすると、ブックで使用されているフォントや色などを一括で変更できるので便利です。

2-3-1 セルのスタイルを作成する、変更する

練習問題

問題フォルダー
└問題2-3-1.xlsx
解答フォルダー
└解答2-3-1.xlsx

【操作1】セル A3 に設定されている書式を新しく「校名」という名前のセルのスタイルとして作成します。ただし、スタイルの書式に「罫線」は含めません。
【操作2】セルのスタイル「校名」をセル A3、A9、A13、A18、G23（結合セル）に適用します。
【操作3】セルのスタイル「レッスン名」の文字の配置の横位置を「均等割り付け（インデント）」に変更します。

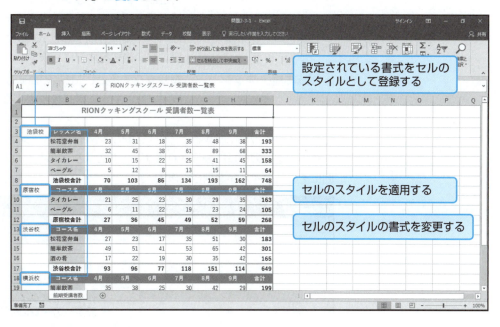

機能の解説

重要用語

- セルのスタイルの作成
- セルのスタイルの適用
- セルのスタイルの変更
- [セルのスタイル] ボタン
- [新しいセルのスタイル]
- [スタイル] ダイアログボックス
- [変更]

ユーザーが設定した書式をセルのスタイルとして作成したり、登録されているセルのスタイルの書式を変更したりできます。
新しいセルのスタイルを作成するには、登録したい書式が設定されているセルをクリックし、[ホーム] タブの [セルのスタイル] ボタンをクリックし、[新しいセルのスタイル]をクリックします。[スタイル] ダイアログボックスが表示されるので書式を登録します。

[スタイル] ダイアログボックス

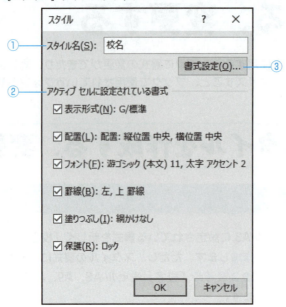

① [スタイル名] ボックス ：セルのスタイル名を設定します。セルのスタイルを変更するときはスタイル名の変更はできません。
② [アクティブセルに設定されている書式] ：アクティブセルに設定されている書式が表示されます。セルのスタイルに登録する書式のチェックボックスをオンに、登録しない書式をオフにします。
③ [書式設定] ボタン ：クリックすると、[セルの書式設定] ダイアログボックスが表示され、セルの書式を設定することができます。

セルのスタイルを作成すると、[セルのスタイル] ボタンをクリックして表示される [ユーザー設定] の一覧に表示されます。一覧のスタイルをクリックすると、選択したセル範囲にそのスタイルが適用されます。

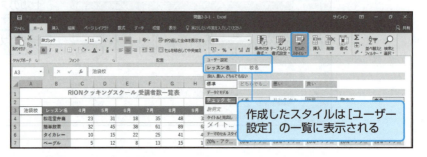

作成したスタイルは [ユーザー設定] の一覧に表示される

● セルのスタイルの変更

登録されているセルのスタイルを変更するには、[ホーム] タブの [セルのスタイル] ボタンをクリックし、一覧から変更したいスタイルを右クリックし、ショートカットメニューの [変更] をクリックします。作成したときと同じ [スタイル] ダイアログボックスが表示されるので、書式を変更します。

[セルのスタイル] ボタンをクリックし、変更したいスタイルを右クリックした状態

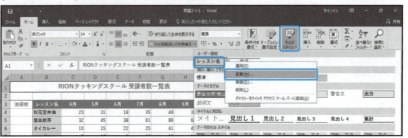

操作手順

【操作 1】

❶ セル A3 をクリックします。

❷ ［ホーム］タブの ［セルのスタイル］ボタンをクリックします。

❸ ［新しいセルのスタイル］をクリックします。

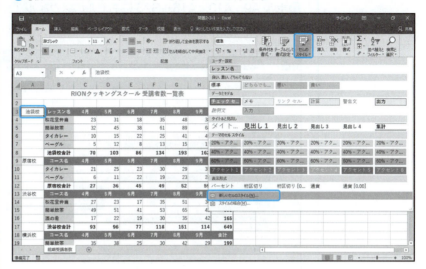

❹ ［スタイル］ダイアログボックスが表示されるので、［スタイル名］ボックスに「校名」と入力します。

❺ ［アクティブセルに設定されている書式］の［罫線］チェックボックスをオフにします。

❻ ［OK］をクリックします。

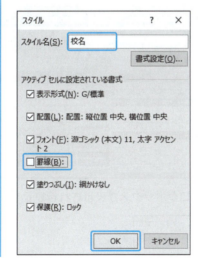

2-3 ユーザー設定のブックの要素を作成する、変更する | 89

【操作2】

❼ セル A3 をクリックします。

❽ **Ctrl** キーを押しながら、セル A9、A13、A18、G23（結合セル）をクリックします。

❾ ［ホーム］タブの ［セルのスタイル］ボタンをクリックします。

❿ ［ユーザー設定］の一覧から［校名］をクリックします。

⓫ セル A9、A13、A18、G23 にもセルのスタイル「校名」が適用されたことにより、フォントの色が変わり、太字になり、中央揃えになります。

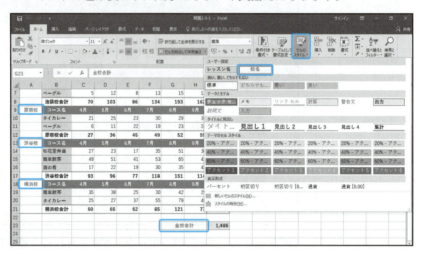

【操作3】

⓬ ［ホーム］タブの ［セルのスタイル］ボタンをクリックします。

⓭ ［ユーザー設定］の［レッスン名］を右クリックし、ショートカットメニューの［変更］をクリックします。

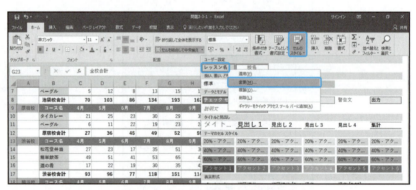

⓮ ［スタイル］ダイアログボックスが表示されるので［書式設定］をクリックします。

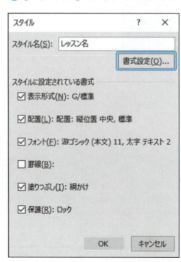

> ★ヒント
> **セルのスタイルの削除**
> セルのスタイルを削除するには、［セルのスタイル］ボタンをクリックし、一覧から削除したいスタイルを右クリックし、ショートカットメニューの［削除］をクリックします。
>
> ［セルのスタイル］ボタン

⑮ ［セルの書式設定］ダイアログボックスが表示されるので、［配置］タブの［文字の配置］の［横位置］ボックスの▼をクリックし、一覧から［均等割り付け（インデント）］をクリックします。

⑯ ［OK］をクリックします。

⑰ ［スタイル］ダイアログボックスが表示されるので、［配置］の「標準」が「横位置 均等割り付け」に変わったことを確認します。

⑱ ［OK］をクリックします。

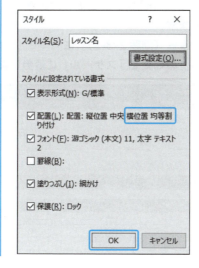

★ヒント

変更の反映

セルのスタイルを変更すると、変更したスタイルが設定されているすべてのセルに変更が反映されます。

⑲ セルのスタイル「レッスン名」が設定されていた、セル B4～B7、セル B10～B11、セル B14～B16、セル B19～B20 のレッスン名がセル幅で均等割り付けされます。

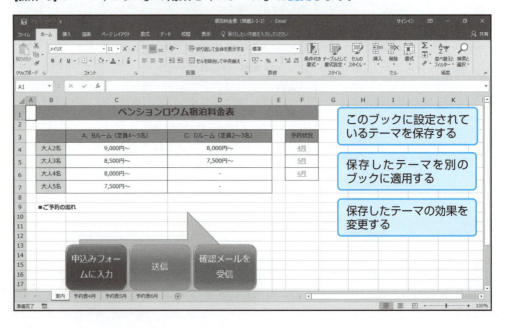

2-3-2 ユーザー設定のテーマを作成する、変更する

練習問題

問題フォルダー
　└宿泊料金表
　　（問題2-3-2）.xlsx
　└カレンダー
　　（問題2-3-2）.xlsx

解答フォルダー
　└カレンダー
　　（解答2-3-2）.xlsx

【操作1】ブック「宿泊料金表（問題2-3-2）」に設定されているテーマを「ロウム」という名前で保存します。

【操作2】ブック「カレンダー（問題2-3-2）」にテーマ「ロウム」を適用します。

【操作3】テーマ「ロウム」の効果を「スケール」に変更します。

- このブックに設定されているテーマを保存する
- 保存したテーマを別のブックに適用する
- 保存したテーマの効果を変更する

機能の解説

重要用語
- テーマ
- テーマの保存
- テーマの適用
- テーマの変更
- [テーマ]ボタン
- テーマ「office」
- [配色]ボタン
- [フォント]ボタン
- [効果]ボタン
- テーマの保存
- [現在のテーマを保存]
- [現在のテーマを保存]ダイアログボックス
- [Document Themes]

ヒント
テーマの削除
保存したテーマを削除するには、[ページレイアウト] タブの [テーマ] ボタンをクリックし、[ユーザー定義] の一覧から削除するテーマ名を右クリックして、ショートカットメニューの [削除] をクリックします。「このテーマを削除しますか?」というメッセージが表示されるので、[はい] をクリックします。

[テーマ]ボタン

テーマは、色、フォント (書体)、オブジェクトの線と塗りつぶしの効果を組み合わせて登録したものです。テーマを設定すると、ブック全体のデザインをまとめて変更できます。[ページレイアウト] タブの [テーマ] ボタンをクリックするとテーマの一覧が表示されます。初期値ではテーマ「Office」が設定されています。テーマ名をポイントすると変更後の状態をプレビューでき、クリックすると適用されます。

また、[ページレイアウト] タブの [配色] ボタンでテーマの色、[フォント] ボタンで見出しのフォントと本文のフォント、[効果] ボタンでオブジェクトの線と塗りつぶしの効果を個別に変更することができます。

配色、フォント、効果を設定した後に、その組み合わせに任意のテーマ名を付けて保存することができます。[テーマ] ボタンをクリックし、[現在のテーマを保存] をクリックすると、[現在のテーマを保存] ダイアログボックスが表示され、[ファイルの場所] が [Document Themes] になるので、テーマ名を付けて保存します。

テーマを [Document Themes] フォルダーに保存すると、[テーマ] ボタンをクリックしたときに、[ユーザー定義] の一覧に表示されるようになり、クリックすると適用されます。

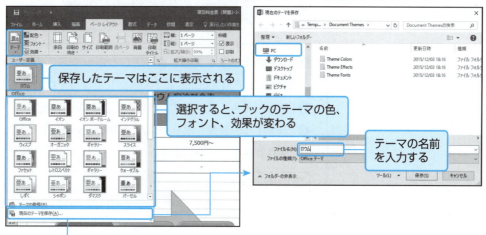

保存したテーマの設定を変更するには、テーマの配色、フォント、効果を変更した後に、同じテーマ名で上書き保存します。

操作手順

【操作1】

❶ ブック「宿泊料金表（問題2-3-2）」を開きます。

❷ ［ページレイアウト］タブの [テーマ] ボタンをクリックします。

❸ ［現在のテーマを保存］をクリックします。

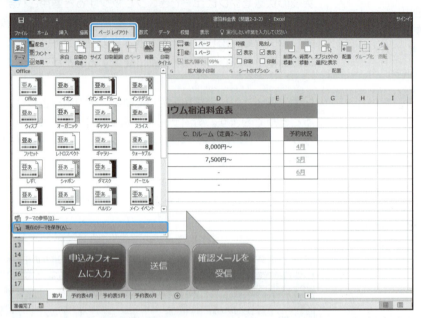

❹ ［現在のテーマを保存］ダイアログボックスが表示されるので、［ファイルの場所］ボックスが［Document Themes］になっていることを確認します。

❺ ［ファイル名］ボックスに「ロウム」と入力します。

❻ ［ファイルの種類］ボックスが［Office テーマ］になっていることを確認します。

❼ ［保存］をクリックします。

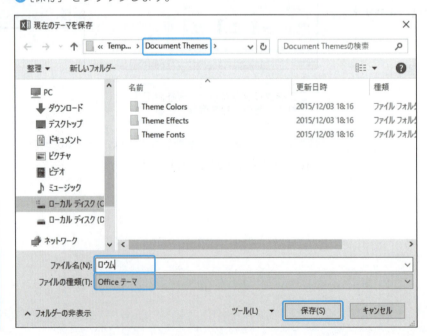

【操作2】

❽ ブック「カレンダー（問題2-3-2）」を開きます。

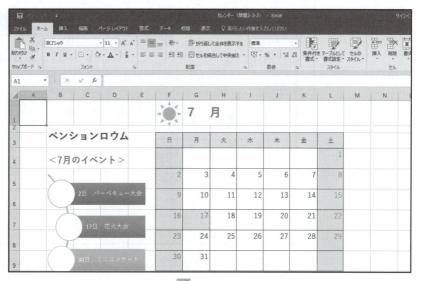

❾ ［ページレイアウト］タブの [テーマ] ボタンをクリックします。

❿ ［ユーザー定義］の一覧から［ロウム］をクリックします。

⓫ テーマが変更され、フォントや色、図形やSmartArtの効果が変更されます。

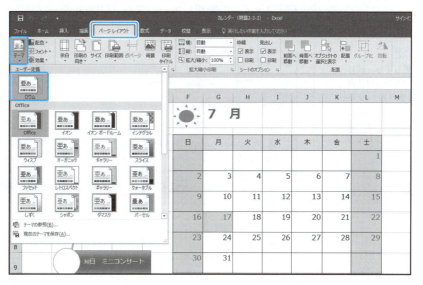

【操作3】

⓬ ［ページレイアウト］タブの ［効果］ボタンをクリックします。

⓭ ［Office］の一覧から［スケール］をクリックします。

⓮ 図形やSmartArtの効果が変更されます。

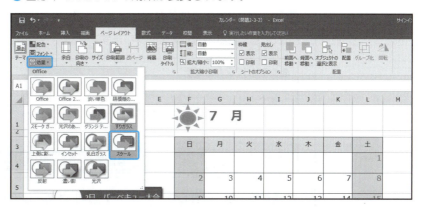

2-3 ユーザー設定のブックの要素を作成する、変更する | 95

⓯ [ページレイアウト] タブの [テーマ] ボタンをクリックします。
⓰ [現在のテーマを保存] をクリックします。

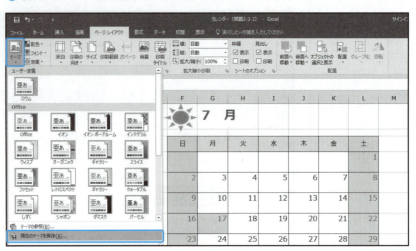

⓱ [現在のテーマを保存] ダイアログボックスが表示されるので、[ファイルの場所] ボックスが [Document Themes] になっていることを確認します。
⓲ ファイルの一覧から [ロウム] をクリックします。
⓳ [ファイル名] ボックスが「ロウム」になったことを確認します。
⓴ [ファイルの種類] ボックスが [Office テーマ] になっていることを確認します。
㉑ [保存] をクリックします。

★ヒント
テーマの設定の変更

テーマの設定を変更しても、同じテーマを設定しているブックに自動的には反映されません。反映するには [テーマ] ボタンをクリックし、[ユーザー定義] の一覧から再びそのテーマ名をクリックします。

 [テーマ] ボタン

★ヒント
テーマの削除

テーマを削除しても、設定した配色、フォント、効果は適用されたままです。

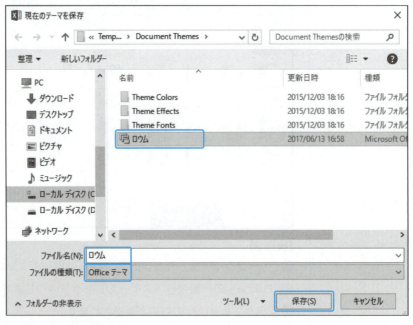

㉒ 「ロウム .thmx は既に存在します。上書きしますか？」というメッセージが表示されたら、[はい] をクリックします。

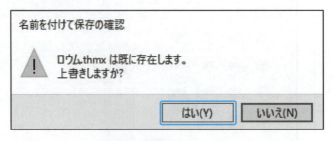

※ 操作終了後、保存したテーマ「ロウム」は削除しておきます。

2-3-3 ユーザー設定の色の書式を作成する

練習問題

問題フォルダー
└問題2-3-3.xlsx
解答フォルダー
└解答2-3-3.xlsx

標準のテーマの色「Office」の「アクセント5」の色をRGB値の赤「187」、緑「94」、青「202」に変更してテーマの配色パターンを新たに作成し、テーマの色名を「学年暦」とします。

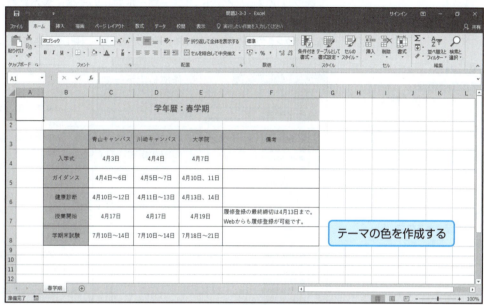

機能の解説

重要用語
- [テーマの色]
- [標準の色]
- テーマの色「Office」
- [配色]ボタン
- [色のカスタマイズ]
- [新しい配色パターンの作成]ダイアログボックス

[ホーム]タブの [塗りつぶしの色]ボタンや [フォントの色]ボタンなどの▼をクリックして表示される色の一覧には、[テーマの色]と[標準の色]の2種類があります。テーマの色は、色の組み合わせに名前を付けて登録したもので、あらかじめ登録されているものは調和のとれた組み合わせになっていて、初期値ではテーマの色「Office」が設定されています。標準の色は設定されているテーマの色にかかわらず常に表示される色です。

[塗りつぶしの色]ボタンの▼をクリックして表示される一覧

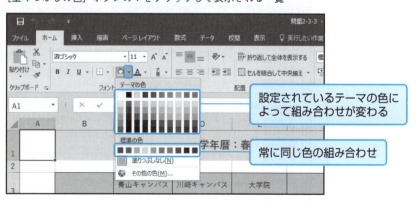

テーマの色を変更するには、［ページレイアウト］タブの ■配色▼ ［配色］ボタンをクリックします。一覧からテーマの色名をクリックすると、［塗りつぶしの色］ボタンや［フォントの色］ボタンなどの［テーマの色］の一覧がその配色に変更され、ブック内の［テーマの色］が設定されていた箇所の色も自動的に変更されます。

また、［色のカスタマイズ］をクリックすると、［新しい配色パターンの作成］ダイアログボックスが表示され、テーマの色の配色を個別に変更できます。新しい配色パターンを作成したら、名前を付けて登録することができます。登録したテーマの色名は［配色］ボタンをクリックしたときに、［ユーザー定義］の一覧に表示され、選択できるようになります。

★ヒント
テーマの色の削除
作成したテーマの色を削除するには、［ページレイアウト］タブの［テーマ］の ■配色▼ ［配色］ボタンをクリックし、［ユーザー定義］の一覧から削除したいテーマの色名を右クリックして、ショートカットメニューの［削除］をクリックします。「このテーマの色を削除しますか？」というメッセージが表示されるので、［はい］をクリックします。

［配色］ボタンをクリックして表示されるテーマの色の一覧　　［新しい配色パターンの作成］ダイアログボックス

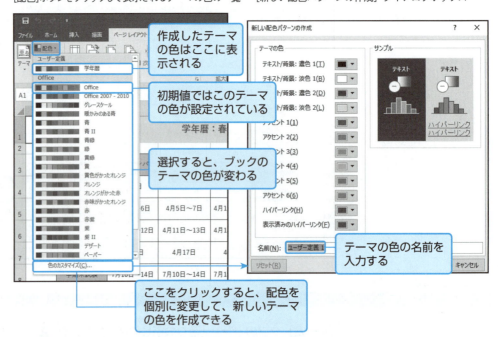

操作手順

❶ ［ページレイアウト］タブの ■配色▼ ［配色］ボタンをクリックします。
❷ ［Office］の一覧の［Office］が選択されていることを確認します。
❸ ［色のカスタマイズ］をクリックします。

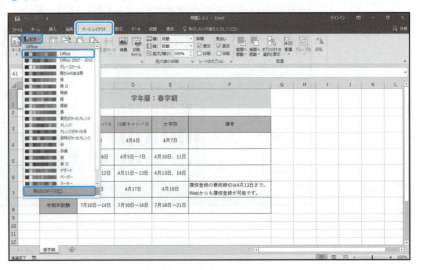

❹［新しい配色パターンの作成］ダイアログボックスが表示され、［名前］ボックスに「ユーザー定義 1」が選択されているので、代わりに「学年暦」と入力します。

❺［アクセント 5］の色のボタンをクリックします。

❻［その他の色］をクリックします。

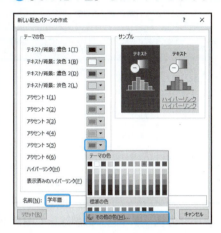

❼［色の設定］ダイアログボックスが表示されるので、［ユーザー設定］タブの［カラーモデル］ボックスに「RGB」と表示されていることを確認し、［赤］ボックスを「187」、［緑］ボックスを「94」、［青］ボックスを「202」にします。

❽［新規］に紫色が表示されていることを確認し、［OK］をクリックします。

❾［アクセント 5］の色のボタンに紫色が表示されます。

❿［保存］をクリックします。

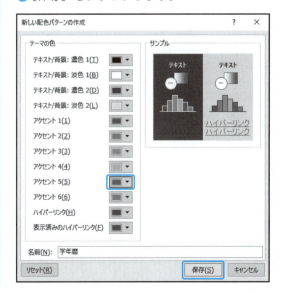

❶ テーマの色の「アクセント5」が設定されていた箇所（セルB1（結合セル）の塗りつぶしの色とフォントの色、セルB3～B8、セルC3～F3の塗りつぶしの色）が紫色に変わります。

ヒント
テーマの色の削除
テーマの色を削除しても、変更した色はそのままです。

※ 操作終了後、テーマの色「学年暦」は削除しておきます。

2-3-4 簡単なマクロを作成する、変更する

練習問題

問題フォルダー
└問題2-3-4.xlsm

解答フォルダー
└解答2-3-4.xlsm

【操作1】Excelマクロ有効ブック「問題2-3-4」をマクロを有効にして開き、「都道府県」が「東京」の会員のデータだけを表示するマクロ「東京」を作成し、ショートカットキーCtrl + tを割り当てます。

【操作2】マクロ「未入金」を実行し、「残金」が「0」のデータが抽出されてしまうことを確認したら、「残金」の列での抽出を解除します。

【操作3】マクロ「未入金」を変更し、正しく「支払済み」の列で抽出が行われるようにして、マクロを実行します。

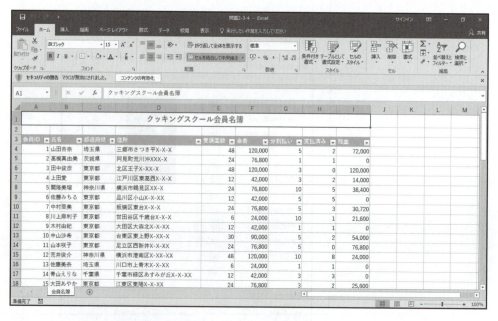

機能の解説

重要用語
- マクロ
- ショートカットキーの割り当て
- VBA
- マクロの作成
- ［マクロ］ボタン
- ［マクロの記録］
- ［マクロの記録］ダイアログボックス
- ［マクロの終了］
- マクロ有効ブック
- マクロの実行
- マクロの変更
- VBE

ポイント
VBA
マクロに登録した操作は Visual Basic for Applications（VBA）というプログラミング言語で記録されます。

マクロとは、アプリケーションにおける操作を登録し、必要なときに自動的に実行できる機能です。マクロを使用すれば、手作業では面倒な処理や時間がかかる処理を自動化して、作業時間を短縮し、繰り返し実行することができます。

Excelでは、ワークシート上で実行した操作をそのままマクロとして記録することができます。記録した操作は自動的にVBA（Visual Basic for Applications）プログラムに変換されるため、VBAの知識がなくても簡単にマクロを作成することができます。

マクロを作成する一般的な手順は、次のとおりです。

❶ 設　計 ‥‥‥ マクロに登録する内容を検討します。
❷ 作　成 ‥‥‥ 設計に基づいて、新しいマクロを作成します。
❸ 実　行 ‥‥‥ マクロを実行して、動作を確認します。
❹ 修　正 ‥‥‥ マクロが正しく動作しない場合、プログラムを修正します。

●マクロの作成

操作を記録してマクロを作成するには、［表示］タブの 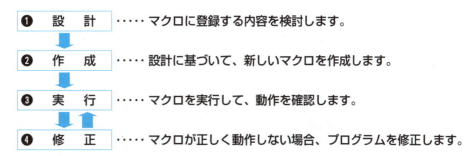［マクロ］ボタンの▼をクリックし、［マクロの記録］をクリックします。［マクロの記録］ダイアログボックスが表示されるので、マクロ名を入力して、［OK］をクリックするとマクロの記録が開始されます。

［マクロの記録］ダイアログボックス

ポイント
マクロ名
マクロの名前には次のような規則があります。
・半角換算で255文字以内の文字、数字を使用する。
・記号はアンダーバー（_）のみ使用できる。
・先頭は必ず文字を使用する。
・関数名など、VBA ですでに定義されている単語は使えない。

ヒント
ショートカットキー
ショートカットキーには半角の英字を使用します。

① ［マクロ名］ボックス：再利用しやすいようにマクロ名を入力します。
② ［ショートカットキー］ボックス：マクロにショートカットキーを割り当てる場合に指定します。
③ ［マクロの保存先］ボックス：マクロの保存先を次の3種類から指定します。
　・作業中のブック：現在作業しているブックに保存します。作成したマクロはブックと一緒に保存され、そのブックが開いているときのみマクロを実行できます。
　・個人用マクロブック：Excelを起動すると自動的に読み込まれるブックで、Excelのすべてのブックでマクロを実行できます。
　・新しいブック：新規にブックを作成し、そこにマクロを保存します。作成したブックが開いているときのみマクロを実行できます。
④ ［説明］ボックス：作成するマクロに関する説明を入力します。

> **ヒント**
> **マクロ有効ブックとして保存**
> ［ファイル］タブをクリックし、［エクスポート］をクリックします。［エクスポート］画面の［ファイルの種類の変更］をクリックし、［ファイルの種類の変更］の［マクロ有効ブック］をクリックし、［名前を付けて保存］をクリックします。［名前を付けて保存］ダイアログボックスが表示されるので、［ファイルの種類］ボックスに［Excel マクロ有効ブック］と表示されていることを確認して保存します。

マクロに登録する操作を実行し、終了したら、［表示］タブの［マクロ］ボタンの▼をクリックし、[マクロの終了]をクリックします。

マクロはExcelのブック内に保存されます。ただし、通常のExcelブックの形式では、作成したマクロを保存することができません。マクロを含めてブックを保存するには、マクロ有効ブックとして保存する必要があります。

● **マクロの実行**

マクロを実行するには、［表示］タブの［マクロ］ボタンをクリックします。［マクロ］ダイアログボックスが表示されるので、［マクロ名］ボックスから実行したいマクロを選択し、［実行］をクリックします。なお、マクロにショートカットキーが割り当てられている場合は、［マクロ］ボタンをクリックする必要はなく、そのショートカットキーを押せば即座に実行されます。

［マクロ］ダイアログボックス

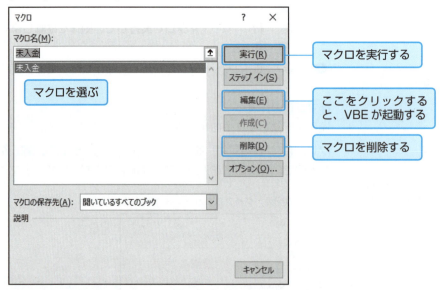

● **マクロの変更**

マクロの内容を変更するには、［表示］タブの［マクロ］ボタンをクリックします。［マクロ］ダイアログボックスが表示されるので、［マクロ名］ボックスから変更したいマクロを選択し、［編集］をクリックします。VBE（Visual Basic Editor）のコードウィンドウが表示されるので、コードを編集し、終了したら、VBEのコードウィンドウを閉じると編集が反映されます。

VBEのコードウィンドウ

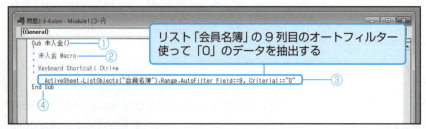

① 1行目はマクロの開始として「Sub マクロ名 ()」と記述してあります。
② 行頭に「'」（シングルクォーテーション）が付いている行はコメント行でコードの説明などを記述してあります。コメント行はマクロの動作に影響しません。
③ マクロの動作が記述されています。必要に応じてここを書き換えます。
④ 最終行はマクロの終了として「End Sub」と記述してあります。

操作手順

その他の操作方法
［マクロ］ボタン

［開発］タブが表示されている場合は、その［マクロ］ボタンをクリックしても、同じ操作ができます。

［マクロ］ボタン

ポイント
［マクロの記録］ダイアログボックスの設定

［マクロの保存先］以外は、後で変更することができます。［マクロ名］は必ず入力する必要があります。

ヒント
ショートカットキーの入力

［ショートカットキー］ボックスには半角の英字を入力します。大文字と小文字は区別されませんが、**Shift** キーを押しながら文字を入力すると「Shift+」が表示され、**Ctrl** キーと **Shift** キーを合わせて押して実行します。入力した英字が別のコマンドのショートカットキーとして既に割り当てられている場合は、自動的に **Shift** キーを組み合わせたショートカットキーになります。

ヒント
間違った操作を取り消すには

操作を間違えてしまうと、間違った操作がマクロに記録されます。操作を取り消すには、クイックアクセスツールバーの ［元に戻す］ボタンをクリックします。元に戻した操作はマクロに記録されません。

【操作 1】

① ［問題］フォルダーの Excel マクロ有効ブック「問題 2-3-4」を開きます。

② 「セキュリティの警告」メッセージバーが表示されたときは、［コンテンツの有効化］をクリックします。

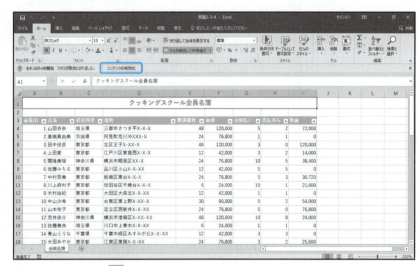

③ ［表示］タブの ［マクロ］ボタンの▼をクリックします。

④ ［マクロの記録］をクリックします。

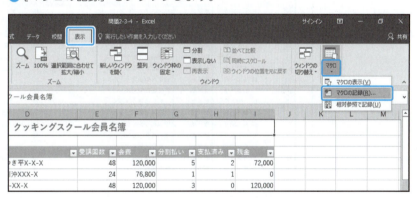

⑤ ［マクロの記録］ダイアログボックスが表示されるので、［マクロ名］ボックスに「東京」と入力します。

⑥ ［ショートカットキー］ボックスに「t」と入力します。

⑦ ［マクロの保存先］ボックスが［作業中のブック］になっていることを確認します。

⑧ ［OK］をクリックします。

2-3 ユーザー設定のブックの要素を作成する、変更する

❾ セル C3（「都道府県」の列見出しのセル）の▼をクリックします。
❿ 一覧の［(すべて選択)］チェックボックスをオフにします。
⓫［東京都］チェックボックスをオンにします。
⓬［OK］をクリックします。

⓭「都道府県」が「東京都」の会員の行だけが表示されます。

ヒント

抽出件数の確認

抽出を行うとステータスバーに「60レコード中31個が見つかりました」と該当するレコードの件数が表示されます。「レコード」とは1件分（1行）のデータのことです。

⓮［表示］タブの［マクロ］ボタンの▼をクリックします。
⓯［記録終了］をクリックします。

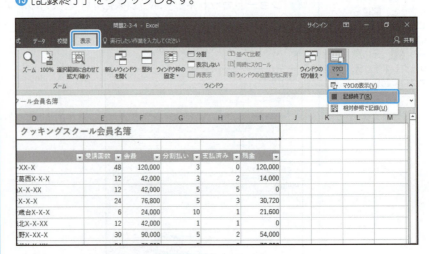

⓰ 操作した手順がマクロ「東京」に記録されます。

【操作2】

⑰［表示］タブの [マクロ] ボタンをクリックします。

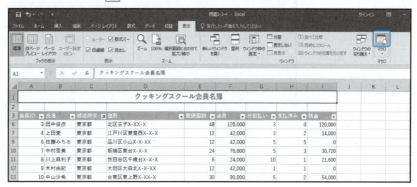

⑱［マクロ］ダイアログボックスが表示されるので、［マクロ名］ボックスから［未入金］をクリックします。

⑲［実行］をクリックします。

⑳ 残金が「0」の行だけが表示されます。

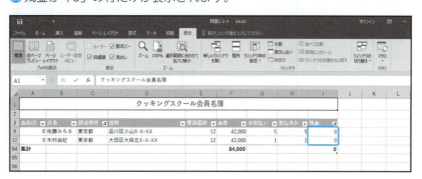

㉑ セル I3（「残金」の列見出しのセル）の をクリックします。

㉒ [" 残金 " からフィルターをクリア] をクリックします。

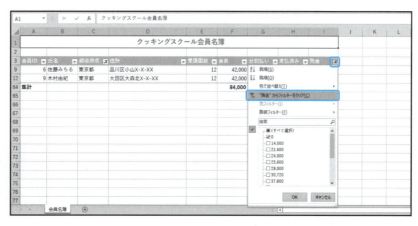

㉓「残金」の列の抽出が解除されます。

【操作3】

㉔ [表示] タブの [マクロ] ボタンをクリックします。

㉕ [マクロ] ダイアログボックスが表示されるので、[マクロ名] ボックスから [未入金] をクリックします。

㉖ [編集] をクリックします。

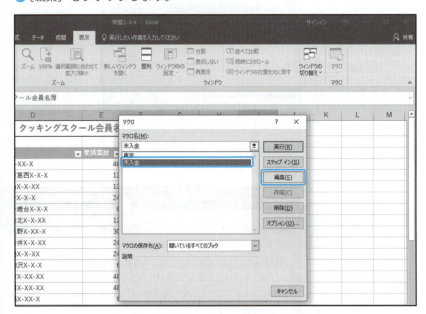

㉗ VBE（Visual Basic Editor）が起動します。

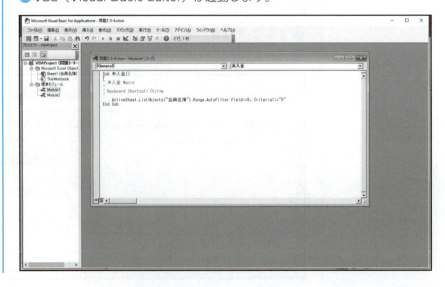

★ヒント
抽出列の変更

問題2-3-4.xlsmにあらかじめ登録されている「未入金」マクロでは、「AutoFilter Field:=9」すなわち9列目の「残金」の列で「0」のデータが抽出されており、これは誤りです。このため「AutoFilter Field:=8」すなわち8列目の「支払済み」の列で抽出が行われるようにコードを変更します。

㉘ コードウィンドウの「未入金 Macro」の「AutoFilter Field:=9」を「AutoFilter Field:=8」に変更します。

㉙ [閉じる] ボタンをクリックして、VBEを閉じます。

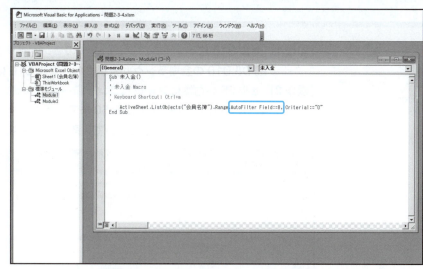

㉚ [表示] タブの [マクロ] ボタンをクリックします。

㉛ [マクロ] ダイアログボックスが表示されるので、[マクロ名] ボックスから [未入金] をクリックします。

㉜ [実行] をクリックします。

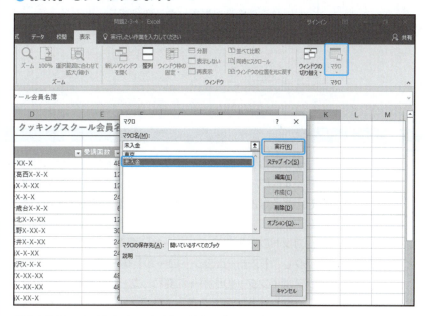

㉝ 「支払済み」が「0」の行だけが表示されます。

2-3 ユーザー設定のブックの要素を作成する、変更する | 107

2-3-5 フォームコントロールを挿入する、設定する

練習問題

問題フォルダー
└問題2-3-5.xlsx

解答フォルダー
└解答2-3-5.xlsx

【操作1】セル B10 にフォームコントロールのコンボボックスを挿入し、リストにセル範囲 D8:D10 の会場ランクが表示され、セル C10 にリンクする設定にします。

【操作2】セル E5 の右端にフォームコントロールのスピンボタンを挿入し、現在値を 30 とし、セル E5 の値が 1 から 50 までの間で 1 ずつ増減するように設定します。
（注意：指定された設定を除いて、既定の設定をそのまま使用します）

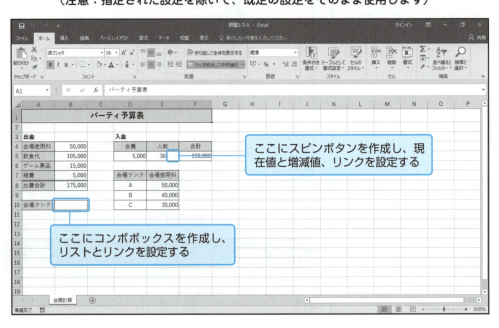

機能の解説

- □ フォームコントロール
- □ コンボボックス
- □ スピンボタン
- □ プロパティ
- □ [開発] タブ
- □ [挿入] ボタン
- □ [プロパティ] ボタン

ポイント
[開発] タブ
フォームコントロールを挿入したり、プロパティを設定するためのコマンドのボタンは [開発] タブにあります。[開発] タブは Excel の初期値では表示されていません。【操作1】❶～❹の手順で表示します。

フォームコントロールとはワークシートやユーザーフォームに貼り付けることができる部品です。ワークシートにフォームコントロールを配置すると、データの入力をマウス操作で行えるなどデータの入力効率を向上させることができます。目的に合った仕様のフォームコントロールを選んでワークシートに挿入し、プロパティで詳細を設定します。フォームコントロールをワークシートに挿入するには、[開発] タブの [挿入] ボタンをクリックし、[フォームコントロール] の一覧から目的のコントロールをクリックします。マウスポインターの形が＋に変わったら、配置したい位置でドラッグします。
ワークシートに追加できる主なフォームコントロールは次のとおりです。

コントロール	説明
ボタン	クリックしたときにマクロを実行する
コンボボックス	一覧から項目を選択するか、直接データを入力する
チェックボックス	クリックしてオンまたはオフを切り替える
スピンボタン	▲、▼をクリックして数値を増減する
リストボックス	一覧から項目を選択する
オプションボタン	クリックして複数の項目から 1 つを選択する
スクロールバー	▼、▲をクリックするか、スクロールボックスをドラッグすることで値の範囲を指定する

108　第2章　ユーザー定義のデータ表示形式やレイアウトの適用

☐ [コントロールの書式設定] ダイアログボックス

フォームコントロールの状態や動作を規定する設定を**プロパティ**といいます。プロパティを変更することで、フォームコントロールの状態や動作を設定することができます。プロパティを変更するには、設定したいフォームコントロールを選択し、[開発] タブの 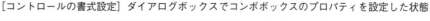[プロパティ] ボタンをクリックします。[コントロールの書式設定] ダイアログボックスが表示されるので、詳細を設定します。[コントロールの書式設定] ダイアログボックスで設定できる項目はフォームコントロールの種類によって異なります。

!> ポイント
リンクするセル

[リンクするセル] ボックスには、フォームコントロールで設定した結果を表示するセルを指定します。
コンボボックス内にはリストから選択した値が表示されますが、この値は関数などで使用することができません。そのため別のセルをリンクするセルとして指定して結果を表示します。コンボボックスやリストボックスの場合、リストの何番目の項目を選択したかという数値が返されます。

[コントロールの書式設定] ダイアログボックスでコンボボックスのプロパティを設定した状態

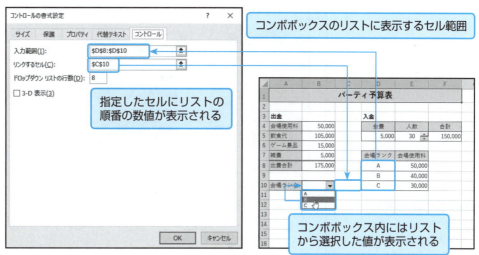

[コントロールの書式設定] ダイアログボックスでスピンボタンのプロパティを設定した状態

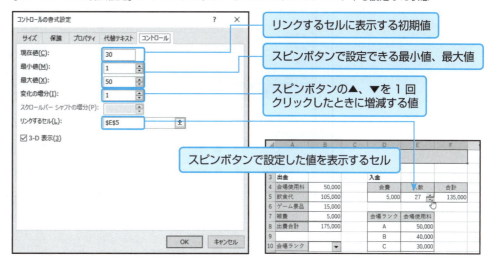

2-3 ユーザー設定のブックの要素を作成する、変更する 109

操作手順

【操作1】

❶ リボン上で右クリックし、ショートカットメニューの［リボンのユーザー設定］をクリックします。

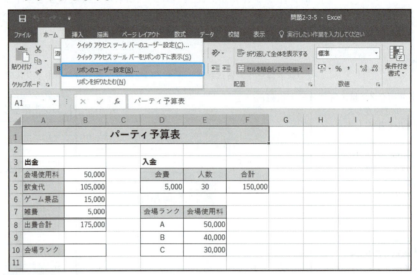

❷ ［Excelのオプション］ダイアログボックスの［リボンのユーザー設定］が表示されるので、［リボンのユーザー設定］の下側のボックスの［開発］チェックボックスをオンにします。

❸ ［OK］をクリックします。

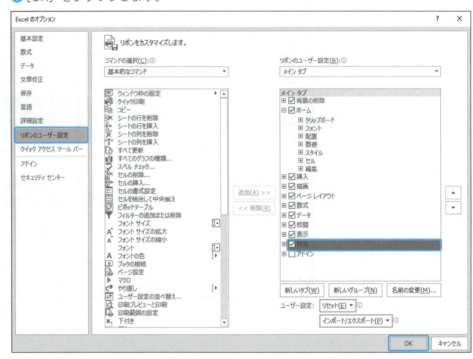

❹ リボンに［開発］タブが表示されます。

その他の操作方法
［Excelのオプション］ダイアログボックスの表示

［ファイル］タブをクリックし、［オプション］をクリックしても表示できます。左側の一覧から［リボンのユーザー設定］をクリックします。

ヒント
［開発］タブを非表示にする

［開発］タブを表示すると、次にExcelを起動しても常に表示されます。［開発］タブを非表示にするには、手順❶の操作を行い［リボンのユーザー設定］の下側のボックスの［開発］チェックボックスをオフにし、［OK］をクリックします。

❺ [開発] タブの [挿入] ボタンをクリックします。

❻ [フォームコントロール] の一覧から [コンボボックス (フォームコントロール)] (一番上、左から2番目) をクリックます。

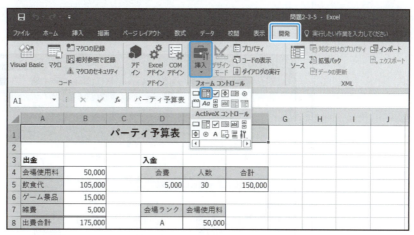

❼ マウスポインターの形が+に変わるので、セルB10の左上から右下までドラッグします。

★ヒント
枠線に合わせて配置する
フォームコントロールをセルの枠線に合わせて配置するには、**Alt** キーを押しながらドラッグします。

★ヒント
フォームコントロールのサイズの変更
フォームコントロールが選択されている状態で、サイズ変更ハンドル (○) をマウスポインターの形が ⤡ や ⇅ でドラッグするとコントロールのサイズを変更できます。

★ヒント
フォームコントロールの選択と解除
フォームコントロールはクリックすると設定されている動作が実行されるので、選択するには、**Ctrl** キーを押しながらフォームコントロールをクリックします。フォームコントロール以外の場所をクリックすると選択が解除されます。

❽ コンボボックスが挿入されます。

❾ コンボボックスが選択された状態のまま、[開発] タブの [プロパティ] ボタンをクリックします。

❿ [コントロールの書式設定] ダイアログボックスが表示されるので、[コントロール] タブの [入力範囲] ボックスをクリックし、セルD8～D10を範囲選択します。

⓬ [入力範囲] ボックスに「$D$8:$D$10」と表示されます。

⓭ [リンクするセル] ボックスをクリックし、セルC10をクリックします。

⓮ [リンクするセル] ボックスに「$C$10」と表示されます。

⓯ [OK] をクリックします。

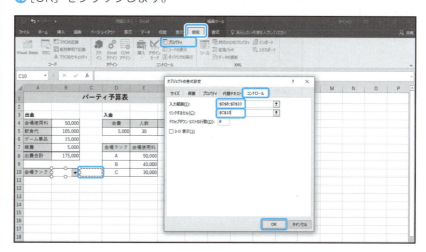

2-3 ユーザー設定のブックの要素を作成する、変更する

❶❻コンボボックス以外の部分をクリックして、コンボボックスの選択を解除します。

【操作2】

❶❼［開発］タブの ［挿入］ボタンをクリックします。

❶❽［フォームコントロール］の一覧から ［スピンボタン（フォームコントロール）］（一番上、左から4番目）をクリックます。

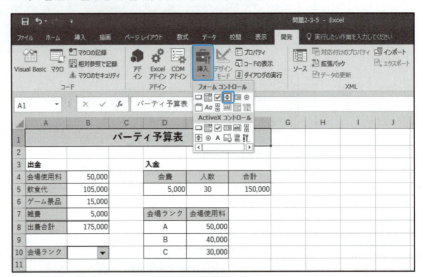

❶❾マウスポインターの形が＋に変わるので、セルE5の右端の左上から右下までドラッグします。

> **★ヒント**
> **フォームコントロールの削除**
> フォームコントロールが選択されている状態で、**Delete**キーを押します。

❷⓪スピンボタンが挿入されます。

112　第2章　ユーザー定義のデータ表示形式やレイアウトの適用

㉑ スピンボタンが選択された状態のまま、[開発]タブの [プロパティ] [プロパティ] ボタンをクリックします。
㉒ [コントロールの書式設定] ダイアログボックスが表示されるので、[コントロール] タブの [現在値] ボックスに「30」と入力します。
㉓ [最小値] ボックスに「1」と入力します。
㉔ [最大値] ボックスに「50」と入力します。
㉕ [変化の増分] ボックスが「1」になっていることを確認します。
㉖ [リンクするセル] ボックスをクリックし、セル E5 をクリックします。
㉗ [リンクするセル] ボックスに「$E$5」と表示されます。
㉘ [OK] をクリックします。

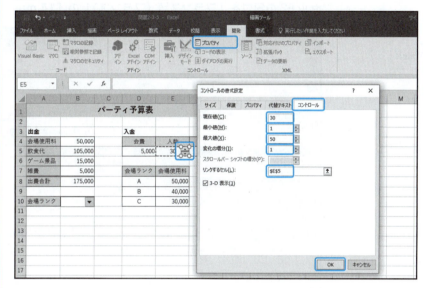

※ 操作終了後、[開発] タブを非表示にしておきます。

2-4 ほかの言語に対応したブックを準備する

日付や通貨などの表示形式は、さまざまな国の言語に対応しています。また、ブック全体のフォントを内容に応じて変更すると、見やすい資料が作成できます。

2-4-1 複数の言語に対応した表示形式でデータを表示する

練習問題

問題フォルダー
└問題2-4-1.xlsx

解答フォルダー
└解答2-4-1.xlsx

セル E2 の日付を「フランス語（フランス）」の「14 mars 2012」の形式で表示します。

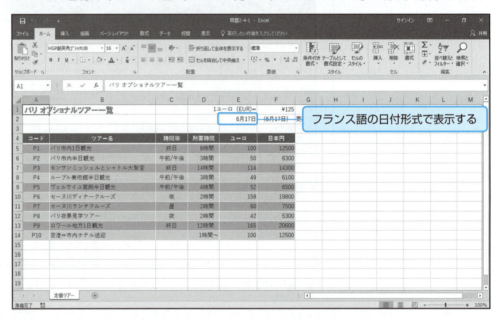

機能の解説

重要用語

- □「日付」の表示形式
- □「時刻」の表示形式
- □ 国や地域に対応
- □［セルの書式設定］ダイアログボックスの［表示形式］タブ
- □［日付］
- □［時刻］
- □［ロケール（国または地域）］ボックス

「日付」や「時刻」の表示形式は、さまざまな国や地域に対応しています。設定するには、［ホーム］タブの［数値］グループ右下の ［表示形式］ボタンをクリックし、［セルの書式設定］ダイアログボックスの［表示形式］タブを表示します。［分類］ボックスの［日付］または［時刻］を選択し、［ロケール（国または地域）］ボックスの▼をクリックして表示される一覧から国または地域を選択すると、［種類］ボックスに対応した日付または時刻の形式が表示されるので、選択すると適用されます。

［セルの書式設定］ダイアログボックスの［表示形式］タブで
［日付］の［ロケール（国または地域）］の一覧を表示した状態

選択した国または地域によって、表示される形式が変わる

さまざまな国または地域が登録されている

操作手順

❶ セル E2 をクリックします。

❷ ［ホーム］タブの［数値］グループ右下の ［表示形式］ボタンをクリックします。

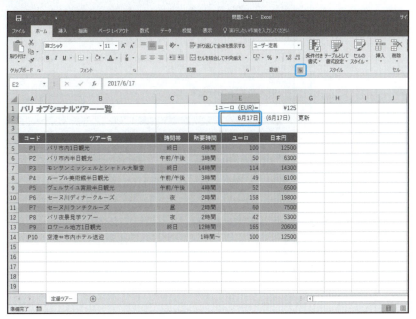

❸ ［セルの書式設定］ダイアログボックスの［表示形式］タブが表示されるので、［分類］ボックスの［日付］をクリックします。

❹ ［ロケール（国または地域）］の▼をクリックします。

❺ 一覧から［フランス語（フランス）］をクリックします。

❻ ［種類］ボックスの一覧から［14 mars 2012］をクリックします。

ヒント

ロケールの選択

［ロケール（国または地域）］ボックスには「フランス語（フランス）」と「フランス語（カナダ）」などのように同じ言語でも国（地域）が異なる場合があります。問題文で指示されたものと同じ選択肢を選ぶように注意しましょう。

❼ [サンプル] に「17 juin 2017」と表示されたことを確認し、[OK] をクリックします。

❽ セル E2 の日付が「17 juin 2017」と表示されます。

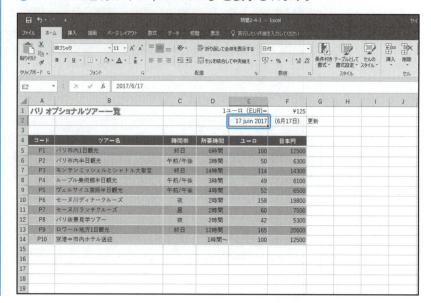

2-4-2 ほかの言語の通貨書式を適用する

練習問題

問題フォルダー
└問題2-4-2.xlsx

解答フォルダー
└解答2-4-2.xlsx

【操作1】セル範囲 E5:E14 に「会計」、小数点以下の桁数「2」、記号「EUR」の表示形式を設定します。

【操作2】セル範囲 F5:F14 に「会計」、小数点以下の桁数「0」、記号「¥ 日本語」の表示形式を設定します。

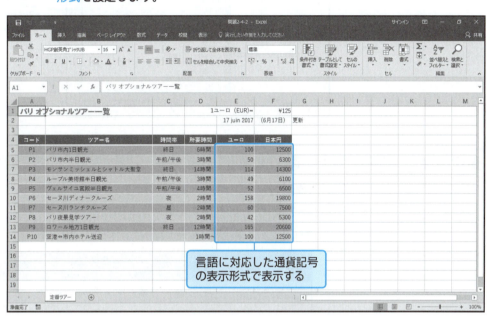

機能の解説

重要用語

- □「通貨」の表示形式
- □「会計」の表示形式
- □ 通貨記号
- □ 複数の言語に対応
- □ [セルの書式設定] ダイアログボックスの [表示形式] タブ
- □ [通貨]
- □ [会計]

「通貨」や「会計」の表示形式には、「US $」、「EUR」、「¥日本語」などの様々な通貨記号が登録されており、複数の言語に対応しています。設定するには、[ホーム] タブの [数値] グループ右下の [表示形式] ボタンをクリックし、[セルの書式設定] ダイアログボックスの [表示形式] タブを表示します。[分類] ボックスの [通貨] または [会計] を選択し、[記号] ボックスの一覧から通貨記号を選択します。小数点以下の表示桁数も指定できます。通貨や会計の表示形式を設定すると、通貨記号と桁区切りの「,」(カンマ) が表示されます。「通貨」と「会計」の違いは通貨記号の表示される位置です。「通貨」では数値の左隣に表示されますが、「会計」ではセルの左端に表示され、桁数が違っても通貨記号の位置が揃うので、値が見やすくなります。

[セルの書式で設定]ダイアログボックスの[表示形式]タブで[会計]の[記号]の一覧を表示した状態

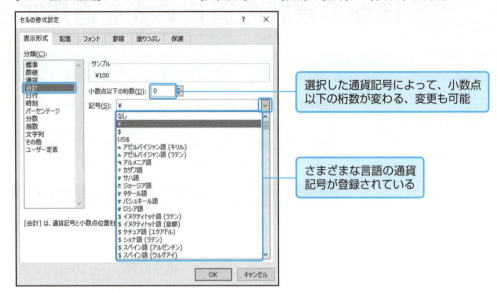

選択した通貨記号によって、小数点以下の桁数が変わる、変更も可能

さまざまな言語の通貨記号が登録されている

操作手順

【操作1】

❶ セル E5 ～ E14 を範囲選択します。

❷ [ホーム]タブの[数値]グループ右下の [表示形式]ボタンをクリックします。

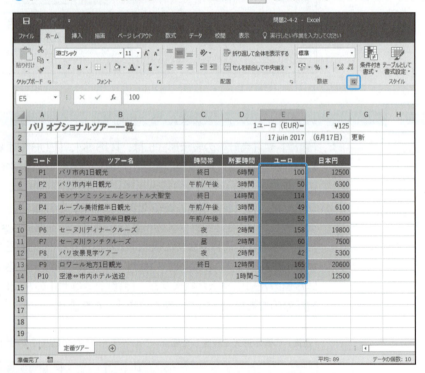

❸ [セルの書式設定]ダイアログボックスの[表示形式]タブが表示されるので、[分類]ボックスの[会計]をクリックします。

❹ [記号]ボックスの▼をクリックします。

❺ 一覧から[EUR]をクリックします。

❻ [小数点以下の桁数]ボックスが「2」になったことを確認します。

❼ [サンプル]に「EUR 100.00」などと表示されたことを確認し、[OK]をクリックします。

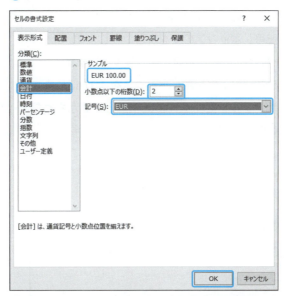

❽ セル E5〜E14 の数値が、「EUR」の会計表示形式になります。

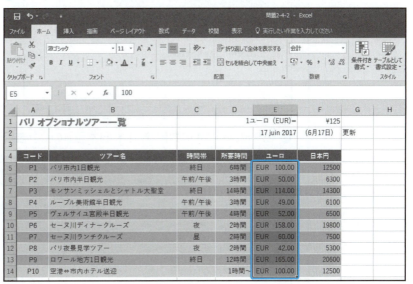

【操作2】

❾ セル F5〜F14 を範囲選択します。

❿ [ホーム]タブの[数値]グループ右下の [表示形式]ボタンをクリックします。

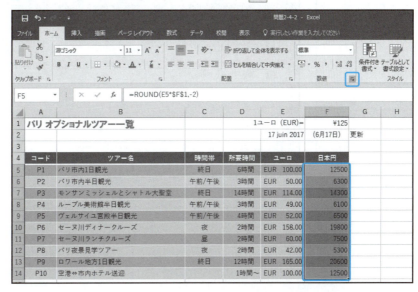

2-4 ほかの言語に対応したブックを準備する

> **ヒント**
> **通貨記号**
>
> ［記号］ボックスには「¥」と「¥ 日本語」など似たような通貨記号があります。実際にそれぞれを選択し、分類を［ユーザー定義］に切り替えて書式記号を確認すると、通貨記号の位置やスペースの設定、負の場合の表示などが異っていることがわかります。問題文で指示されたものと同じ選択肢を選ぶように注意しましょう。

⓫［セルの書式設定］ダイアログボックスの［表示形式］タブが表示されるので、［分類］ボックスの［会計］をクリックします。

⓬［記号］ボックスの▼をクリックします。

⓭一覧から［¥ 日本語］をクリックします。

⓮［小数点以下の桁数］ボックスを「0」にします。

⓯［サンプル］に「¥12,500」などと表示されたことを確認し、［OK］をクリックします。

⓰ セルF5～F14の数値が、「¥ 日本語」の会計表示形式になります。

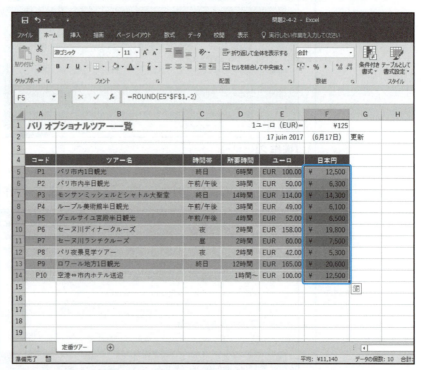

第2章　ユーザー定義のデータ表示形式やレイアウトの適用

2-4-3 本文や見出しのフォントに対する複数のオプションを管理する

練習問題

問題フォルダー
└問題 2-4-3.xlsx

解答フォルダー
└解答 2-4-3.xlsx

【操作 1】セル C1、B3、B12 のフォントを「テーマのフォント」の「游ゴシック Light 見出し」に変更します。

【操作 2】新しいテーマのフォントパターンを作成し、日本語文字用の見出しフォントを「HG ゴシック E」、日本語文字用の本文フォントを「メイリオ」にし、テーマのフォント名を「案内」とします。

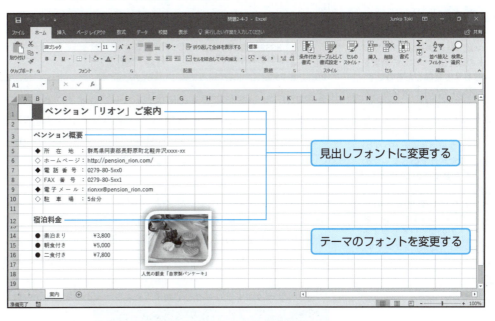

機能の解説

重要用語

☐ テーマのフォント
☐ [フォント] ボックス
☐ [テーマのフォント]
☐ [すべてのフォント]
☐ 見出し
☐ 本文
☐ テーマのフォント「Office」
☐ [フォント] ボタン
☐ [フォントのカスタマイズ]
☐ [新しいテーマのフォントパターンの作成] ダイアログボックス

[ホーム] タブの [フォント] の [フォント] ボックスの▼をクリックして表示されるフォントの一覧には、[テーマのフォント] と [すべてのフォント] があります。[テーマのフォント] はブックに設定されているテーマによって変わるフォントです。[すべてのフォント] をテーマにかかわらず設定できるフォントです。
テーマのフォントには、「見出し」と「本文」があり、初期値ではテーマのフォント「Office」が設定されていて、見出しのフォントが「游ゴシック Light」、本文のフォントが「游ゴシック」になっています。ワークシートに入力された文字には自動的に本文フォントが設定されるので、「游ゴシック」になります。

[フォント]ボックスの▼をクリックして表示される一覧

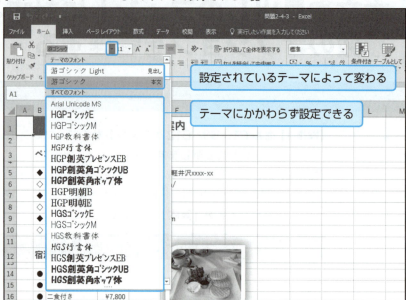

ポイント

テーマ

テーマは、色、フォント、オブジェクトの線と塗りつぶしの効果を組み合わせて登録したものです。[ページレイアウト]タブの[テーマ]ボタンをクリックすると、一覧が表示され、テーマ名を選択すると、ブック全体のデザインをまとめて変更できます（「2-3-2」参照）。設定されているテーマの色だけを変更するのが[配色]ボタン（「2-3-3」参照）、フォントだけを変更するのが[フォント]ボタン、オブジェクトの効果だけを変更するのが[効果]ボタンです。

[テーマ]ボタン

テーマのフォントを変更するには、[ページレイアウト]タブの[フォント]ボタンをクリックします。一覧からテーマのフォント名をクリックすると、[フォント]ボックスの見出しと本文のフォントが変更され、ブック内の見出しや本文のフォントが設定されていた箇所のフォントが自動的に変更されます。

また、[フォントのカスタマイズ]をクリックすると、[新しいテーマのフォントパターンの作成]ダイアログボックスが表示され、見出しのフォント、本文のフォントを設定して、名前を付けて登録することができます。登録したテーマのフォント名は[フォント]ボタンをクリックしたときに、[ユーザー定義]の一覧に表示され、選択できるようになります。

[フォント]ボタンをクリックして表示されるテーマのフォントの一覧

ヒント

テーマのフォントの削除

作成したテーマのフォントを削除するには、[ページレイアウト]タブの[フォント]ボタンをクリックし、[ユーザー定義]の一覧から削除するテーマのフォント名を右クリックして、ショートカットメニューの[削除]をクリックします。「このテーマのフォントを削除しますか？」というメッセージが表示されるので、[はい]をクリックします。

[新しいテーマのフォントパターンの作成]ダイアログボックス

操作手順

【操作 1】

① セル C1 をクリックします。

② **Ctrl** キーを押しながら、セル B3、B12 をクリックします。

③ ［ホーム］タブの［フォント］ボックスの▼をクリックします。

④ ［テーマのフォント］の［游ゴシック Light 見出し］をクリックします。

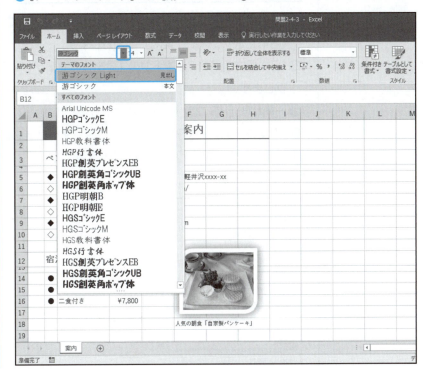

2-4 ほかの言語に対応したブックを準備する | 123

【操作2】

❺［ページレイアウト］タブの ▨フォント▾ ［フォント］ボタンをクリックします。

❻［フォントのカスタマイズ］をクリックします。

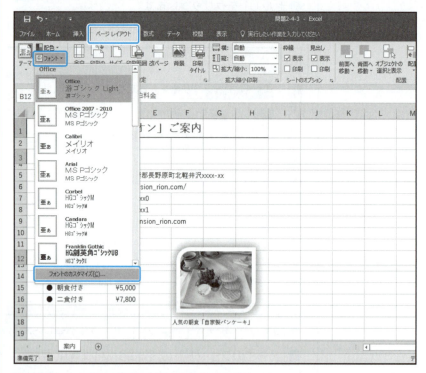

❼［新しいテーマのフォントパターンの作成］ダイアログボックスが表示されるので、［名前］ボックスに「案内」と入力します。

❽［日本語文字用のフォント］の［見出しのフォント（日本語）］ボックスの▼をクリックします。

❾ 一覧から［HG ゴシック E］をクリックします。

❿［本文のフォント（日本語）］ボックスの▼をクリックします

⓫ 一覧から［メイリオ］をクリックします。

⓬［保存］をクリックします。

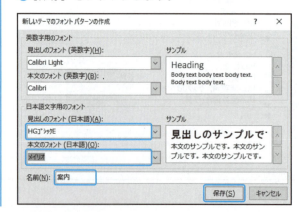

❿ ブックのテーマのフォントが変更され、セル C1、B3、B12 のフォントが「HG ゴシック E」、そのほかが「メイリオ」になります。

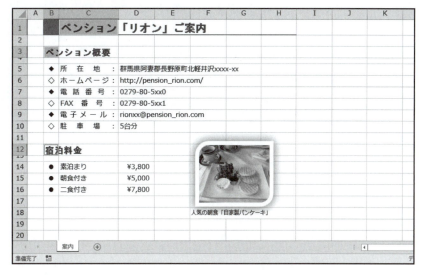

※ 操作終了後、テーマのフォント「案内」は削除しておきます。

> **ヒント**
> **テーマのフォントの削除**
> テーマのフォントを削除しても、変更したフォントはそのままです。

2-4 ほかの言語に対応したブックを準備する

Chapter

3

高度な機能を使用した数式の作成

本章で学習する項目

☐ 数式に関数を適用する
☐ 関数を使用してデータを検索する
☐ 高度な日付と時刻の関数を適用する
☐ データ分析、ビジネス分析を行う
☐ 数式のトラブルシューティングを行う
☐ 名前付き範囲とオブジェクトを定義する

3-1 数式に関数を適用する

Excel 2016には多数の関数が登録されていて、難しい計算を効率よく行ったり、複雑な処理が簡単にできたりします。関数を組み合わせることによって、さらに複雑な処理やエラー回避などができるようになります。

3-1-1 関数をネストして論理演算を行う

練習問題

問題フォルダー
└問題3-1-1.xlsx

解答フォルダー
└解答3-1-1.xlsx

ROUNDDOWN関数とAVERAGE関数を使用して、セルE3に、全営業所の売上金額の平均を、千円未満を切り捨てて表示します。

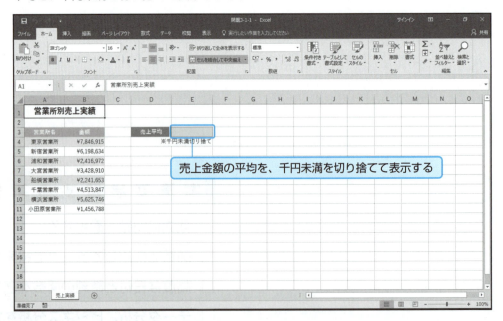

機能の解説

☑ ネスト
☑ [関数の引数]
　ダイアログボックス
☑ 関数を追加入力
☑ 数式オートコンプリート
☑ 関数の書式
☑ ROUNDDOWN関数
☑ 数値を指定した桁数で
　切り捨てる
☑ ROUNDUP関数
☑ 数値を指定した桁数で
　切り上げる

関数の中で関数を使うことを「ネスト」といいます。関数をネストすることで、1つの関数ではできない複雑な計算ができるようになります。また、データ未入力時のエラー表示を回避するときなどにも使用します。関数をネストするには、[関数の引数] ダイアログボックスを使って引数に関数を指定する方法と、すでに入力されている関数にほかの関数を追加入力する方法があります。

【方法1】[関数の引数] ダイアログボックスで引数に関数を指定する

関数の引数にほかの関数を指定する場合などは、[関数の引数] ダイアログボックスを使うと、引数の種類や結果などを確認しながら設定でき、入力ミスも防げます。
数式を設定するセルをクリックし、まずは最終結果を計算する関数の [関数の引数] ダイアログボックスを表示します。ほかの関数を引数として使用する引数のボックスをクリックし、数式バーの名前ボックスの▼をクリックして一覧から関数を選択します。[関数の引数] ダイアログボックスが選択した関数に変わるので、引数を設定します。数式バーの元の関数名をクリックすると、元の関数の [関数の引数] ダイアログボックスが引数に関数が設定された状態で再び表示されるので、必要な引数をすべて設定し、[OK] をクリックします。

- ROUND 関数
- 数値を指定した桁数で四捨五入する
- TRUNC 関数
- INT 関数
- 小数点以下を切り捨てて整数化する

ポイント

引数となる関数のダイアログボックスでは［OK］をクリックしない

引数として使用する関数の［関数の引数］ダイアログボックスの［OK］をクリックすると数式の入力が終了してしまうので、多くの場合エラーメッセージが表示されます。元の関数のダイアログボックスに戻るときは数式バーの関数名をクリックします。

ヒント

［関数の引数］ダイアログボックスを再び表示するには

数式の入力されているセルをクリックし、数式バーの数式内の関数名をクリックして、数式バーの左側にある f_x ［関数の挿入］ボタンをクリックします。［関数の引数］ダイアログボックスが引数が設定された状態で表示され、修正することができます。

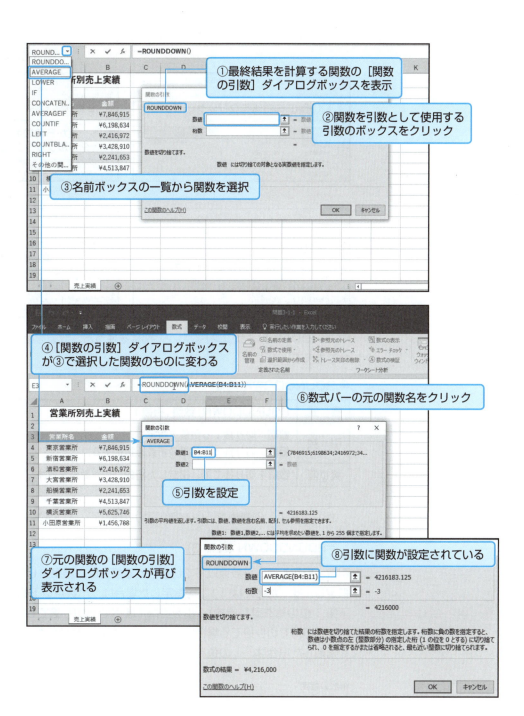

①最終結果を計算する関数の［関数の引数］ダイアログボックスを表示
②関数を引数として使用する引数のボックスをクリック
③名前ボックスの一覧から関数を選択
④［関数の引数］ダイアログボックスが③で選択した関数のものに変わる
⑤引数を設定
⑥数式バーの元の関数名をクリック
⑦元の関数の［関数の引数］ダイアログボックスが再び表示される
⑧引数に関数が設定されている

【方法2】数式バーで関数を追加入力する

入力済みの数式をほかの関数の引数として使用するときは、関数を追加するセルをクリックし、数式バーの「=」の右側をクリックします。数式バーにカーソルが表示されるので、追加する関数名の最初の数文字を入力します。数式オートコンプリート機能により、入力した文字で始まる関数の一覧が表示されるので、目的の関数名をダブルクリックします。関数名に続いて「（」が表示されるので、数式バーの下に表示される関数の書式を参照して引数を設定します。数式の最後にカーソルを移動し、「）」を入力して Enter キーを押します。

3-1 数式に関数を適用する　129

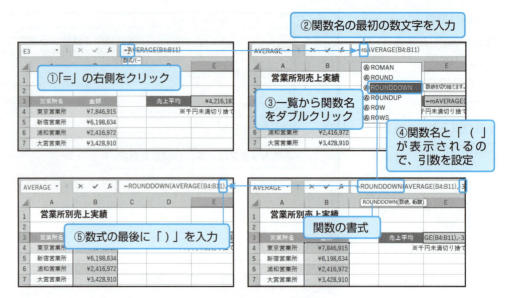

① 「=」の右側をクリック
② 関数名の最初の数文字を入力
③ 一覧から関数名をダブルクリック
④ 関数名と「（」が表示されるので、引数を設定
⑤ 数式の最後に「）」を入力
関数の書式

ROUNDDOWN（ラウンドダウン）関数を使うと、数値を指定した桁数で切り捨てることができます。

● ROUNDDOWN 関数

書式	ROUNDDOWN(数値 , 桁数)
引数	数値：切り捨てる数値を指定する 桁数：切り捨てた結果の桁数を指定する
戻り値	数値を切り捨てて、指定した桁数にした数値を返す

例）セル A1 の数値を 100 の位で切り捨てて、1000 の位で表示する

=ROUNDDOWN (A1,–3)

引数「桁数」は、小数点以下で切り捨てる場合は、結果として表示する桁数を正の整数で指定します（たとえば「1」を指定した場合は、小数点以下第 2 位を切り捨てて小数点以下第 1 位の値を返します）。小数点以下すべてを切り捨てるには「0」とします。小数点より上の桁で切り捨てる場合は、切り捨てる桁数を負の整数で指定します（たとえば「–1」を指定した場合は、1 の位を切り捨てて 10 の位の値を返します）。

桁数の指定

数値　1　1　1　1　．　1　1
桁数　-4　-3　-2　-1　0　1　2

> **ヒント**
> **ROUNDDOWN 関数と TRUNC 関数の違い**
> ROUNDDOWN 関数と TRUNC 関数はまったく同じ結果が求められます。違いは TRUNC 関数では小数点以下を切り捨てるときに、引数「桁数」を省略できることです。
> 「=ROUNDDOWN(3.5,0)」と「=TRUNC(3.5)」では同じ結果「3」が返されます。

数値を指定した桁数で切り上げる場合は ROUNDUP（ラウンドアップ）関数、四捨五入する場合は ROUND（ラウンド）関数を使用します。いずれも引数の指定内容は同じです。なお、数値を指定した桁数で切り捨てる場合には TRUNC（トランク、トランケイト）関数も使用できます。

● TRUNC 関数

書式	=TRUNC (数値 , 桁数)
引数	数値：切り捨てる数値を指定する 桁数：切り捨てた結果の桁数を指定する。省略時は小数点以下を切り捨てる
戻り値	数値を切り捨てて、指定した桁数にした数値を返す

ヒント
ROUNDDOWN 関数、TRUNC 関数と INT 関数の違い

ROUNDDOWN 関数、TRUNC 関数と INT 関数の違いは、数値が負の数のときに現れます。たとえば、数値が「-4.7」だった場合、「=ROUNDDOWN(-4.7,0)」や「=TRUNC(-4.7)」（または「=TRUNC(-4.7,0)」）では単純に小数部を切り捨てた「-4」が返されます。「=INT(-4.7)」では「-4.7」に最も近くてその値を超えない整数「-5」が返されます。

小数点以下を切り捨てて整数化する場合には INT（イント）関数も使用できます。

● INT 関数

書式	INT(数値)
引数	**数値**：整数にする実数を指定する
戻り値	指定された**数値**より小さい最大の整数を返す

操作手順

❶ セル E3 をクリックします。

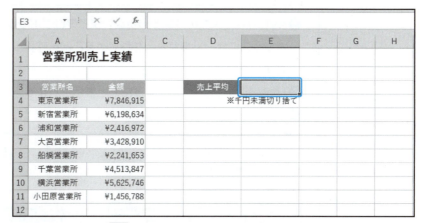

❷［数式］タブの ［数学/三角］ボタンをクリックします。

❸ 一覧から［ROUNDDOWN］をクリックします。

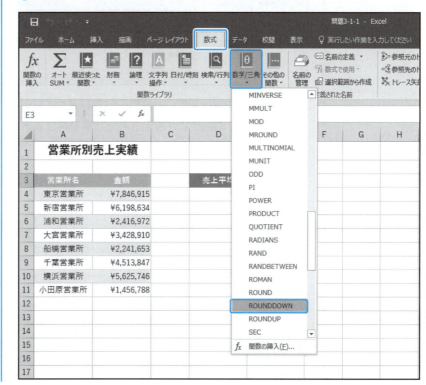

ポイント
関数の入力

本書では［数式］タブの［関数ライブラリ］グループの関数の分類のボタンから関数を選択し、表示される［関数の引数］ダイアログボックスを使用して引数を指定する方法を解説しています。選択したセルや数式バーに直接数式（手順の太字部分）を入力してもかまいません。記号、英数字は半角で入力します。関数名として小文字で入力した英字は自動的に大文字に変換されます。

3-1 数式に関数を適用する | **131**

> **★ヒント**
> **名前ボックスの一覧に[AVERAGE]がない場合**
> 名前ボックスの一覧の[その他の関数]をクリックし、表示される[関数の挿入]ダイアログボックスの[関数の分類]ボックスの▼をクリックして[統計]または[すべて表示]をクリックし、[関数名]ボックスの一覧から[AVERAGE]をクリックし、[OK]をクリックします。

❹ ROUNDDOWN関数の[関数の引数]ダイアログボックスが表示されるので、[数値]ボックスにカーソルが表示されていることを確認し、名前ボックスの▼をクリックします。

❺ 一覧から[AVERAGE]をクリックします。

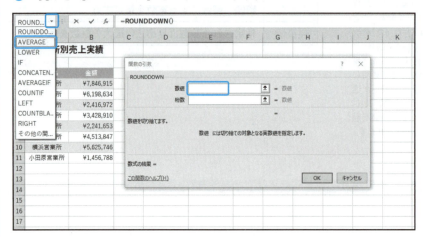

❻ AVERAGE関数の[関数の引数]ダイアログボックスが表示されるので、[数値1]ボックスにカーソルが表示されていることを確認し、セルB4～B11をドラッグします。

❼ [数値1]ボックスに「B4:B11」と表示されます。

❽ 数式バーの「ROUNDDOWN」をクリックします。

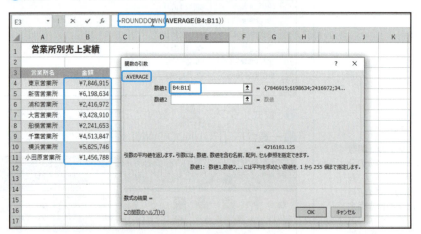

❾ ROUNDDOWN関数の[関数の引数]ダイアログボックスが、[数値]ボックスにAVERAGE関数の式が設定された状態で再び表示されるので、[桁数]ボックスをクリックし、「-3」と入力します。

❿ 数式の結果として「¥4,216,000」が表示されていることを確認します。

⓫ [OK]をクリックします。

> **★ヒント**
> **数式の結果の表示形式**
> セルE3にはあらかじめ「通貨」の表示形式が設定されているため、数式の結果も通貨記号の「¥」と桁区切りの「,」が表示されます。

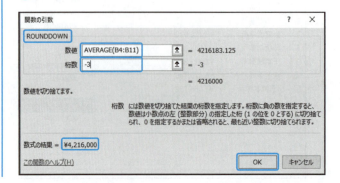

⑫ 数式バーに「=ROUNDDOWN(AVERAGE(B4:B11),-3)」と表示されたことを確認します。

⑬ セルE3に、全営業所の売上金額の平均の千円未満を切り捨てた値「￥4,216,000」が表示されます。

3-1-2 AND、OR、NOT関数を使って論理演算を行う

練習問題

問題フォルダー
　└問題3-1-2.xlsx
解答フォルダー
　└解答3-1-2.xlsx

IF関数とAND関数、OR関数を使用して、セル範囲H4:H13に筆記試験または適性検査が平均点以上で、かつグループワークが80点以上の場合は「合格」、それ以外の場合は「不合格」と表示します。

筆記試験、適性検査、グループワークの点数から合否を判断する

機能の解説

重要用語
- AND 関数
- 複数の条件をすべて満たしているかどうかを調べる
- OR 関数
- 複数の条件のいずれかを満たしているかどうかを調べる
- NOT 関数
- 条件を満たしていないことを調べる
- IF 関数
- 条件を満たしているか満たしていないかによって異なる処理をする
- 比較演算子

AND（アンド）関数を使用すると、複数の条件のすべてを満たしているかどうかを調べることができます。その結果、すべてを満たしていれば「真（TRUE）」、そうでなければ「偽（FALSE）」を返します。

複数の条件のいずれかを満たしているかどうかを調べるには、OR（オア）関数を使います。また、条件を満たしていないことを調べる場合はNOT（ノット）関数を使います。NOT関数は論理式を1つしか設定できませんが、AND関数やOR関数を組み合わせれば、複数の条件を設定することができます。

● AND 関数

書式	AND(論理式 1, 論理式 2,…)
引数	**論理式**：論理値（「TRUE」または「FALSE」）または論理値を取得する値、式を指定する
戻り値	すべての**論理式**を満たす場合は「**TRUE**」を返し、そうでない場合は「**FALSE**」を返す

例）セル E4 の値が 65 以上で、かつセル F4 の値が 70 以上の場合は「TRUE」を返す、どちらかまたはいずれも満たさない場合は「FALSE」を返す

=AND(E4>=65,F4>=70)

● OR 関数

書式	OR(論理式 1, 論理式 2,…)
引数	**論理式**：論理値（「TRUE」または「FALSE」）または論理値を取得する値、式を指定する
戻り値	いずれかの**論理式**を満たす場合は「**TRUE**」を返し、そうでない場合は「**FALSE**」を返す

例）セル E4 の値が 65 以上か、またはセル F4 の値が 70 以上の場合は「TRUE」を返す、いずれも満たさない場合は「FALSE」を返す

=OR(E4>=65,F4>=70)

● NOT 関数

書式	NOT(論理式)
引数	**論理式**：論理値（「TRUE」または「FALSE」）または論理値を取得する値、式を指定する
戻り値	**論理式**を満たさない場合は「**TRUE**」を返し、満たす場合は「**FALSE**」を返す

例）セル E4 の値が 65 以上でない場合は「TRUE」を返す、65 以上の場合は「FALSE」を返す

=NOT(E4>=65)

● IF 関数とネストする

IF（イフ）関数を使用すると、指定した条件を満たしているか満たしていないかによって異なる処理をすることができます。

書　式	IF(論理式 , 真の場合 , 偽の場合)
引　数	論理式　：真または偽のどちらかに評価できる値または式を指定する 真の場合：論理式の結果が、条件を満たす「真（TRUE）」の場合に返す値を指定する 偽の場合：論理式の結果が、条件を満たさない「偽（FALSE）」の場合に返す値を指定する
戻り値	**論理式**を満たす場合は**真の場合**の値を返し、満たさない場合は**偽の場合**の値を返す

論理式では、「真（TRUE）」または「偽（FALSE）」のいずれかで評価できる値か条件式を指定する必要があります。条件式には、次のような比較演算子を使用することができます。

比較演算子の使い方

比較演算子	意味	使用例
=	等しい	E4=65
<	～より小さい（未満）	E4<65
>	～より大きい	E4>65
<=	～以下	E4<=65
>=	～以上	E4>=65
<>	等しくない	E4<>65

IF 関数の論理式として AND 関数を使用すると、「筆記試験が 65 点以上で、適性検査が 70 点以上の場合は、合格とする」など、複数の条件で判断する条件式を作成することができます。

=IF(AND(E4>=65,F4>=70),"合格","不合格")

　　　　論理式　　　　　　真の場合　偽の場合

関数をネストする方法については、「3-1-1」を参照してください。

> **ポイント**
> **引数に文字列を設定する**
> 関数の引数に文字列を設定する場合、文字列は「"」（半角のダブルクォーテーション）で囲んで入力します。

> **ヒント**
> **空白を表示する引数**
> 論理式の結果によって空白を表示したい場合は、引数に「""」（半角のダブルクォーテーション2つ）を入力します。

操作手順

① セル H4 をクリックします。

② [数式] タブの [論理] ボタンをクリックします。

③ 一覧から [IF] をクリックします。

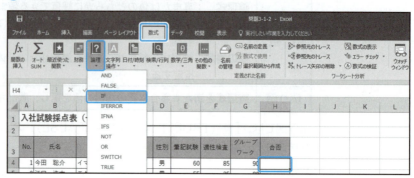

④ IF 関数の [関数の引数] ダイアログボックスが表示されるので、[論理式] ボックスにカーソルが表示されていることを確認し、名前ボックスの▼をクリックします。

⑤ 一覧から [AND] をクリックします。

> **★ヒント**
> **名前ボックスの一覧に [AND] がない場合**
>
> 名前ボックスの一覧の [その他の関数] をクリックし、表示される [関数の挿入] ダイアログボックスの [関数の分類] ボックスの▼をクリックして [論理] または [すべて表示] をクリックし、[関数名] ボックスの一覧から [AND] をクリックし、[OK] をクリックします。

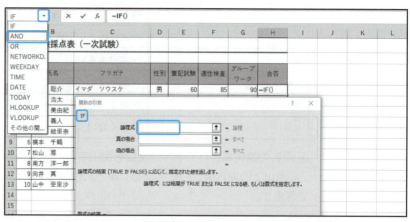

⑥ AND 関数の [関数の引数] ダイアログボックスが表示されるので、[論理式1] ボックスにカーソルが表示されていることを確認し、名前ボックスの▼をクリックします。

⑦ 一覧から [OR] をクリックします。

> **★ヒント**
> **名前ボックスの一覧に [OR] がない場合**
>
> 名前ボックスの一覧の [その他の関数] をクリックし、表示される [関数の挿入] ダイアログボックスの [関数の分類] ボックスの▼をクリックして [論理] または [すべて表示] をクリックし、[関数名] ボックスの一覧から [OR] をクリックし、[OK] をクリックします。

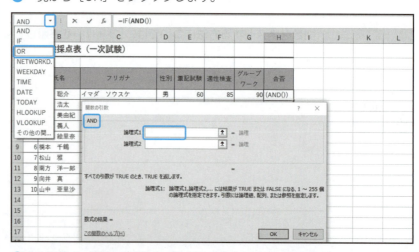

⑧ OR 関数の [関数の引数] ダイアログボックスが表示されるので、[論理式1] ボックスにカーソルがあることを確認し、セル E4 をクリックします。

⑨ [論理式1] ボックスに「E4」と表示されるので、続けて「>=」を入力し、セル E14 をクリックします。

⑩ [論理式1] ボックスに「E14」と表示されるので、F4キーを押して、「$E$14」にします。

⑪ [論理式2] ボックスをクリックし、セルF4をクリックします。

⑫ [論理式2] ボックスに「F4」と表示されるので、続けて「>=」を入力し、セルF14をクリックします。

⑬ [論理式2] ボックスに「F14」と表示されるので、F4キーを押して、「$F$14」にします。

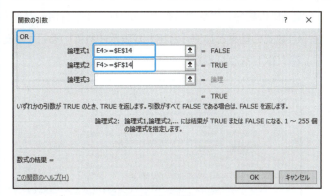

⑭ 数式バーの [AND] をクリックします。

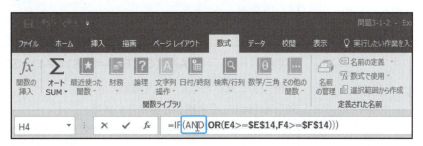

⑮ AND関数の [関数の引数] ダイアログボックスが、[論理式1] ボックスにOR関数の式が設定された状態で再び表示されるので、[論理式2] ボックスをクリックし、セルG4をクリックします。

⑯ [論理式2] ボックスに「G4」と表示されるので、続けて「>=80」を入力します。

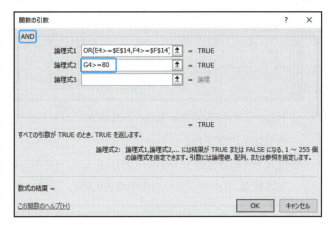

⑰ 数式バーの「IF」をクリックします。

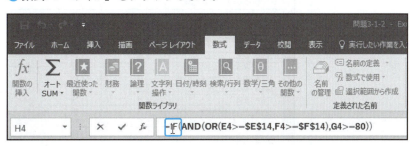

3-1 数式に関数を適用する

> **!ポイント**
> **文字列を含む引数**
> ［関数の引数］ダイアログボックスで引数に文字列を入力した場合、自動的に「"」（ダブルクォーテーション）で囲まれます。

⓲ IF関数の［関数の引数］ダイアログボックスが、［論理式］ボックスにAND関数とOR関数の式が設定された状態で再び表示されるので、［真の場合］ボックスをクリックし、「合格」と入力します。

※ その後他のボックスをクリックすると、「"合格"」と「""」（ダブルクォーテーション）で囲まれて表示されます。

⓳ ［偽の場合］ボックスをクリックし、「不合格」と入力します。
⓴ 数式の結果として「合格」が表示されていることを確認します。
㉑ ［OK］をクリックします。

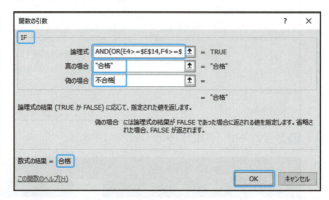

㉒ 数式バーに「=IF(AND(OR(E4>=$E$14,F4>=$F$14),G4>=80),"合格","不合格")」と表示されたことを確認します。
㉓ セルH4に、「合格」と表示されます。

㉔ セルH4の右下のフィルハンドルをポイントし、マウスポインターの形が ✚ に変わったら、ダブルクリックします。
㉕ セルH4の数式がセルH5～H13にコピーされ、同じ行の筆記同じ行の筆記試験、適性検査、グループワークのの点数に応じて「合格」または「不合格」と表示されます。

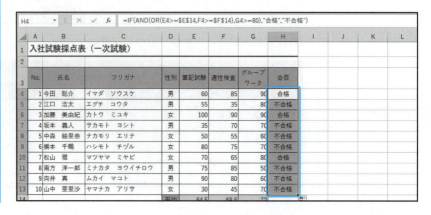

3-1-3 VLOOKUP関数にIF関数を組み合わせてエラーを回避する

練習問題

問題フォルダー
└問題3-1-3.xlsx

解答フォルダー
└解答3-1-3.xlsx

【操作1】セルB4、C4には、VLOOKUP関数を使用してセルA4の商品番号から商品一覧表の商品名、単価を表示する数式が入力されています。エラーを回避するために、IF関数を組み合わせて、セルA4の商品番号が未入力の場合は空白を表示するように修正します。

【操作2】セルE4には、単価に数量を掛けて金額を求める数式が入力されています。エラーを回避するために、IF関数を組み合わせて、セルC4の単価が空白の場合は空白を表示するように修正します。

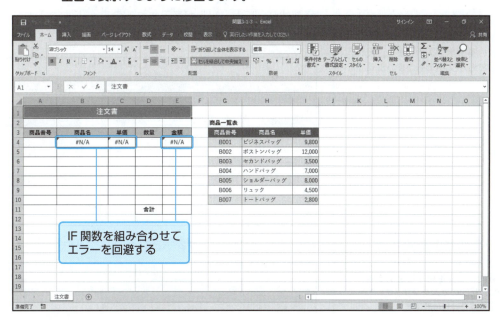

機能の解説

重要用語
- VLOOKUP関数
- エラーを回避
- IF関数

VLOOKUP（ブイルックアップ）関数は、商品番号のような値を基に、別の表で対応するデータを参照する関数です。存在しない商品番号を入力すると、参照する商品一覧表に該当する商品番号が見つからないので、「#N/A」（使用できる値が存在しない）というエラーが表示されます。商品番号が未入力の場合も商品番号が存在しないと判断され、同様のエラーが表示されてしまいます。エラーを回避するには、VLOOKUP関数にIF（イフ）関数を組み合わせて、「商品番号が空白の場合は空白を表示する」という式を追加します。

★ヒント
VLOOKUP関数
「3-2-1」で詳しく解説しています。

=IF(A4="","",VLOOKUP(A4,$G$4:$I$10,2,FALSE))

VLOOKUP関数の検索値のセル（この例ではA4）が空白の場合は空白を表示するIF関数を追加

ポイント
引数に空白を指定する
関数の引数に空白を指定するときは、「""」（半角のダブルクォーテーション2つ）を入力します。

操作手順

【操作1】

❶ セル B4 をクリックします。

❷ 数式バーの「=」の右側をクリックします。

❸ 数式バーにカーソルが表示されるので、「IF」と入力します。

❹ 「IF」で始まる関数の一覧が表示されるので、[IF] をダブルクリックします。

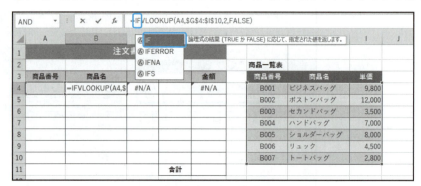

❺ 「IF」に続いて「(」が表示されるので、「A4="","",」と入力します。

❻ 数式の最後をクリックし「)」を入力して「=IF(A4="","",VLOOKUP(A4,$G$4:$I$10,2,FALSE))」となったことを確認し、**Enter** キーを押します。

★ヒント

関数名の入力

半角の英数字で入力します。大文字でも小文字でもかまいません。

その他の操作方法

引数の指定

引数内にセル番地を指定する場合は、目的のセルをクリックして設定することも可能です。

その他の操作方法

入力の確定

数式バーの左側にある ✓ [入力] ボタンをクリックしても、数式バーの入力を確定できます。**Enter** キーを押して確定するとアクティブセルは1つ下に移動しますが、この操作ではアクティブセルは動かず現在のセルのまま確定できます。

❼ セルB4のエラー表示がなくなり、空白が表示されます。

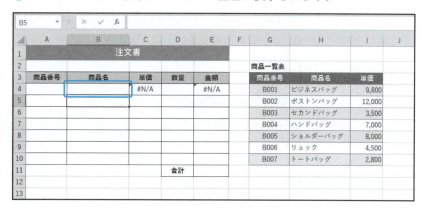

❽ 同様にセルC4の数式も「=IF(A4="","",VLOOKUP(A4,$G$4:$I$10,3,FALSE))」に修正します。

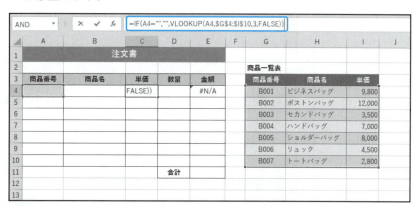

❾ セルC4のエラー表示がなくなり、空白が表示されます。

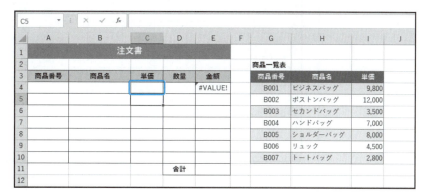

【操作2】

❿ セルE4をクリックします。

3-1 数式に関数を適用する

⓫ 数式バーの「=」の右側をクリックします。

⓬ 数式バーにカーソルが表示されるので、「IF」と入力します。

⓭ 「IF」で始まる関数の一覧が表示されるので、[IF]をダブルクリックします。

⓮ 「IF」に続いて「(」が表示されるので、「C4="","",」と入力します。

⓯ 数式の最後をクリックし「)」を入力して「=IF(C4="","",C4*D4)」となったことを確認し、**Enter**キーを押します。

⓰ セルE4のエラー表示がなくなり、空白が表示されます。

3-1-4 SUMIFS、AVERAGEIFS、COUNTIFS 関数を使って論理演算を行う

練習問題

問題フォルダー
└問題 3-1-4.xlsx

解答フォルダー
└解答 3-1-4.xlsx

【操作 1】COUNTIFS 関数を使用して、セル G5 に、受付担当者が山田一郎以外の日本酒の発送数を求めます。

【操作 2】SUMIFS 関数を使用して、セル G9 に、発送日が 2018 年 1 月 11 日以降のワインの売上金額の合計を求めます。

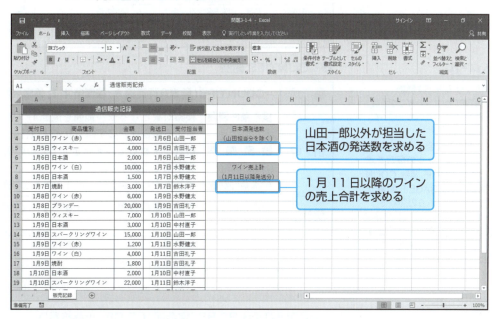

機能の解説

- SUMIFS 関数
- 指定した複数の条件をすべて満たすセルに対応するセルの値の合計
- AVERAGEIFS 関数
- 指定した複数の条件をすべて満たすセルに対応するセルの値の平均値
- COUNTIFS 関数
- 指定した条件をすべて満たすセルの個数
- 比較演算子
- ワイルドカード

SUMIFS（サムイフズ）関数を使用すると、対象のセル範囲の中で、指定した複数の条件をすべて満たすセルに対応するセルの値の合計、AVERAGEIFS（アベレージイフズ）関数を使用すると、同様に平均値を求めることができます。また、COUNTIFS（カウントイフズ）関数を使用すると、指定した条件をすべて満たすセルの個数を求めることができます。

● SUMIFS 関数

書 式	=SUMIFS(合計対象範囲 , 条件範囲 1, 条件 1, 条件範囲 2, 条件 2, ……)
引 数	**合計対象範囲**：合計を求めるセル範囲を指定する **条 件 範 囲**：検索対象となるセル範囲を最低 1 つ指定する。複数のセル範囲を指定する場合は、必ず同じサイズ（行数 × 列数）にする必要がある **条　　　件**：合計を求めるセルを特定するための条件を数値、セル参照、数式、文字列で指定する。 **条件範囲**を複数指定した場合は、必ずセットで**条件**を指定する必要がある
戻り値	指定したすべての**条件範囲**で、対応するすべての**条件**を満たすデータに対応する、**合計対象範囲**のセルの数値の合計を返す

> **★ヒント**
> **AVERAGEIFS（アベレージイフズ）関数**
> 複数の条件を満たすデータの平均値を求める場合にはAVERAGEIFS関数を利用します。AVERAGEIFS関数の引数の指定方法などはSUMIFS関数と同様です。

例）セルB2～B8で「営業部」の文字列、セルC2～C8で「出張旅費」の文字列を検索し、この2つの条件を満たすデータの、セルD2～D8の対応するセルの値を合計する

=SUMIFS(D2:D8,B2:B8,"営業部",C2:C8,"出張旅費")

セルB2～B8で「営業部」、セルC2～C8で「出張旅費」を検索し、セルD2～D8で両方の条件を満たすセルの値を合計する

> **★ヒント**
> **SUMIF（サムイフ）関数、COUNTIF（カウントイフ）関数、AVERAGEIF（アベレージイフ）関数**
> 条件が1つの場合のセルの値の合計、平均値、セルの個数を求めるときは、SUMIF関数、COUNTIF関数、AVERAGEIF関数が使用できます。これらの関数では、SUMIFS関数やAVERAGEIFS関数で最初の引数として設定する合計や平均の対象範囲が第3引数になり、省略可能です。

● COUNTIFS 関数

書　式	=COUNTIFS(検索条件範囲 1, 検索条件 1, 検索条件範囲 2, 検索条件 2,……)
引　数	**検索条件範囲**：検索対象となるセル範囲を最低1つ指定する。複数のセル範囲を指定する場合は、必ず同じサイズ（行数 × 列数）にする必要がある **検索条件**：個数を求めるセルを特定するための条件を数値、セル参照、数式、文字列で指定する。 **検索条件範囲**を複数指定した場合は、必ずセットで**検索条件**を指定する必要がある
戻り値	指定したすべての**検索条件範囲**で、対応するすべての**検索条件**を満たすデータの個数を返す

例）セルB2～B8で「営業部」の文字列、セルC2～C8で「出張旅費」の文字列を検索し、この2つの条件を満たすデータの個数を求める

=COUNTIFS(B2:B8,"営業部",C2:C8,"出張旅費")

セルB2～B8で「営業部」、セルC2～C8で「出張旅費」を検索し、両方の条件を満たすデータの個数を求める

なお、COUNTIFS関数の引数「検索条件」およびSUMIFS関数の引数「条件」には、いずれも検索したいデータ（数値または文字列など）を直接指定するほか、比較演算子（「3-1-2」参照）およびワイルドカードを使用できます。

ワイルドカードの使い方

ワイルドカード	意　味	使用例
?	任意の1字	?島 「田島」「川島」など「島」の前に任意の1文字が付く
*	任意の文字列（0文字以上）	*島 「島」「田島」「小田島」など「島」で終わる文字列

操作手順

【操作1】

❶ セル G5 をクリックします。

❷ [数式] タブの [その他の関数] ボタンをクリックします。

❸ [統計] の一覧から [COUNTIFS] をクリックします。

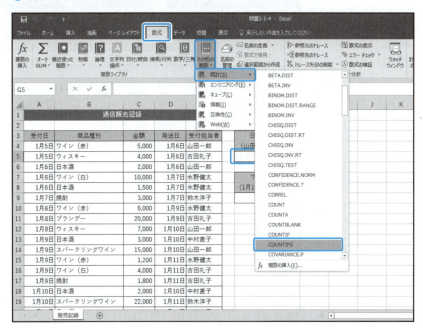

❹ COUNTIFS 関数の [関数の引数] ダイアログボックスが表示されるので、[検索条件範囲 1] ボックスにカーソルが表示されていることを確認し、セル B4 〜 B23 を範囲選択します。

❺ [範囲] ボックスに「B4:B23」と表示されます。

❻ [検索条件 1] ボックスに「日本酒」と入力します。

※ その後他のボックスをクリックすると「"日本酒"」とダブルクォーテーションで囲まれて表示されます。

❼ [検索条件範囲 2] ボックスをクリックし、セル E4 〜 E23 を範囲選択します。

❽ [検索条件範囲 2] ボックスに「E4:E23」と表示されます。

❾ [検索条件 2] ボックスに「<> 山田一郎」と入力します。

❿ [OK] をクリックします。

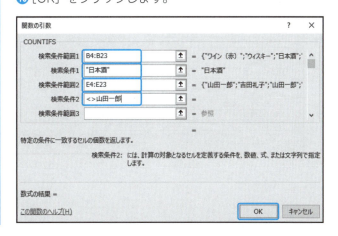

ポイント
引数のセル範囲の指定

引数に連続したセル範囲を指定するときは、目的の範囲をドラッグして選択します。「B4:B23」のようにセル番地が「:」(コロン)で区切られて表示されます。「B4:B23」を直接入力することも可能です。また、範囲の始点のセルをクリックし、**Ctrl** + **Shift** + **↓** キーを押すと、その列のデータが入力されている範囲の最終行までが自動的に範囲指定されます。

ヒント
比較演算子の使用

ここでは「山田一郎以外」を検索するため、比較演算子を使用して「"<>山田一郎"」と指定します。なお、[関数の引数] ダイアログボックスでは「"」は自動的に表示されます。

ヒント
数式の結果の確認

手順❿ の状態では、[関数の引数] ダイアログボックスの [検索条件] ボックスの比較演算子付きの条件が「"」(ダブルクォーテーション) で囲まれていないため、数式の結果が表示されません。他のボックスをクリックすると「"」で囲まれ、数式の結果「5」が表示されます。

⓫ 数式バーに「=COUNTIFS(B4:B23,"日本酒",E4:E23,"<> 山田一郎")」と表示されたことを確認します。

⓬ セル G5 に、商品種別が「日本酒」で、かつ受付担当者が「山田一郎でない」行の個数「5」が表示されます。

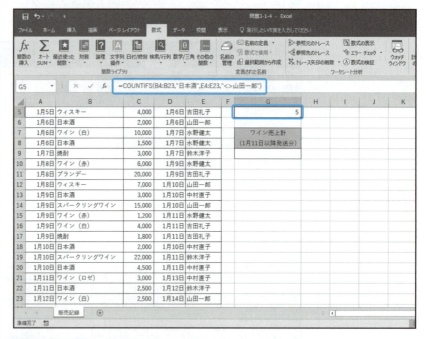

【操作2】

⓭ セル G9 をクリックします。

⓮ [数式] タブの [数学/三角] ボタンをクリックします。

⓯ 一覧から [SUMIFS] をクリックします。

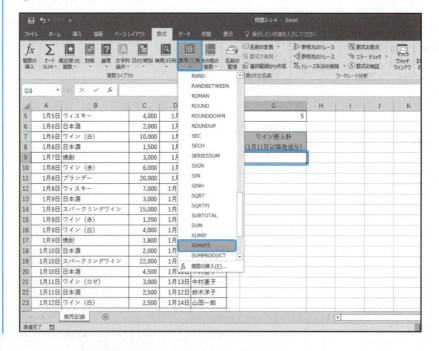

ヒント
ワイルドカードの使用

ここでは「ワイン（赤）」、「ワイン（白）」、「スパークリングワイン」など「ワイン」文字列を含むデータを検索するため、ワイルドカードを使用して「*ワイン*」と指定します。なお、[関数の引数]のダイアログボックスでは「"」は自動的に表示されます。

ヒント
数式の結果の確認

手順㉔の状態では、[関数の引数]ダイアログボックスの[条件2]ボックスの比較演算子付きの条件が「"」（ダブルクォーテーション）で囲まれていないため、数式の結果が表示されません。他のボックスをクリックすると「"」で囲まれ、数式の結果「10,700」が表示されます。

ポイント
日付の指定

表内の日付は「2018/1/11」という日付を「1月11日」という表示形式で表しています。条件として指定するときは「2018/1/11」と入力します。
また、「2018/1/11」のような日付の書式は、通常は除算の計算と見なされるため、数式の中でそのまま指定することはできません。「43111」のようなシリアル値か、「"」で囲んで文字列として指定します。ここでは日付の前に比較演算子を付けていますが、この指定方法の場合は文字列形式であり、正しく日付のデータと判断されます。なお、[関数の引数]ダイアログボックスを使用した場合、「"」は自動的に表示されます。

⑯ SUMIFS関数の[関数の引数]ダイアログボックスが表示されるので、[合計対象範囲]ボックスにカーソルが表示されていることを確認し、セルC4～C23を範囲選択します。

⑰ [合計対象範囲]ボックスに「C4:C23」と表示されます。

⑱ [条件範囲1]ボックスをクリックし、セルB4～B23を範囲選択します。

⑲ [条件範囲1]ボックスに「B4:B23」と表示されます。

⑳ [条件1]ボックスに「*ワイン*」と入力します。

※ その後他のボックスをクリックすると「"*ワイン*"」とダブルクォーテーションで囲まれて表示されます。

㉑ [条件範囲2]ボックスをクリックし、セルD4～D23を範囲選択します。

㉒ [条件範囲2]ボックスに「D4:D23」と表示されます。

㉓ [条件2]ボックスに「>=2018/1/11」と入力します。

㉔ [OK]をクリックします。

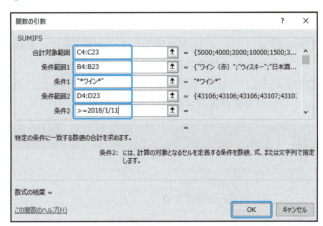

㉕ 数式バーに「=SUMIFS(C4:C23,B4:B23,"*ワイン*",D4:D23,">=2018/1/11")」と表示されたことを確認します。

㉖ セルG9に、商品種別に「ワイン」を含み、かつ発送日が「2018/1/11」以降である行の、金額のセルの数値の合計「32,700」が表示されます。

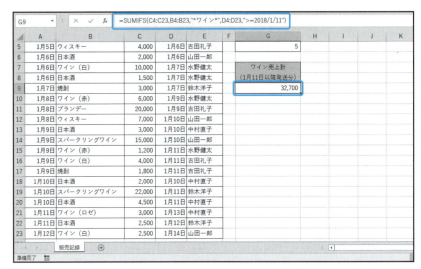

3-2 関数を使用してデータを検索する

1列または1行のセル範囲に入力されているデータの中から、関数を使用して指定の値を検索し、該当するデータを取り出すことができます。検索結果のデータそのもののほか、検索結果に対応する別の列（または行）のセルのデータを求めることも可能です。また、関数を使用して、指定の値が範囲内の何番目にあるかを求めたり、指定した行と列の交差するセルのデータを取り出したりすることができます。

3-2-1 VLOOKUP関数、HLOOKUP関数を使ってデータを検索する

練習問題

問題フォルダー
└問題3-2-1.xlsx

解答フォルダー
└解答3-2-1.xlsx

【操作1】VLOOKUP関数を使用して、セルB3に、セルA3に入力した受験番号に応じた教室名が表示されるようにします。

【操作2】VLOOKUP関数を使用して、セルF3に、セルE3に入力した特別講習の科目名に応じた料金が表示されるようにします。

【操作3】HLOOKUP関数を使用して、セルB14に、セルA14に入力した級に応じた試験時間が表示されるようにします。

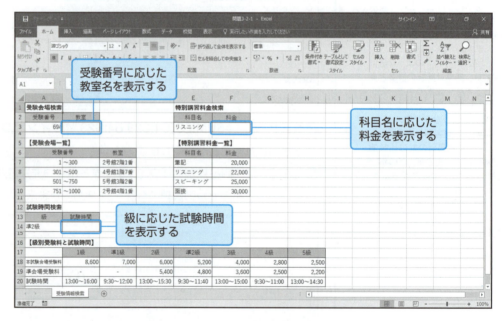

機能の解説

☐ VLOOKUP関数

VLOOKUP（ブイルックアップ）関数を使用すると、指定したセル範囲の左端の列で指定の値を検索し、見つかったセルと同じ行で、指定した列にあるセルのデータを取り出すことができます。

- 指定したセル範囲の左端の列で指定の値を検索し、見つかったセルと同じ行で、指定した列にあるセルのデータを取り出す
- HLOOKUP 関数
- 指定したセル範囲の上端の行で指定の値を検索し、見つかったセルと同じ列で、指定した行にあるセルのデータを取り出す

ワイルドカード
「3-1-4」参照

● **VLOOKUP 関数**

書式	VLOOKUP(検索値,範囲,列番号,検索方法)
引数	**検索値**：検索する値を指定する **範　囲**：検索対象となる列が左端で、目的のデータが含まれる表のセル範囲を指定する **列番号**：目的のデータが含まれる列を、**範囲**の左端から数えた番号で指定する **検索方法**：論理値「TRUE」または「FALSE」を指定する。省略時は「TRUE」と見なされる
戻り値	**検索値**を**範囲**の左端列で検索し、該当した行の**列番号**で指定された列の値を返す

引数「検索値」には、ワイルドカードを使用できます。引数「検索方法」には、「検索値」と完全に一致する値だけを検索する場合は「FALSE」または「0」を指定します。

例）セル A1 の検索値をセル範囲 C1 ～ F5 の左端列（C 列）で検索し、該当した行の 3 列目の値を返す

=VLOOKUP(A1,C1:F5,3,FALSE)

VLOOKUP 関数の概念図

また、「範囲」内に「検索値」と完全に一致する値がない場合に「検索値」以下の最大値を検索するには、「検索方法」に「TRUE」または「0」以外の数値を指定するか、この引数を省略します。この場合、左端の列の昇順で表を並べ替えておく必要があります。

一方、**指定したセル範囲の上端の行で指定の値を検索し、見つかったセルと同じ列で、指定した行にあるセルのデータを取り出す**場合は、**HLOOKUP（エイチルックアップ）関数**を利用します。

● **HLOOKUP 関数**

書式	HLOOKUP(検索値,範囲,行番号,検索方法)
引数	**検索値**：検索する値を指定する **範　囲**：検索対象となる行が上端で、目的のデータが含まれる表のセル範囲を指定する **行番号**：目的のデータが含まれる行を、**範囲**の上端から数えた番号で指定する **検索方法**：論理値「TRUE」または「FALSE」を指定する。省略時は「TRUE」と見なされる
戻り値	**検索値**を**範囲**の上端行で検索し、該当した列の**行番号**で指定された行の値を返す

引数「検索値」や「検索方法」などの指定方法については VLOOKUP 関数と同じです。

例）セル A1 の検索値をセル範囲 C1 ～ F4 の上端行（1 行目）で検索し、該当した列の 3 行目の値を返す

=HLOOKUP(A1,C1:F4,3,FALSE)

HLOOKUP 関数の概念図

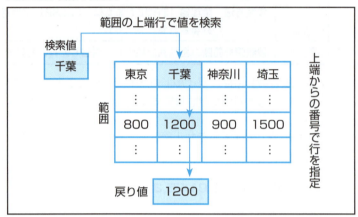

操作手順

【操作 1】
❶ セル B3 をクリックします。
❷ ［数式］タブの ［検索 / 行列］ボタンをクリックします。
❸ 一覧から［VLOOKUP］をクリックします。

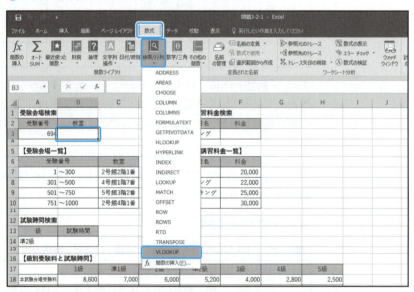

❹ VLOOKUP 関数の［関数の引数］ダイアログボックスが表示されます。
❺ ［検索値］ボックスにカーソルが表示されていることを確認し、セル A3 をクリックします。
❻ ［範囲］ボックスをクリックし、セル A7 ～ C10 を範囲選択します。
❼ ［範囲］ボックスに「A7:C10」と表示されます。
❽ ［列番号］ボックスをクリックし、「3」と入力します。
❾ ［検索方法］ボックスをクリックし、「TRUE」と入力します。
❿ 数式の結果として、セル A3 の受験番号「694」の受験会場「5 号館 3 番 2 号」が表示されていることを確認します。

!ポイント

検索の方法

ここでは、【受験会場一覧】の列Aの数値を検索対象として、列Cの教室番号を取り出します。列Aの数値は「1」「301」「501」…と不均等な間隔で並んでいますが、引数「検索方法」に「TRUE」を指定すると、「1以上301未満」「301以上501未満」「501以上751未満」…の数値がそれぞれの行に合致します。最終行は、1001以上のすべての数値に合致します。

◇その他の操作方法

検索方法の指定

ここでは、VLOOKUP関数の引数「検索方法」に「TRUE」を指定していますが、この指定は省略してもかまいません。また、「TRUE」の代わりに「0」以外の数値を指定しても同じ結果が得られます。

---

⑪ [OK] をクリックします。

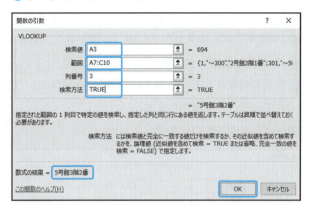

⑫ 数式バーに「=VLOOKUP(A3,A7:C10,3,TRUE)」と表示されたことを確認します。

⑬ セルB3に、セルA3の受験番号の受験会場「5号館3階2番」が表示されます。

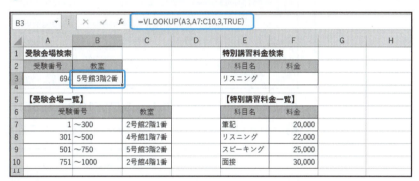

【操作2】

⑭ セルF3をクリックします。

⑮ [数式] タブの [検索/行列] ボタンをクリックします。

⑯ 一覧から [VLOOKUP] をクリックします。

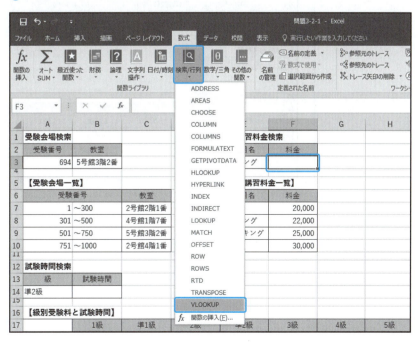

⑰ VLOOKUP関数の [関数の引数] ダイアログボックスが表示されます。

⑱ [検索値] ボックスにカーソルが表示されていることを確認し、セルE3をクリックします。

3-2 関数を使用してデータを検索する | 151

!ポイント

検索の方法
特別講習料金を検索する場合は、引数「検索方法」に「FALSE」または「0」を指定することで、指定した科目名に完全に一致するセルだけが検索されます。

⑲ [範囲] ボックスをクリックし、セルE7～F10を範囲選択します。
⑳ [範囲] ボックスに「E7:F10」と表示されます。
㉑ [列番号] ボックスをクリックし、「2」と入力します。
㉒ [検索方法] ボックスをクリックし、「FALSE」と入力します。
㉓ 数式の結果として、セルF3の科目名「リスニング」の料金「22,000円」が表示されていることを確認します。
㉔ [OK] をクリックします。

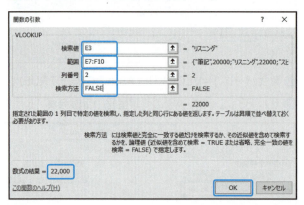

㉕ 数式バーに「=VLOOKUP(E3,E7:F10,2,FALSE)」と表示されたことを確認します。
㉖ セルF3にセルE3の「リスニング」に該当する料金の「22,000」が表示されます。

【操作3】

㉗ セル B14 をクリックします。

㉘ ［数式］タブの［検索／行列］ボタンをクリックします。

㉙ 一覧から［HLOOKUP］をクリックします。

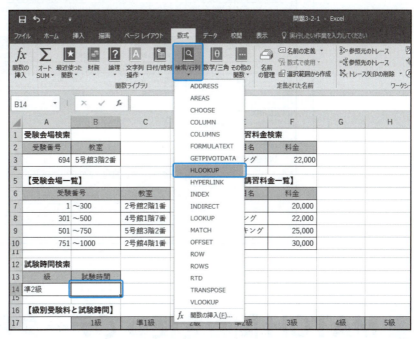

㉚ HLOOKUP 関数の［関数の引数］ダイアログボックスが表示されるので、［検索値］ボックスにカーソルが表示されていることを確認し、セル A14 をクリックします。

㉛ ［検索値］ボックスに「A14」と表示されます。

㉜ ［範囲］ボックスをクリックし、セル B17 ～ H20 を範囲選択します。

㉝ ［範囲］ボックスに「B17:H20」と表示されます。

㉞ ［行番号］ボックスをクリックし、「4」と入力します。

㉟ ［検索方法］ボックスをクリックし、「FALSE」と入力します。

㊱ 数式の結果としてセル A14 の「準2級」の試験時間「9:30 ～ 11:40」が表示されていることを確認します。

㊲ ［OK］をクリックします。

> **ポイント**
> **検索の方法**
> 試験時間を検索する例の場合は、引数「検索方法」に「FALSE」または「0」を指定することで、指定した級に完全に一致するセルだけが検索されます。

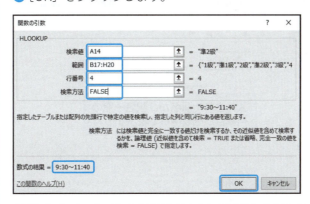

㊳ 数式バーに「=HLOOKUP(A14,B17:H20,4,FALSE)」と表示されたことを確認します。

3-2 関数を使用してデータを検索する | 153

㊴ セルB14に、セルA14の「準2級」の試験時間「9:30～11:40」が表示されます。

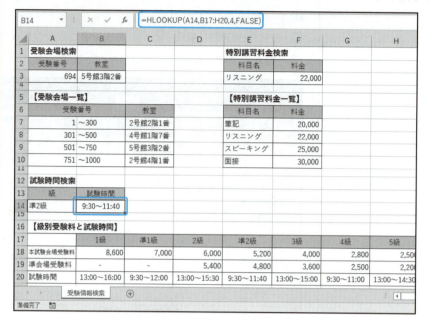

3-2-2 MATCH関数を使ってデータを検索する

練習問題

問題フォルダー
└ 問題3-2-2.xlsx

解答フォルダー
└ 解答3-2-2.xlsx

MATCH関数を使用して、セルK4（結合セル）に、セルD4（結合セル）に入力された駅名が、駅名一覧の何駅目にあるかを取得して表示します。

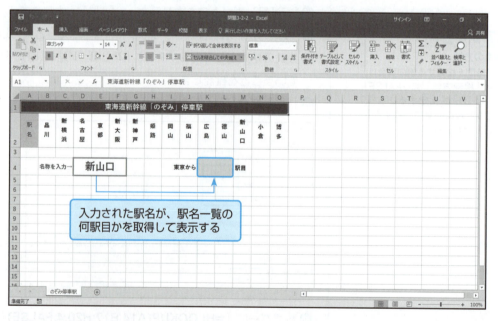

機能の解説

重要用語
- MATCH 関数
- 指定された範囲内でデータを検索し、見つかったデータが範囲のどの位置にあるかを求める

MATCH（マッチ）関数を使うと、<u>指定された範囲内でデータを検索し、見つかったデータが範囲のどの位置にあるかを求める</u>ことができます。

● MATCH 関数

書　式	=MATCH(検査値 , 検査範囲 ,[照合の範囲])
引　数	**検　査　値**：検索する値を数値、文字列、論理値やセル参照で指定する **検 査 範 囲**：目的のデータが含まれるセル範囲を指定する **照合の範囲**：検索する方法を「1」、「0」、「-1」の数値で指定する
戻り値	**検査値**を**検査範囲**で検索し、値が範囲内の何番目に位置するかを数値で返す

例）セル A1 の値を、セル範囲 C1 ～ C5 で検索し、何番目にあるのかを返す

=MATCH(A1,C1:C5)

ヒント
省略可能な引数
書式の [ ]（角かっこ）で囲まれた引数は省略できます。

MATCH 関数の概念図

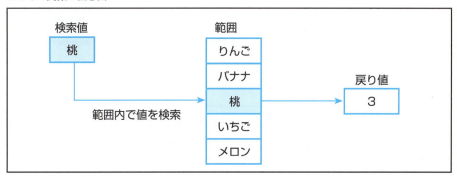

引数「照合の種類」には、一致するものがない場合、引数「検索値」以下の最大の値を検索する「1」または省略、完全に一致する値を検索する「0」、一致するものがない場合、検索値以上の最小の値を検索する「-1」の 3 種類があります。正しい値を取得するために、「1」を指定する場合は昇順に、「-1」を指定する場合は降順に、引数「検索範囲」のデータを並べ替えておく必要があります。

操作手順

❶ セル K4（結合セル）をクリックします。

❷ ［数式］タブの ［検索 / 行列］ボタンをクリックします。

❸ 一覧から［MATCH］をクリックします。

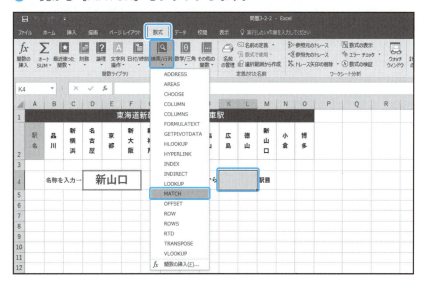

3-2 関数を使用してデータを検索する

❹ MATCH関数の［関数の引数］ダイアログボックスが表示されるので、［検査値］ボックスにカーソルが表示されていることを確認し、セルD4（結合セル）をクリックします。

❺ ［検査値］ボックスに「D4」と表示されます。

❻ ［検査範囲］ボックスをクリックし、セルB2～O2を範囲選択します。

❼ ［検査範囲］ボックスに「B2:O2」と表示されます。

❽ ［照合の種類］ボックスをクリックし、「0」を入力します。

❾ 数式の結果として「12」が表示されていることを確認します。

❿ ［OK］をクリックします。

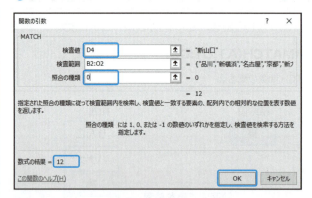

⓫ 数式バーに「=MATCH(D4,B2:O2,0)」と表示されたことを確認します。

⓬ セルK4に、セルD4の駅名の、セルB2～O2の左からの位置「12」が表示されます。

156　第3章　高度な機能を使用した数式の作成

3-2-3　INDEX関数を使ってデータを検索する

練習問題

問題フォルダー
└問題3-2-3.xlsx

解答フォルダー
└解答3-2-3.xlsx

INDEX関数を使用して、セルB13に、セルB10に入力したサイズとセルB11に入力した地域の**宅配料金を料金一覧表から取得して表示**します。

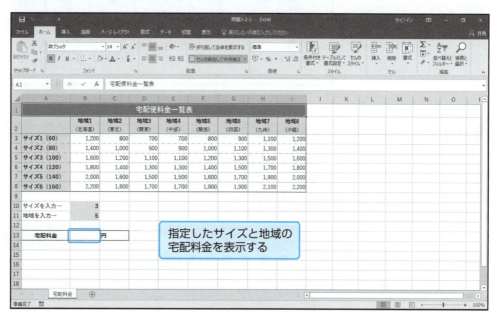

機能の解説

- INDEX関数
- 指定した行と列が交差するセルのデータやセル参照を取り出す

INDEX（インデックス）関数を使用すると、**指定した行と列が交差するセルのデータやセル参照を取り出す**ことができます。

● INDEX関数（配列形式）

書　式	=INDEX(配列 , 行番号 , [列番号])
引　数	**配　列**：目的のデータが含まれるセル範囲または配列定数を指定する **行番号**：目的のデータが含まれる行を、**配列**の上端から数えた行数で指定する **列番号**：目的のデータが含まれる列を、**配列**の左端から数えた列数で指定する
戻り値	**配列**内で、指定した**行**と**列**が交差する位置にあるセルの値を返す

★ヒント
引数の指定
引数「配列」が1行または1列の場合は、引数「行番号」または引数「列番号」を省略できます。

● INDEX関数（セル範囲形式）

書　式	=INDEX(参照 , 行番号 , [列番号], [領域番号])
引　数	**参　照**：目的のデータが含まれるセル範囲を、1つまたは複数指定する **行番号**：目的のデータが含まれる行を、**参照**の上端から数えた行数で指定する **列番号**：目的のデータが含まれる列を、**参照**の左端から数えた列数で指定する **領域番号**：複数の**参照**を指定したときに、何番目の**参照**から検索するのかを数値で指定する
戻り値	**配列**内で、指定した**行**と**列**が交差する位置にあるセルの値を返す

例）セル範囲A1～D3の2行目と3列目が交差する位置にあるセルの値を返す

=INDEX(A1:D3,2,3)

INDEX 関数の概念図

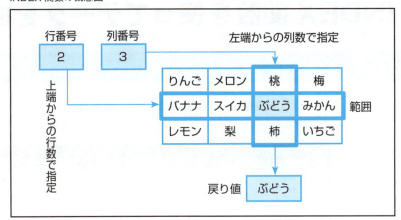

操作手順

❶ セル B13 をクリックします。
❷ [数式] タブの [検索/行列] ボタンをクリックします。
❸ 一覧から [INDEX] をクリックします。

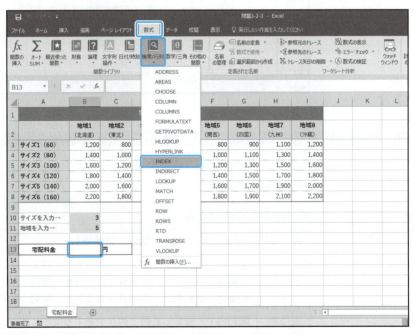

❹ INDEX 関数の [引数の選択] ダイアログボックスが表示されるので、[引数] ボックスの [配列, 行番号, 列番号] が選択されていることを確認します。
❺ [OK] をクリックします。

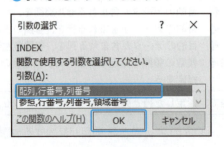

その他の操作方法
引数の選択
ここでは [配列, 行番号, 列番号] を選択し、INDEX 関数の配列形式として引数を指定しています。ただし、[参照, 行番号, 列番号, 領域番号] を選び、セル範囲形式の [関数の引数] ダイアログボックスで [領域番号] に「1」を指定しても、同じ結果が得られます。

❻ INDEX 関数の［関数の引数］ダイアログボックスが表示されるので、［配列］ボックスにカーソルが表示されていることを確認し、セル B3 ～ I8 を範囲選択します。

❼ ［配列］ボックスに「B3:I8」と表示されます。

❽ ［行番号］ボックスをクリックし、セル B10 をクリックします。

❾ ［行番号］ボックスに「B10」と表示されます。

❿ ［列番号］ボックスをクリックし、セル B11 をクリックします。

⓫ ［列番号］ボックスに「B11」と表示されます。

⓬ 数式の結果としてセル B10 のサイズ「3」とセル B11 の地域「5」の交差するセル F5 の値「1200」が表示されていることを確認します。

⓭ ［OK］をクリックします。

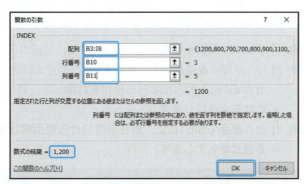

⓮ 数式バーに「=INDEX(B3:I8,B10,B11)」と表示されたことを確認します。

⓯ セル B13 に、セル B10 のサイズ「3」とセル B11 の地域「5」の交差するセル F5 の値「1200」が表示されていることを確認します。

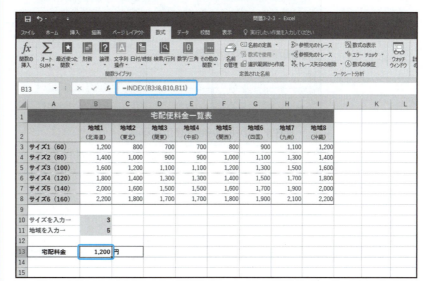

3-3 高度な日付と時刻の関数を適用する

Excelでは、日付や数値のデータも、数値の一種として処理することが可能です。具体的には、特定の日付や時刻を数式によって求めたり、日付同士または時刻同士の間隔を数値として求めたりといった処理です。こうした日付や時刻の計算で利用できる様々な日付/時刻関数が用意されています。

3-3-1 NOW関数、TODAY関数を使用して日付や時刻を参照する

練習問題

問題フォルダー
└問題 3-3-1.xlsx

解答フォルダー
└解答 3-3-1.xlsx

※ ただし、解答ファイルの日付、時刻は更新されるため、本書の画面とは異なります。

【操作 1】TODAY 関数を使用して、セル E2 に、今日の日付を自動的に表示します。

【操作 2】NOW 関数を使用して、セル E3 に、現在の時刻を自動的に表示します。ただし、セル E2 に入力した今日の日付を利用して、日付を含まない、時刻だけのデータになるようにします。

【操作 3】セル範囲 C6:C10 に、現在の時刻から使用開始時刻を引いた使用時間を表示する数式を入力します。

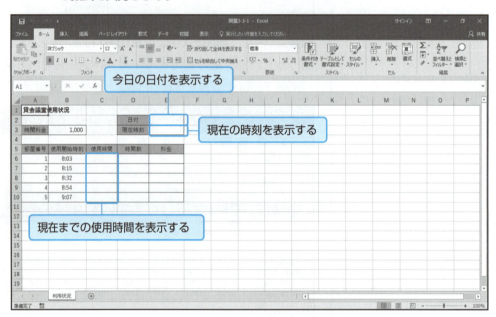

機能の解説

重要用語

☐ TODAY 関数
☐ 今日の日付を表示する
☐ NOW 関数
☐ 現在の日時を表示する
☐ シリアル値

TODAY（トゥデイ）関数を使用すると、今日の日付を自動的に表示することができます。この関数には引数は不要で、ブックを開いたときや他のセルへの入力などが行われた際に自動的に更新されます。

NOW（ナウ）関数を使用すると、現在の日時を自動的に表示することができます。この関数にも引数は不要で、TODAY 関数同様、自動更新されます。

● TODAY 関数

書　式	TODAY()
引　数	なし
戻り値	今日の日付を返す

● NOW 関数

書　式	NOW()
引　数	なし
戻り値	現在の日付と時刻を返す

Excel の日付・時刻データは、内部的には、1900 年 1 月 0 日午前 0 時を起点（0）とし、日付を整数、時刻を小数で表す数値データ（**シリアル値**）として扱われています。「2017/1/1」という日付データを数値で表すと 42736 であり、「6:00」という時刻データを数値で表すと 0.25（1 日の 4 分の 1）になります。日付だけのデータに小数部はなく、時刻だけのデータの整数部は 0 ですが、日付・時刻を両方備えたデータも存在します。NOW 関数の戻り値も、現在の日付・時刻を表すシリアル値になります。日付や時刻のデータは数値なので、そのまま計算に使用することも可能です。

操作手順

【操作 1】
❶ セル E2 をクリックします。
❷ ［数式］タブの ［日付 / 時刻］ボタンをクリックします。
❸ 一覧から［TODAY］をクリックします。

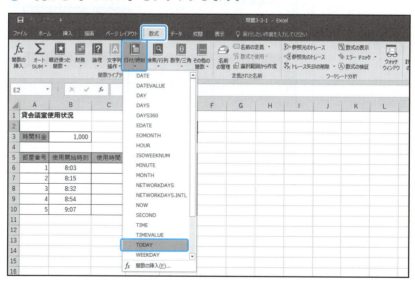

❹ TODAY 関数の［関数の引数］ダイアログボックスが表示されるので、［OK］をクリックします。

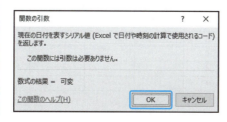

ヒント
数式の直接入力
ここでは［数式］タブの［日付 / 時刻］ボタンをクリックして［関数の引数］ダイアログボックスを表示していますが、TODAY 関数のように引数を必要としない関数の場合、選択したセルに数式を直接入力した方が簡単な場合もあります。

3-3　高度な日付と時刻の関数を適用する　**161**

ポイント
セルの表示形式
表示形式が「標準」であるセルにTODAY関数を入力すると、自動的に日付の表示形式が設定されます。ただし、この問題では、あらかじめセルE2には日付の表示形式、セルE3とセルC6～C10には時刻の表示形式が設定してあります。

ヒント
日付、時刻の表示
実習データに操作を加えた時点の日付、時刻が表示されるため、実際の画面は誌面とは異なります。

ポイント
数式の入力
NOW関数もTODAY関数同様、[数式]タブの[日付/時刻]ボタンをクリックし、一覧から選択して、[関数の引数]ダイアログボックスを表示して入力することが可能です。ただ、この関数も引数は不要で、さらに続けて「-E2」という式を入力する必要があるため、ここではすべてキーボードで直接入力しています。

[日付/時刻]ボタン

ポイント
現在の時刻だけを求める
NOW関数には、時刻だけでなく、今日の日付を表すデータまで含まれています。NOW関数の値から、TODAY関数で求めた今日の日付（NOW関数の整数部に相当）を引くことで、時刻（小数部）だけのデータを求めることができます。

ポイント
現在時刻の表示
セルE3にはもともと時刻の表示形式を設定しているため、セルE2の日付を引く計算を行わず、NOW関数だけでも、現在の時刻だけが表示されます。日付を引く計算は、【操作3】の数式のために必要となります。

---

❺ 数式バーに「**=TODAY()**」と表示されたことを確認します。

❻ セルE2に、今日の日付が表示されます。

【操作2】

❼ セルE3をクリックします。

❽ 「=NOW()-」と入力します。

❾ セルE2をクリックします。

❿ 「=NOW()-E2」と表示されたことを確認します。

⓫ **Enter**キーを押します。

⓬ セルE3に現在の時刻が表示されます。

【操作3】

⑬ セルC6をクリックします。

⑭ 「=」を入力します。

⑮ セルE3をクリックし、**F4**キーを1回押して「$E$3」にします。

⑯ 「-」を入力します。

⑰ セルB6をクリックします。

⑱ 「=$E$3-B6」と表示されていることを確認します。

⑲ **Enter**キーを押します。

> **ヒント**
> **セル参照の入力**
> 数式入力中にセルE3をクリックすると、自動的に「E3」などのセル参照が入力されます。「$E$3」という絶対参照にしたい場合は、この状態で**F4**キーを1回押します。

	A	B	C	D	E
1	貸会議室使用状況				
2				日付	2017/10/6
3	時間料金	1,000		現在時刻	11:37
4					
5	部屋番号	使用開始時刻	使用時間	時間数	料金
6	1	8:03	=$E$3-B6		
7	2	8:15			
8	3	8:32			
9	4	8:54			
10	5	9:07			
11					

⑳ セルC6に、現在までの使用時間が表示されます。

㉑ セルC6をクリックして、セルの右下のフィルハンドルをポイントします。

㉒ マウスポインターの形が ✚ に変わったら、ダブルクリックします。

> **ヒント**
> **使用時間の表示**
> 操作時の時刻がセルB6～B10の時刻より前だった場合は、使用時間の計算結果が負の値になるため、セルC6～C10にはエラー値「#####」が表示されます。

	A	B	C	D	E
1	貸会議室使用状況				
2				日付	2017/10/6
3	時間料金	1,000		現在時刻	11:37
4					
5	部屋番号	使用開始時刻	使用時間	時間数	料金
6	1	8:03	3:34		
7	2	8:15			
8	3	8:32			
9	4	8:54			
10	5	9:07			
11					

㉓ セルC6の数式がセルC7～C10にコピーされ、各部屋の使用時間が表示されます。

	A	B	C	D	E
1	貸会議室使用状況				
2				日付	2017/10/6
3	時間料金	1,000		現在時刻	11:37
4					
5	部屋番号	使用開始時刻	使用時間	時間数	料金
6	1	8:03	3:34		
7	2	8:15	3:22		
8	3	8:32	3:05		
9	4	8:54	2:43		
10	5	9:07	2:30		
11					
12					

3-3-2 日付／時刻関数を使って日付と時刻をシリアル値にする

練習問題

問題フォルダー
└ 問題 3-3-2.xlsx

解答フォルダー
└ 解答 3-3-2.xlsx

【操作 1】DATE 関数を使用して、セル D4 に、セル A4 とセル A5 に入力した年、月の翌月の 25 日の日付を表示します。

【操作 2】TIME 関数を使用して、セル D8 に、セル A8 に入力した正時を表す数値の 8 時間 30 分後の時刻を表示します。

★ヒント
正時（しょうじ）
「10 時ちょうど」のように、分や秒の端数のつかない時刻を「正時」といいます。

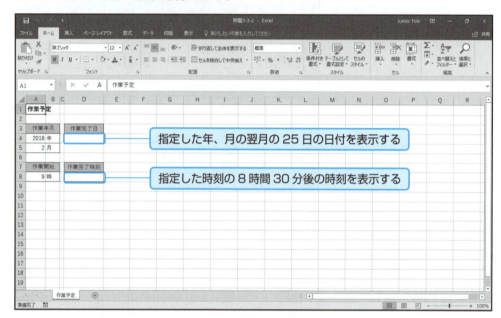

機能の解説

重要用語

☐ DATE 関数
☐ 年、月、日を表す数値から日付データを求める
☐ シリアル値
☐ TIME 関数
☐ 時、分、秒を表す数値から時刻データを求める

DATE（デイト）関数を使用すると、年、月、日を表す数値から、その日付データを求めることができます。

● DATE 関数

書　式	DATE(年, 月, 日)
引　数	**年**：年を表す整数を指定する **月**：月を表す整数を指定する **日**：日を表す整数を指定する
戻り値	指定された**年**、**月**、**日**に当たる日付データ（シリアル値）を返す

例）セル A4 の年、セル A5 の月、セル A6 の日の数値から、日付データ（シリアル値）を求める

=DATE（A4,A5,A6）

> **! ポイント**
> **シリアル値**
> Excelの日付データの実体は、1900年1月0日を「0」とし、以後、1日に1ずつ増えていく整数です。また、Excelの時刻データの実体は、0時を「0」とし、以後1時間に1/24ずつ増えていく小数です。いずれも表示形式の設定によって、日付／時刻のデータとして扱われます。日付／時刻の実体である数値を「シリアル値」といいます。

> **★ ヒント**
> **YEAR（イヤー）関数、MONTH（マンス）関数、DAY（デイ）関数**
> 日付から年、月、日を取り出す関数もあります。
> YEAR関数、MONTH関数、DAY関数を使うと、日付のシリアル値から年、月、日をそれぞれ取り出すことができます。

引数「年」に指定できるのは、0以上4桁までの整数です。1900未満の値を指定した場合、その数に1900を加えた値が指定されたものと見なされます。たとえば、2017年のつもりで単に「17」と指定すると、1917年の日付になってしまうので注意が必要です。

引数「月」には、1～12の範囲の整数だけでなく、それより大きい数値や、0や負の数を指定することも可能です。12を超える整数の場合はそれだけ翌年以降に繰り越した日付が、0以下の整数の場合はそれだけ前年以前にさかのぼった日付が求められます。

引数「日」も同様に、1からその月の末日までの整数だけでなく、それより大きい数値や、0や負の数を指定することも可能です。末日を超える整数の場合はそれだけ翌月以降に繰り越した日付が、0以下の整数の場合はそれだけ前月以前にさかのぼった日付が求められます。

DATE関数で求められるのは、指定された日付を表す**シリアル値**です。表示形式が「標準」のセルに、この関数で日付データを求める数式を入力すると、自動的に「2018/1/1」のような日付の表示形式に変更されます。

一方、指定した**時、分、秒を表す数値から時刻データを求める**には、**TIME（タイム）関数**を使用します。

● **TIME関数**

書式	TIME(時,分,秒)
引数	**時**：時を表す整数を指定する **分**：分を表す整数を指定する **秒**：秒を表す整数を指定する
戻り値	指定された**時、分、秒**に当たる時刻データ（シリアル値）を返す

例）セルA4の時、セルA5の分、セルA6の秒の数値から、時刻データ（シリアル値）を求める

=TIME（A4,A5,A6）

> **★ ヒント**
> **HOUR（アワー）関数、MINUTE（ミニット）関数、SECOND（セカンド）関数**
> 時刻から時、分、秒を取り出す関数もあります。
> HOUR関数、MINUTE関数、SECOND関数を使うと、時刻のシリアル値から時、分、秒をそれぞれ取り出すことができます。

引数「時」に指定できるのは0～23の範囲の整数です。24以上の整数を指定した場合、その値を24で割った余りの整数が指定されたと見なされます。

引数「分」には、0～59の範囲の整数だけでなく、それより大きい数値や、負の数を指定することも可能です。59を超える整数の場合はそれだけ次に繰り越した時刻が、負の数の場合はそれだけ前にさかのぼった時刻が求められます。ただし、0時0分0秒よりも前の時刻になるような値を指定することはできません。引数「秒」に指定できる数値についても「分」と同様です。

TIME関数で求められるのは、指定された時刻を表すシリアル値です。表示形式が「標準」のセルに、この関数で時刻データを求める数式を入力すると、自動的に「12:00 AM」のような時刻の表示形式に変更されます。

操作手順

【操作1】

❶ セル D4 をクリックします。

❷［数式］タブの [日付/時刻] ［日付／時刻］ボタンをクリックします。

❸ 一覧から［DATE］をクリックします。

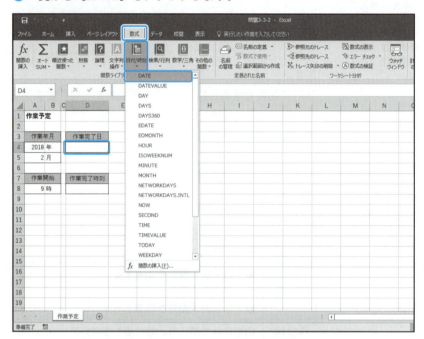

❹ DATE 関数の［関数の引数］ダイアログボックスが表示されるので、［年］ボックスにカーソルが表示されていることを確認し、セル A4 をクリックします。

❺［年］ボックスに「A4」と表示されます。

❻［月］ボックスをクリックし、セル A5 をクリックします。

❼［月］ボックスに「A5」と表示されるので、さらに「+1」と入力します。

❽［日］ボックスをクリックし、「25」と入力します。

❾［OK］をクリックします。

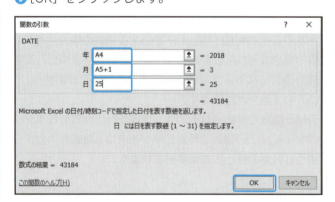

数式の結果
数式の結果の「43184」は日付のシリアル値です。

> **ポイント**
> **日付の表示形式**
> セル D4 の表示形式は、入力前の時点では「標準」でしたが、この数式を入力する操作によって、自動的に日付の表示形式が設定されます。

⑩ 数式バーに「=DATE(A4,A5+1,25)」と表示されたことを確認します。

⑪ セル D4 に、セル A4 とセル A5 で指定した年・月の翌月の 25 日の日付である「2018/3/25」が表示されます。

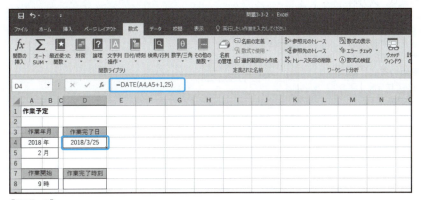

【操作 2】

⑫ セル D8 をクリックします。

⑬ [数式] タブの [日付 / 時刻] ボタンをクリックします。

⑭ 一覧から [TIME] をクリックします。

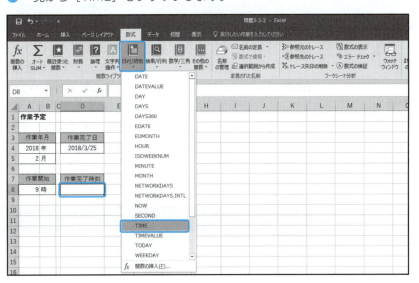

⑮ TIME 関数の [関数の引数] ダイアログボックスが表示されるので、[時] ボックスにカーソルが表示されていることを確認し、セル A8 をクリックします。

⑯ [時] ボックスに「A8」と表示されるので、さらに「+8」と入力します。

⑰ [分] ボックスをクリックし、「30」と入力します。

⑱ [秒] ボックスをクリックし、「0」と入力します。

⑲ [OK] をクリックします。

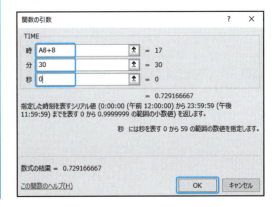

> **ヒント**
> **数式の結果**
> 数式の結果の「0.7291…」は時刻のシリアル値です。

3-3 高度な日付と時刻の関数を適用する | 167

ポイント
時刻の表示形式

セル D8 の表示形式は、入力前の時点では「標準」でしたが、この数式を入力する操作によって、自動的に時刻を表す表示形式が設定されます。ただし、[ホーム] タブの [数値の書式] ボックスには、「時刻」ではなく「ユーザー定義」と表示されます。

⑳ 数式バーに「=TIME(A8+8,30,0)」と表示されたことを確認します。

㉑ セル D8 に、セル A8 で指定された時の 8 時間 30 分後の時刻である「5:30 PM」が表示されます。

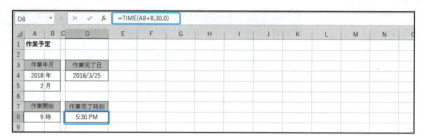

3-3-3 日付 / 時刻関数を使用して日付や日数を求める

練習問題

問題フォルダー
└問題 3-3-3.xlsx

解答フォルダー
└解答 3-3-3.xlsx

【操作 1】WORKDAY 関数を使用して、セル C3 に、セル A3 とセル B3 に入力した契約開始日と平日の契約日数から契約終了日を表示します。

【操作 2】NETWORKDAYS 関数を使用して、セル G3 に、セル E3 とセル F3 に入力した作業開始日と作業完了予定日の間の平日の日数を表示します。

【操作 3】WEEKDAY 関数を使用して、セル E6 に、セル E3 に入力した作業開始日の週の開始日以降の平日の日数を表示します。

※ ここでいう「平日」は土日とセル範囲 I2:E4 の祭日を除いたものとします。また、セル A3 と E3 には、必ず平日の日付が入力されるものとします。

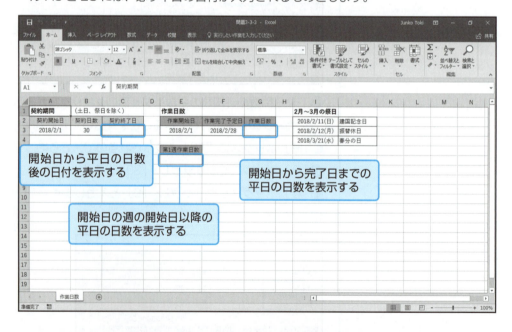

機能の解説

重要用語

- WORKDAY 関数
- 土曜日と日曜日、祭日を除いた平日だけの日数が経過した後の日付を求める
- NETWORKDAYS 関数
- 土曜日と日曜日、祭日を除いた平日だけの日数を求める
- WEEKDAY 関数
- 指定した日付の曜日を表す数値を求める

「〇日後の日付」や、日付と日付の間の日数は、日付＋日数や、日付－日付という数式で求めることができます。すべての日付や日数ではなく、土日と祭日を除いた平日だけの日付や日数を求める場合は関数を使用します。
WORKDAY（ワークデイ）関数を使用すると、土曜日と日曜日、祭日を除いた平日だけの日数が経過した後の日付を求めることができます。

● WORKDAY 関数

書　式	WORKDAY (開始日 , 日数 , 祭日)
引　数	**開始日**：計算を開始する日付を指定する **日　数**：土曜日と日曜日、および祭日を除いた平日の日数を指定する **祭　日**：祭日と見なす日付が入力されたセル範囲を指定する
戻り値	**開始日**から、**土曜日と日曜日**、および**祭日を除いた平日**の日数が経過した後の日付を返す

例）セル A3 の日付からセル B3 の、土曜日と日曜日、セル F3 ～ F6 の祭日を除いた平日の日数後の日付を求める

=WORKDAY(A3,B3,F3:F6)

	A	B	C	D	E	F	G
1					1月～2月の祭日		
2	開始日	日数	終了日		祭日	日付	
3	2018/1/9	30	2018/2/21		元旦	2018/1/1	
4					成人の日	2018/1/8	
5					建国記念の日	2018/2/11	
6					振替休日	2018/2/12	
7							

その他の操作方法
WORKDAY.INTL（ワークデイズ・インターナショナル）関数
WORKDAY 関数と同様の機能を持った関数として、WORKDAY.INTL 関数があります。この関数では、引数「祭日」の前に指定可能な引数「週末」で土曜日と日曜日以外の曜日を休日に指定できます。

引数「祭日」は、あらかじめ祭日と見なす日付を入力しておいたセル範囲を指定します。「祭日」の指定は省略可で、省略した場合は土曜日と日曜日を除く平日の日数後の日付が求められます。

NETWORKDAYS（ネットワークデイズ）関数を使用すると、開始日と終了日の間の、土曜日と日曜日、祭日を除いた平日だけの日数を求めることができます。日付の引き算では開始日自体は日数に含まれませんが、この関数では、開始日と終了日を含めた両方を含めた日数が求められます。

● NETWORKDAYS 関数

書　式	NETWORKDAYS (開始日 , 終了日 , 祭日)
引　数	**開始日**：期間の開始の日付を指定する **終了日**：期間の終了の日付を指定する **祭　日**：祭日と見なす日付が入力されたセル範囲を指定する
戻り値	**開始日**から**終了日**までの、土曜日と日曜日、および**祭日**を除いた平日の日数を返す

その他の操作方法
2 つの日付の間隔
2 つの日付の間の日数を求める処理には、Excel 2016 では DAYS 関数を利用することもできます。この関数では、引数「終了日」と「開始日」にそれぞれ日付を指定します。また、DATEDIF 関数を使い、引数「開始日」と「終了日」を指定し、さらに「単位」に "D" を指定すれば、2 つの日付の間隔が求められます。DATEDIF 関数はすべてのバージョンで利用でき、日数以外にも年数や月数などの間隔が求められますが、［数式］タブなどから選択することはできず、キーボードから直接入力する必要があります。

例）セル A3 の日付から B3 の日付までの、土曜日と日曜日、セル F3 ～ F6 の祭日を除いた平日の日数を求める

=NETWORKDAYS(A3,B3,F3:F6)

> **その他の操作方法**
> **NETWORKDAYS.INTL（ネットワークデイズ・インターナショナル）関数**
> NETWORKDAYS 関数と同様の機能を持った関数として、NETWORKDAYS.INTL 関数もあります。この関数では、引数「祭日」の前に指定可能な引数「週末」で、土曜日と日曜日以外の曜日を休日に指定することができます。

	A	B	C	D	E	F	G
1					1月～2月の祭日		
2	開始日	終了日	日数		祭日	日付	
3	2018/1/9	2018/2/20	30		元旦	2018/1/1	
4					成人の日	2018/1/8	
5					建国記念の日	2018/2/11	
6					振替休日	2018/2/12	
7							

C3 =NETWORKDAYS(A3,B3,F3:F6)

F3:F6 → 祭日

引数「祭日」の指定は WORKDAY 関数と同じです。

一方、指定の日付から、その週の残りの平日の日数を求めたい場合は、まずその日付が何曜日なのかを求める必要があります。**WEEKDAY（ウィークデイ）関数**を使用すると、**指定した日付の曜日を表す数値を求める**ことができます。

● **WEEKDAY 関数**

書 式	**WEEKDAY(シリアル値 , 種類)**
引 数	**シリアル値**：日付を表すシリアル値を指定する **種　　類**：戻り値の数値の種類を 1 ～ 3、または 11 ～ 17 の数値で指定する
戻り値	種類の指定に基づき、**シリアル値**の曜日を表す数値を返す

例）セル A3 の日付の曜日が何曜日かを表す 1（月曜）～ 7（日曜）の数値を求める

=WEEKDAY(A3,2)

種　類	戻り値	種　類	戻り値
1 ／省略	1（日曜）～ 7（土曜）	13	1（水曜）～ 7（火曜）
2	1（月曜）～ 7（日曜）	14	1（木曜）～ 7（水曜）
3	0（月曜）～ 6（日曜）	15	1（金曜）～ 7（木曜）
11	1（月曜）～ 7（日曜）	16	1（土曜）～ 7（金曜）
12	1（火曜）～ 7（月曜）	17	1（日曜）～ 7（土曜）

指定の日付について、その週の残りの平日の日数を求めたい場合は、その日付の曜日を 1（月曜）～ 5（金曜）の数値として求め、それを 6 から引きます。

操作手順

【操作 1】

❶ セル C3 をクリックします。

❷ [数式] タブの [日付 / 時刻] ボタンをクリックします。

❸ 一覧から [WORKDAY] をクリックします。

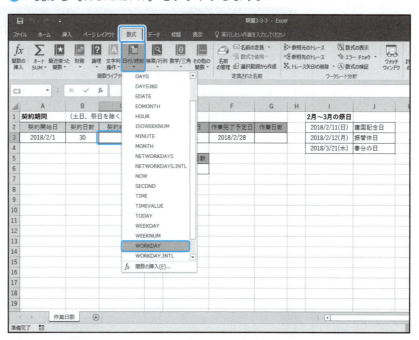

❹ WORKDAY 関数の [関数の引数] ダイアログボックスが表示されるので、[開始日] ボックスにカーソルが表示されていることを確認し、セル A3 をクリックします。

❺ [開始日] ボックスに「A3」と表示されます。

❻ [日数] ボックスをクリックし、セル B3 をクリックします。

❼ [日数] ボックスに「B3」と表示されます。

❽ [祭日] をクリックし、セル I2 〜 I4 を範囲選択します。

❾ [祭日] ボックスに「I2:I4」と表示されます。

❿ 数式の結果として、「43175」が表示されていることを確認します。

⓫ [OK] をクリックします。

> **ヒント**
> **引数「祭日」の指定**
> 引数「祭日」にセル範囲「I2:I4」を指定していますが、契約終了日までに 3/21 は含まれないので、セル I4 を含まずに、セル範囲「I2:I3」を指定しても同じ結果になります。

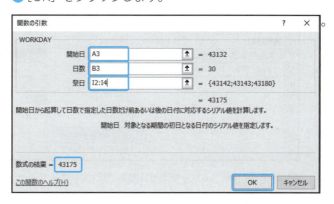

3-3 高度な日付と時刻の関数を適用する | 171

> **★ヒント**
> **シリアル値**
> セルC3には日付を表すシリアル値（P.165「ポイント」参照）が表示されます。手順⓮〜⓰の操作で日付の表示形式に変更します。

⓬ 数式バーに「=WORKDAY(A3,B3,I2:I4)」と表示されたことを確認します。

⓭ セルC3に「43175」と表示されます。

⓮ セルC3を選択した状態のまま、［ホーム］タブの［数値の書式］ボックスの▼をクリックします

⓯ 一覧から［短い日付形式］をクリックします。

⓰ セルC3に「2018/3/16」と表示されます。

【操作2】

⓱ セルG3をクリックします。

⓲ ［数式］タブの ［日付/時刻］ボタンをクリックします。

⓳ 一覧から［NETWORKDAYS］をクリックします。

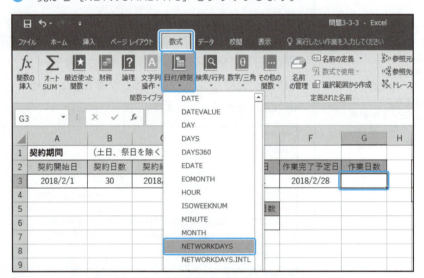

⓴ NETWORKDAYS関数の［関数の引数］ダイアログボックスが表示されるので、［開始日］ボックスにカーソルが表示されていることを確認し、セルE3をクリックします。

㉑ ［開始日］ボックスに「E3」と表示されます。

㉒ ［終了日］ボックスをクリックし、セルF3をクリックします。

㉓ ［終了日］ボックスに「F3」と表示されます。

㉔ ［祭日］ボックスをクリックし、セルI2〜I4を範囲選択します。

> **★ヒント**
> **引数「祭日」の指定**
> 引数「祭日」にセル範囲「I2:I4」を指定していますが、作業完了予定日までに3/21は含まれないので、セルI4を含まずに、セル範囲「I2:I3」を指定してもかまいません。

㉕ [祭日] ボックスに「I2:I4」と表示されます。

㉖ 数式の結果として「19」が表示されていることを確認します。

㉗ [OK] をクリックします。

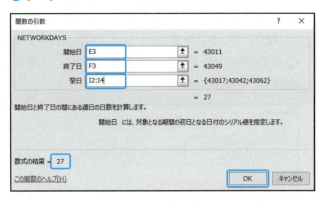

㉘ 数式バーに「=NETWORKDAYS(E3,F3,I2:I4)」と表示されたことを確認します。

㉙ セルG3に、セルE3の日付とセルF3の日付の間の平日の日数である「19」が表示されます。

【操作3】

㉚ セルE6をクリックします。

㉛ 「=6-」と入力します。

㉜ [数式] タブの [日付/時刻] ボタンをクリックします。

㉝ 一覧から [WEEKDAY] をクリックします。

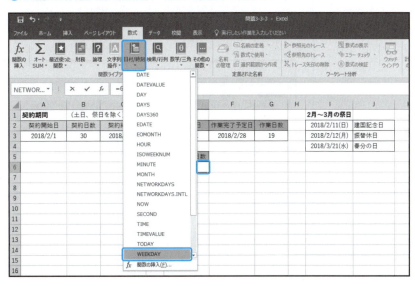

その他の操作方法
引数「種類」の指定
ここでは WEEKDAY 関数の引数「種類」に「2」を指定し、戻り値の 1 ～ 5 の数値を 6 から引いていますが、「種類」に「11」を指定しても同じ結果になります。また、「種類」に「3」を指定してその戻り値を 5 から引いたり、「1」または「17」または省略して、その戻り値を 7 から引いたりしても結果は同じです。

ヒント
表示形式の自動変更
表示形式が設定されたセルを参照する数式を入力すると、自動的に参照セルと同じ表示形式が、数式のセルに設定される場合があります。ここでは、日付が入力されたセル E3 を参照したため、セル E6 にも自動的に日付の表示形式が設定されました。求める結果は数値なので、「標準」や「数値」などの表示形式に変更します。

㉝ WEEKDAY 関数の［関数の引数］ダイアログボックスが表示されるので、［シリアル値］ボックスにカーソルが表示されていることを確認し、セル E3 をクリックします。

㉞［シリアル値］ボックスに「E3」と表示されます。

㉟［種類］ボックスをクリックし、「2」と入力します。

㊱ 数式の結果として「2」が表示されていることを確認します。

㊲［OK］をクリックします。

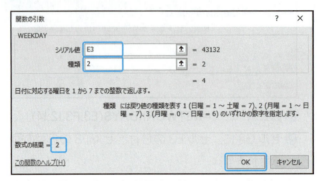

㊳ 数式バーに「=6-WEEKDAY(E3,2)」と表示されたことを確認します。

㊴ セル E6 が自動的に日付の表示形式になり、「1900/1/2」と表示されます。

㊵ セル E6 を選択した状態のまま、［ホーム］タブの［数値の書式］ボックスの▼をクリックし、［標準］をクリックします。

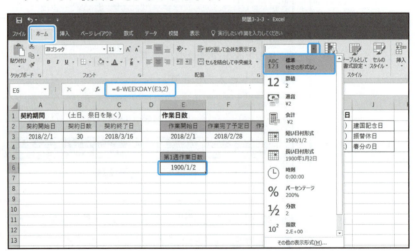

㊶ セル E6 に、セル E3 で指定された開始日の週の残りの平日の日数である「2」が表示されます。

3-4 データ分析、ビジネス分析を行う

Excel 2016では、別のブックやテキストファイルなどのデータから必要なものだけ抽出してテーブルとして取り込んだり、結合したりすることができるようになりました。また、複数ワークシートのデータを統合する機能などもあり、複数のブックやワークシートのデータを一元管理して分析することができます。

3-4-1 データを取り込む、変換する、結合する、表示する、データに接続する

練習問題

問題フォルダー
└問題3-4-1.xlsx

解答フォルダー
└解答3-4-1.xlsx

ワークシート「神戸松田屋」のセルA3を基点とする位置に、「問題」フォルダーの**ブック**「アパレル売上_bp」のワークシート「売上表」の「神戸松田屋」のデータを**テーブルとしてインポート**します。なお、インポートする際に、「No」と「販売先」の**列**は**削除**し、売上日は既定の**日付の形式**に変換します。

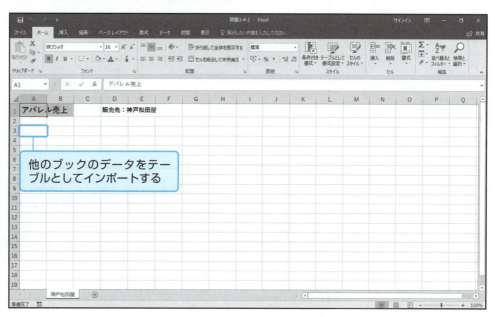

他のブックのデータをテーブルとしてインポートする

機能の解説

重要用語

- テーブルやピボットテーブルとしてインポート
- [データの取得]ボタン
- [ファイルから]
- [ブックから]
- [テキストまたはCSVから]
- [新しいクエリ]ボタン

Excel 2016では、別のブックやテキストファイル、データベースに接続し、そのデータを目的に合った形で整理して、**テーブルやピボットテーブルとしてインポート**することができるようになりました。
データを取り込む際に基点となるセルを選択し、[データ]タブの**[データの取得]ボタン**をクリックし、**[ファイルから]**をポイントします。**[ブックから]**や**[テキストまたはCSVから]**など取り込むファイルの種類の一覧が表示されるので選択します。
Officeのアップデート状況によっては[データの取得]ボタンがない場合があり、その場合は**[新しいクエリ]ボタン**をクリックすると、画面の細かい部分の言葉使いは異なるものの、以降の操作を同様に行うことができます。

- ☐ [データの取り込み] ダイアログボックス
- ☐ [インポート]
- ☐ [ナビゲーター] ウィンドウ
- ☐ [読み込み]
- ☐ [編集]
- ☐ [クエリエディター] ウィンドウ
- ☐ [閉じて次に読み込む]
- ☐ [データのインポート] ダイアログボックス
- ☐ [コンテンツの有効化]
- ☐ [すべて更新]
- ☐ [クエリと接続] ボタン
- ☐ [クエリと接続] 作業ウィンドウ
- ☐ [削除]

★ヒント
テキストファイルの取り込み
[データ]タブの[テキストまたはCSVから][テキストまたはCSVから]ボタンをクリックしても、テキストファイルを取り込むことができます。データのプレビューが表示されたファイル名のウィンドウが表示されるので、[読み込み]または[編集]をクリックします。

★ヒント
クエリとは
対象となるテーブルやデータの抽出条件、並び順などを指定するものです。Excel 2016では[クエリエディター]を使用して作成することができます。

★ヒント
クエリの結合
[クエリエディター]ウィンドウの[ホーム]タブの[新しいソース▼][新しいソース]ボタンをクリックし、追加するデータを指定します。[クエリエディター]に追加したデータが表示されるので、[ホーム]タブの[クエリの追加▼][追加]をクリックし、表示される[追加]ウィンドウで追加するテーブルを指定し、[OK]をクリックします。

次に[データの取り込み]ダイアログボックスが表示されるので、取り込むファイルを指定し、[インポート]をクリックします。[ナビゲーター]ウィンドウなどが表示されるので、取り込むワークシートなどを選択します。プレビューを確認し、すべてのデータを取り込む場合は[読み込み]をクリックします。一部のデータを取り込んだり、データを変換したりする場合は[編集]をクリックします。[クエリエディター]ウィンドウが表示されるので、データの抽出、列の削除、データ型の変更、テーブルの結合など、データの整理を行います。

[ナビゲーター] ウィンドウ

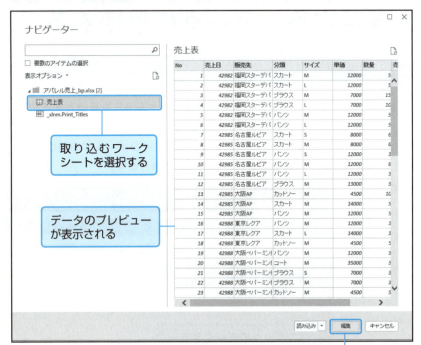

ここをクリックすると、[クエリエディター]ウィンドウが表示される

[クエリエディター] ウィンドウ

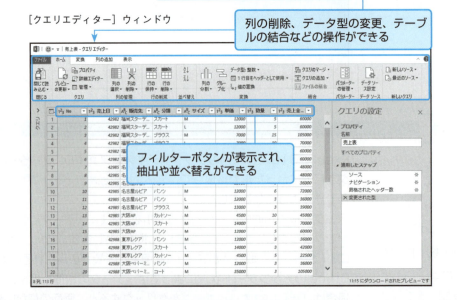

[ファイル]タブの[閉じて次に読み込む]をクリックすると、[データのインポート]ダイアログボックスが表示され、取り込んだデータをテーブルで表示するのか、ピボットテーブルで表示するのかなどの形式や、データを取り込む際に基点となる位置を指定して取り込むことができます。

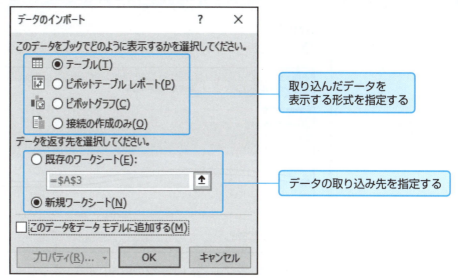

［データのインポート］ダイアログボックス

・取り込んだデータを表示する形式を指定する
・データの取り込み先を指定する

なお、取り込んだデータを含むブックを開くと、「セキュリティの警告」のメッセージバーが表示され、［コンテンツの有効化］をクリックすると、元のデータとの接続が有効になります。

ここをクリックすると接続が有効になる

接続が有効なときは、元のデータが変更された場合でも、［データ］タブの [すべて更新] ボタンをクリックすると、ブック内のデータに反映できます。
［データ］タブの ［クエリと接続］ボタンをクリックすると、［クエリと接続］作業ウィンドウが表示され、接続されているデータが確認できます。ポイントするとデータのプレビューや読み込みの詳細が表示され、［削除］をクリックすると、接続を削除できます。接続の削除はデータを右クリックし、ショートカットの［削除］をクリックしても行えます。

> **ヒント**
> **［クエリと接続］ボタンがない場合**
> Officeの更新状況によっては［クエリと接続］ボタンがない場合があります。その場合は［接続］ボタンをクリックすると、［ブックの接続］作業ウィンドウが表示され、同様の操作ができます。

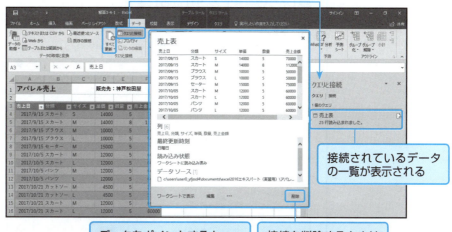

・このボタンをクリックすると、［クエリと接続］作業ウィンドウが表示される
・接続されているデータの一覧が表示される
・データをポイントすると詳細がプレビュー表示される
・接続を削除するときはここをクリックする

3-4 データ分析、ビジネス分析を行う 177

操作手順

【操作1】

❶ ワークシート「神戸松田屋」のセルA3をクリックします。

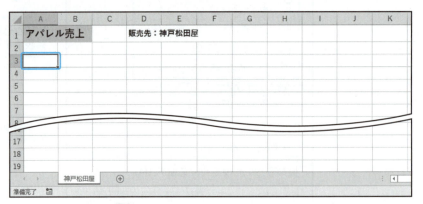

❷ [データ] タブの [データの取得] ボタンをクリックします。

❸ [ファイルから] の [ブックから] をクリックします。

> ★ヒント
> [データの取得] ボタンがない場合
> Officeの更新状況によっては [データの取得] ボタンがない場合があります。その場合は、[新しいクエリ] ボタンをクリックします。

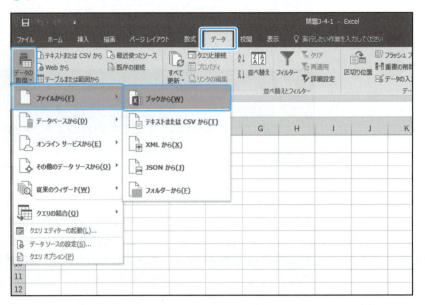

❹ [データの取り込み] ダイアログボックスが表示されるので、[ファイルの場所] ボックスに [問題] フォルダーを指定します。

❺ ファイルの一覧から [アパレル売上_bp] をクリックします。

❻ [インポート] をクリックします。

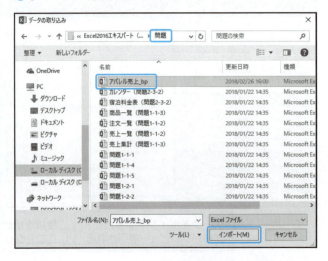

178　第3章　高度な機能を使用した数式の作成

★ヒント
[読み込み]ボタン
手順❽で[編集]でなく[読み込み]ボタンをクリックすると、現在開いているブックに新しいシートが作成され、セルA1を基点とする位置に、すべてのデータがテーブルとしてインポートされます。[読み込み]ボタンの▼をクリックして、[読み込み先]をクリックすると、手順㉔と同じ[データのインポート]ダイアログボックスが表示され、データを表示する形式や、データのインポート先を指定してインポートすることができます。

★ヒント
[ナビゲーター]ウィンドウに[編集]がない場合
Officeの更新状況により、手順❽の[編集]がないことがあります。そのときは[Clean Data]をクリックします。その場合は手順⓬で[売上票 - クエリエディター]ウィンドウの代わりに、[売上票 - Power Query エディター]ウィンドウが表示されます。

❼ [ナビゲーター] ウィンドウが表示されるので、[アパレル売上_bp.xlsx] の [売上表] をクリックします。

❽ [編集] をクリックします。

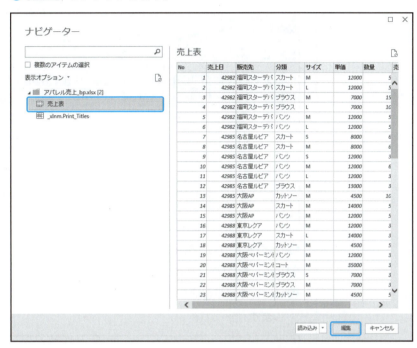

❾ [売上表 - クエリエディター] ウィンドウが表示されるので、[販売先] の▼をクリックします。

❿ [(すべて選択)] チェックボックスをオフにします。

⓫ [神戸松田屋] チェックボックスをオンにします。

⓬ [OK] をクリックします。

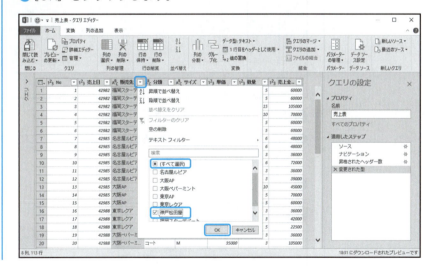

3-4 データ分析、ビジネス分析を行う | 179

⓭ 神戸松田屋のデータだけが抽出されます。
⓮ [販売先]の列が選択されている状態のまま、[ホーム]タブの [列の削除]ボタンをクリックします。

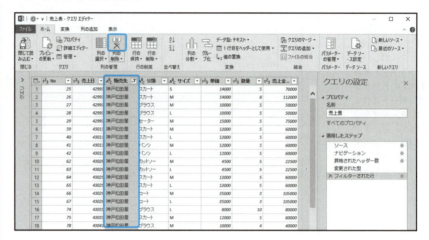

⓯ [販売先]の列が削除されます。
⓰ [No]をクリックします。
⓱ [No]の列が選択されるので、[ホーム]タブの [列の削除]ボタンをクリックします。

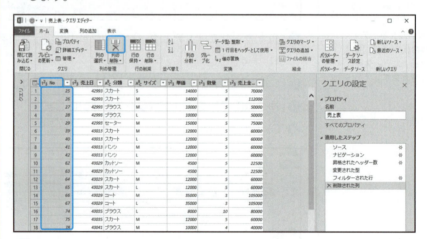

⓲ [No]の列が削除されます。
⓳ [売上日]の列が選択されるので、[ホーム]タブの データ型: 整数 ▼ [データ型：整数]ボタンをクリックします。
⓴ 一覧から[日付]をクリックします。

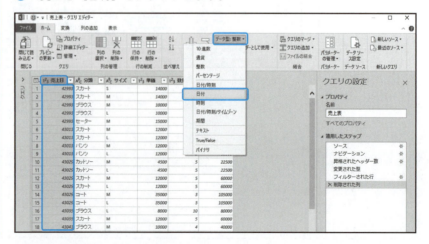

★ヒント
[閉じて読み込む] ボタン

[閉じて読み込む] ボタンをクリックすると、現在開いているブックに新しいシートが作成され、セル A1 を基点とする位置に、クエリエディターで編集したデータがテーブルとしてインポートされます。

㉑ 売上日のデータが「2017/09/15」の形式で表示されます。

㉒ [ホーム] タブの [閉じて読み込む] ボタンの▼をクリックします。

㉓ [閉じて次に読み込む] をクリックします。

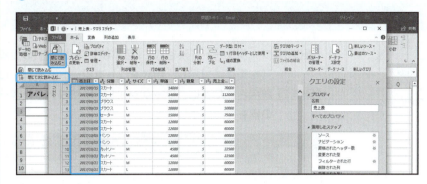

㉔ [データのインポート] ダイアログボックスが表示されるので、[このデータをブックでどのように表示するかを選択してください。]の[テーブル]が選択されていることを確認します。

㉕ [データを返す先を選択してください。]の[既存のワークシート]をクリックします。

㉖ 下のボックスに「=$A$3」と表示されていることを確認します。

㉗ [OK] をクリックします。

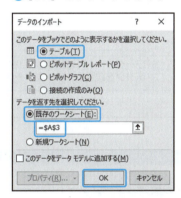

★ヒント
[新しいクエリ] ボタンを使用した場合

手順 ❷ で[新しいクエリ]ボタンをクリックした場合は、手順 ㉔ で[読み込み先]ダイアログボックスが表示されるので、[ブックでデータを表示する方法を選んでください。]の[テーブル]が選択されていることを確認します。手順 ㉕ で[データの読み込み先を選びます。]の[既存のワークシート]をクリックします。手順 ㉗ で[読み込み]をクリックします。

㉘ ワークシート「神戸松田屋」のセル A3 を基点とする位置にテーブルがインポートされます。

㉙ [クエリと接続] 作業ウィンドウに、「売上表　25 行読み込まれました。」と表示されていることを確認します。

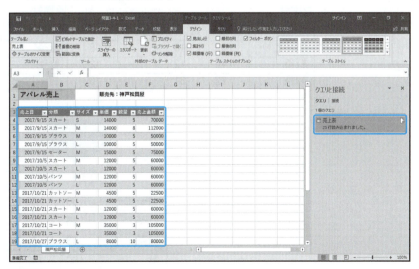

㉚ [閉じる] ボタンをクリックして、[クエリと接続] 作業ウィンドウを閉じます。

3-4-2 データを統合する

練習問題

問題フォルダー
└問題3-4-2.xlsx

解答フォルダー
└解答3-4-2.xlsx

【操作1】 ワークシート「渋谷校」「目黒校」「川崎校」の受講者数のデータを上端行と左端列を基準に統合し、合計をワークシート「集計」のセルA3以降に表示します。

【操作2】 統合された表に、ワークシート「渋谷校」の集客一覧表の書式をコピーし、A列の幅を自動調整します。

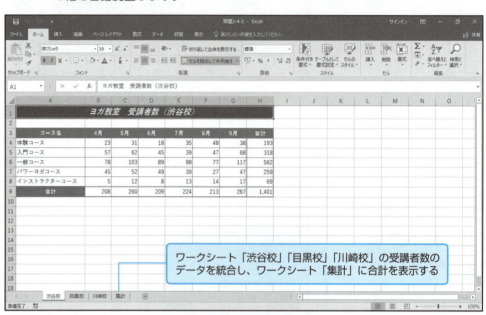

機能の解説

- □ 統合
- □ [統合] ボタン
- □ [統合の設定] ダイアログボックス
- □ 位置による統合
- □ 項目による統合

同じブックや異なるブックの複数のワークシートのデータを、1つのワークシートにまとめて集計するには、**統合**機能を使います。統合を利用すると、表の位置、項目の数や並び順が異なる表でも集計して、データを分析することができます。

レイアウトが異なる表のデータでも集計できる

女性計

	好き	嫌い	どちらでもない
コーヒー	35	10	8
紅茶	40	12	12
緑茶	22	31	10
計	97	53	30

男性計

	嫌い	どちらでもない	好き
紅茶	37	6	6
緑茶	22	5	41
コーヒー	28	10	25
計	87	21	72

統合先

	好き	嫌い	どちらでもない
コーヒー	60	38	18
紅茶	46	49	18
緑茶	63	53	15
計	169	140	51

データを統合するには、統合した結果を表示するワークシートのセルを選択し、[データ]タブの [統合] ボタンをクリックします。[統合の設定] ダイアログボックスが表示されるので、集計の方法や統合元のセル範囲、統合の基準などを設定します。

[統合の設定] ダイアログボックス

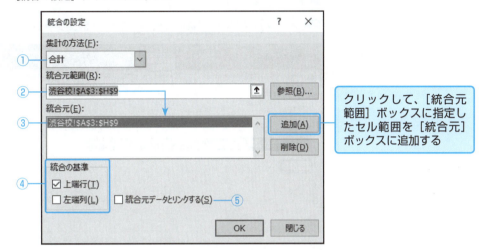

① [集計の方法] ボックス：データの集計方法を指定します。合計、データの個数、平均、最大値、最小値など 11 種類が選択できます。
② [統合元範囲] ボックス：統合元のセル範囲を指定します。
③ [統合元] ボックス：[追加] をクリックすると、[統合元範囲] ボックスで指定したセル範囲が追加され、ここに一覧表示されます。
④ [統合の基準]：統合の基準となる項目名が入力されている位置のチェックボックスをオンにします。
⑤ [統合元データとリンクする] チェックボックス：オンにすると、統合元範囲のデータが変更された場合、統合先の集計結果も自動的に更新されます。また、統合先の表にはアウトラインが設定され、詳細データが折りたたまれた状態で表示されます。

なお、統合の集計方法は、統合元の表のレイアウトによって「位置による統合」と「項目による統合」の 2 種類があり、[統合の設定] ダイアログボックスの [統合元範囲] と [統合の基準] の指定が異なります。下記の表を参照してください。

統合の種類と [統合の設定] ダイアログボックスの設定

統合の種類	項目名の配置	[統合元範囲]	[統合の基準]
位置による統合	項目名が同じ数、同じ順序で並んでいる	項目名を含まない数値データのセル範囲を指定	[上端行][左端列] チェックボックスともオフ
項目による統合	項目名の数や順序が異なる	項目名を含んだセル範囲を指定	統合の基準となる項目名が入力されている [上端行] か [左端列] チェックボックスまたは両方をオン

★ヒント
別のブックと統合
異なるブックの表も統合することができます。その場合は、統合元のブックをすべて開いておき、ブックを切り替えて範囲を指定します。

★ヒント
統合元の削除
[統合元] に誤った範囲を設定した場合は、[統合元] ボックスの一覧から削除したい範囲を選択し、[削除] をクリックします。

★ヒント
位置による統合
位置による統合では、統合先の表に項目名が表示されません。統合先の表に項目名を入力する必要があります。

操作手順

【操作1】

❶ ワークシート「集計」のシート見出しをクリックします。

❷ セル A3 をクリックします。

❸ [データ] タブの [統合] ボタンをクリックします。

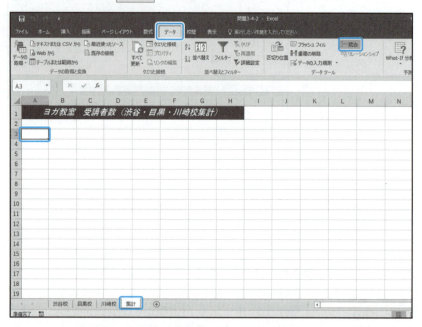

❹ [統合の設定] ダイアログボックスが表示されるので、[集計の方法] ボックスが [合計] になっていることを確認します。

❺ [統合元範囲] ボックスにカーソルが表示されていることを確認します。

❻ ワークシート「渋谷校」のシート見出しをクリックします。

❼ セル A3 ～ H9 を範囲選択します。

❽ [統合元範囲] ボックスに「渋谷校!$A$3:$H$9」と表示されていることを確認します。

❾ [追加] をクリックします。

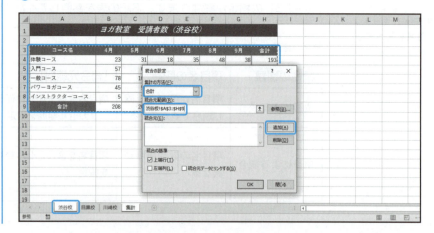

⑩ ［統合元］ボックスに「渋谷校!$A$3:$H$9」と表示されます。

⑪ 同様にワークシート「目黒校」のセル B5～G9、ワークシート「川崎校」のセル B4～H8 を［統合元］ボックスに追加します。

⑫ ［統合元］ボックスに「目黒校!$B$5:$G$9」「川崎校!$B$4:$H$8」と表示されていることを確認します。

⑬ ［統合の基準］の［上端行］と［左端列］の各チェックボックスをオンにします。

⑭ ［OK］をクリックします。

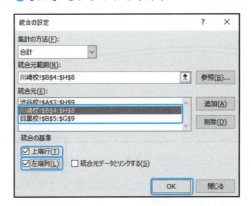

⑮ ワークシート「集計」のセル A3 から始まる範囲に、各ワークシートのデータが統合され、数値の合計が表示されます。

ヒント

統合した表の書式設定

項目による統合では書式や数式はコピーされず、集計された値のみが表示されます。必要に応じて書式設定や数式の入力をして、表の体裁を整えます。ここでは、レイアウトが同じ統合元の表の書式をコピーします。

【操作2】

⑯ ワークシート「渋谷校」のシート見出しをクリックします。

⑰ セル A3～H9 を範囲選択します。

⑱ [ホーム] タブの [書式のコピー/貼り付け] ボタンをクリックします。

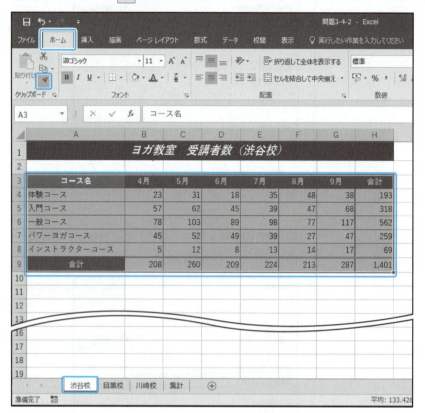

⑲ マウスポインターの形が に変わります。

⑳ ワークシート「集計」のシート見出しをクリックします。

㉑ セル A3 をクリックします。

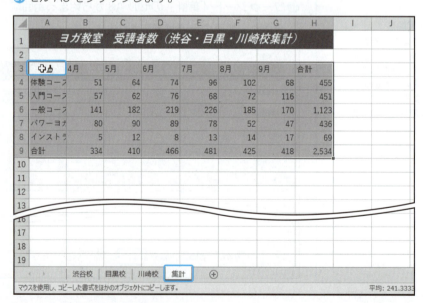

> **★ヒント**
>
> **書式の貼り付け先のセルの指定**
>
> 書式の貼り付け先のセルとして、左上端の1つのセルだけをクリックして指定すると、コピー元と同じ行数×列数の範囲に貼り付けられます。コピー元と同じ行数×列数のセル範囲を指定する必要はありません。

ヒント

書式コピー

［書式コピー/貼り付け］ボタンを使った書式コピーでは、列の幅や行の高さはコピーされません。必要に応じて調整します。

㉒ ワークシート「渋谷校」のセルA3～H9の書式がコピーされます。

㉓ A列とB列の境界線をポイントし、マウスポインターの形が⇔になったことを確認し、ダブルクリックします。

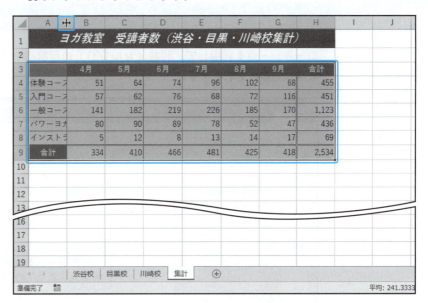

㉔ A列の幅が自動調整され、項目名がすべて表示されます。

3-4 データ分析、ビジネス分析を行う 187

3-4-3 ゴールシークを使用してWhat-If分析を実行する

練習問題

問題フォルダー
└問題3-4-3.xlsx
解答フォルダー
└解答3-4-3.xlsx

ゴールシークを利用して、利益（セルD21）の目標値を「100,000円」とした場合に必要な入場者数を求めます。

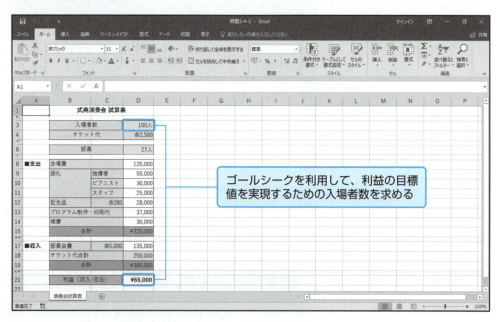

ゴールシークを利用して、利益の目標値を実現するための入場者数を求める

機能の解説

重要用語
☐ What-If分析
☐ ゴールシーク
☐ ［What-If分析］ボタン
☐ ［ゴールシーク］
☐ ［ゴールシーク］
　ダイアログボックス

What-If分析は、セルの値を変えるなどして計算を行い、その結果を元に分析や予測などを行うときに役立つツールです。

What-If分析の**ゴールシーク**は、結果の値を先に指定し、その結果を求めるために必要な入力値（変数）を逆算する機能です。使用するには、［データ］タブの ［What-If分析］ボタンをクリックし、［ゴールシーク］をクリックします。［ゴールシーク］ダイアログボックスが表示されるので、［目標値］ボックスに結果の値、［数式入力セル］ボックスには［目標値］を求める数式のあるセル、［変化させるセル］ボックスには求める入力値のセルを指定します。

［ゴールシーク］ダイアログボックス

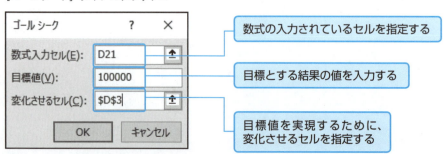

数式の入力されているセルを指定する
目標とする結果の値を入力する
目標値を実現するために、変化させるセルを指定する

操作手順

❶ セル D21 をクリックします。
❷ [データ] タブの [What-If 分析] ボタンをクリックします。
❸ [ゴールシーク] をクリックします。

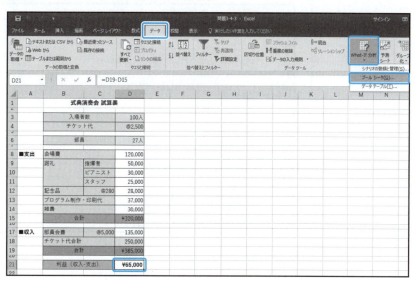

❹ [ゴールシーク] ダイアログボックスが表示されるので、[数式入力セル] ボックスに「D21」と表示されていることを確認します。
❺ [目標値] ボックスに、「100000」と入力します。
❻ [変化させるセル] ボックスをクリックし、セル D3 をクリックします。
❼ [変化させるセル] ボックスに「$D$3」と表示されます。
❽ [OK] をクリックします。

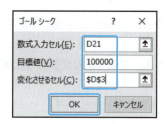

❾ 「セル D21 の収束値を探索しています。解答が見つかりました。」と表示されるので、[OK] をクリックします。

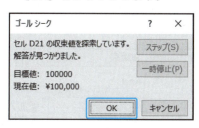

> **ヒント**
> [変化させるセル] と [数式入力セル] の関係
> [変化させるセル] ボックスで指定するセルは、[数式入力セル] ボックスで指定したセルとの間で参照関係にある必要があります。

> **ヒント**
> 収束値
> ゴールシークで求められる結果を収束値といいます。Excel は、指定した目標値が見つかるまで [変化させるセル] ボックスの数値を変化させながら最適な解答を探索して結果を表示します。ただし、指定した条件によっては最適な値が見つからない場合もあります。

❿ セルD3の値が「115.766人」に変化し、セルD21の数式の結果が「¥100,000」になったことを確認します。

⓫ 利益を「100,000円」以上にするためには、入場者数が「116人」以上必要なことがわかります。

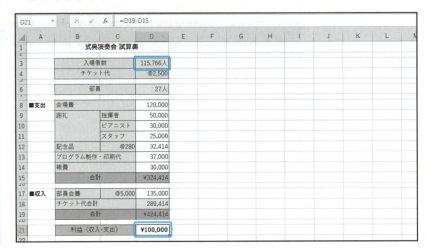

3-4-4 シナリオの登録と管理を使用してWhat-If分析を実行する

練習問題

問題フォルダー
└ 問題3-4-4.xlsx

解答フォルダー
└ 解答3-4-4.xlsx

【操作1】男性45人、女性30人、体験8人が参加した場合のシナリオ「最少参加人数」を作成します。

【操作2】男性60人、女性45人、体験15人が参加した場合のシナリオ「最多参加人数」を作成します。

【操作3】シナリオ「最多参加人数」を表示します。

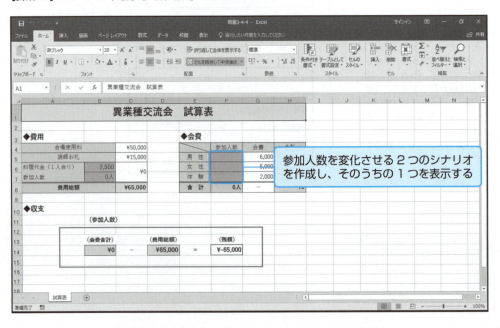

機能の解説

重要用語
- What-If 分析
- シナリオ
- [What-If 分析] ボタン
- [シナリオの登録と管理]
- [シナリオの登録と管理] ダイアログボックス
- [追加]
- [シナリオの追加] ダイアログボックス
- [シナリオの値] ダイアログボックス
- [表示]

What-If 分析のシナリオは、変化させるセルにわかりやすい名前（シナリオ）を付けておき、一覧から選択するだけでセルに値を設定できる機能です。1 つのシナリオで複数のセルを扱えます。セルの値を変えて結果を見比べたいときに、その都度、セルの値を入力し直す手間を省けます。

シナリオを登録するには、[データ] タブの [What-If 分析] ボタンをクリックし、一覧から [シナリオの登録と管理] をクリックして、[シナリオの登録と管理] ダイアログボックスを表示します。[追加] をクリックすると、[シナリオの追加] ダイアログボックスが表示されるので、変化させるセルを指定してシナリオ名を付けます。[OK] をクリックすると、[シナリオの値] ダイアログボックスが表示されるので、変化させるセルの値を設定します。

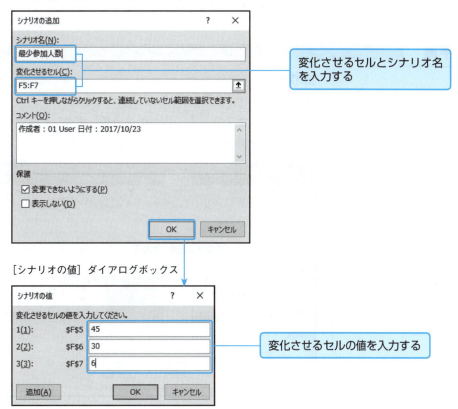

[シナリオの追加] ダイアログボックス

[シナリオの値] ダイアログボックス

ヒント
変化させられるセルの数
1 つのシナリオで指定できる値（[変化させるセル] ボックスに指定できるセルの数）は 32 個までです。

●シナリオを管理する

シナリオを実行するには、再度 [シナリオの登録と管理] ダイアログボックスを表示して、[シナリオ] ボックスの一覧から目的のシナリオ名を選択して [表示] をクリックします。新たにシナリオを追加したり、削除するなどの操作もこのダイアログボックスで行います。

[シナリオの登録と管理] ダイアログボックス

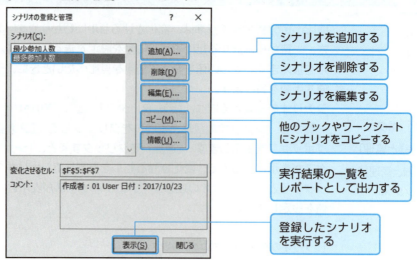

- シナリオを追加する
- シナリオを削除する
- シナリオを編集する
- 他のブックやワークシートにシナリオをコピーする
- 実行結果の一覧をレポートとして出力する
- 登録したシナリオを実行する

操作手順

【操作1】

❶ セルF5～F7を範囲選択します。

❷ [データ] タブの [What-If 分析] ボタンをクリックします。

❸ [シナリオの登録と管理] をクリックします。

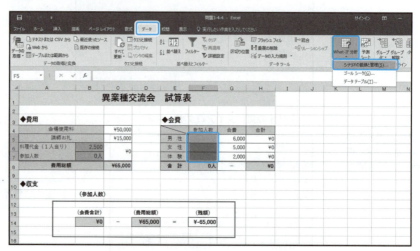

❹ [シナリオの登録と管理] ダイアログボックスが表示されるので、[追加] をクリックします。

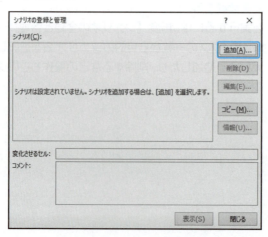

第3章　高度な機能を使用した数式の作成

ヒント
[変化させるセル] ボックス

[変化させるセル] ボックスには現在選択されているセル範囲が表示されます。目的のセル範囲を選択してから、シナリオの追加操作を行うと、改めて範囲選択を行う必要がなく効率的です。セル範囲は後から変更できます。

ヒント
シナリオの保護

[シナリオの追加] ダイアログボックスの [保護] の [変更できないようにする] チェックボックスは、シートを保護した際にシナリオの編集を制限するよう設定するものです。

ヒント
数式も入力できる

[シナリオの値] ダイアログボックスのセルのボックスには数式も入力できます。シナリオを実行すると、数式の結果が表示されます。

❺ [シナリオの追加] ダイアログボックスが表示されるので、[シナリオ名] ボックスに「最少参加人数」と入力します。

❻ [変化させるセル] ボックスに「F5:F7」と表示されていることを確認します。

❼ [OK] をクリックします。

❽ [シナリオの値] ダイアログボックスが表示されるので、[変化させるセルの値を入力してください。] の [$F$5] ボックスに「45」、[$F$6] ボックスに「30」、[$F$7] ボックスに「8」と入力します。

【操作 2】

❾ [追加] をクリックします。

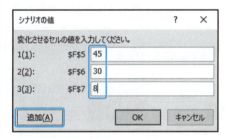

❿ [シナリオの追加] ダイアログボックスが表示されるので、[シナリオ名] ボックスに「最多参加人数」と入力します。

⓫ [変化させるセル] ボックスに「F5:F7」と表示されていることを確認します。

⓬ [OK] をクリックします。

3-4 データ分析、ビジネス分析を行う 193

⑬ [シナリオの値] ダイアログボックスが表示されるので、[変化させるセルの値を入力してください。] の [$F$5] ボックスに「60」と入力します。

⑭ [$F$6] ボックスに「45」と入力します。

⑮ [$F$7] ボックスに「15」と入力します。

⑯ [OK] をクリックします。

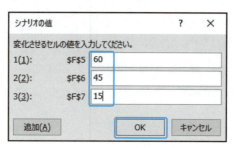

⑰ [シナリオの登録と管理] ダイアログボックスが表示されるので、[シナリオ] ボックスに、「最少参加人数」と「最多参加人数」の2つのシナリオが登録されたことを確認します。

【操作3】

⑱ [最多参加人数] をクリックし、[表示] をクリックします。

⑲ セルF5に「60人」、セルF6に「45人」、セルF7に「15人」と [シナリオの値] ダイアログボックスに登録した値が表示されます。

⑳ 参加人数に応じた会費の合計額や収支が求められることを確認します。

> **ヒント**
> **シナリオの切り替え**
> [シナリオの登録と管理] ダイアログボックスで、[最少参加人数] をクリックして [表示] をクリックすると、簡単に計算結果を変えられます。

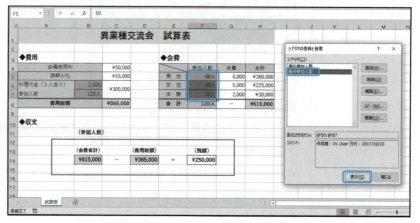

㉑ [閉じる] をクリックして、[シナリオの登録と管理] ダイアログボックスを閉じます。

3-4-5 キューブ関数を使って Excel データモデルからデータを取り出す

練習問題

問題フォルダー
└ 問題 3-4-5.xlsx

解答フォルダー
└ 解答 3-4-5.xlsx

【操作 1】CUBESET 関数を使用して、ワークシート「売上速報」のセル A3 に、このブックのデータモデルから、「居住地」が「東京都」である会員が購入した「商品名」を、「金額」の合計の大きい順に並べ替えたデータのセットを取得します。ただし、セル A3 には「東京都売上第 1 位」と表示させます。

【操作 2】CUBERANKEDMEMBER 関数を使用して、ワークシート「売上速報」のセル A4 に、セル A3 のセットの中で 1 番目にあるメンバーを取り出します。

【操作 3】CUBEVALUE 関数を使用して、ワークシート「売上速報」のセル B4 に、セル A4 に取り出されたメンバーの「金額」の合計の数値を取り出します。

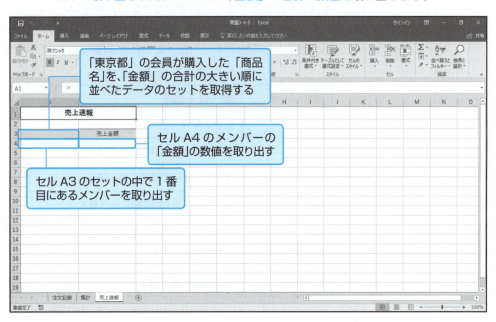

機能の解説

重要用語

- ピボットテーブル
- [このデータをデータモデルに追加する] チェックボックスをオン
- データモデル
- リレーションシップ
- キューブ関数
- キューブ
- メンバー
- 組

ピボットテーブルの作成時に、[このデータをデータモデルに追加する] チェックボックスをオンにすることで、このブックの中にデータモデルが作成されます。ブックの中で、関連のある複数のテーブルを使用している場合、データモデルを作成し、異なるテーブルの 2 つの列（フィールド）に「リレーションシップ」を設定することで、それらのテーブルを関連付けて、ピボットテーブルで集計できるようになります。また、データモデルを作成してピボットテーブルのクロス集計表をレイアウトした場合、キューブ関数によるデータの取り出しが可能になります。

キューブ関数とは、「キューブ」と呼ばれる多次元データベースの構成要素を、多次元式（MDX 式）と呼ばれる式で指定し、該当する要素や集計値などを取り出すための関数です。「居住地」などのフィールド（ディメンション）に含まれる「東京都」のような要素を「メンバー」と呼びます。また、キューブの一部の範囲のことを「組」、メンバーまたは組の 0 個以上の順序付きの集合を「セット」といいます。

- セット
- CUBESET 関数
- ThisWorkbookData Model
- CUBERANKED MEMBER 関数
- CUBEVALUE 関数
- メジャー
- メンバー式

● **CUBESET（キューブセット）関数**

書　式	CUBESET(接続 , セット式 , キャプション , 並べ替え順序 , 並べ替えキー)
引　数	**接　　続**：キューブへの接続名を文字列で指定する **セット式**：キューブのメンバーまたは組のセットを表すMDX式を文字列で指定する **キャプション**：セル上に表示するキャプションを文字列で指定する **並べ替え順序**：取得したセットを並べ替える場合、その順序を数値で指定する **並べ替えキー**：セットを並べ替える場合、そのキーとなる値を文字列で指定する
戻り値	**接続**を介し、セット式の指定に従ってキューブから取り出され、**並べ替え順序**と**並べ替えキー**に従って並べ替えられたセットの参照を返す。ただし、**キャプション**を指定した場合、セル上にはそのキャプションが表示される

引数「接続」は、すべてのキューブ関数に共通して指定が必要です。同じブックの中のデータモデルを指定する場合は、「ThisWorkbookDataModel」という文字列を指定します。この関数の本来の戻り値は、引数「セット式」によって表されるセットです。ただしセットはセルに表示することができないため、表示用として引数「キャプション」を指定できます。また、セットに含まれるメンバーは一定の順序で並んでいますが、その順番を並べ替えることも可能です。引数「並べ替え順序」には、次の数値を指定します。

数値	並べ替え順序
0	既存の順序を維持
1	並べ替えキーで昇順に並べ替え
2	並べ替えキーで降順に並べ替え
3	アルファベットの昇順に並べ替え
4	アルファベットの降順に並べ替え
5	元の昇順に並べ替え
6	元の降順に並べ替え

引数「並べ替え順序」に1または2を指定した場合は、必ず引数「並べ替えキー」を指定します。

● **CUBERANKEDMEMBER（キューブランクトメンバー）関数**

書　式	CUBERANKEDMEMBER(接続 , セット式 , ランク , キャプション)
引　数	**接　　続**：キューブへの接続名を文字列で指定する **セット式**：キューブのメンバーまたは組のセットを表すMDX式を文字列で指定する **ラ ン ク**：セットから取り出すメンバーの順位を数値で指定する **キャプション**：セル上に表示するキャプションを文字列で指定する
戻り値	**接続**を介し、**セット式**の指定に従ってキューブから取り出されたセットから、ランクで指定された順位に当たるメンバーの参照を返す。ただし、**キャプション**を指定した場合、セルにはそのキャプションが表示される

セットに含まれるメンバーは、一定の順序で並んでいる状態です。この関数では、引数「ランク」で指定した順番に当たるメンバーを取り出します。引数「セット式」には、セット式を表す MDX 式の文字列のほか、セットを返すキューブ関数を指定することもできます。このとき、1 つの数式の中でキューブ関数をネストすることも、キューブ関数が入力されたほかのセルを参照することも可能です。参照したセルに引数「キャプション」で指定した文字列が表示されている場合でも、その文字列ではなく、キューブ関数の本来の戻り値であるセットが参照されます。

なお、この関数の引数「キャプション」を省略した場合、取り出されたメンバー名が表示されます。

● **CUBEVALUE（キューブバリュー）関数**

書　式	**CUBEVALUE(接続 , メンバー式 1, メンバー式 2,…)**
引　数	**接　　続**：キューブへの接続名を文字列で指定する **メンバー式**：キューブのメンバーまたは組を表す MDX 式を文字列で指定する
戻り値	**接続**を介し、1 つ以上の**メンバー式**の指定に従ってキューブから取り出されたメンバーまたは組に対応するメジャーの値を返す

指定したメンバーや組に対応する集計値のことを「メジャー」と呼びます。この関数では、複数の引数「メンバー式」でメンバーや組を絞り込み、それに対応するメジャーの値を取り出します。

なお、ここで紹介した 3 種類以外にも、Excel には次のようなキューブ関数が用意されています。

関数名	概要
CUBEMEMBER（キューブメンバー）関数	指定したメンバーを取得する
CUBEMEMBERPROPERTY（キューブメンバープロパティ）関数	指定したメンバーのプロパティを求める
CUBEKPIMEMBER（キューブケーピーアイメンバー）関数	指定した KPI（重要業績指標）のプロパティを取得する
CUBESETCOUNT（キューブセットカウント）関数	セットに含まれるメンバーや組の数を返す

操作手順

★ヒント
関数の入力
関数名「CUBESET」の最初の数文字であれば何文字でもかまいません。また、小文字でもかまいません。この問題では、関数を手入力して、表示される引数の候補を利用します。

【操作1】

① セルA3をクリックします。

② 「=CU」と入力します。

③ 「CU」で始まる関数の一覧が表示されるので、[CUBESET]をダブルクリックします。

④ 自動的に「=CUBESET(」と入力されるので、「"」を入力します。

⑤ [ThisWorkbookDataModel]と表示されるので、ダブルクリックします。

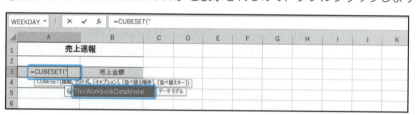

⑥ 数式の中に「ThisWorkbookDataModel」が入力されるので、「",」を入力します。ここまでが引数「接続」の指定です。

⑦ 「"(」と入力します。

⑧ 指定できる要素の一覧が表示されるので、[[注文]]をダブルクリックします。

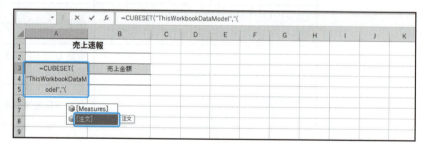

⑨ 数式の中に「[注文]」が入力されるので、「.」を入力します。

⑩ 「注文」テーブルの子要素が一覧表示されるので、「[注文].[居住地]」をダブルクリックします。

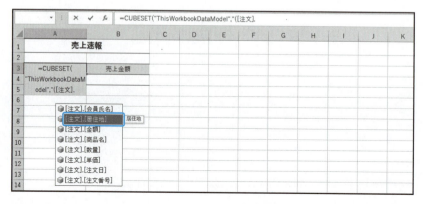

198　第3章　高度な機能を使用した数式の作成

★ヒント
組の指定
MDX 式では、上位と下位の要素を「.」（ピリオド）でつないで階層を表します。また、「&」は特定の項目を指定するものです。そして、複数のメンバーを「,」（カンマ）でつなぎ、全体を「()」で囲んだものが「組」です。

⓫ 数式の中に「[注文].[居住地]」が入力されるので、「.&[東京都],」と入力します。

⓬ 指定できる要素の一覧が表示されるので、[[注文]] をダブルクリックします。

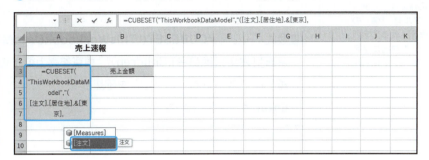

⓭ 数式の中に「[注文]」と入力されるので、「.」を入力します。

⓮ 「注文」テーブルの子要素が一覧表示されるので、[[注文].[商品名]] をダブルクリックします。

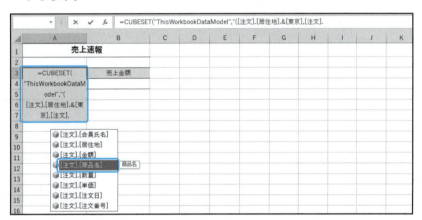

⓯ 数式の中に「[注文].[商品名]」と入力されるので、「.Children)",」と入力します。ここまでが引数「セット式」の指定です。

★ヒント
「Children」とは
MDX 式で、上位の要素に含まれるすべての項目を指定したいときに、「Children」と指定します。

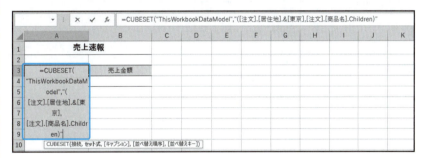

⓰ 「" 東京都売上第 1 位 ",」と入力します。これは引数「キャプション」の指定です。

⓱ 「2,」と入力します。これは引数「並べ替え順序」の指定です。

⓲ 「"」と入力します。

⓳ 指定できる要素の一覧が表示されるので、[[Measures]] をダブルクリックします。

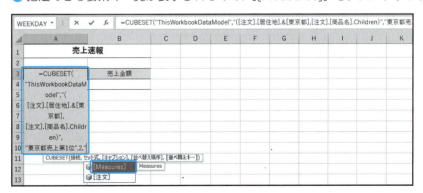

3-4 データ分析、ビジネス分析を行う | 199

ヒント
メジャーの指定

「[Measures]」の後には、元データのピボットテーブルで、「値」の集計方法として表示される文字列を指定します。「/」の前後に半角スペースが空いていることにも注意してください。

⑳ 数式の中に [[Measures]] が入力されるので、「.[合計 / 金額]"」と入力します。ここまでが引数「並べ替えキー」の指定です。

㉑ 「)」と入力します。

㉒ 数式バーに「=CUBESET("ThisWorkbookDataModel","([注文].[居住地].&[東京都],[注文].[商品名].Children)"," 東京都売上第 1 位 ",2,"[Measures].[合計 / 金額]")」と表示されていることを確認します。

㉓ **Enter** キーを押します。

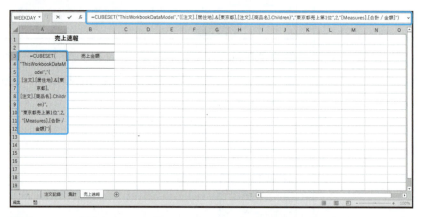

㉔ セルに一時的に「#GETTING DATA」という文字が表示された後、「東京都売上第1位」という文字列が表示されます。

ポイント
数式入力支援機能の活用

キューブ関数は、[数式] タブの [その他の関数] ボタンをクリックし、[キューブ] の一覧から選択して、[関数の引数] ダイアログボックスで引数を指定することも可能です。しかし、この解説手順のようにセルに直接数式を入力したほうが、数式オートコンプリートが働いて、各引数をわかりやすく指定できます。

 [その他の関数] ボタン

【操作2】

㉕ セル A4 をクリックします。

㉖ 「=CU」と入力します。

㉗ 「CU」で始まる関数の一覧が表示されるので、[CUBERANKEDMEMBER] をダブルクリックします。

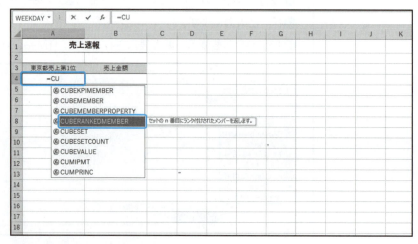

㉘ 自動的に「=CUBERANKEDMEMBER(」と入力されるので、「"」を入力します。

㉙ 「ThisWorkbookDataModel」と表示されるので、ダブルクリックします。

㉚ 数式の中に「ThisWorkbookDataModel」と入力されるので、「",」と入力します。ここまでが引数「接続」の指定です。

㉛ セルA3をクリックします。

㉜ 数式の中に「A3」と入力されます。これが引数「セット式」の指定です。

㉝ 「,1」と入力します。これが引数「ランク」の指定です。

㉞ 「)」と入力します。

㉟ 数式バーに「=CUBERANKEDMEMBER("ThisWorkbookDataModel",A3,1)」と入力されたことを確認します。

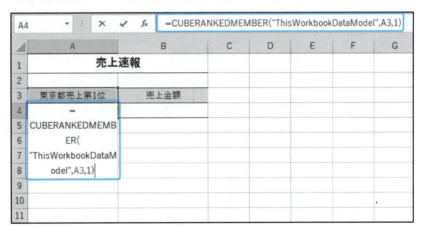

㊱ **Enter** キーを押します。

㊲ セルに一時的に「#GETTING DATA」という文字が表示された後、「チョコレートケーキ」という文字列が表示されます。

> ★ヒント
>
> **キューブ関数のネスト**
>
> 引数「セット式」の指定で、ここではセルA3の参照を指定しています。この「A3」の代わりに、セルA3に入力したCUBESET関数の式を直接指定（関数のネスト）することも可能です。

3-4 データ分析、ビジネス分析を行う **201**

【操作3】

㊳ セルB4をクリックします。

㊴ 「=CU」と入力します。

㊵ 「CU」で始まる関数の一覧が表示されるので、[CUBEVALUE]をダブルクリックします。

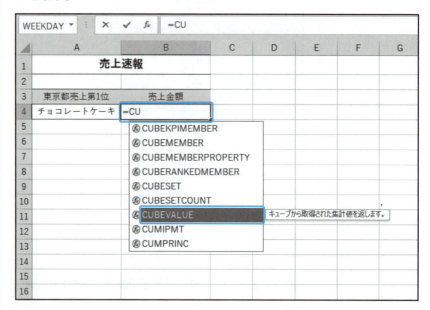

㊶ 自動的に「=CUBEVALUE(」と入力されるので、「"」を入力します。

㊷ [ThisWorkbookDataModel]と表示されるので、ダブルクリックします。

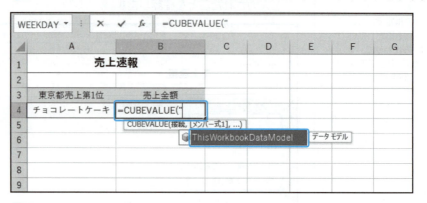

㊸ 数式の中に「ThisWorkbookDataModel」と入力されるので、「",」と入力します。
ここまでが引数「接続」の指定です。

㊹ 「"」と入力します。

㊺ 指定できる要素の一覧が表示されるので、[[Measures]]をダブルクリックします。

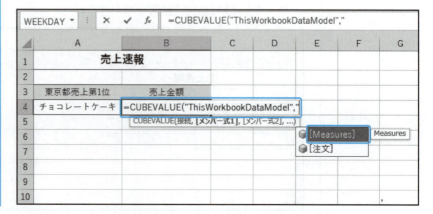

㊻数式の中に「[Measures]」が入力されるので、「.[合計 / 金額]"」と入力します。ここまでが引数「メンバー式1」の指定です。

㊼「,」を入力して、セルA4をクリックします。

㊽数式の中に「A4」と入力されます。これが引数「メンバー式2」の指定です。

㊾「)」と入力します。

㊿数式バーに「**=CUBEVALUE("ThisWorkbookDataModel","[Measures].[合計 / 金額]",A4)**」と表示されていることを確認します。

51 **Enter** キーを押します。

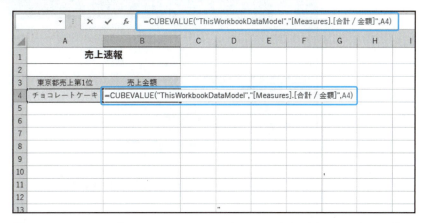

52 セルに一時的に「#GETTING DATA」という文字が表示された後、「18000」という数値が表示されます。

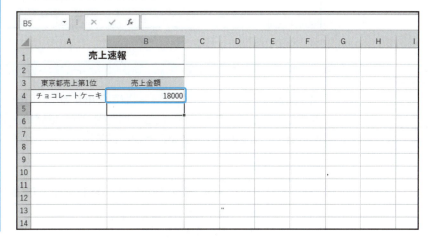

3-4-6　財務関数を使ってデータを計算する

練習問題

問題フォルダー
└問題3-4-6.xlsx
解答フォルダー
└解答3-4-6.xlsx

PMT関数を使用して、セルE7に、ローンにおける借入額、年利、返済年数から、月々の返済額を求める数式を入力します。ただし、ボーナス時の返済はなく、毎月1回の月初払いで、返済期間中、利率の変動はないものとします。

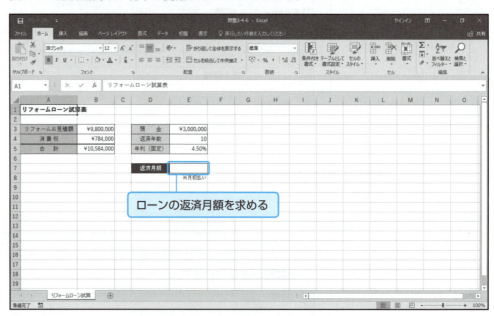

機能の解説

- 財務関数
- PMT関数
- PV関数

財務関数のPMT（ペイメント）関数を使用すると、ローンなどの借入金の月々の返済額を求めることができます。ただし、期間中の利率は終始一定で、元利込みで毎月同じ金額を返済（元利均等払い）することが前提条件です。

● PMT関数

書　式	PMT(利率,期間,現在価値,[将来価値],[支払期日])
引　数	利　　率：利率の数値を指定する 期　　間：返済回数を指定する 現在価値：借入金の返済額を計算する場合は、支払いを開始した時点での借入残高（元金）を指定する 将来価値：借入金の返済額を計算する場合は、最後の支払いを行った時点での借入残高（元金）を指定する。通常は「0」で、省略時も「0」が指定される 支払期日：支払いを行う時期が期末の場合は省略または「0」を指定し、期首の場合は「1」を指定する
戻り値	ローンの定期的な返済の毎回の支払額を返す

例）セルB4の年利でセルC4の年数、セルA4の借入額に対して1カ月ごとに返済する場合の返済額を求める。ボーナス時の返済はなく、毎月1回の月末払い、利率の変動はなし。

=PMT(B4/12,C4*12,A4)

[図: E4セルに =PMT(B4/12,C4*12,A4) が入力されたローン返済試算の画面。借入額 ¥25,000,000、年利 1.5%、返済年数 20、返済月額 ¥-120,636。セルB4の年利、セルC4の年数、セルA4の借入額の場合の返済月額を求める]

引数「利率」、引数「期間」の時間の単位は支払頻度にそろえます。たとえば、月単位の支払額を求める場合、「利率」は月利（年利÷12）にし、「期間」は月数（年数×12）にします。

ローンなどの借り入れ可能額を求める場合は、**PV（プレゼントバリュー）関数**を使います。PMT関数と同様に、期間中の利率は終始一定で、元利込みで毎月同じ金額を返済（元利均等払い）することが条件です。

● PV 関数

書　式	PV (利率 , 期間 , 定期支払額 , [将来価値] , [支払期日])
引　数	**利　　率**：利率の数値を指定する **期　　間**：返済回数を指定する **定期支払額**：毎回の支払額を指定する **将 来 価 値**：最後の支払いを行った時点での借入残高（元金）を指定する。「通常は「0」で、省略時も「0」が指定される **支 払 期 日**：支払を行う時期が期末の場合は省略または「0」を指定し、期首の場合は「1」を指定する
戻り値	ローンの借り入れ可能額（現在価値）を返す

例）セルC4の年利で、セルB4の年数、セルA4の返済額（月額）の場合の借入可能額を求める。ボーナス時の返済はなく、毎月1回の月末払い、利率の変動はなし。

=PV(C4/12,B4*12,A4)

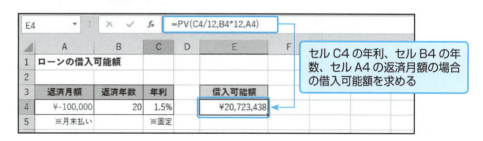

セルC4の年利、セルB4の年数、セルA4の返済月額の場合の借入可能額を求める

引数「定期支払額」は、返済の場合は出金なので「-」を付けて負の数にします。

その他、ローンや投資で使用可能な財務関数として、次のようなものがあります。

関数名	概要
FV（フューチャーバリュー）関数	一定の利率で定額を支払い続けた場合の将来価値を返す
NPER（ナンバーオブピリオド）関数	定額を一定の利率で支払い続けた場合の必要な期間（支払回数）を返す
RATE（レート）関数	返済や積立などの投資の利率を返す
IRR（アイ・アール・アール）関数	一連の定期的なキャッシュフローに対する内部利益率を返す

操作手順

❶ セルE7をクリックします。

❷ [数式] タブの [財務] ボタンをクリックします。

❸ 一覧から [PMT] をクリックします。

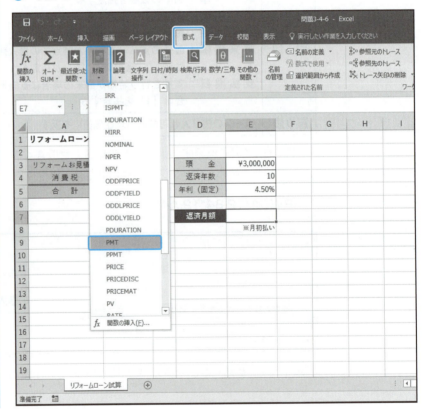

❹ PMT 関数の［関数の引数］ダイアログボックスが表示されるので、［利率］ボックスにカーソルが表示されていることを確認し、セル E5 をクリックします。

❺ ［利率］ボックスに「E5」と表示されるので、月単位の利率にするため、続けて「/12」と入力します。

❻ ［期間］ボックスをクリックし、セル E4 をクリックします。

❼ ［期間］ボックスに「E4」と表示されるので、月単位の期間にするため、続けて「*12」と入力します。

❽ ［現在価値］ボックスをクリックし、セル B5 をクリックします。

❾ ［現在価値］ボックスに「B5」と表示されるので、頭金を引くため、続けて「-」を入力し、セル E3 をクリックします。

❿ ［現在価値］ボックスに「B5-E3」と表示されます。

⓫ ［将来価値］ボックスには何も入力せず、［支払期日］ボックスをクリックし、「1」を入力します。

⓬ 数式の結果として「-78,305.72274」が表示されます。

⓭ ［OK］をクリックします。

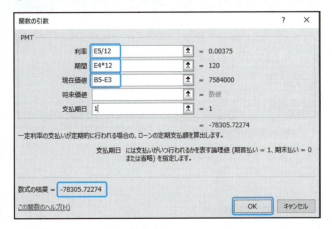

⓮ 数式バーに「=PMT(E5/12,E4*12,B5-E3,,1)」と表示されたことを確認します。

⓯ セル E7 に月々の返済額「¥-78,306」が表示されます。

ヒント
財務関数の表示形式

数式を入力する前のセル E7 の表示形式は「標準」でしたが、PMT 関数を入力したことにより、自動的に「通貨」の表示形式に変更されています。PMT 関数以外にも、PV 関数や FV 関数などいくつかの財務関数では、同様に表示形式が自動的に「通貨」に変更されます。

なお、月々の支払額は出金のため負の数となります。

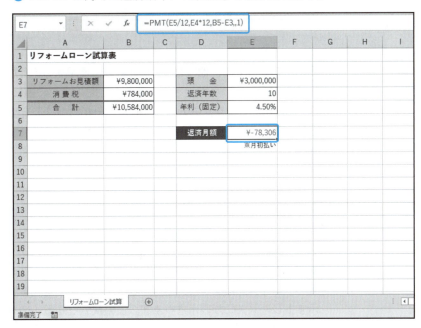

3-5 数式のトラブルシューティングを行う

数式は、他のセルの値を参照して自動的に計算を行ってくれる便利な機能ですが、式の記述や参照関係に問題があると、正しい結果が求められなかったり、エラー値が表示されてしまったりします。解決するには、数式の構成や参照関係を検証したり、エラー値を修正するための機能を使用します。

3-5-1 参照元をトレースする

練習問題

問題フォルダー
└問題3-5-1.xlsx
解答フォルダー
└解答ファイルなし

【操作1】セルD4に入力された数式が直接参照しているセルを示す矢印を表示します。
【操作2】その参照元のセルがさらに参照しているセルを、最初の参照元まですべて矢印で示します。
【操作3】他のワークシートを参照している場合は、その範囲にジャンプします。

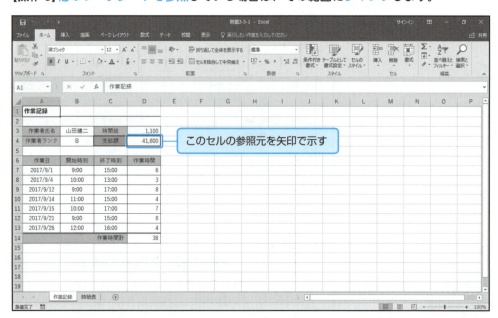

機能の解説

重要用語

☐ 参照
☐ 参照元
☐ 参照先
☐ 参照元のトレース
☐ トレース矢印
☐ ［参照元のトレース］ボタン

Excelの数式では、他のセルの値を計算に使用することができます。たとえばセルC2に「=A1+10」という数式を入力すると、セルA1の値に10を加えた計算の結果がセルC2に表示されます。この場合、セルC2がセルA1を参照しているといい、セルC2から見たセルA1を参照元、セルA1から見たセルC2を参照先と呼びます。

「=A1+10」のような簡単な数式なら参照元は一目瞭然ですが、複数の参照を組み合わせた複雑な数式になると、どのセルの値を計算で使っているのかがわかりにくくなります。また、参照元のセルにも数式が入力されており、そこからさらに別のセルの値を参照している場合もあります。

このような場合に、参照元のトレース機能を利用すると、セル同士の参照関係を表す矢印（トレース矢印）によって、すべての参照元をひと目で確認することができます。

参照元をトレースするには、目的のセルを選択し、［数式］タブの ［参照元のトレース］ボタンをクリックします。アクティブセルが参照しているすべてのセルを示すトレース矢印が表示されます。この状態でもう一度 ［参照元のトレース］ボタンをクリックすると、参照元のさらに参照元が表示されます。同様に、何段階もさかのぼって参照元のセルを確認することが可能です。

操作手順

【操作1】

❶ セル D4 をクリックします。

❷ [数式] タブの [参照元のトレース] ボタンをクリックします。

❸ セル D4 が参照しているすべてのセルを示すトレース矢印が表示されます。

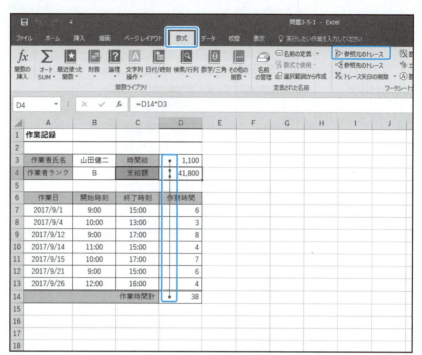

【操作2】

❹ もう一度、[数式] タブの [参照元のトレース] ボタンをクリックします。

❺ 参照元の各セルが参照しているすべてのセルを示すトレース矢印が表示されます。

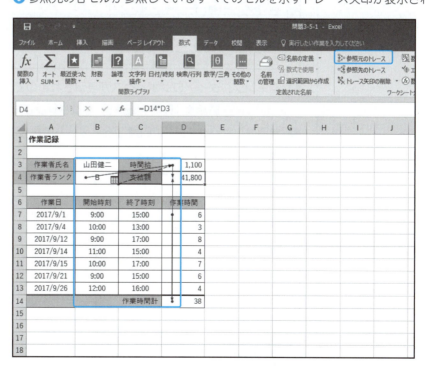

ポイント

トレース矢印の表示

トレース矢印の両端は▲と●になっており、▲側が参照先、●側が参照元を表します。この例の場合、セル D3 とセル D14 がセル D4 の参照元です。

ヒント

トレース矢印を利用したセルの選択

トレース矢印をダブルクリックすると、もう一方の端にあるセルを選択することができます。

ヒント

解答操作の確認

この問題に解答ファイルはありません。右の図と同じ状態になっていれば正解です。

ヒント

トレース矢印の削除

[数式] タブの [トレース矢印の削除] ボタンをクリックすると、ワークシート上に表示されているすべてのトレース矢印が削除されます。特定のセルの参照元を表すトレース矢印だけを削除したい場合は、[トレース矢印の削除] ボタンの▼をクリックし、[参照元トレース矢印の削除] をクリックします。参照関係が何段階にもわたる場合は、このボタンを繰り返しクリックすることで、段階的にトレース矢印が削除されていきます。

3-5 数式のトラブルシューティングを行う

ヒント
参照元のトレースの終了
ここまで[参照元のトレース]ボタンを計3回クリックすることで、すべての矢印が表示されます。4回目のクリックでは矢印に変化はありません。

ヒント
解答操作の確認
この問題に解答ファイルはありません。右の図と同じ状態になっていれば正解です。

ヒント
他のワークシートを参照している場合
セルが他のワークシートを参照している場合は、トレース矢印が点線で表示され、参照元の位置にシートを表すアイコン が表示されます。ダブルクリックすると、[ジャンプ]ダイアログボックスが表示され、参照元の範囲にジャンプできます。

❻ 同様に、トレース矢印が新たに表示されなくなるまで、繰り返し[数式]タブの[参照元のトレース]ボタンをクリックします。

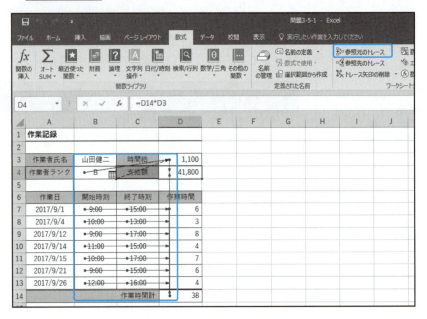

【操作3】

❼ からセルD3に向かう点線のトレース矢印をダブルクリックします。

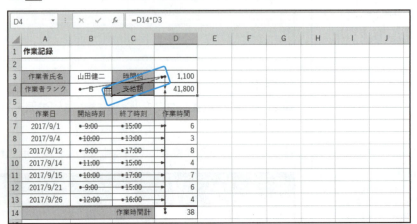

❽ [ジャンプ]ダイアログボックスが表示されるので、[移動先]ボックスの['[問題3-5-1.xlsx]時給表'!$A$4:$B$8]をクリックします。

❾ [参照先]ボックスに「'[問題3-5-1.xlsx]時給表'!$A$4:$B$8」と表示されます。

❿ [OK]をクリックします。

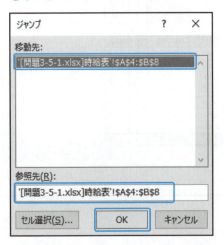

★ヒント
解答操作の確認
この問題に解答ファイルはありません。右の図と同じ状態になっていれば正解です。

❶ ワークシート「時給表」が表示され、セル A4～B8 が選択されます。

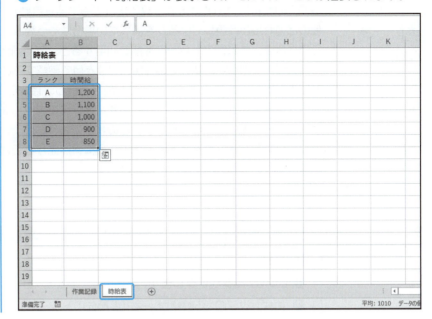

3-5-2 参照先をトレースする

練習問題

問題フォルダー
└問題3-5-2.xlsx

解答フォルダー
└解答ファイルなし

【操作1】セル C7 に入力された値を参照している数式のセルを示す矢印を表示します。
【操作2】その参照先のセルをさらに参照しているセルを、最後の参照先まですべて矢印で示します。

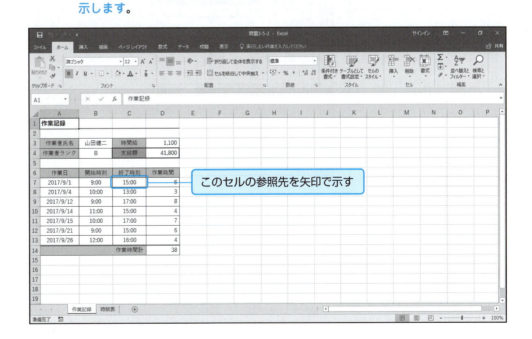

3-5 数式のトラブルシューティングを行う 211

機能の解説

重要用語
- 参照先のトレース
- トレース矢印
- [参照先のトレース]ボタン

参照元のセルについては数式を見るだけでもある程度わかりますが、特定のセルの値を、他のどのセルが参照しているかを調べたい場合はそう簡単ではありません。

この場合は、**参照先のトレース**機能を利用すると、セル同士の参照関係を表す矢印（**トレース矢印**）によって、すべての参照先をひと目で確認することができます。

参照先をトレースするには、目的のセルを選択し、[数式]タブの [参照先のトレース] [**参照先のトレース**]**ボタン**をクリックします。アクティブセルを参照しているすべてのセルを示すトレース矢印が表示されます。この状態でもう一度 [参照先のトレース] [参照先のトレース]ボタンをクリックすると参照先のさらに参照先が表示され、同様に参照先のセルを何段階にもわたって追跡することが可能です。

操作手順

【操作1】

① セルC7をクリックします。

② [数式]タブの [参照先のトレース] [参照先のトレース]ボタンをクリックします。

③ セルC7を参照しているすべてのセルを示すトレース矢印が表示されます。

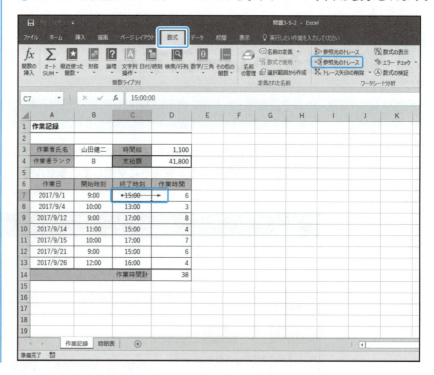

ヒント
解答操作の確認
この問題に解答ファイルはありません。右の図と同じ状態になっていれば正解です。

ヒント
トレース矢印の削除

[数式]タブの[トレース矢印の削除]ボタンをクリックすると、ワークシート上に表示されているすべてのトレース矢印が削除されます。特定のセルの参照先を表すトレース矢印だけを削除したい場合は、[トレース矢印の削除]ボタンの▼をクリックし、[参照先トレース矢印の削除]をクリックします。参照関係が何段階にもわたる場合は、このボタンを繰り返しクリックすることで、段階的にトレース矢印が削除されていきます。

ヒント
参照先のトレースの終了

ここまで[参照先のトレース]ボタンを計3回クリックすることで、すべての矢印が表示されます。4回目のクリックでは矢印に変化はありません。

ヒント
解答操作の確認

この問題に解答ファイルはありません。右の図と同じ状態になっていれば正解です。

【操作2】

❹ もう一度、[数式]タブの[参照先のトレース]ボタンをクリックします。

❺ 参照先のセルを参照しているすべてのセルを示すトレース矢印が表示されます。

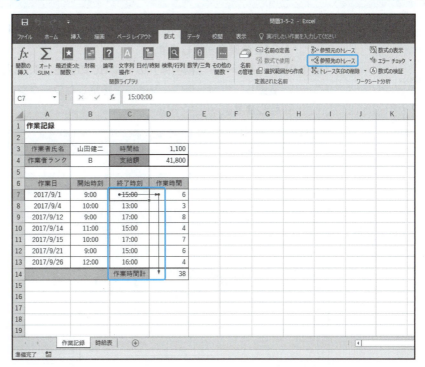

❻ 同様に、トレース矢印が新たに表示されなくなるまで、繰り返し[数式]タブの[参照先のトレース]ボタンをクリックします。

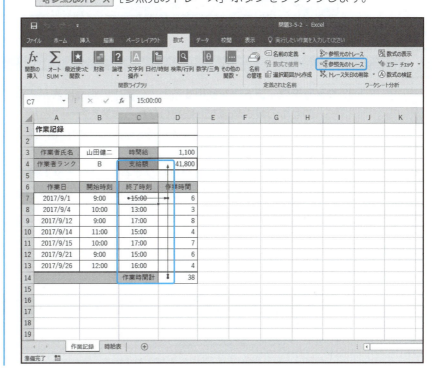

3-5 数式のトラブルシューティングを行う 213

3-5-3 ウォッチウィンドウを使ってセルや数式をウォッチする

練習問題

問題フォルダー
└ 問題3-5-3.xlsx

解答フォルダー
└ 解答3-5-3.xlsx

※ただし、解答ファイルにウォッチウィンドウは自動的には表示されません。表示する操作を行ってください。

【操作1】ウォッチウィンドウに、ワークシート「注文書」のセル範囲G8:G10とセルG18の値を表示します。

【操作2】ワークシート「割引率」のセルB6の値を「15%」、セルB7の値を「25%」に変更し、ウォッチウィンドウで指定したワークシート「注文書」のセルの値を確認します。

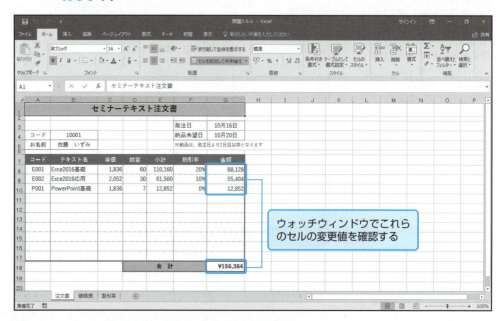

機能の解説

重要用語

☐ ウォッチウィンドウ
☐ [ウォッチウィンドウ]ボタン
☐ [ウォッチ式の追加]
☐ [ウォッチ式の追加]ダイアログボックス

ウォッチウィンドウを使用すると、作業中の画面に表示されていないセルや別のワークシートのセルの数式や値を、監視しながら作業を行うことができます。

ウォッチウィンドウを表示するには、ウィンドウに追加したいセル範囲を選択してから、[数式]タブの [ウォッチウィンドウ]ボタンをクリックします。[ウォッチウィンドウ]の[ウォッチ式の追加]をクリックすると、[ウォッチ式の追加]ダイアログボックスに選択したセル範囲が表示されるので、[OK]をクリックします。ウォッチウィンドウに指定したセルの値と数式が追加されます。

ウォッチウィンドウは、表示する範囲やワークシートを切り替えても常に表示されるので、指定したセルの参照元の値を変更した際の計算結果を、リアルタイムで確認することができます。

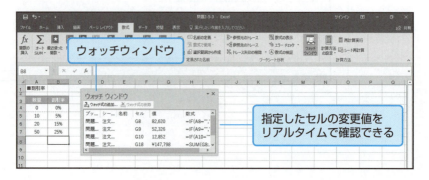

操作手順

【操作1】

① ワークシート「注文書」が表示されていることを確認します。

② セルG8～G10を範囲選択します。

③ **Ctrl** キーを押しながら、セルG18をクリックします。

④ [数式] タブの [ウォッチウィンドウ] ボタンをクリックします。

⑤ [ウォッチウィンドウ] が表示されるので、[ウォッチ式の追加...] をクリックします。

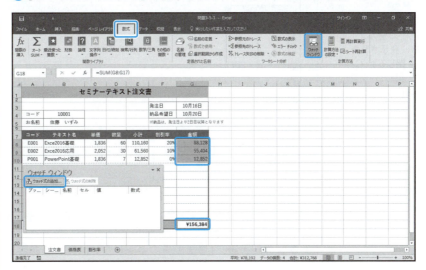

⑥ [ウォッチ式の追加] ダイアログボックスが表示されるので、[値をウォッチするセル範囲を選択してください] ボックスに「=注文書!$G$8:$G$10,注文書!$G$18」と表示されていることを確認します。

⑦ [追加] をクリックします。

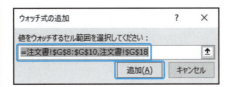

> **ヒント**
> **解答操作の確認**
> 解答ファイルでは手順④のみを実行し、[ウォッチウィンドウ] の内容を確認してください。

⑧ [ウォッチウィンドウ] にワークシート「注文書」のセルG8～G10、セルG18が追加され、値と数式が表示されます。

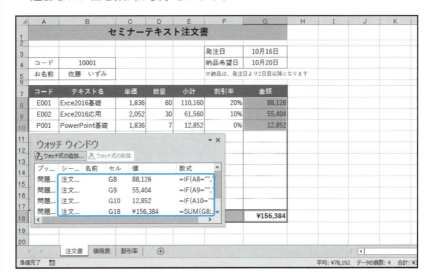

3-5 数式のトラブルシューティングを行う

> **ヒント**
> **ウォッチ式の削除**
> ウォッチウィンドウに追加したウォッチ式を削除するには、ウィンドウ内のウォッチ式を選択し、[ウォッチ式の削除]をクリックします。

> **ヒント**
> [ウォッチウィンドウ]を閉じる
> [ウォッチウィンドウ]は別のブックを開いた時も常に表示されます。閉じるには ✕ 閉じるボタンをクリックするか、[数式]タブの[ウォッチウィンドウ]ボタンをクリックしてオフにします。

 [ウォッチウィンドウ]ボタン

【操作2】

❾ ワークシート「割引率」のシート見出しをクリックします。

❿ セル B6 を「15」、セル B7 を「25」に変更します。

⓫ [ウォッチウィンドウ]のワークシート「注文書」のセル G8 とセル G9、セル G18 の値が変更されたことを確認します。

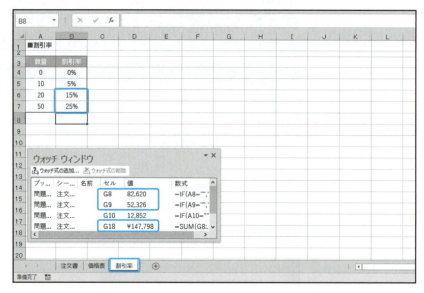

※ 操作終了後、[ウォッチウィンドウ]は閉じておきます。

3-5-4 エラーチェックルールを使って数式を検証する

練習問題

問題フォルダー
└問題 3-5-4.xlsx

解答フォルダー
└解答ファイルなし

エラーチェックルールを変更して、空白セルを参照する数式をチェックします。

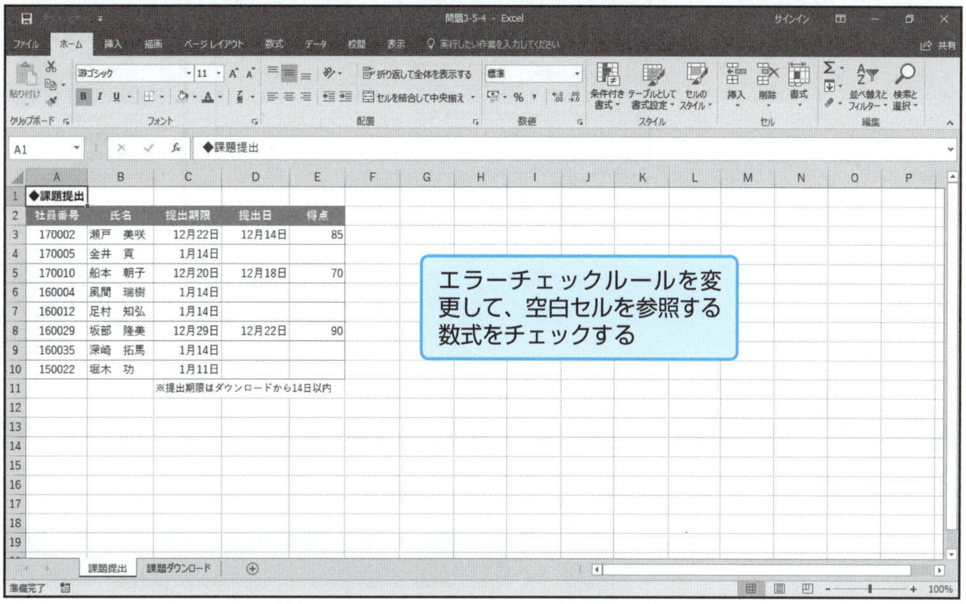

エラーチェックルールを変更して、空白セルを参照する数式をチェックする

機能の解説

重要用語

- □ エラーインジケーター
- □ [Excel のオプション] ダイアログボックスの [数式]
- □ [エラーチェックルール]
- □ [エラーチェック オプション] ボタン

Excel では、セルの数式がバックグラウンドで常にチェックされていて、「問題あり」と判断されたセルには、自動的にセルの左上にエラーインジケーター（緑色の ◤ ）が表示されます。

エラーと判断される項目は、[Excel のオプション] ダイアログボックスの [数式] の [エラーチェックルール] で指定されています。各項目のチェックボックスをオンにすると有効になり、オフにすると無効になります。[Excel のオプション] ダイアログボックスは [ファイル] タブをクリックし、[オプション] をクリックすると表示されます。

[Excel のオプション] ダイアログボックスの [数式]

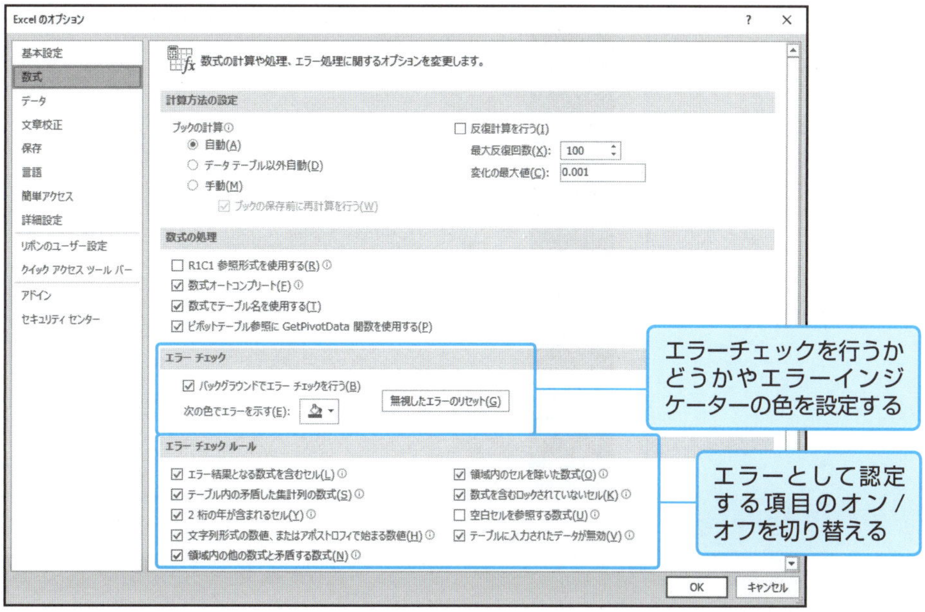

エラーチェックを行うかどうかやエラーインジケーターの色を設定する
エラーとして認定する項目のオン／オフを切り替える

ヒント

エラーインジケーターを非表示にする

[エラーチェック] の [バックグラウンドでエラーチェックを行う] チェックボックスをオフにすると、自動エラーチェックが行われなくなり、エラーインジケーターが表示されなくなります。
なおエラーインジケーターは、表示された状態でも印刷はされません。

> **その他の操作方法**
> **エラーチェックルールの変更**
> [エラーチェックオプション]ボタンをクリックし、一覧から[エラーチェックオプション]をクリックしても、[Excelのオプション]ダイアログボックスが表示され、エラーチェックルールを変更することができます。

エラーインジケーター（緑色の ▰）の表示されているセルをクリックすると、[エラーチェックオプション]ボタンが表示され、ポイントするとその問題点についての説明が表示されます。またこのボタンをクリックすると関連する操作が一覧表示され、エラーを修正するための操作が選択できます。

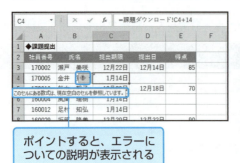

ポイントすると、エラーについての説明が表示される

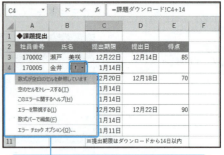

クリックすると、エラーを修正するための操作の一覧が表示される

操作手順

❶ [ファイル] タブをクリックします。

❷ [オプション] をクリックします。

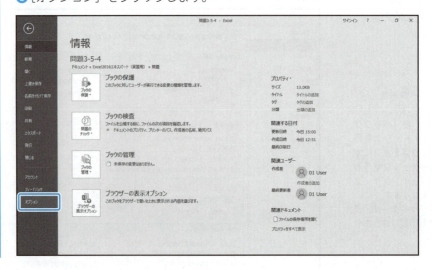

❸[Excel のオプション] ダイアログボックスが表示されるので、[数式] をクリックします。

❹[エラーチェックルール] の [空白セルを参照する数式] チェックボックスをオンにします。

❺[OK] をクリックします。

❻ワークシート「課題提出」のセル C4、C6、C9 にエラーインジケーターが表示されます。

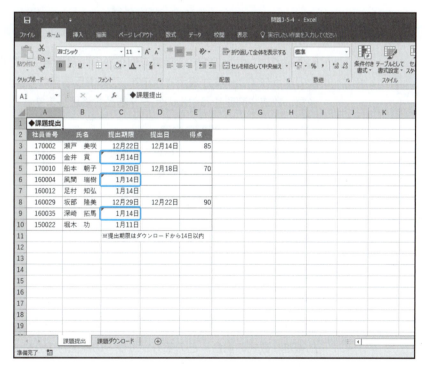

※ 操作終了後、[Excel のオプション] ダイアログボックスの [数式] の [エラーチェックルール] の [空白セルを参照する数式] チェックボックスはオフに戻しておきます。

解答操作の確認

この問題に解答ファイルはありません。右の図と同じ状態になっていれば正解です。

3-5-5 数式を検証する

練習問題

問題フォルダー
└問題3-5-5.xlsx

解答フォルダー
└解答3-5-5.xlsx

エラー値「#REF!」の発生しているセル B4 のエラーの原因を数式の検証機能を使用して分析し、エラーを修正します。

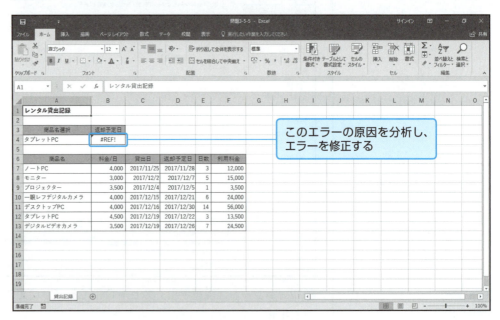

機能の解説

- エラー値
- 数式の検証
- [数式の検証]ダイアログボックス
- [数式の検証]ボタン
- [エラーチェックオプション]ボタン
- [計算の過程を表示]

Excel では、セルの数式の計算で何らかの問題が発生した場合、その問題の内容に応じて次のようなエラー値が表示されます。このエラー値から発生している問題の種類を推定し、適宜、数式や関連するセルのデータなどを修正します。

エラー値	問題の内容
#VALUE!	データの種類が不適切
#DIV/0!	0 による除算
#NUM!	数値の範囲が不適切
#NAME?	不適切な名前
#N/A	使用できる値が存在しない
#REF!	セル参照が無効
#NULL!	セル参照が存在しない

簡単な数式であればエラーの原因も比較的わかりやすいですが、複数の関数を組み合わせた複雑な数式の場合、どの部分がエラーの原因なのか、数式を読むだけではすぐにはわからないこともあります。

数式の検証機能を利用すると、[数式の検証]ダイアログボックスで数式の計算過程を1ステップずつ確認していくことができ、エラーがどの段階で発生したのかを突き止められます。

［数式の検証］ダイアログボックスを表示するには、通常の数式では［数式］タブの ［数式の検証］ボタンをクリックします。エラー値が発生しているセルの場合は、セルを選択して表示される ［エラーチェックオプション］ボタンから［計算の過程を表示］をクリックして表示することもできます。この方法で［数式の検証］ダイアログボックスを表示すると、エラーが発生する直前の段階から数式の検証が始まります。

［数式の検証］ダイアログボックス

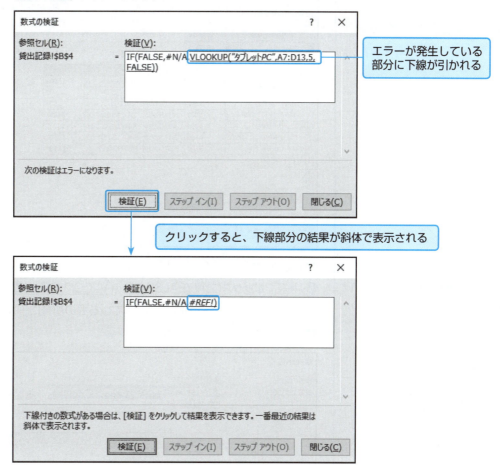

数式の検証機能によってエラーの原因が判明したら、数式バーで数式を修正します。

操作手順

❶ セル B4 をクリックします。
❷ ［エラーチェックオプション］ボタンをクリックします。
❸ 一覧から［計算の過程を表示］をクリックします。

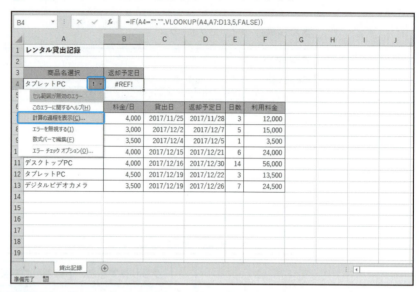

❹ ［数式の検証］ダイアログボックスが表示されます。
❺ ［検証］ボックスに「IF(FALSE,#N/A,VLOOKUP(" タブレット PC",A7:D13,5,FALSE))」と表示され、エラーの原因となっている式の部分に下線が引かれます。
❻ ［検証］をクリックします。

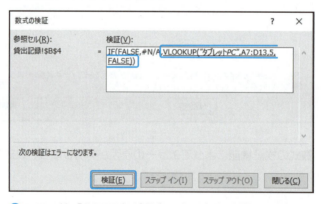

❼ エラー値「#REF!」が発生したことを確認します。
❽ ［閉じる］をクリックして、［数式の検証］ダイアログボックスを閉じます。

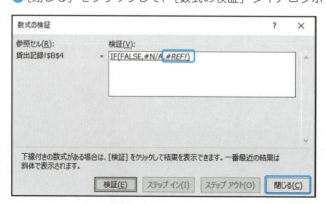

その他の操作方法
数式の検証

［数式］タブの ［エラーチェック］ボタンをクリックし、［エラーチェック］ダイアログボックスに該当のエラーが表示されている状態で［計算の過程を表示］をクリックしても、エラーの原因の段階から数式の検証が開始されます。なお、［数式］タブの ［数式の検証］ボタンをクリックすると、アクティブセルの数式全体を、最初から検証していくことができます。

ポイント
エラーの原因

この検証によって、VLOOKUP 関数の部分でエラーが発生していることがわかります。この関数式をよく確かめると、VLOOKUP 関数の第 2 引数「範囲」で指定したセル範囲が 4 列分しかないのに、第 3 引数「列番号」で「5」を指定していることが確認できます。VLOOKUP 関数については「3-2-1」を参照してください。

❾ 数式バーをクリックします。

❿ 数式の参照しているセルがカラーリファレンスによって確認できます。

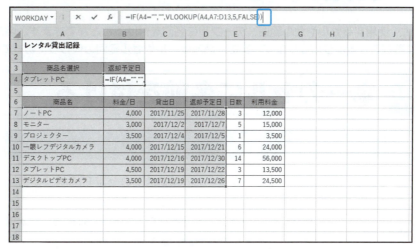

⓫ 返却予定日のセルは第2引数「範囲」のセルA7～D13の4列目なので、「5」を「4」に修正して、「=IF(A4="","",VLOOKUP(A4,A7:D13,4,FALSE))」にします。

⓬ **Enter** キーを押します。

⓭ セルB4に「2017/12/22」と表示され、エラーインジケーターが消えます。

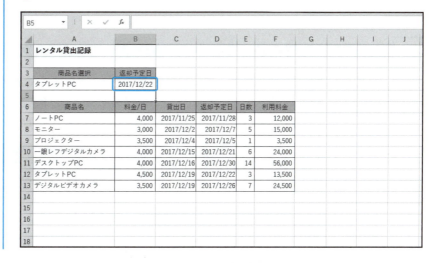

3-6 名前付き範囲とオブジェクトを定義する

Excelでは、よく使用するセルやセル範囲、テーブルに名前を付けることができます。名前を付けることによって、目的のセルを簡単に選択できるようになります。また、名前はセルやセル範囲の代わりに数式で使用することができます。

3-6-1 単一のセルに名前を付ける

練習問題

問題フォルダー
└ 問題3-6-1.xlsx

解答フォルダー
└ 解答3-6-1.xlsx

【操作1】ワークシート「新宿店」のセルF16を「新宿合計」という名前でブックに登録します。

【操作2】ワークシート「新宿店」のセルB16を「鈴木売上」という名前でこのワークシートにだけ登録します。

【操作3】数式を使用して、ワークシート「横浜店」のセルI16に、「新宿合計」という名前のセルの値を表示します。

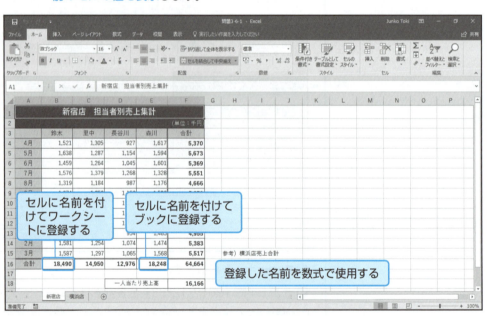

機能の解説

- □ 名前
- □ 名前ボックス
- □ ブックに登録
- □ 個別のワークシートにだけ登録
- □ [名前の定義] ボタン
- □ [新しい名前] ダイアログボックス
- □ [範囲] ボックス

セルに任意の名前を付けて登録することができます。登録するには、目的のセルを選択し、名前ボックスに名前を入力します。名前ボックスの▼をクリックすると、登録した名前の一覧が表示され、クリックすると、そのセルが選択されます。

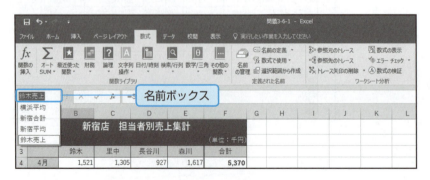

☐ [数式で使用] ボタン

名前ボックスを使用して登録した名前は標準では**ブックに登録**されますが、**個別のワークシートにだけ登録**することも可能です。これにより、登録した名前が有効な範囲を限定できます。その場合は、目的のセルを選択し、[数式] タブの [名前の定義] ボタンをクリックします。[新しい名前] ダイアログボックスが表示されるので、[名前] ボックスに名前を入力します。[範囲] ボックスの▼をクリックすると、「ブック」とワークシート名の一覧が表示されるので、登録する範囲を選択します。

[新しい名前] ダイアログボックス

▼をクリックすると、「ブック」とワークシートの一覧が表示される

登録した名前は、セル参照の代わりに、数式に直接入力したり、[数式] タブの [定義された名前] の [数式で使用] ボタンをクリックして表示される一覧から選択して挿入し、数式に使用することができます。

[数式で使用] ボタンをクリックして名前の一覧を表示した状態

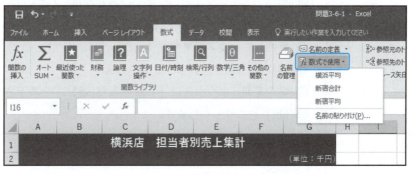

操作手順

【操作1】
① ワークシート「新宿店」のセルF16をクリックします。
② 名前ボックス内をクリックします。
③ 「新宿合計」と入力し、**Enter** キーを押します。

!ポイント
名前として使用できない文字
名前の最初の文字には、文字、アンダーバー (_)、円記号 (¥) しか使用できません。また、スペースは名前の一部として使用できません。複数の単語を区切りたいときには、アンダーバー (_) やピリオド (.) を使用します。

④ セルF16が「新宿合計」という名前でブックに登録されます。

★ヒント
名前の削除

［数式］タブの［名前の管理］ボタンをクリックすると、［名前の管理］ダイアログボックスに登録されている名前の一覧が表示されます。削除する場合は、目的の名前をクリックし、［削除］をクリックします。

［名前の管理］ボタン

【操作2】

❺ ワークシート「新宿店」のセル B16 をクリックします。

❻ ［数式］タブの 名前の定義 ［名前の定義］ボタンをクリックします。

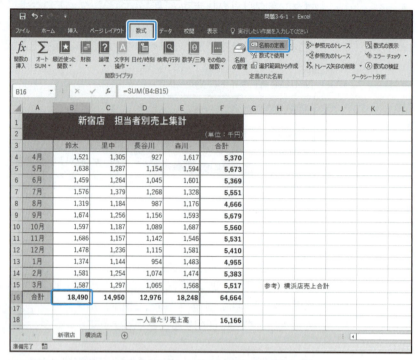

❼ ［新しい名前］ダイアログボックスが表示されるので、［名前］ボックスにカーソルが表示されていることを確認し、「鈴木売上」と入力します。

❽ ［範囲］ボックスの▼をクリックします。

❾ 一覧から［新宿店］をクリックします。

❿ ［名前範囲］ボックスに「＝新宿店!$B$16」と表示されていることを確認します。

⓫ ［OK］をクリックします。

★ヒント
登録した名前の確認

ワークシート「新宿店」が表示されている状態で、名前ボックスの▼をクリックすると一覧に「鈴木売上」が表示されます。ワークシート「横浜店」が表示されている場合には名前ボックスの一覧に「鈴木売上」は表示されません。

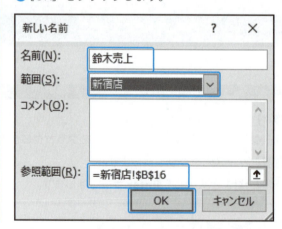

【操作 3】

⓬ ワークシート「横浜店」のシート見出しをクリックします。

⓭ セル I16 をクリックします。

⓮ ［数式］タブの ［数式で使用］ボタンをクリックします。

⓯ 一覧から［新宿合計］をクリックします。

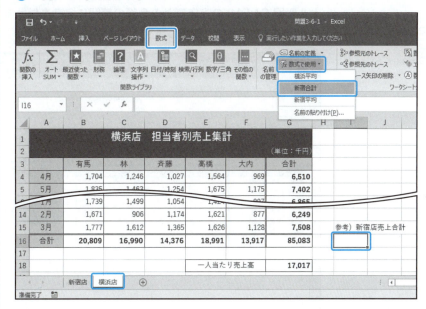

⓰ セル I16 に「＝新宿合計」と表示されるので、Enter キーを押します。

⓱ セル I16 に「64,664」と表示されます。

14	2月	1,671	906	1,174	1,621	877	6,249		
15	3月	1,777	1,612	1,365	1,626	1,128	7,508	参考）新宿店売上合計	
16	合計	20,809	16,990	14,376	18,991	13,917	85,083	64,664	
17									
18					一人当たり売上高		17,017		

3-6　名前付き範囲とオブジェクトを定義する

3-6-2 データ範囲に名前を付ける

練習問題

問題フォルダー
└問題3-6-2.xlsx

解答フォルダー
└解答3-6-2.xlsx

セル範囲 C4:F10 の支店ごとの金額の範囲に名前を付けます。その際、セル範囲 C3:F3 の支店名を名前として使用します。

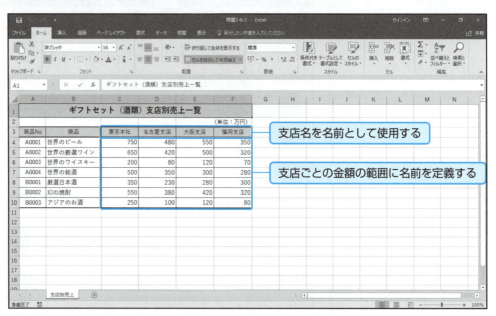

機能の解説

- 名前
- [選択範囲から作成]ボタン

単一のセルだけでなく、複数セルを指定したデータ範囲に名前を付けることもできます。範囲を指定する以外の操作は単一セルのときとほぼ同じです。

既に作成されている表の見出しを利用すると、複数範囲に一度に名前を付けることができます。見出しも含めて名前を付けるセル範囲を選択し、[数式]タブの [選択範囲から作成] ボタンをクリックします。表示される[選択範囲から名前を作成]ダイアログボックスで見出しの位置を指定すると、見出し名が名前として定義され、見出しを除いたセル範囲が登録されます。

選択範囲から名前を作成

操作手順

❶ セル C3 ～ F10 を範囲選択します。

❷ [数式] タブの [選択範囲から作成] [選択範囲から作成] ボタンをクリックします。

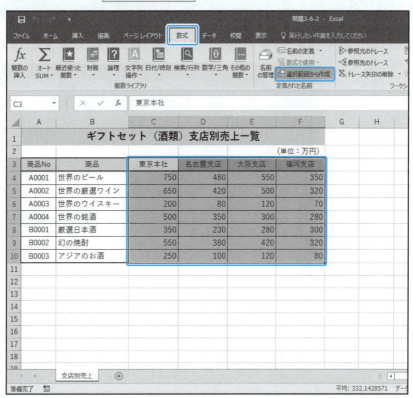

❸ [選択範囲から名前を作成] ダイアログボックスが表示されます。

❹ [上端行] チェックボックスがオンになっていることを確認します。

❺ [OK] をクリックします。

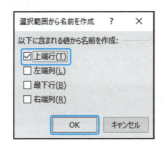

※ この操作によって、支店ごとの金額の範囲に支店名の名前が付きます。

ヒント
登録した名前の確認

名前ボックスの▼をクリックすると支店名の一覧が表示され、クリックするとその支店の金額の範囲が選択されます。また、[数式] タブの [名前の管理] ボタンをクリックすると、[名前の管理] ダイアログボックスが表示され、登録されている名前と範囲を一覧で確認できます。

 [名前の管理] ボタン

3-6-3 テーブルに名前を付ける

練習問題

問題フォルダー
└問題3-6-3.xlsx

解答フォルダー
└解答3-6-3.xlsx

［テーブル1］のテーブル名を「申込数4月」に変更します。

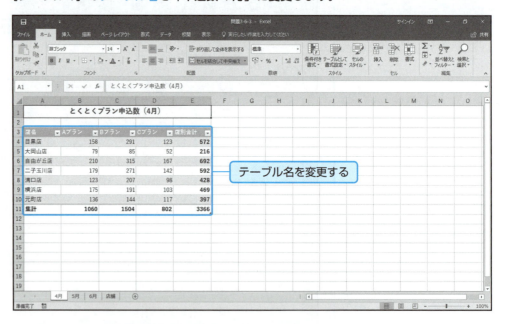

機能の解説

- □ テーブル名の変更
- □ ［テーブル名］ボックス
- □ ［名前の管理］ボタン
- □ ［名前の管理］ダイアログボックス

テーブルを作成すると自動的に「テーブル1」「テーブル2」…という名前が付けられますが、このテーブル名は変更することができます。計算式で参照するためにテーブル内のデータを使用するときなど、わかりやすいテーブル名を付けておくと効率的に操作できます。

テーブル名を変更するには、テーブル内の任意のセルをクリックし、［テーブルツール］の［デザイン］タブの［テーブル名］ボックスにテーブル名を入力します。

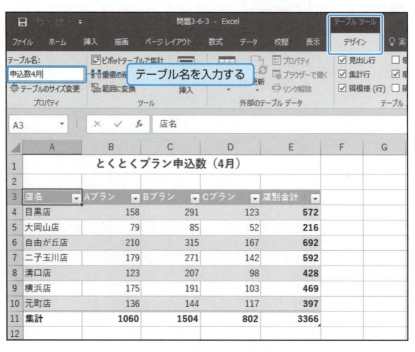

テーブル名やテーブルの参照範囲の一覧を表示するには、[数式] タブの [名前の管理] ボタンをクリックして、[名前の管理] ダイアログボックスに表示します。ただし、[名前の管理] ダイアログボックスではテーブルの参照範囲を変更することはできません。

[名前の管理] ダイアログボックス

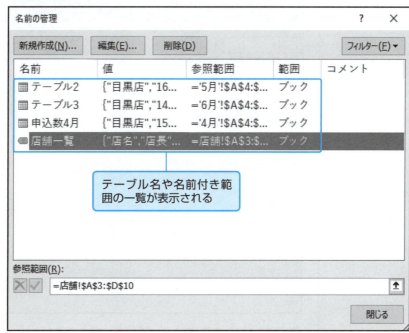

操作手順

❶ 名前ボックスの▼をクリックします

❷ 一覧から [テーブル1] をクリックします。

★ヒント
テーブルの選択
ここでは「テーブル1」というテーブルを選択するために、名前ボックスを使用しています。
対象のテーブルのセル範囲がわかっている場合は、その範囲内の任意のセルをクリックして選択することもできます。

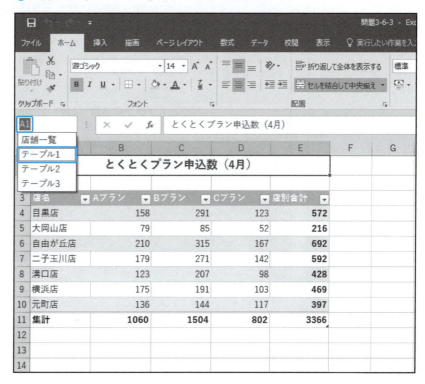

❸ ワークシート「4月」のセル A4～E10 が選択されます。

❹ [デザイン] タブの [テーブル名] ボックスに「テーブル1」と入力されていることを確認します。

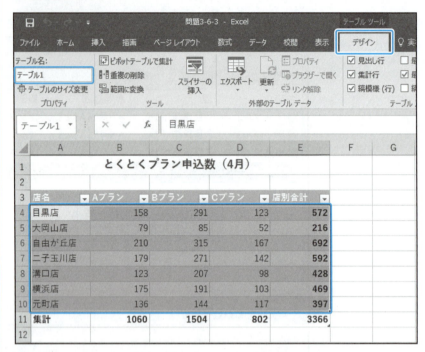

❺ [デザイン] タブの [テーブル名] ボックスをクリックし、「申込数4月」と入力し、**Enter** キーを押します。

❻ テーブル名が「申込数4月」に変更されます。

❼ 名前ボックスにも「申込数4月」と表示されます。

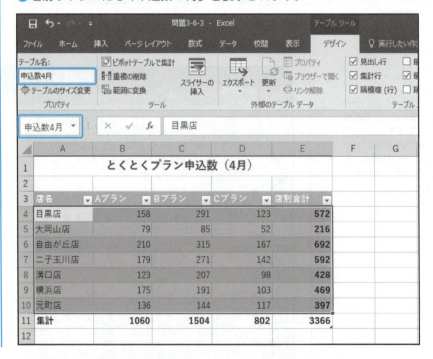

3-6-4 名前付き範囲とオブジェクトを管理する

練習問題

問題フォルダー
└問題3-6-4.xlsx

解答フォルダー
└解答3-6-4.xlsx

【操作1】「福岡支店」という名前が付いているセル範囲の名前を「博多支店」に変更します。
【操作2】さらに「博多支店」の名前の範囲に、セル範囲F13:F14を追加します。

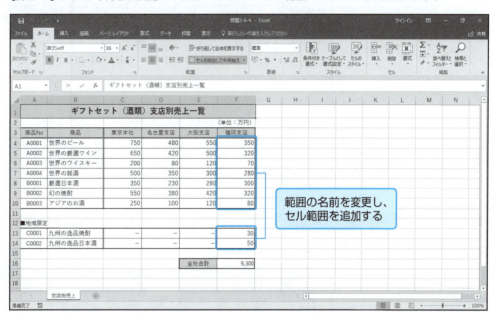

機能の解説

重要用語

- 範囲や名前の変更
- [名前の管理]ボタン
- [名前の管理]
  ダイアログボックス
- [名前の編集]
  ダイアログボックス

登録した名前付き範囲のセル範囲や名前は後から変更することができます。[数式]タブの[名前の管理]ボタンをクリックすると、[名前の管理]ダイアログボックスが表示され、登録されている名前付き範囲やテーブル名の一覧が表示されます。ここから名前を選択して、参照範囲を修正することができます。

[名前の管理]ダイアログボックス

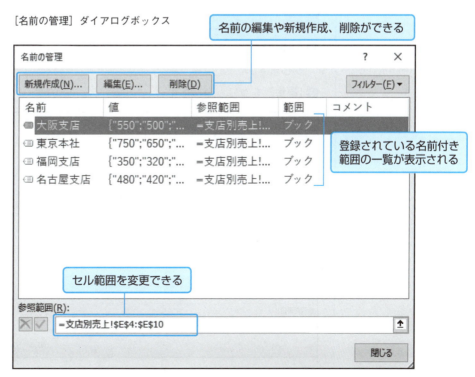

3-6 名前付き範囲とオブジェクトを定義する 233

名前自体を変更するときは、[編集] をクリックして、[名前の編集] ダイアログボックスを表示し、[名前] ボックスで編集します。名前を変更した場合、数式に使用されている名前も自動的に変更されます。

[名前の編集] ダイアログボックス

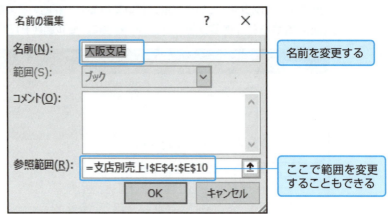

操作手順

その他の操作方法

ショートカットキー
Ctrl + **F3** キー
（名前の管理）

❶ [数式] タブの [名前の管理] ボタンをクリックします。

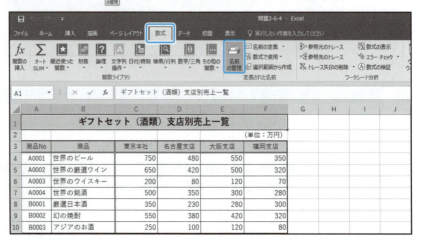

❷ [名前の管理] ダイアログボックスが表示されるので、一覧から [福岡支店] をクリックします。

❸ [編集] をクリックします。

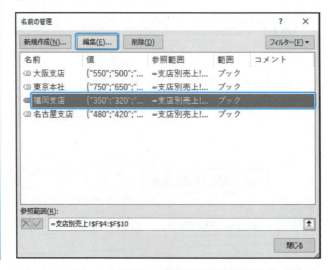

❹ [名前の編集] ダイアログボックスが表示されるので、[名前] ボックスの「福岡支店」を「博多支店」に変更します。

❺ [参照範囲] ボックスの「＝支店別売上!$F$4:$F$10」の後ろをクリックして、「,」（カンマ）を入力します。

❻ セル F13 〜 F14 をドラッグします。

❼ 「支店別売上!$F$13:$F$14」が追加されます。

❽ [OK] をクリックします。

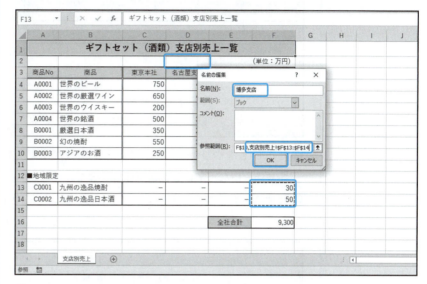

❾ [名前の管理] ダイアログボックスの [参照範囲] ボックスに「,支店別売上!$F$13:$F$14」が追加されたことを確認します。

❿ [閉じる] をクリックします。

3-6 名前付き範囲とオブジェクトを定義する | 235

⓫セルF16の全社合計が「9,380」に変更されたことを確認します。

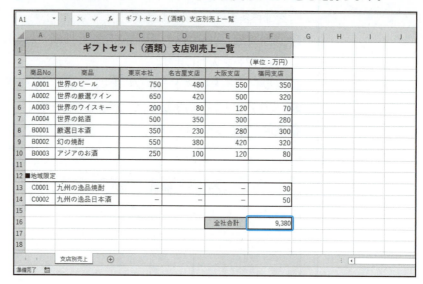

⓬セルF16をクリックし、数式バーで引数が「東京本社,名古屋支店,大阪支店,博多支店」になっていることを確認します。

⓭数式バーの「博多支店」をクリックし、該当するセル範囲を示すカラーリファレンスでセルF4～F10とF13～F14が囲まれることを確認します。

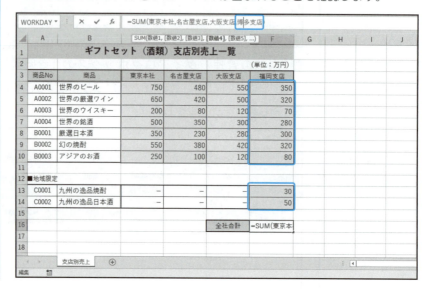

Chapter

高度な機能を使用した
グラフやテーブルの作成

本章で学習する項目

- ☐ 高度な機能を使用したグラフを作成する
- ☐ ピボットテーブルを作成する、管理する
- ☐ ピボットグラフを作成する、管理する

4-1 高度な機能を使用したグラフを作成する

近似曲線や複合グラフなどExcelの高度なグラフ機能を使用すると、傾向を予測したり、異なるデータの比較を行うなど多様な分析が可能なグラフを作成することができます。また、よく使用するグラフはテンプレートとして保存しておくと、異なる内容のデータにも簡単に再利用できます。

4-1-1 グラフに近似曲線を追加する

練習問題

問題フォルダー
└問題4-1-1.xlsx

解答フォルダー
└解答4-1-1.xlsx

「実績」を示すグラフに近似曲線の「線形近似」を追加し、2年後までの売上を予測して表示します。近似曲線名を「2年後予測」とします。

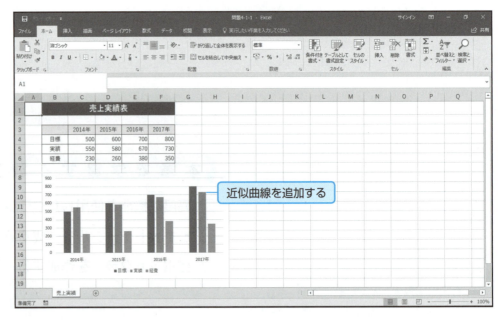

機能の解説

- □ 近似曲線
- □ [グラフ要素] ボタン
- □ [近似曲線]
- □ [近似曲線の書式設定] 作業ウィンドウ

近似曲線は、データの傾向や方向性を表す曲線です。データ間の相関関係を確認したり、今後のデータ予測を行うときなどに使用します。近似曲線を表す数式を「回帰式」といい、回帰式を利用した分析方法を「回帰分析」といいます。回帰分析を利用すると、実測値の範囲より延長した近似曲線が追加され、将来の値を予測できます。

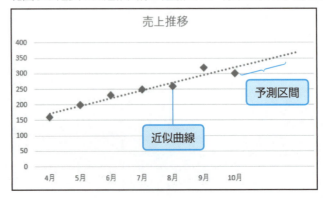

238 第4章 高度な機能を使用したグラフやテーブルの作成

近似曲線を追加できるグラフは、縦棒グラフ、横棒グラフ、折れ線グラフ、2-D面グラフ、株価チャート、散布図、バブルチャートです。

グラフに近似曲線を追加するには、目的のグラフ要素を選択し、右側に表示される ➕ ［グラフ要素］ボタンをクリックします。［近似曲線］をポイントし、右側に表示される▶をクリックします。一覧が表示されるので、目的にあった近似曲線の種類を選択します。［その他のオプション］をクリックすると［近似曲線の書式設定］作業ウィンドウが表示され、近似曲線の種類、近似曲線名、予測区間、曲線のスタイルなどの詳細を設定できます。

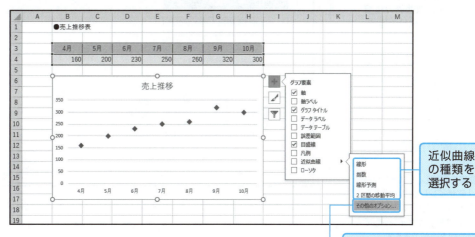

★ヒント
近似曲線名
近似曲線名を指定すると、凡例にその名前が表示されます。名前を指定しない場合、凡例には自動的に「近似曲線の種類名（グラフの系列名）」が表示されます。

［近似曲線の書式設定］作業ウィンドウ

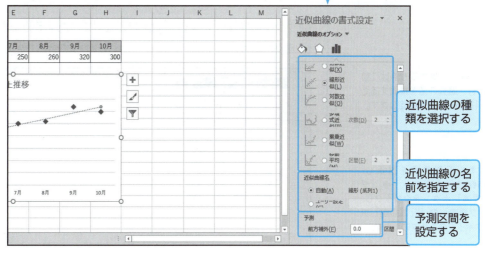

［近似曲線］の一覧または［近似曲線の書式設定］作業ウィンドウで設定できる近似曲線には、次の種類があります。

近似曲線の種類	使用例
指数近似	データが指数的に増減する場合に使用する
線形近似	データが一定の範囲内で増減する場合に使用する
対数近似	データが、急激に増減した後、横ばいになるような変化を示す場合に使用する
多項式近似	データに複数の山や谷がある場合に使用する
累乗近似	データが一定の増加/減少率で増減する場合に使用する
移動平均	一定区間の平均を表し、パターンまたは傾向を示す場合に使用する

4-1 高度な機能を使用したグラフを作成する | **239**

操作手順

ヒント
近似曲線を追加する系列

グラフ内に複数のデータ系列がある場合は、目的の系列を選択してから、近似曲線を追加します。系列を選択していない場合は［近似曲線］の▶をクリックして表示される一覧から近似曲線の種類を指定すると［近似曲線の追加］ダイアログボックスが表示されるので、追加する系列を選択します。グラフ内にデータ系列が1つしかない場合はグラフを選択していれば、特に系列を指定する操作は必要ありません。

その他の操作方法
近似曲線の追加

グラフ要素を選択し、［グラフツール］の［デザイン］タブの［グラフ要素を追加］ボタンをクリックして、［近似曲線］をポイントしても、近似曲線を追加できます。

［グラフ要素を追加］ボタン

ヒント
［予測］の種類

将来の値を予測するときは［前方補外］、過去の値を推測するときは［後方補外］を指定します。

ヒント
近似曲線の削除

削除する近似曲線を選択し、**Delete**キーを押すか、［グラフ要素］ボタンをクリックし、［グラフ要素］の［近似曲線］チェックボックスをオフにします。

❶ グラフ内の任意の［系列"実績"］（オレンジ色の棒）をクリックします。

❷ 右側に表示される ＋［グラフ要素］ボタンをクリックします。

❸［グラフ要素］の［近似曲線］をポイントし、右側に表示される▶をクリックします。

❹［その他のオプション］をクリックします。

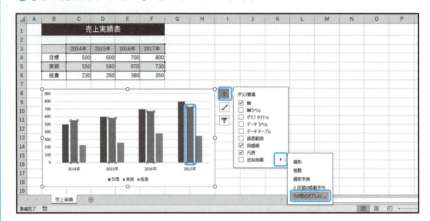

❺［近似曲線の書式設定］作業ウィンドウが表示されるので、［近似曲線のオプション］の［線形近似］が選択されていることを確認します。

❻［近似曲線名］の［ユーザー設定］をクリックし、右側のボックスをクリックして「2年後予測」と入力します。

❼［予測］の［前方補外］ボックスをクリックして「2」と入力して、**Enter**キーを押します。

❽ グラフの実績に2年後までを線形近似で予測する近似曲線が追加されます。

❾ 凡例の近似曲線名が「2年後予測」となっていることを確認します。

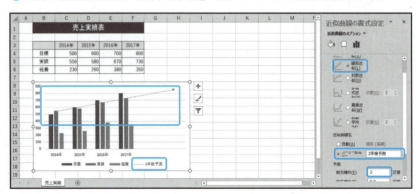

❿ ✕［閉じる］ボタンをクリックして、［近似曲線の書式設定］作業ウィンドウを閉じます。

4-1-2 2軸グラフを作成する

練習問題

問題フォルダー
└問題 4-1-2.xlsx

解答フォルダー
└解答 4-1-2.xlsx

【操作1】平均気温（℃）をマーカー付き折れ線、第2軸で、降水量（mm）を集合縦棒で表すグラフを作成し、表の下に移動します。

【操作2】グラフのタイトルを削除し、主軸の最大値を「500」に、第2軸の最大値を「35」にします。

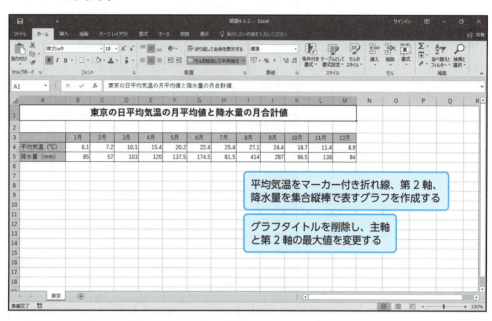

機能の解説

- 複合グラフ
- 第2軸
- 2軸グラフ
- ［おすすめグラフ］ボタン
- ［グラフの挿入］ダイアログボックスの［すべてのグラフ］タブの［組み合わせ］
- ［グラフの種類の変更］ボタン
- ［グラフの種類の変更］ダイアログボックス

1つのグラフに異なる種類のグラフを組み合わせたものを複合グラフといいます。「気温と降水量」や「売上高と利益」のように異なる意味を持つデータは、種類の違うグラフで表示した方がとらえやすくなります。

異なる意味を持つデータは単位が異なることが多く、1つの縦軸では正しく表すことができません。また単位が同じでも数値差が非常に大きいと、小さい数値のデータが読み取りにくくなってしまいます。このような場合は、プロットエリアの右に第2軸という2番目の縦軸を表示した2軸グラフにして、データを読み取りやすいグラフにします。

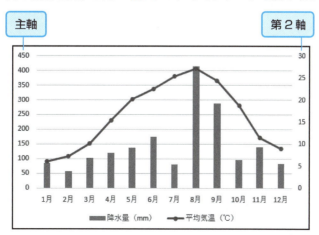

4-1 高度な機能を使用したグラフを作成する 241

複合グラフを作成するには、グラフの元になるデータ範囲を選択し、[挿入] タブの 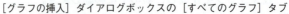 [おすすめグラフ] ボタンをクリックします。[グラフの挿入] ダイアログボックスが表示されるので、[すべてのグラフ] タブの [組み合わせ] をクリックします。[データ系列に使用するグラフの種類と軸を選択してください] で系列ごとの [グラフの種類] を選択し、第2軸を使う場合はその系列のチェックボックスをオンにします。グラフのプレビューで出来上がりイメージを確認し、[OK] をクリックします。

[グラフの挿入] ダイアログボックスの [すべてのグラフ] タブ

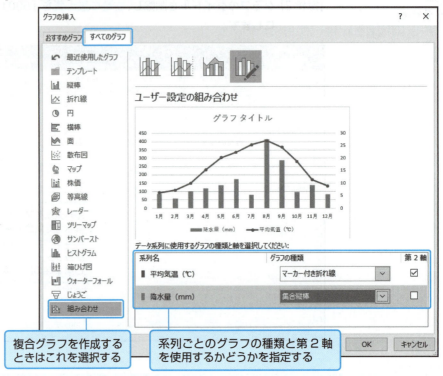

> **ヒント**
> **第2軸の書式設定**
> 第2軸をダブルクリックすると [軸の書式設定] 作業ウィンドウが表示され、境界の最小値や最大値、目盛間隔、表示単位などの詳細設定をすることができます。

既存のグラフにデータ系列を追加し、グラフの種類を変更したり、第2軸を使用したりすることも可能です。その場合、追加するデータのセル範囲を見出しを含んで選択してコピーし、グラフエリア内に貼り付けます。追加した系列は既存のグラフと同じ種類になるので、[グラフツール] の [デザイン] タブの [グラフの種類の変更] ボタンをクリックして [グラフの種類の変更] ダイアログボックスを表示します。[グラフの種類の変更] ダイアログボックスは前述の複合グラフを最初から作るときに使用する [グラフの挿入] ダイアログボックスと内容が同じなので、同様に [すべてのグラフ] タブの [組み合わせ] をクリックし、系列ごとの [グラフの種類] を選択し、第2軸を使う場合はその系列のチェックボックスをオンにします。

操作手順

【操作1】

① セル A3～M5 を範囲選択します。

② [挿入] タブの [おすすめグラフ] ボタンをクリックします。

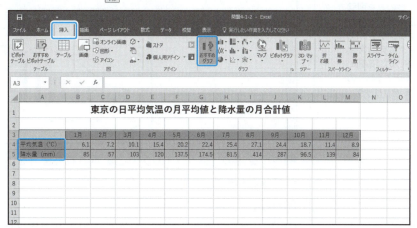

③ [グラフの挿入] ダイアログボックスが表示されるので、[すべてのグラフ] タブの [組み合わせ] をクリックします。

④ [データ系列に使用するグラフの種類と軸を選択してください] の [平均気温（℃）] の系列の [グラフの種類] ボックスの▼をクリックし、[折れ線] の一覧から [マーカー付き折れ線] をクリックします。

⑤ [平均気温（℃）] の系列の [第2軸] のチェックボックスをオンにします。

⑥ [降水量（mm）] の系列の [グラフの種類] ボックスの▼をクリックし、[縦棒] の一覧から [集合縦棒] をクリックします。

⑦ グラフのプレビューで、横（項目）軸が月、降水量（mm）が集合縦棒、平均気温（℃）がマーカー付き折れ線で第2軸を使用して表示されていることを確認します。

⑧ [OK] をクリックします。

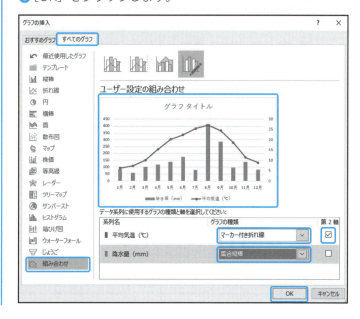

4-1 高度な機能を使用したグラフを作成する | 243

> **ヒント**
> **第2軸の削除**
> 第2軸が設定されている系列をクリックして Delete キーを押して削除すると、第2軸もなくなります。
> 系列は残して第2軸のみを削除する場合は、第2軸の設定されている系列をダブルクリックし、表示される［データ系列の書式設定］作業ウィンドウの［系列のオプション］の［使用する軸］の［主軸（下／左側）］をクリックします。

❾ 横（項目）軸が月、降水量（mm）が集合縦棒、平均気温（℃）がマーカー付き折れ線で第2軸のグラフが表示されます。

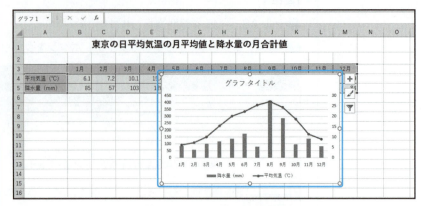

❿ グラフ内の［グラフエリア］と表示される部分をポイントし、表の下にドラッグして移動します。

【操作2】

⓫ ➕［グラフ要素］ボタンをクリックし、［グラフタイトル］チェックボックスをオフにします。

⓬ グラフタイトルがなくなります。

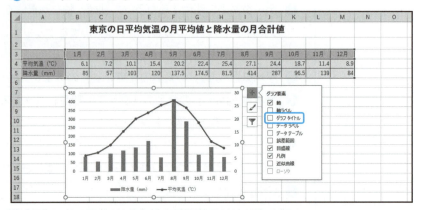

⓭ グラフの［縦（値）軸］をダブルクリックします。

⓮ ［軸の書式設定］作業ウィンドウが表示されるので、［軸のオプション］の［境界値］の［最大値］ボックスをクリックして「500」と入力し、Enter キーを押します。

⓯ グラフの［縦（値）軸］の最大値が「500」になります。

> **ヒント**
> **［最大値］、［最小値］ボックスの値**
> ［軸の書式設定］作業ウィンドウの［境界値］の［最大値］、［最小値］ボックスに数値を入力して、Enter キーを押して確定すると、小数点以下第1位までの表示に変わります。

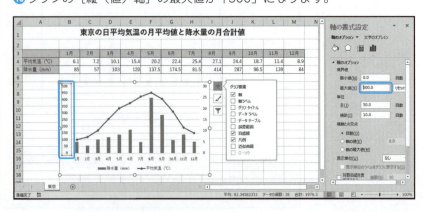

⑯ グラフの［第2軸 縦（値）軸］をクリックします。

⑰ ［軸の書式設定］作業ウィンドウが第2軸の内容に変わるので、［境界値］の［最大値］ボックスをクリックして「35」と入力し、**Enter** キーを押します。

⑱ グラフの［第2軸 縦（値）軸］の最大値が「35」になります。

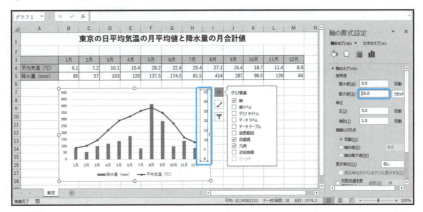

⑲ ✖ 閉じるボタンをクリックして、［軸の書式設定］作業ウィンドウを閉じます。

4-1-3 グラフをテンプレートとして保存する

練習問題

問題フォルダー
└問題 4-1-3.xlsx

解答フォルダー
└解答 4-1-3.xlsx

【操作1】ワークシート「東京」のグラフを「平均気温と降水量」という名前でテンプレートとして保存します（注意：指示された設定を除いて、既定の設定をそのまま使用します）。

【操作2】グラフテンプレート「平均気温と降水量」を使って、ワークシート「沖縄」の表の下にワークシート「東京」と同じ形式のグラフを作成します。

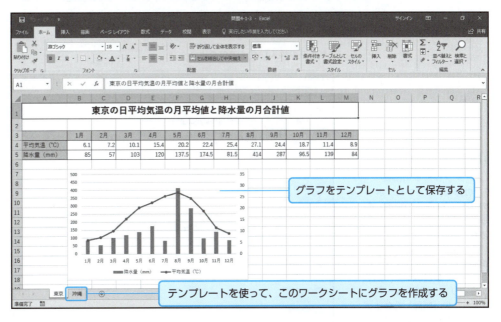

機能の解説

重要用語
- テンプレート
- [テンプレートとして保存]
- [グラフテンプレートの保存] ダイアログボックス
- [おすすめグラフ] ボタン
- [グラフの挿入] ダイアログボックス
- [テンプレート]

同じようなグラフを作成する場合には、基になるグラフをテンプレートとして保存しておくと、同じ書式のグラフを簡単に作成することができます。

●グラフをテンプレートとして保存する

グラフをテンプレートとして保存するには、目的のグラフを右クリックし、ショートカットメニューの [テンプレートとして保存] をクリックします。[グラフテンプレートの保存] ダイアログボックスが表示されるので、[ファイル名] ボックスにテンプレートの名前を入力し、[保存] をクリックします。

[グラフテンプレートの保存] ダイアログボックス

ポイント
グラフテンプレートの保存先
グラフテンプレートは、既定値ではユーザーごとの [Templates] フォルダー内の [Charts] フォルダーに保存されます。ここに保存したテンプレートは下図の [グラフの挿入] ダイアログボックスの [テンプレート] の一覧に表示されます。

●グラフのテンプレートを使ってグラフを作成する

登録したグラフのテンプレートを使ってグラフを作成するには、使用するデータ範囲を指定し、[挿入] タブの [おすすめグラフ] ボタンをクリックします。[グラフの挿入] ダイアログボックスが表示されるので、[すべてのグラフ] タブの [テンプレート] をクリックします。[マイテンプレート] の一覧から目的のテンプレートをクリックし、[OK] をクリックします。

[グラフの挿入] ダイアログボックス

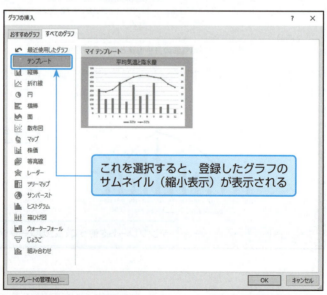

ヒント
グラフテンプレートの削除
[グラフの挿入] ダイアログボックスの [テンプレートの管理] をクリックすると、テンプレートが保存されている [Charts] フォルダーのウィンドウが表示されるので、削除するグラフテンプレートをクリックして **Delete** キーを押すか、右クリックしてショートカットメニューの [削除] をクリックします。削除の確認メッセージが表示されるので [はい] をクリックします。

操作手順

【操作1】

❶ ワークシート「東京」のグラフを右クリックし、ショートカットメニューの［テンプレートとして保存］をクリックします。

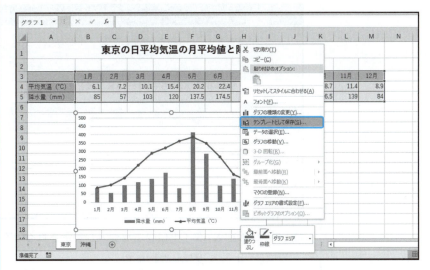

❷ ［グラフテンプレートの保存］ダイアログボックスが表示されるので、［ファイルの場所］ボックスが［Charts］フォルダーになっていることを確認し、［ファイルの種類］ボックスが［グラフテンプレートファイル］になっていることを確認します。

❸ ［ファイル名］ボックスに「平均気温と降水量」と入力します。

❹ ［保存］をクリックします。

4-1 高度な機能を使用したグラフを作成する

【操作2】

❺ ワークシート「沖縄」のシート見出しをクリックします。

❻ セル A3 ～ M5 を範囲選択します。

❼ [挿入] タブの [おすすめグラフ] ボタンをクリックします。

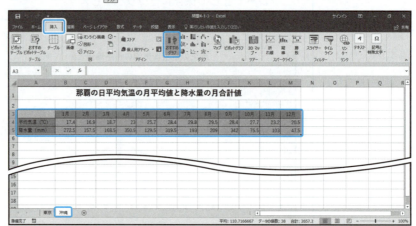

❽ [グラフの挿入] ダイアログボックスが表示されるので、[すべてのグラフ] タブの [テンプレート] をクリックします。

❾ [マイテンプレート] の一覧の [平均気温と降水量] をクリックします。

❿ [OK] をクリックします。

> **! ポイント**
> **グラフのサムネイル表示**
> [マイテンプレート] の一覧のグラフのサムネイルをポイントすると、グラフが拡大表示されます。

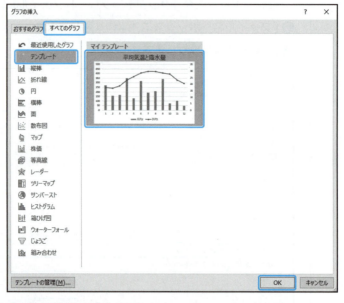

⓫ グラフが作成されます。

> **! ポイント**
> **テンプレートに保存されない書式**
> グラフの位置、サイズなどはグラフテンプレートに保存されません。

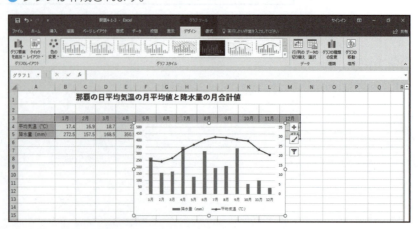

⓬ グラフ内の［グラフエリア］と表示される部分をポイントし、表の下にドラッグします。

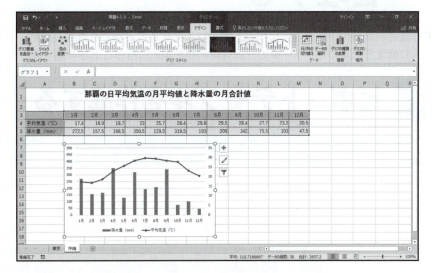

※ 操作終了後、追加したグラフテンプレートを削除しておきます。

4-2 ピボットテーブルを作成する、管理する

特定の条件で作成された表のデータは、ピボットテーブルにすることができます。ピボットテーブルでは縦項目、横項目、値欄を自由に入れ替えられるので、データの分析や再利用を柔軟に行うことが可能です。

4-2-1 ピボットテーブルを作成する

練習問題

問題フォルダー
└問題 4-2-1.xlsx

解答フォルダー
└解答 4-2-1.xlsx

【操作 1】セル範囲 A3:H116 を元にピボットテーブルを新規ワークシートに作成します。
【操作 2】行ラベルに「販売先」、列ラベルに「分類」、値に「売上金額」、フィルターに「売上日」を設定し、売上日が「9 月 7 日」のデータを集計します。

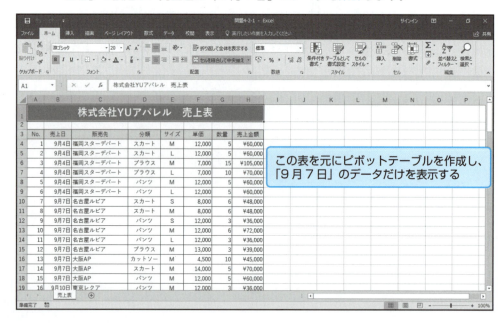

この表を元にピボットテーブルを作成し、「9 月 7 日」のデータだけを表示する

機能の解説

- □ ピボットテーブル
- □ データベース
- □ フィールド
- □ [ピボットテーブル] ボタン
- □ [ピボットテーブルの作成] ダイアログボックス
- □ ピボットテーブルレポート
- □ [ピボットテーブルのフィールド] 作業ウィンドウ
- □ 行ラベル
- □ 列ラベル

ピボットテーブルは、データベースから特定のフィールド（項目）を、行と列に配置して、値を集計する機能です。作成後でも、フィールドや集計方法を簡単に変更でき、さまざまな角度からデータを分析することができます。

- ☐ 値
- ☐ フィルター
- ☐ 特定のデータだけを絞り込んで集計

ポイント
データベース
特定のルールで整理されたデータの集まりがデータベースです。同じ種類の項目が入力された列（フィールド）と1件分のデータが入力された行（レコード）で構成され、列見出しをフィールド名（項目）といいます。

ポイント
データの選択
データベース内の任意のセルをクリックして、［ピボットテーブルの作成］ダイアログボックスを表示すると、データベースのセル範囲が自動認識されて［テーブルまたは範囲を選択］の［テーブル/範囲］ボックスに表示されます。Excel以外のデータ（たとえばAccessなど）の形式で保存されているデータを元にする場合は［外部データソースを使用］を選択し、［接続の選択］をクリックしてファイルを指定します。

その他の操作方法
レイアウトの設定
ピボットテーブルのレイアウトは、［ピボットテーブルのフィールド］作業ウィンドウの［レポートに追加するフィールドを選択してください］の一覧のフィールド名を右クリックし、ショートカットメニューの［フィルターに追加］、［列ラベルに追加］、［行ラベルに追加］、［値に追加］のいずれかをクリックしても指定できます。また、フィールド名の先頭にあるチェックボックスをオンにしても、各ボックスにフィールドを追加することができます（既定では、数値以外のフィールドは［行ラベル］ボックス、数値フィールドは［値］ボックスに追加されます）。

ヒント
［ピボットテーブルのフィールド］作業ウィンドウの表示/非表示
［ピボットテーブルのフィールド］作業ウィンドウは、✕［閉じる］ボタンをクリックすると閉じます。再び表示するときは、［ピボットテーブルツール］の［分析］タブの ［フィールドリスト］［フィールドリスト］ボタンをクリックします。

ピボットテーブルを作成するには、データベース内の任意のセルをクリックして、［挿入］タブの ［ピボットテーブル］ボタンをクリックします。［ピボットテーブルの作成］ダイアログボックスが表示されるので、テーブルやセル範囲を確認し、ピボットテーブルを配置するワークシートを指定します。

［ピボットテーブルの作成］ダイアログボックス

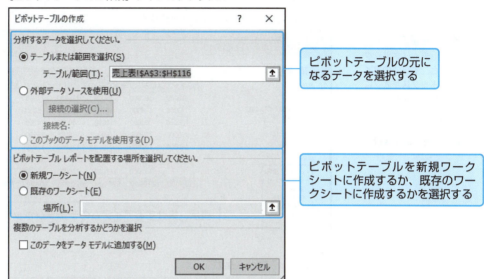

ピボットテーブルを作成すると、空白の**ピボットテーブルレポート**が作成され、［**ピボットテーブルのフィールド］作業ウィンドウ**が表示されます。ピボットテーブルのレイアウトを設定するには、［ピボットテーブルのフィールド］作業ウィンドウの［レポートに追加するフィールドを選択してください］の一覧からフィールドを、［フィルター］ボックス、［列］ボックス、［行］ボックス、［値］ボックスのいずれかにドラッグします。
［ピボットテーブルのフィールド］作業ウィンドウでレイアウトしたフィールドは、ワークシート上のピボットテーブルの各要素として表示されます。

ピボットテーブルの構成要素

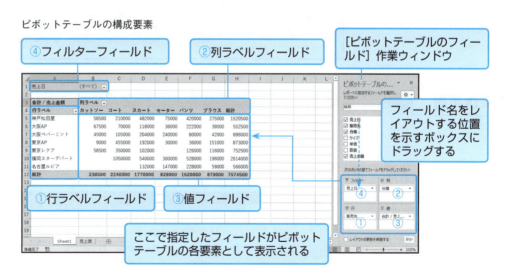

①行：**行ラベル**（縦項目）として表示したいデータのフィールドを指定します。
②列：**列ラベル**（横項目）として表示したいデータのフィールドを指定します。
③**値**：集計結果を表示したいフィールドを指定します。
④**フィルター**：フィールド内の特定の値だけを集計する場合に指定します。アイテムを選択すると、ピボットテーブル全体のデータから、選択したアイテムの集計データを表示することができます。

●特定のデータだけを絞り込んで集計する

ピボットテーブルでは、行ラベルや列ラベル、フィルターのフィールドで特定のデータ（アイテム）を抽出して集計、表示することができます。

目的のラベルやフィールドの右側の▼をクリックして一覧を表示し、アイテムを指定して[OK]をクリックします。

> ★ ヒント
> **個々のアイテムを選択**
> [(すべて選択)]チェックボックスをオフにすると、すべてのアイテムのチェックボックスがオフになります。その後で、目的のアイテムのチェックボックスをオンにすると、集計対象のアイテム数が少ない場合に効率よく選択できます。

列ラベルのフィールドでアイテムを絞り込む

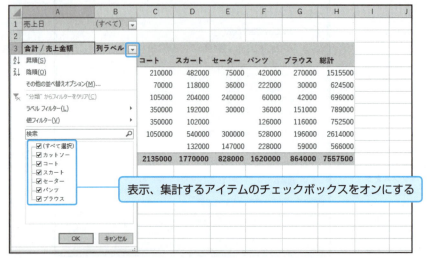

> ★ ヒント
> **複数のアイテムを選択**
> フィルターの一覧から複数のアイテムを選択する場合は、[複数のアイテムを選択]チェックボックスをオンにします。各アイテムにチェックボックスが表示され、オンにして選択することができます。

フィルターのフィールドでアイテムを絞り込む

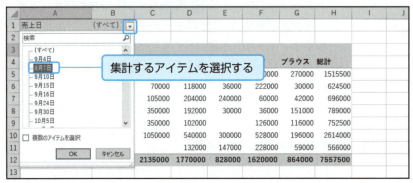

操作手順

【操作1】

❶ ワークシート「売上表」のセルA3～H116の範囲内の任意のセルをクリックします。

❷ [挿入]タブの [ピボットテーブル]ボタンをクリックします。

> 💡 その他の操作方法
> **ピボットテーブルの作成**
> [挿入]タブの[おすすめピボットテーブル]ボタンをクリックすると、[おすすめピボットテーブル]ダイアログボックスが表示され、列ラベル、行ラベル、値にデータベース内のフィールドが設定された状態のおすすめのピボットテーブルの一覧が表示されます。目的のレイアウトがある場合は選択し、[OK]をクリックすると、そのピボットテーブルが作成されます。
>
> [おすすめピボットテーブル]ボタン

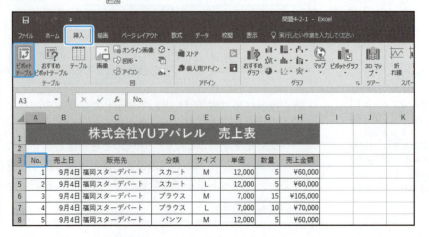

❸ [ピボットテーブルの作成] ダイアログボックスが表示されるので [分析するデータを選択してください。] の [テーブルまたは範囲を選択] が選択されていて、[テーブル/範囲] ボックスに「売上表!$A$3:$H$116」と表示されていることを確認します。

❹ [ピボットテーブルレポートを配置する場所を選択してください。] の [新規ワークシート] が選択されていることを確認します。

❺ [OK] をクリックします。

★ヒント
自動認識された表の範囲

[ピボットテーブルの作成] ダイアログボックスの [テーブルまたは範囲を選択] の [テーブル/範囲] ボックスに自動認識された表の範囲は点線で囲まれた表示になります。

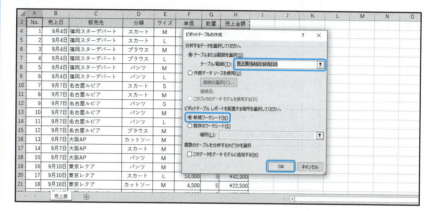

❻ 新規ワークシートに空白のピボットテーブルレポートが作成され、[ピボットテーブルのフィールド] 作業ウィンドウが表示されます。

【操作 2】

❼ [ピボットテーブルのフィールド] 作業ウィンドウの [レポートに追加するフィールドを選択してください] の一覧の [販売先] を [行] ボックスにドラッグします。

❽ [分類] を [列] ボックスにドラッグします。

❾ [売上金額] を [値] ボックスにドラッグします。

❿ [売上日] を [フィルター] ボックスにドラッグします。

⓫ ピボットテーブルの行ラベルに「販売先」、列ラベルに「分類」、値に「合計/売上金額」、フィルターに「売上日」が表示されます。

！ポイント
ピボットテーブルにレイアウトされたフィールド

[ピボットテーブルのフィールド] 作業ウィンドウの [レポートに追加するフィールドを選択してください] の一覧のフィールド名は、ピボットテーブルにレイアウトされるとチェックボックスがオンになります。クリックしてオフにするとピボットテーブルから削除されます。

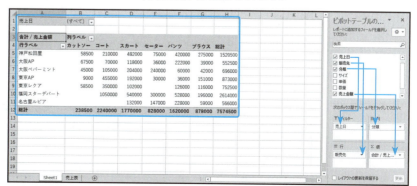

⑫ セルB1（[売上日]の「(すべて)」と表示されているフィルター）の▼をクリックし、一覧から[9月7日]をクリックします。

⑬ [OK] をクリックします。

ヒント
抽出の解除

抽出処理がされているフィールドの▼は に変わります（[ピボットテーブルのフィールド]作業ウィンドウの[レポートに追加するフィールドを選択してください]の一覧のフィールド名の右側には が表示されます）。解除するには、このボタンをクリックし、一覧から[(すべて)]を選択し、[OK]をクリックします。

ヒント
ピボットテーブルのスタイル

ピボットテーブル内のセルを選択すると、リボンに[ピボットテーブルツール]の[分析]タブと[デザイン]タブが表示されます。[デザイン]タブを使うと、ピボットテーブルのスタイルなどを設定することができます（「4-2-4」参照）。

⑭ 売上日が9月7日のデータが集計されます。

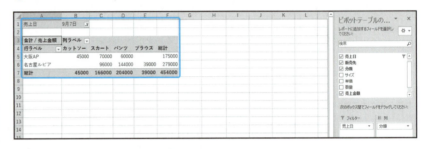

4-2-2 ピボットテーブルのレイアウトを変更する、データをグループ化する

練習問題

問題フォルダー
└問題 4-2-2.xlsx

解答フォルダー
└解答 4-2-2.xlsx

【操作1】ワークシート「集計」のピボットテーブルのフィルターの「売上日」と列ラベルの「分類」を入れ替えます。

【操作2】列ラベルの日付をグループ化して、月単位で表示します。

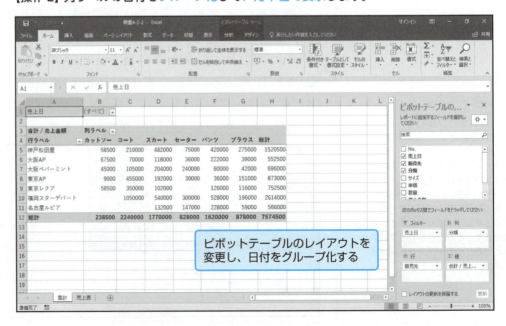

254　第4章　高度な機能を使用したグラフやテーブルの作成

機能の解説

重要用語
- レイアウトの変更
- グループ化
- [フィールドのグループ化]ボタン
- [グループ化]ダイアログボックス

ピボットテーブルを作成した後で、フィールドの追加や移動、削除などの**レイアウトの変更**を行うことができます。
また、フィールドのデータの種類に応じて**グループ化**し、データの概要を把握することができます。

●レイアウトを変更する

ピボットテーブルのレイアウト変更は、[ピボットテーブルのフィールド]作業ウィンドウ下部のエリアセクションで行います。フィールドの追加は、レイアウトの設定と同様の手順で行えます（「4-2-1」参照）。フィールドのレイアウトを変更する場合は、フィールドを[フィルター]、[列]、[行]、[値]の目的の位置のボックスにドラッグします。フィールドを削除する場合は、ボックス内のフィールドを作業ウィンドウの外側にドラッグします。[レポートに追加するフィールドを選択してください]の一覧でチェックボックスをオフにしても削除できます。

フィールドのレイアウトの変更

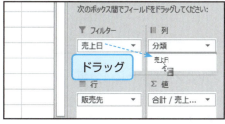

フィールドの削除

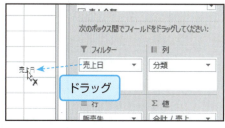

ヒント
マウスポインターの形
フィールドを各ボックスにドラッグする際に、移動先によってマウスポインターの形状が変わります。

行ラベルや列ラベルのアイテムの表示順を変更する場合は、アイテム名のセルを選択し、枠線上をポイントしてマウスポインターの形が 🔀 になったら、目的の位置までドラッグします（移動先には、行ラベルの場合はH型、列ラベルの場合はI型の太線が表示されます）。この操作によってアイテムの値のデータも移動します。

フィールドのアイテムの表示順の変更

●フィールドをグループ化する

フィールドのデータの種類に応じてグループ化することができます。たとえば、日付データが含まれるフィールドでは、月単位や年単位などにまとめることが可能です。

グループ化するには、対象となるフィールドのセルをクリックし、[ピボットテーブルツール]の[分析]タブの [フィールドのグループ化] **[フィールドのグループ化]ボタン**をクリックします。[**グループ化] ダイアログボックス**が表示されるので、[単位]ボックスの一覧からグループ化する単位を指定します。

日付データの[グループ化]ダイアログボックス

グループ化する単位を選択する

操作手順

【操作1】

① ワークシートの「集計」の[ピボットテーブルのフィールド]作業ウィンドウの[フィルター]ボックスの[売上日]を[列]ボックスにドラッグします。

② [列]ボックスの[分類]を[フィルター]ボックスにドラッグします。

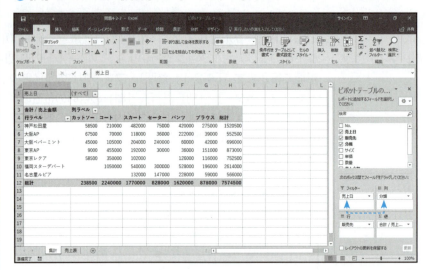

③ ピボットテーブルのフィルターに「分類」が、列ラベルに「売上日」の日付が表示されます。

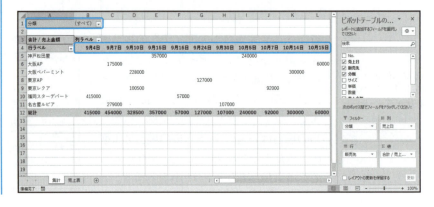

その他の操作方法
フィールドのグループ化
［ピボットテーブルツール］の［分析］タブの ［→グループの選択］［グループの選択］ボタンをクリックしても、［グループ化］ダイアログボックスが表示され、フィールドをグループ化することができます。

【操作2】
④ 列ラベルの任意の日付のセルをクリックします。
⑤ ［ピボットテーブルツール］の［分析］タブの ［フィールドのグループ化］［フィールドのグループ化］ボタンをクリックします。
⑥ ［グループ化］ダイアログボックスが表示されるので、［単位］ボックスの［月］が選択されていることを確認します。
⑦ ［OK］をクリックします。

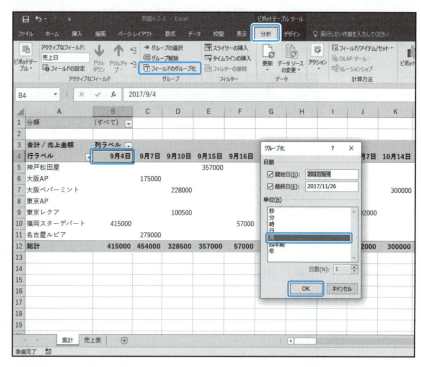

ヒント
グループの解除
フィールドのグループ化を解除するには、グループ化されているフィールドのいずれかのセルをクリックし、［ピボットテーブルツール］の［分析］タブの ［グループ解除］［グループ解除］ボタンをクリックします。

⑧ 列ラベルの日付がグループ化され、月単位で集計されます。

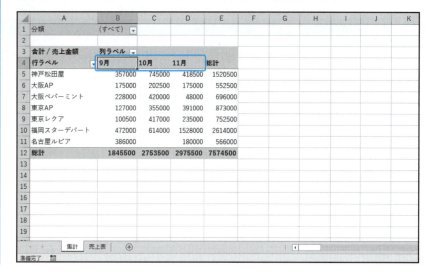

4-2 ピボットテーブルを作成する、管理する

4-2-3 フィールドの選択項目とオプションを変更する

練習問題

問題フォルダー
└問題4-2-3.xlsx

解答フォルダー
└解答4-2-3.xlsx

【操作1】ワークシート「集計」のピボットテーブルの行ラベルの「福岡スターデパート」の内訳として「分類」の詳細データを表示します。

【操作2】ワークシート「集計」のピボットテーブルの空白セルに「0」が表示され、ファイルを開いたときにデータが更新される設定にします。

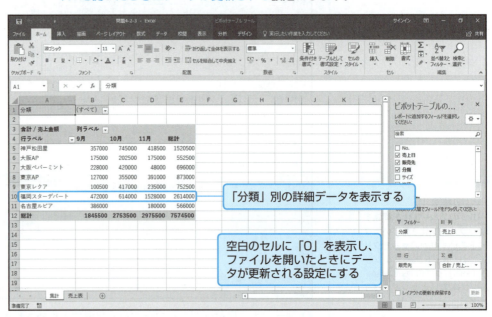

「分類」別の詳細データを表示する

空白のセルに「0」を表示し、ファイルを開いたときにデータが更新される設定にする

機能の解説

重要用語

- 詳細データを表示
- エラー値や空白セルに表示する値を指定
- ファイルを開くときにデータを更新する
- [詳細データの表示]ダイアログボックス
- [ピボットテーブル]ボタン
- [オプション]ボタン
- [ピボットテーブルオプション]ダイアログボックス

ピボットテーブルでは、行ラベルや列ラベルのフィールドに内訳のフィールドを追加し、詳細データを表示して分析することができます。また、オプションを変更して、エラー値や空白セルに表示する値を指定したり、ファイルを開くときにデータを更新する設定に変更したりすることができます。

258 | 第4章 高度な機能を使用したグラフやテーブルの作成

> **!ポイント**
> **ドリルダウン**
> 概要データから詳細データへと対象を掘り下げていくことを「ドリルダウン」といいます。

● **詳細データを表示する**

現在表示されているフィールドに、内訳として表示したいフィールドを追加するには、行ラベルまたは列ラベルの任意のアイテムをダブルクリックします。[詳細データの表示] ダイアログボックスが表示されるので、詳細データを表示するフィールドを選択します。

[詳細データの表示] ダイアログボックス

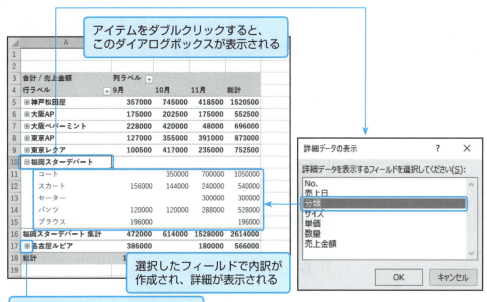

> **その他の操作方法**
> **内訳の追加**
> 内訳として表示したいフィールドを [ピボットテーブルのフィールド] 作業ウィンドウの [レポートに追加するフィールドを選択してください] の一覧から [行] や [列] ボックスの現在のフィールドの下にドラッグしても内訳が追加されます。この方法で追加したフィールドはすべてのアイテムが展開されます。
> なお、[詳細データの表示] ダイアログボックスで選択する方法で行った場合も、[行] や [列] ボックスにフィールドが追加されます。

行ラベルまたは列ラベルにフィールドが追加されると、アイテムの左側に ⊞ 展開ボタンと ⊟ 折りたたみボタンが表示され、クリックすると、詳細データの表示 / 非表示を切り替えることができます。

> **ヒント**
> **明細データを別のワークシートに表示**
> ピボットテーブルの値をダブルクリックすると、新しいワークシートが作成され、集計元のデータの一覧が表示されます。

● **ピボットテーブルのオプションを変更する**

ピボットテーブルのオプションを変更するには、[分析] タブの [ピボットテーブル] ボタンをクリックし、[オプション] ボタンをクリックして表示される [ピボットテーブルオプション] ダイアログボックスを使用します。

[ピボットテーブルのオプション] ダイアログボックスの
[レイアウトと書式] タブ　　　　　　　　　　　　　[データ] タブ

 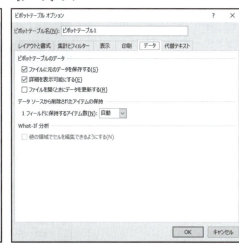

操作手順

【操作1】

❶ ワークシート「集計」のピボットテーブルの行ラベルの「福岡スターデパート」のセル（セルA10）をダブルクリックします。

❷ ［詳細データの表示］ダイアログボックスが表示されるので、［詳細データを表示するフィールドを選択してください］ボックスの一覧から［分類］をクリックします。

❸ ［OK］をクリックします。

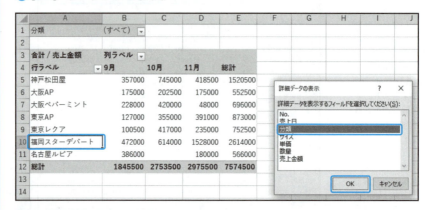

❹ 「福岡スターデパート」の売上金額が「分類」別に表示されます。

【操作2】

❺ ［分析］タブの ［ピボットテーブル］ボタンをクリックします。

❻ ［オプション］をクリックします。

★ヒント

［ピボットテーブル］ボタン

パソコンによっては、［ピボットテーブル］ボタンは［ピボットテーブル］グループとして表示される場合があります。

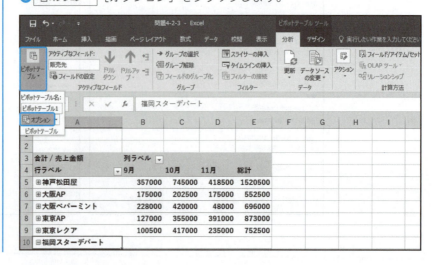

❼ [ピボットテーブルオプション] ダイアログボックスが表示されるので、[レイアウトと書式] タブの [書式] の [空白セルに表示する値] ボックスにチェックが付いていることを確認し、右側のボックスに「0」を入力します。

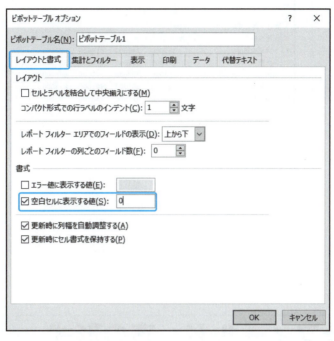

❽ [データ] タブの [ファイルを開くときにデータを更新する] チェックボックスをオンにします。

❾ [OK] をクリックします。

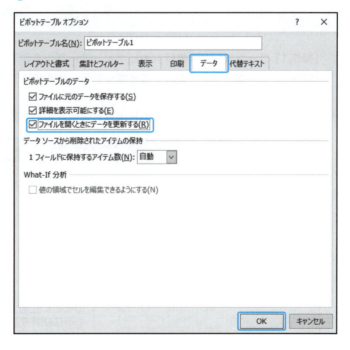

!ポイント
ピボットテーブルの更新

ピボットテーブルの基になっているデータが更新されても、ピボットテーブルのデータは自動的には更新されません。手順 ❽ の操作で、[ファイルを開くときにデータを更新する] をオンにしておくと、次回ファイルを開いたときに更新されます。
なお、ファイルを開いている状態で、すぐに更新する場合は、[分析] タブの [更新] ボタンをクリックします。

［更新］ボタン

❿ ピボットテーブルの空白だった値（セル B11、B13、C13、C15、D15、C17）に「0」が表示されます。

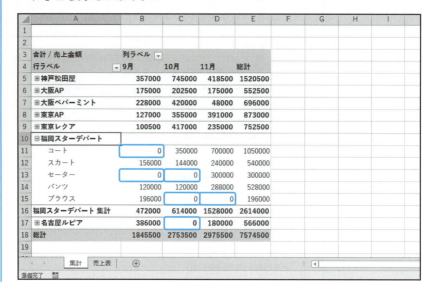

4-2-4 集計フィールド、表の形式、スタイルを変更する

練習問題

問題フォルダー
└ 問題 4-2-4.xlsx

解答フォルダー
└ 解答 4-2-4.xlsx

【操作 1】ワークシート「集計」のピボットテーブルを表形式で表示します。
【操作 2】ワークシート「集計」のピボットテーブルの各アイテムの後ろに空白行を入れます。
【操作 3】ワークシート「集計」のピボットテーブルの各列のみに総計を表示します。

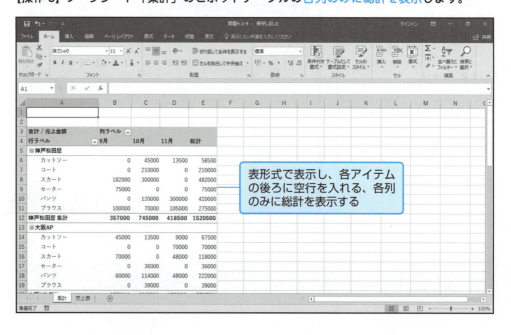

表形式で表示し、各アイテムの後ろに空行を入れる、各列のみに総計を表示する

機能の解説

重要用語

- 集計フィールドの表示/非表示
- 表の形式
- スタイル
- [小計] ボタン
- [総計] ボタン
- [レポートのレイアウト] ボタン
- [空白行] ボタン
- [ピボットテーブルスタイル] グループの [その他] ボタン
- [ピボットテーブルスタイルのオプション] グループの各チェックボックス

ピボットテーブルの任意のセルを選択して表示される [デザイン] タブのボタンを使うと、ピボットテーブルの集計フィールドの表示/非表示、表の形式、スタイルを変更することができます。

[ピボットテーブルツール] の [デザイン] タブ

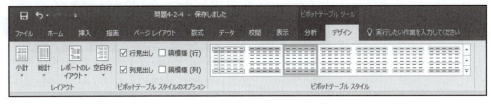

●集計フィールドの表示/非表示

[デザイン] タブの [小計] ボタン、[総計] ボタンをクリックすると、小計、総計の表示/非表示を切り替えられます。

●表の形式の変更

[デザイン] タブの [レポートのレイアウト] ボタンをクリックすると、ピボットテーブルの表の形式を変更することができます。ピボットテーブルの形式は下記の3種類です。

・コンパクト形式

ピボットテーブルの既定の形式です。異なる行領域フィールドのアイテムを1つの列に表示し、異なるフィールドのアイテムを区別するためにインデントが設定されます。行ラベルで使用するスペースが小さいため、コンパクトな表になります。

・アウトライン形式

1つのフィールドを1つの列に表示し、フィールドの見出しが表示されます。小計はグループの先頭に表示されます。

・表形式

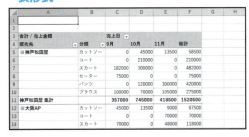

アウトライン形式と同様に、1つのフィールドを1つの列に表示し、フィールドの見出しが表示されます。セルの枠線が表示され、小計はグループの末尾に表示されます。

各アイテムの後ろに空白行を入れたり、削除したりするには、[レイアウト] タブの [空白行] ボタンを使用します。

●スタイルの変更

［ピボットテーブルスタイル］グループの ▼ ［その他］ボタンをクリックすると、スタイルの一覧が表示され、選択して一括でスタイルを変更できます。設定されたスタイルの見出しと縞模様は、［ピボットテーブルスタイルのオプション］グループの各チェックボックスでオン / オフを切り替えられます。

［ピボットテーブルツール］の［デザイン］タブでスタイルを変更する

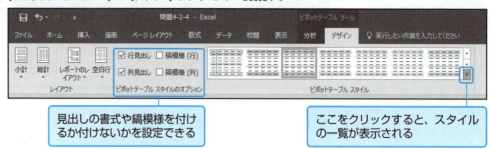

見出しの書式や縞模様を付けるか付けないかを設定できる

ここをクリックすると、スタイルの一覧が表示される

操作手順

【操作1】
❶ ワークシートの「集計」のピボットテーブル内の任意のセルをクリックします。
❷ ［デザイン］タブの ［レポートのレイアウト］ボタンをクリックします。
❸ ［表形式で表示］をクリックします。

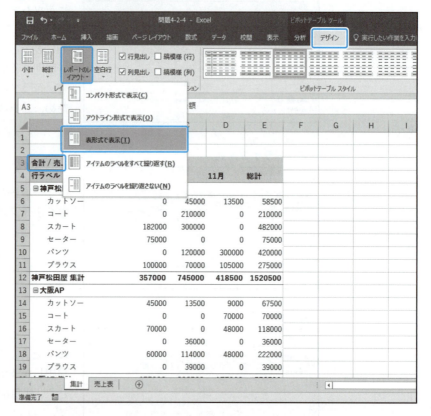

❹ フィールド名「販売先」「分類」「売上日」が表示され、ピボットテーブル内の各セルに枠線が表示されます。

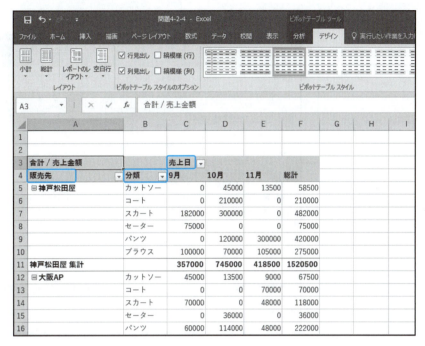

【操作2】

❺ [デザイン] タブの [空白行] ボタンをクリックします。

❻ [各アイテムの後ろに空行を入れる] をクリックします。

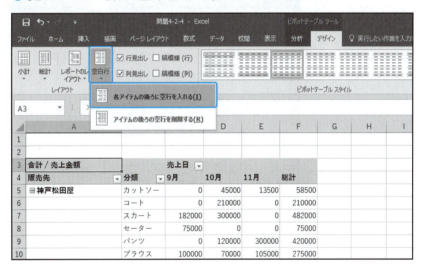

❼ 販売先の区切りに空白行が挿入されます。

4-2 ピボットテーブルを作成する、管理する

【操作3】

❽ ［デザイン］タブの ▦ ［総計］ボタンをクリックします。

❾ ［列のみ集計を行う］をクリックします。

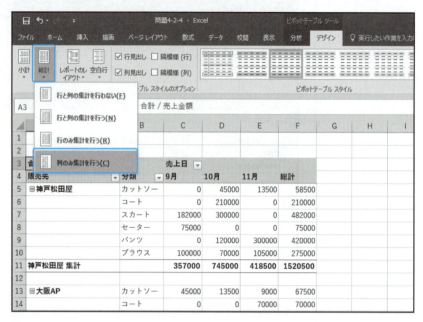

❿ F列にあった総計フィールドがなくなります。

⓫ 下方向にスクロールして、57行目に各列の総計が表示されていることを確認します。

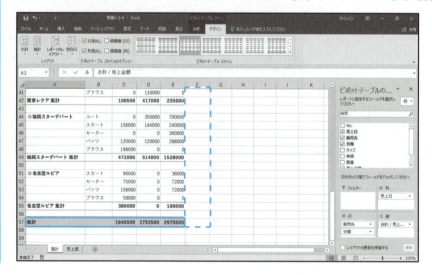

4-2-5 集計方法や表示形式を変更する

練習問題

問題フォルダー
└問題4-2-5.xlsx

解答フォルダー
└解答4-2-5.xlsx

ワークシート「集計」の売上金額の計算を変更し、各月の販売先ごとの売上金額の比率を計算します。なお、比率は小数点以下第1位までのパーセントスタイルで表示します。

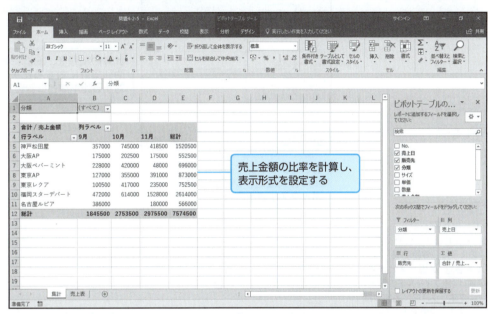

売上金額の比率を計算し、表示形式を設定する

機能の解説

- 集計方法
- [フィールドの設定]ボタン
- [値フィールドの設定]ダイアログボックス
- [集計方法]タブ
- [計算の種類]タブ
- [表示形式]
- [セルの書式設定]ダイアログボックスの[表示形式]タブ

ピボットテーブルの値に指定したフィールドの**集計方法**は、自由に変更できます。
合計を平均にするなど集計方法を変更する場合は、値の任意のセルまたは値のフィールド名のセルをクリックし、[ピボットテーブルツール]の[分析]タブの[アクティブなフィールド]ボックスにそのフィールド名が表示されていることを確認し、**[フィールドの設定]ボタン**をクリックします。**[値フィールドの設定]ダイアログボックス**が表示されるので、**[集計方法]タブ**の[値フィールドの集計]の[選択したフィールドのデータ]ボックスから集計方法を選択します。

[フィールドの設定]ボタンをクリックして[値フィールドの設定]ダイアログボックスを開き[集計方法]タブを表示した状態

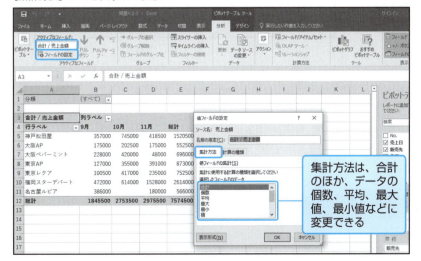

集計方法は、合計のほか、データの個数、平均、最大値、最小値などに変更できる

その他の操作方法
[値フィールドの設定] ダイアログボックスの表示

[値フィールドの設定] ダイアログボックスは、[ピボットテーブルのフィールド] 作業ウィンドウの [値] ボックスのフィールドをクリックし、[値フィールドの設定] をクリックしても表示できます。

ヒント
値フィールドの名前

値フィールドには「合計 / 売上金額」のように「(集計方法) / (フィールド名)」が表示されます。この名前は [値フィールドの設定] ダイアログボックスの [名前の指定] ボックスで変更できます。
また、他のフィールドの名前も同様に、[ピボットテーブルのフィールド] 作業ウィンドウ下部の各エリアセクションのボックスのフィールドをクリックし、[フィールドの設定] をクリックして表示される [フィールドの設定] ダイアログボックスで変更できます。

その他の操作方法
集計方法の変更

値の任意のセルまたは値のフィールドの各セルを右クリックし、ショートカットメニューの [値の集計方法] または [計算の種類] をポイントすると、集計方法または計算の種類の一覧が表示され、クリックすると集計方法を変更することができます。

合計金額を売上比率にするなど計算の種類を変更する場合は、同様に [値フィールドの設定] ダイアログボックスを表示し、[計算の種類] タブの [計算の種類] ボックスの▼をクリックし、一覧から計算方法を選択します。

[値フィールドの設定] ダイアログボックスの [計算の種類] タブ

計算の種類を、総計に対する比率や列集計に対する比率、行集計に対する比率などに変更できる

ここをクリックすると、[セルの書式設定] ダイアログボックスが表示される

また、[値フィールドの設定] ダイアログボックスの [表示形式] をクリックすると、[セルの書式設定] ダイアログボックスの [表示形式] タブが表示され、値の表示形式を一括で設定することができます。

[セルの書式設定] ダイアログボックスの [表示形式] タブ

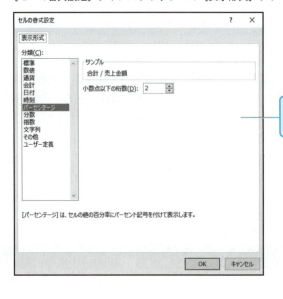

ピボットテーブル内の値の表示形式を一括で設定できる

操作手順

❶ セル A3 の［合計 / 売上金額］をクリックします。

❷［ピボットテーブルツール］の［分析］タブの［アクティブなフィールド］の［アクティブなフィールド］ボックスに「合計 / 売上金額」と表示されていることを確認し、［フィールドの設定］ボタンをクリックします。

❸［値フィールドの設定］ダイアログボックスが表示されるので、［ソース名］が「売上金額」になっていることを確認し、［集計方法］タブの［値フィールドの集計］の［選択したフィールドのデータ］ボックスの［合計］が選択されていることを確認します。

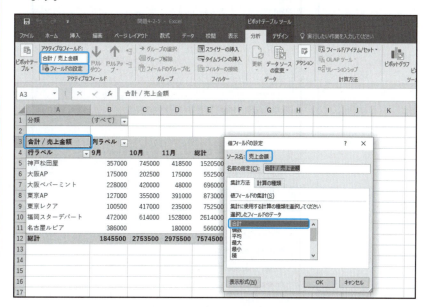

❹［計算の種類］タブの［計算の種類］ボックスの▼をクリックし、一覧から［列集計に対する比率］をクリックします。

❺［表示形式］をクリックします。

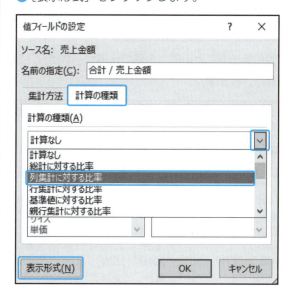

4-2 ピボットテーブルを作成する、管理する

❻ [セルの書式設定] ダイアログボックスが表示されるので、[表示形式] タブの [分類] ボックスの一覧の [パーセンテージ] が選択されていることを確認し、[小数点以下の桁数] ボックスを「1」にします。

❼ [OK] をクリックします。

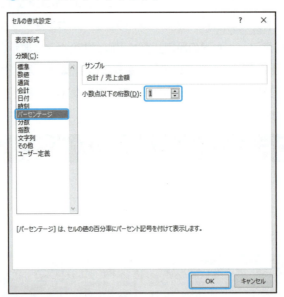

❽ [値フィールドの設定] ダイアログボックスの [OK] をクリックします。

❾ 各月の販売先ごとの売上金額の比率が小数点以下第1位までのパーセントスタイルで表示されます。

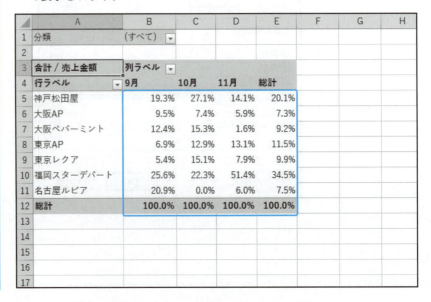

4-2-6 スライサーやタイムラインを使用してデータを抽出する

練習問題

問題フォルダー
└問題4-2-6.xlsx

解答フォルダー
└解答4-2-6.xlsx

【操作1】スライサーを使用して、分類が「カットソー」「セーター」「ブラウス」の売上金額を集計します。

【操作2】タイムラインを使用して、10月の売上データを抽出、集計します。

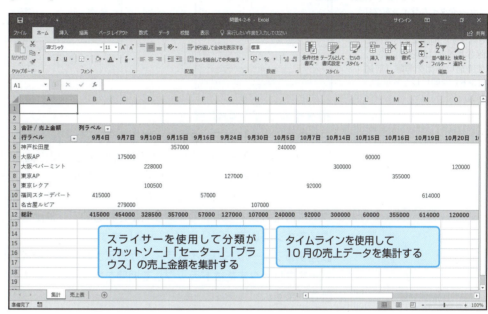

機能の解説

- スライサー
- [スライサーの挿入] ボタン
- [スライサーの挿入] ダイアログボックス
- タイムライン
- [タイムラインの挿入] ボタン
- [タイムラインの挿入] ダイアログボックス

スライサーやタイムラインを使用すると、アイテムや期間をクリックまたはドラッグするだけで、ピボットテーブルのデータを抽出して集計することができます。抽出は、各フィールドの▼をクリックして表示される一覧でも行えますが、抽出後に条件を確認するには、再び一覧を開く必要があります。スライサーやタイムラインを使用した場合は、抽出されているアイテムや期間の色を変えて表示されるので、抽出条件がひと目で確認できます。また、ピボットテーブルに表示されていないフィールドでもスライサーやタイムラインを表示して抽出、集計することが可能です。

●スライサーの使用

スライサーを表示するには、[ピボットテーブルツール] の [分析] タブの [スライサーの挿入] ボタンをクリックします。[スライサーの挿入] ダイアログボックスにフィールドの一覧が表示されるので、抽出を行うフィールドのチェックボックスをオンにして [OK] をクリックします。
該当するフィールドごとにスライサーが表示され、アイテムをクリックすると、ピボットテーブルのデータが抽出され、集計されます。

★ヒント
抽出の解除
スライサーやタイムラインの右上の[フィルターのクリア]ボタンをクリックすると、抽出が解除され、すべてのデータが表示されます。

★ヒント
スライサーやタイムラインの削除
スライサーやタイムラインをクリックして**Delete**キーを押すと、削除されます。削除によって抽出が解除されるとは限らないので、削除する前に抽出を解除（前述の「ヒント」参照）した方がよいでしょう。

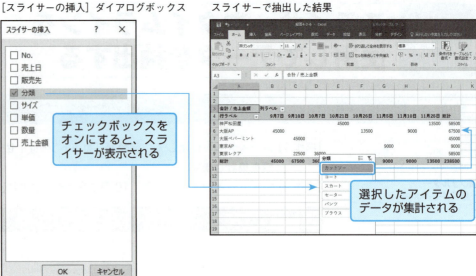

[スライサーの挿入]ダイアログボックス　　スライサーで抽出した結果

● タイムラインの使用

日付のフィールドでデータを抽出する場合は、タイムラインが使えます。「年」「四半期」「月」「日」の4つの期間のレベルで、期間を指定して簡単に抽出ができます。
タイムラインを表示するには、[ピボットテーブル]ツールの[分析]タブの[タイムラインの挿入]ボタンをクリックします。[タイムラインの挿入]ダイアログボックスに日付のフィールドの一覧が表示されるので、抽出を行うフィールドのチェックボックスをオンにして[OK]をクリックします。
該当するフィールドのタイムラインが表示され、単位を選択し、タイムラインスクロールバーをクリックまたはドラッグして期間を指定すると、その期間のデータが抽出され、集計されます。

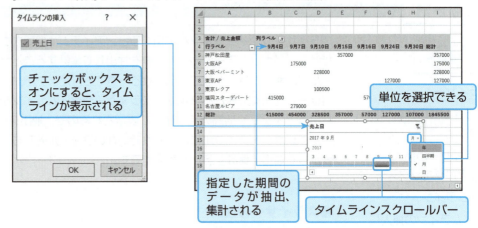

[タイムラインの挿入]ダイアログボックス　　タイムラインで抽出した結果

操作手順

【操作1】

① ワークシート「集計」のピボットテーブル内の任意のセルをクリックします。

② [ピボットテーブルツール]の[分析]タブの[スライサーの挿入][スライサーの挿入]ボタンをクリックします。

③ [スライサーの挿入]ダイアログボックスが表示されるので、[分類]チェックボックスをオンにします。

❹ [OK] をクリックします。

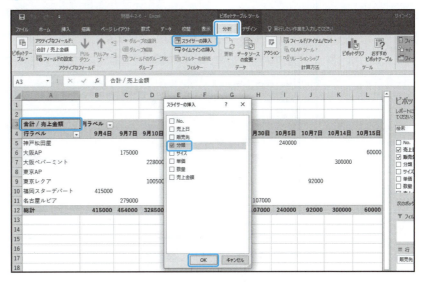

> **ヒント**
> **スライサーやタイムラインの移動**
> スライサーやタイムラインはタイトル部分(「分類」など)をドラッグすると移動できます。

> **ヒント**
> **スライサーやタイムラインの書式設定**
> スライサーやタイムラインを選択すると、リボンに[スライサーツール]や[タイムラインツール]の[オプション]タブが表示されます。これを使って、スライサーやタイムラインのスタイルやサイズなどを設定することができます。

❺ [分類]のスライサーが表示されます。

❻ [分類]スライサーの一覧から[カットソー]をクリックし、**Ctrl** キーを押しながら[セーター]、[ブラウス]をクリックします。

❼ ピボットテーブルに、分類が「カットソー」「セーター」「ブラウス」の売上金額が集計されます。

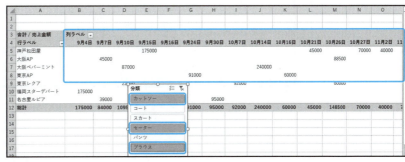

【操作 2】

❽ ピボットテーブル内の任意のセルをクリックします。

❾ [ピボットテーブル]ツールの[分析]タブの[フィルター]の ▭タイムラインの挿入 [タイムラインの挿入]ボタンをクリックします。

❿ [タイムラインの挿入]ダイアログボックスが表示されるので、[売上日]チェックボックスをオンにします。

⓫ [OK] をクリックします。

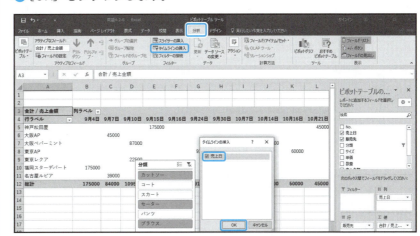

4-2 ピボットテーブルを作成する、管理する | 273

⓬ ［売上日］のタイムラインが表示されます。

⓭ ［すべての期間］、［月］と表示されていることを確認し、タイムラインスクロールバーの「10」の部分をクリックします。

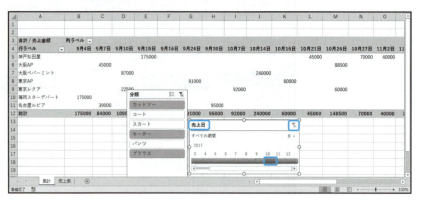

⓮ 「2017年10月」に表示が変わり、列ラベルに10月の日付だけが表示され、集計されます。

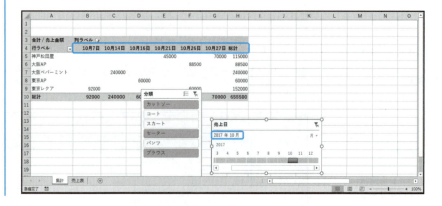

4-2-7 GETPIVOTDATA関数を使用してピボットテーブル内のデータを参照する

練習問題

問題フォルダー
└問題 4-2-7.xlsx

解答フォルダー
└解答 4-2-7.xlsx

【操作 1】GETPIVOTDATA関数を使用して、ワークシート「売上抽出」のセル B2 に、ワークシート「金額集計」のピボットテーブルから、福岡スターデパートのブラウスの売上金額を取り出します。

【操作 2】GETPIVOTDATA関数を使用して、ワークシート「売上抽出」のセル B6～B7 に、ワークシート「数量集計」のピボットテーブルから、それぞれ左隣のセルに入力されている販売先のスカートの売上数量を取り出します。

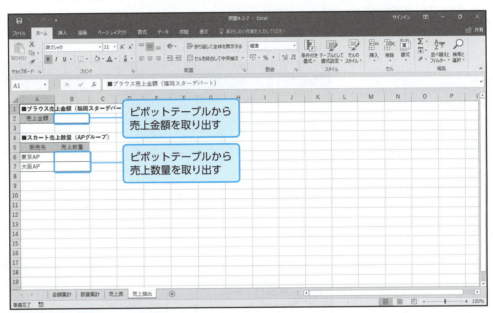

機能の解説

重要用語

- ピボットテーブルの集計結果の数値を取り出す
- GETPIVOTDATA 関数
- GETPIVOTDATA 関数の自動入力
- [ピボットテーブル] ボタン
- [オプション] ボタン
- [GetPivotData の生成]

ピボットテーブルから、特定のセルに表示された集計結果の数値を取り出す場合は、検索／行列関数の GETPIVOTDATA 関数が利用できます。

● GETPIVOTDATA 関数

書式	=GETPIVOTDATA(データフィールド, ピボットテーブル, フィールド 1, アイテム 1, フィールド 2, アイテム 2,…)
引数	**データフィールド**：取り出す数値のあるデータフィールド名を文字列で指定する **ピボットテーブル**：対象のピボットテーブル内のセルの参照を指定する **フィールド**：取り出すデータを特定するためのフィールド名を文字列で指定する **アイテム**：指定したフィールドの中の特定のアイテム名を文字列で指定する
戻り値	ピボットテーブルの中で、フィールドとアイテムで特定された位置にあるデータフィールドの数値を取り出す

引数「ピボットテーブル」には、ピボットテーブルに含まれるセルの参照を指定します。ピボットテーブル内のセルであれば、どのセルでも問題ありません。また、引数「フィールド」と「アイテム」はセットで指定し、ピボットテーブルの構成に合わせて複数のセットを指定することができます。これらの指定によって、集計結果が表示されたセルを特定し、引数「データフィールド」で指定した数値データが取り出されます。

● GETPIVOTDATA 関数の自動入力

GETPIVOTDATA 関数の数式は、ピボットテーブルのオプションの［GetPivotData の生成］が有効になっていれば、対象のセルをクリックするだけで簡単に入力することができます。初期値ではこの設定は有効になっています。確認するには、ピボットテーブル内の任意のセルをクリックし、 ［ピボットテーブル］ボタンをクリックして、 ［オプション］ボタンをクリックし、［GetPivotData の生成］を見ます。チェックが付いていれば有効な状態です。チェックが付いていない場合はクリックするとチェックが付きます。

> **ヒント**
> ［ピボットテーブル］ボタン
> パソコンによっては、［ピボットテーブル］ボタンは［ピボットテーブル］グループとして表示される場合があります。

> **その他の操作方法**
> GetPivotData の生成
> ［ファイル］タブをクリックし、［オプション］をクリックして表示される［Excel のオプション］ダイアログボックスの［数式］の［数式の処理］の［ピボットテーブル参照に、GetPivotData 関数を使用する］チェックボックスでも、［GetPivotData の生成］の有効／無効を切り替えられます。

［GetPivotData の生成］の設定

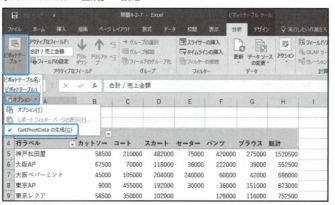

操作手順

【操作1】

① ワークシート「売上抽出」のセルB2をクリックします。

② [数式]タブの [検索/行列]ボタンをクリックします。

③ 一覧から[GETPIVOTDATA]をクリックします。

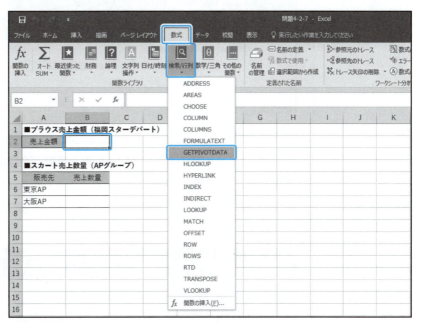

④ GETPIVOTDATA関数の[関数の引数]ダイアログボックスが表示されるので、[データフィールド]ボックスにカーソルが表示されていることを確認し、「売上金額」と入力します。

⑤ [ピボットテーブル]ボックスをクリックし、ワークシート「金額集計」のシート見出しをクリックします。

⑥ セルA3をクリックします。

⑦ [ピボットテーブル]ボックスに「金額集計!A3」と表示されます。

> **★ヒント**
> **引数「ピボットテーブル」の指定**
> セルA3に限らず、ピボットテーブル内のセルであればどのセルを指定してもかまいません。

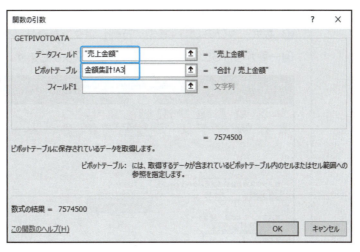

⑧ [フィールド1]ボックスをクリックし、「販売先」と入力します。

⑨ [アイテム1]ボックスをクリックし、「福岡スターデパート」と入力します。

⑩ [フィールド2]ボックスをクリックし、「分類」と入力します。

⑪ [アイテム2]ボックスをクリックし、「ブラウス」と入力します。

> **★ヒント**
> **引数のボックスの表示**
> 「フィールド1」以下の引数のボックスは順に表示されます。見えない場合は、右側のスクロールバーの▼をクリックします。

❿ [OK] をクリックします。

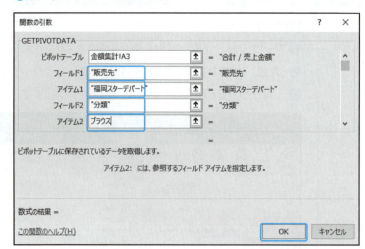

⓭ 数式バーに「=GETPIVOTDATA(" 売上金額 ", 金額集計 !A3," 販売先 "," 福岡スターデパート "," 分類 "," ブラウス ")」と表示されたことを確認します。

⓮ セル B2 に、福岡スターデパートのブラウスの売上金額の合計「196000」が表示されます。

> **その他の操作方法**
> **GETPIVOTDATA 関数の自動入力**
> ここでは[数式]タブでGETPIVOTDATA関数を選び、[関数の引数]ダイアログボックスで引数を指定していますが、[GetPivotDataの生成]チェックボックスをオンにして、GETPIVOTDATA関数を自動入力する方法（P.276参照）でも設定できます。

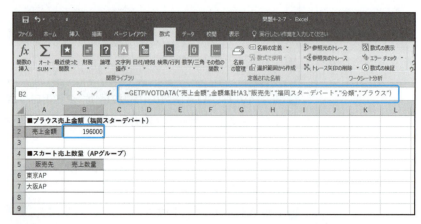

【操作2】

⓯ セル B6 をクリックします。

⓰ [数式] タブの [検索 / 行列] ボタンをクリックします。

⓱ 一覧から [GETPIVOTDATA] をクリックします。

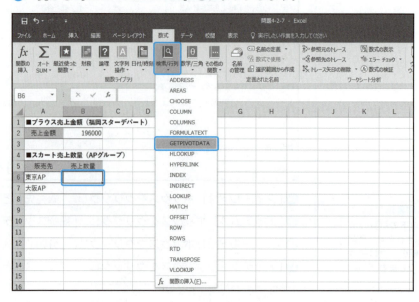

278　第 4 章　高度な機能を使用したグラフやテーブルの作成

⑱ GETPIVOTDATA関数の[関数の引数]ダイアログボックスが表示されるので、[データフィールド]ボックスにカーソルが表示されていることを確認し、「数量」と入力します。

⑲ [ピボットテーブル]ボックスをクリックし、シート見出し「数量集計」をクリックします。

⑳ セルA3をクリックします。

㉑ [ピボットテーブル]ボックスに「数量集計!A3」と表示されます。

★ヒント
引数「ピボットテーブル」の指定

ピボットテーブル内のセルであれば、どのセルを指定してもかまいません。ここではワークシート「数量集計」のセルA3を指定していますが、手順㉚で数式をコピーして1つ下のセルA4になってもピボットテーブル内のセルなので問題ありません。セルをコピーした結果、ピボットテーブル以外のセルを指定してしまう可能性がある場合は絶対参照で指定します。

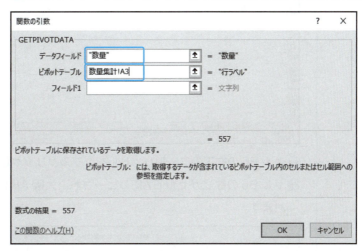

★ヒント
フィールド名の指定

フィールド名「販売先」はセルA5の文字列と同じなので、入力せずにセルA5を指定してもかまいません。その場合は数式をコピーすることを考慮して絶対参照にします。

㉒ [フィールド1]ボックスをクリックし、「販売先」と入力します。

㉓ [アイテム1]ボックスをクリックし、セルA6をクリックします。

㉔ [アイテム1]ボックスに「A6」と入力されます。

㉕ [フィールド2]ボックスをクリックし、「分類」と入力します。

㉖ [アイテム2]ボックスをクリックし、「スカート」と入力します。

㉗ [OK]をクリックします。

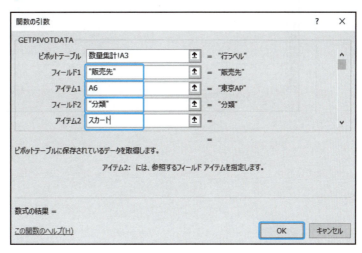

㉘ 数式バーに「=GETPIVOTDATA("数量",数量集計!A3,"販売先",A6,"分類",スカート)」と表示されたことを確認します。

㉙セルB6に、東京APのスカートの売上数量「16」が表示されます。

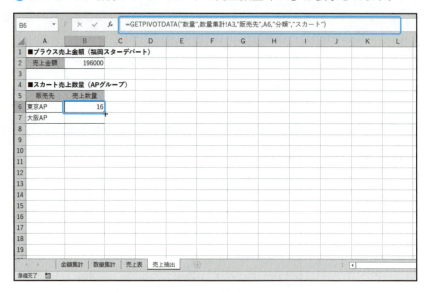

㉚セルB6の右下のフィルハンドルをダブルクリックします。

㉛セルB6の数式がセルB7にコピーされ、大阪APのスカートの売上数量が表示されます。

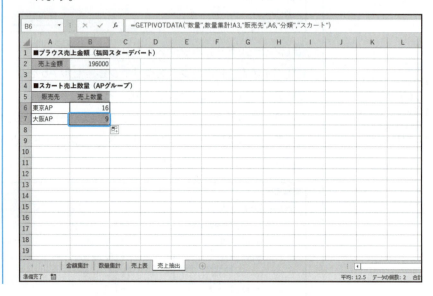

4-3 ピボットグラフを作成する、管理する

ピボットテーブルのデータを基に作成したグラフをピボットグラフといいます。ピボットグラフを使うと集計したデータを視覚的に分析することができます。

4-3-1 ピボットグラフを作成する

練習問題

問題フォルダー
└問題4-3-1.xlsx
解答フォルダー
└解答4-3-1.xlsx

【操作1】ワークシート「売上表」のセル範囲 A3:H116 を基にピボットグラフを新規ワークシートに作成します。
【操作2】軸（分類項目）に「分類」、凡例（系列）に「サイズ」、値に「数量」、フィルターに「販売先」を設定します。
【操作3】ピボットグラフのグラフの種類を「積み上げ縦棒」に変更し、ピボットテーブルの右に移動します。

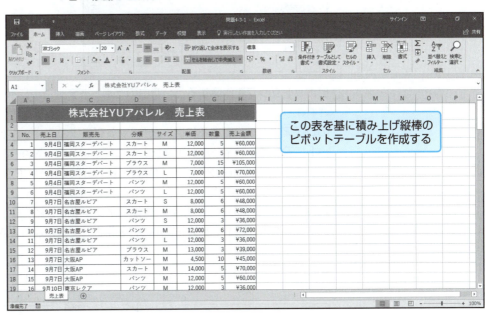

機能の解説

- ピボットグラフ
- [ピボットグラフ] ボタン
- [ピボットグラフの作成] ダイアログボックス
- ピボットテーブルレポート
- [ピボットグラフのフィールド] 作業ウィンドウ
- 軸（分類項目）
- 凡例（系列）

ピボットグラフは、ピボットテーブルをグラフにしたもので、データベースを多角的かつ視覚的に分析することができます。ピボットグラフはピボットテーブルと同様、作成後でもフィールドや集計方法を簡単に変更できます。また、ピボットテーブルとリンクしているので、ピボットテーブルかピボットグラフの一方を変更すると、他方に変更が反映されます。
ピボットグラフを作成するには、ピボットテーブルと同時にピボットグラフを作成する方法と既存のピボットテーブルから作成する方法があります。

- 値
- フィルター
- [グラフの種類の変更] ボタン
- [グラフの種類の変更] ダイアログボックス
- [グラフの挿入] ダイアログボックス

● ピボットテーブルとピボットグラフを同時に作成する

データベースからピボットテーブルとピボットグラフを同時に作成するには、データベース内の任意のセルをクリックして、[挿入]タブの [ピボットグラフ]ボタンをクリックします。[ピボットグラフの作成]ダイアログボックスが表示されるので、テーブルやセル範囲を確認し、ピボットテーブルとピボットグラフを配置するワークシートを指定します。

[ピボットグラフの作成] ダイアログボックス

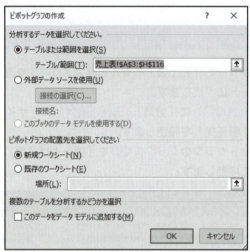

ピボットグラフを作成すると、空白の ピボットテーブルレポート と ピボットグラフ が作成され、[ピボットグラフのフィールド] 作業ウィンドウ が表示されます。ピボットグラフのレイアウトを設定するには、[ピボットグラフのフィールド] 作業ウィンドウの[レポートに追加するフィールドを選択してください]の一覧からフィールドを、[フィルター]ボックス、[凡例（系列）]ボックス、[軸（分類項目）]ボックス、[値]ボックスのいずれかにドラッグします。

[ピボットグラフのフィールド] 作業ウィンドウでレイアウトしたフィールドは、ピボットグラフおよびピボットテーブルの各要素として表示されます。

ピボットグラフの構成要素

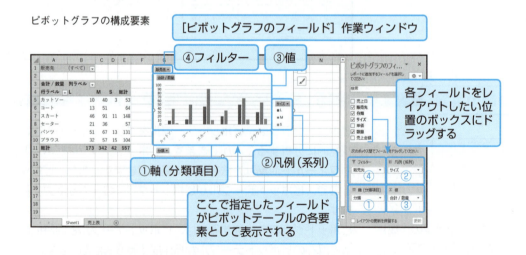

① 軸（分類項目）：グラフの横（項目）軸として表示したいデータのフィールドを指定します。
　　　　　　　　　指定したフィールドはピボットテーブルでは行ラベルに表示されます。
② 凡例（系列）　：グラフの系列として表示したいデータのフィールドを指定します。
　　　　　　　　　指定したフィールドはピボットテーブルでは列ラベルに表示されます。

282　第4章　高度な機能を使用したグラフやテーブルの作成

その他の操作方法

レイアウトの設定

ピボットグラフのレイアウトは、[ピボットグラフのフィールド]作業ウィンドウの「レポートに追加するフィールドを選択してください」の一覧のフィールド名を右クリックし、ショートカットメニューの[レポートフィルターに追加]、[軸フィールド（項目）に追加]、[凡例フィールド（系列）に追加]、[値に追加]のいずれかをクリックしても指定できます。また、フィールド名の先頭にあるチェックボックスをオンにしても、各ボックスにフィールドを追加できます（既定では、数値以外のフィールドは[軸]ボックス、数値フィールドは[値]ボックスに追加されます）。

ポイント

ピボットグラフの移動、書式設定など

ピボットグラフの移動やサイズ変更、書式設定などの操作方法は通常のグラフと同様です。マウス操作や、ピボットグラフを選択して表示される[ピボットグラフツール]の[分析]タブ、[デザイン]タブ、[書式]タブの各ボタンで行います。

ヒント

変更できないグラフの種類

ピボットグラフは、散布図、株価チャートなどには変更できません。

---

③ **値**　　　：集計する値のフィールドを指定します。指定したフィールドはピボットテーブルでも値に表示されます。

④ **フィルター**：フィールド内の特定の値だけを集計する場合に指定します。アイテムを選択すると、ピボットグラフに、選択したアイテムの集計データを表示することができます。ピボットテーブルでも[フィルター]に表示されます。

この操作で作成されるのは集合縦棒グラフです。グラフの種類を変更するには、ピボットグラフをクリックし、[ピボットグラフツール]の[デザイン]タブの [グラフの種類の変更]ボタンをクリックします。[グラフの種類の変更]ダイアログボックス（下図[グラフの挿入]ダイアログボックスと同じ）が表示されるので、グラフの種類を選択します。

●既存のピボットテーブルからピボットグラフを作成する

既存のピボットテーブルを基にピボットテーブルを作成するには、ピボットテーブル内の任意のセルをクリックして、[挿入]タブの [ピボットグラフ]ボタンまたは[ピボットテーブルツール]の[分析]タブの [ピボットグラフ]ボタンをクリックします。[グラフの挿入]ダイアログボックスが表示されるので、グラフの種類を選択します。

[ピボットグラフ]ボタンをクリックして、[グラフの挿入]ダイアログボックスが表示された状態

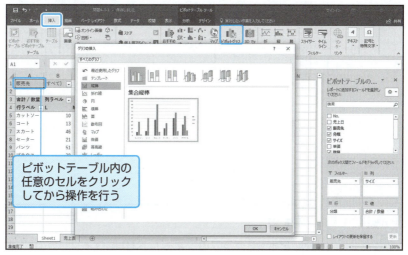

ピボットテーブル内の任意のセルをクリックしてから操作を行う

操作手順

【操作1】

❶ ワークシート「売上表」のセル A3 ～ H116 の範囲内の任意のセルをクリックします。

❷ [挿入]タブの [ピボットグラフ]ボタンをクリックします。

❸ [ピボットグラフの作成]ダイアログボックスが表示されるので、[分析するデータを選択してください。]の[テーブルまたは範囲を選択]が選択され、[テーブル/範囲]ボックスに「売上表!$A$3:$H$116」と表示されていることを確認します。

> **ヒント**
> **自動認識された表の範囲**
> [ピボットグラフの作成] ダイアログボックスの [テーブルまたは範囲を選択] の [テーブル／範囲] ボックスに自動認識された表の範囲は点線で囲まれた表示になります。

❹ [ピボットグラフの配置先を選択してください] の [新規ワークシート] が選択されていることを確認します。

❺ [OK] をクリックします。

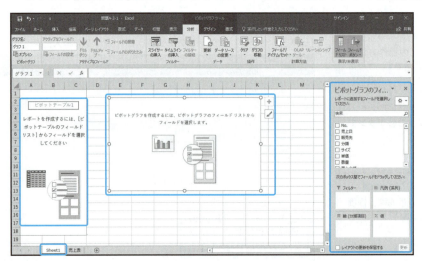

❻ 新規ワークシート「Sheet1」が挿入され、空白のピボットテーブルレポートとピボットグラフが作成され、[ピボットグラフのフィールド] 作業ウィンドウが表示されます。

> **ヒント**
> **集計方法の変更**
> 値に指定したフィールドの集計方法を変更する場合は、[値] ボックスのフィールドをクリックし、[値フィールドの設定] をクリックします。[値フィールドの設定] ダイアログボックスが表示されるので、[集計方法] タブで合計、データの個数、平均などの集計方法を、[計算の種類] タブで総計に対する比率、列集計に対する比率、行集計に対する比率などの計算の種類を変更できます。

> **ヒント**
> **ピボットテーブルとピボットグラフ**
> ピボットテーブルとピボットグラフはリンクしています。ピボットグラフでレイアウトしたフィールドは、ピボットテーブルにも自動的に表示されます。ピボットグラフの軸（分類項目）は行ラベル、凡例（系列）は列ラベル、値は値、フィルターはフィルターに表示されます。

【操作2】

❼ [ピボットグラフのフィールド] 作業ウィンドウの [レポートに追加するフィールドを選択してください] の一覧の [分類] を [軸 (分類項目)] ボックスにドラッグします。

❽ [サイズ] を [凡例 (系列)] ボックスにドラッグします。

❾ [数量] を [値] ボックスにドラッグします。

❿ [販売先] を [フィルター] ボックスにドラッグします。

⓫ ピボットグラフの軸（分類項目）に「分類」、凡例（系列）に「サイズ」、値に「合計／数量」、フィルターに「販売先」が表示されます。

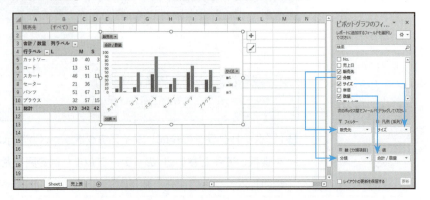

> **★ヒント**
> **グラフ名の変更**
> 作成したピボットグラフには、通常のグラフと同様に自動的に「グラフ1」「グラフ2」…という名前が付きます。この名前を変更するには、グラフを選択し、名前ボックスに名前を入力します。

【操作3】

⓬ ピボットグラフが選択された状態で、[デザイン]タブの [グラフの種類の変更] ボタンをクリックします。

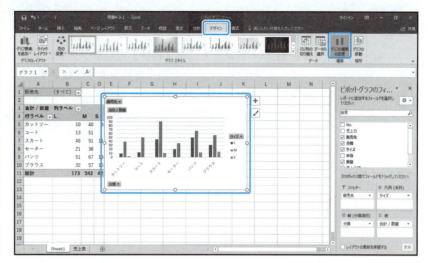

⓭ [グラフの種類の変更]ダイアログボックスが表示されるので、[縦棒]の一覧から[積み上げ縦棒](左から2番目)をクリックします。

⓮ [OK]をクリックします。

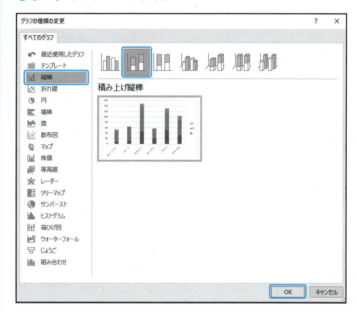

⓯ グラフの種類が「積み上げ縦棒」に変更されます。

⓰ ピボットグラフ内の[グラフエリア]と表示される部分をポイントし、ピボットテーブルの右にドラッグします。

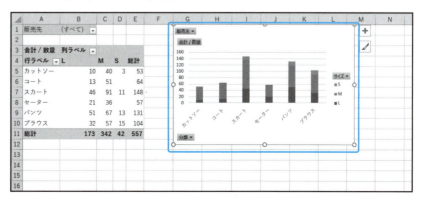

4-3-2 既存のピボットグラフのオプションを操作する

練習問題

問題フォルダー
└問題4-3-2.xlsx
解答フォルダー
└解答4-3-2.xlsx

【操作1】ワークシート「売上分析」のピボットグラフの横軸に「カットソー」「セーター」「ブラウス」のみが表示されるようにします。

【操作2】ピボットグラフの系列が下から「S」「M」「L」になるように変更します。

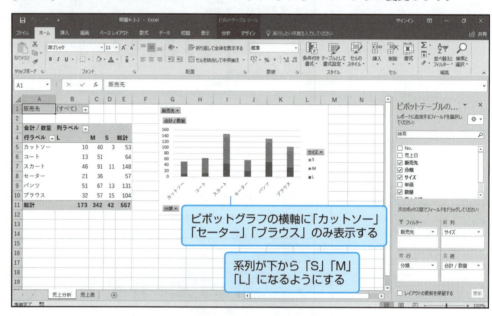

ピボットグラフの横軸に「カットソー」「セーター」「ブラウス」のみ表示する

系列が下から「S」「M」「L」になるようにする

機能の解説

重要用語

☐ レイアウトの変更
☐ 特定のデータだけに絞り込んで集計、表示
☐ [ピボットグラフのフィールド]作業ウィンドウ
☐ [行/列の切り替え]ボタン
☐ フィールドのボタン

★ヒント
マウスポインターの形
フィールドを各ボックスにドラッグする際に、移動先によってマウスポインターの形状が変わります。

ピボットグラフを作成した後で、フィールドの追加や移動、削除などのレイアウトの変更を行ったり、特定のデータだけに絞り込んで集計、表示したりできます。

●レイアウトを変更する

ピボットグラフのレイアウトを変更するには、ピボットテーブルと同様に、[ピボットグラフのフィールド] 作業ウィンドウのフィールドを [フィルター]、[凡例 (系列)]、[軸 (分類項目)]、[値] の目的の位置のボックスにドラッグします。フィールドを削除する場合は、ボックス内のフィールドをウィンドウの外側にドラッグします。

フィールドの追加

フィールドの削除

ピボットグラフの横軸や凡例（系列）の表示順を変更する場合は、ピボットテーブルの行もしくは列を操作します（「4-2-2」参照）。

通常のグラフと同様に［ピボットグラフツール］の［デザイン］タブの [行/列の切り替え]ボタンをクリックして、軸（項目）と凡例（系列）を入れ替えることも可能です。

●特定のデータだけを絞り込んで集計する

ピボットグラフでは、ピボットテーブルと同様に、軸や凡例、フィルターのフィールドの特定のデータ（アイテム）を抽出して集計、表示することができます。
グラフ内の目的のフィールドのボタンをクリックして一覧を表示し、アイテムを指定して［OK］をクリックします。

★ヒント
個々のアイテムを選択
［(すべて選択)］チェックボックスをオフにすると、すべてのアイテムのチェックボックスがオフになります。その後で、目的のアイテムのチェックボックスをオンにするとアイテム数が少ない場合に効率よく選択できます。

★ヒント
複数のアイテムを選択
フィルターの一覧から複数のアイテムを選択する場合は、［複数のアイテムを選択］チェックボックスをオンにします。各アイテムにチェックボックスが表示され、オンにして選択することができます。

軸（分類項目）のアイテムを絞り込む

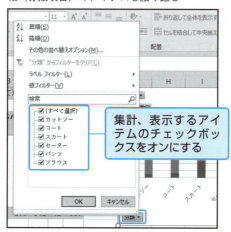

フィルターのフィールドのアイテムを絞り込む

操作手順

【操作1】
❶ ワークシート「売上分析」のピボットグラフの［分類］ボタンをクリックします。
❷ ［コート］、［スカート］、［パンツ］のチェックボックスをオフにします。
❸ ［OK］をクリックします。

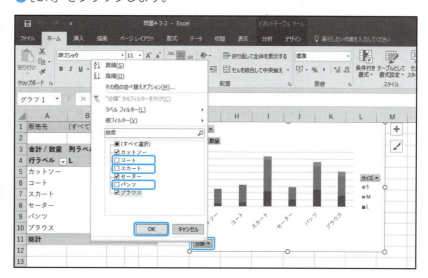

4-3 ピボットグラフを作成する、管理する　**287**

> **ヒント**
> **抽出の確認**
> 抽出が行われているフィールドのピボットグラフのボタンは右側に ▼ が表示されます。

④ピボットグラフの横軸とピボットテーブルの行ラベルに「カットソー」「セーター」「ブラウス」のみが表示されます。

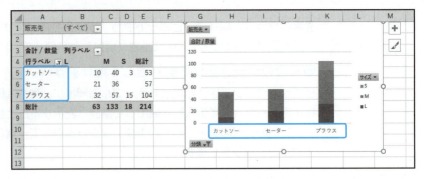

【操作2】

⑤ピボットテーブルの列ラベルの［L］のセル B4 をクリックします。

⑥枠線上をポイントし、マウスポインターの形が になったら［M］のセル C4 の右側にドラッグし、C 列と D 列の間にⅠ型の太線が表示されたら、マウスのボタンから指を離します。

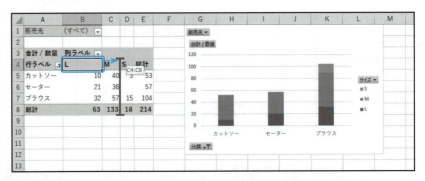

⑦［L］のアイテムの値が［M］の右側に移動します。

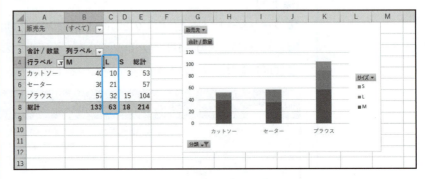

⑧同様に列ラベルの［S］を［M］の左側に移動します。

⑨ピボットグラフの凡例の順序が変更され、グラフの系列が下から「S」「M」「L」になります。

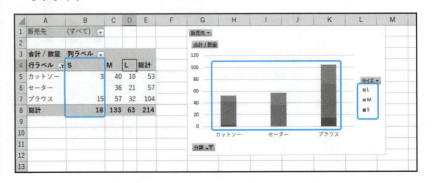

4-3-3 ピボットグラフにスタイルを適用する

練習問題

問題フォルダー
└問題 4-3-3.xlsx

解答フォルダー
└解答 4-3-3.xlsx

ピボットグラフの**スタイル**を「スタイル2」に変更します。

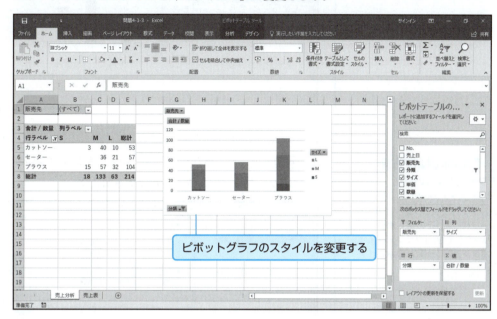

ピボットグラフのスタイルを変更する

機能の解説

- □ スタイル
- □[グラフスタイル]ボタン
- □[ピボットグラフツール]の[書式]タブ

スタイルを設定すると、グラフの構成要素の配置や書式などをまとめて変更できます。通常のグラフと同様に、ピボットグラフを選択して右上に表示される ✏️ [グラフスタイル]ボタンをクリックすると一覧が表示され、選択したスタイルがグラフに適用されます。グラフの要素の書式を個別に変更する場合は、目的の要素を選択し、[ピボットテーブルツール]の[書式]タブのボタンなどを使って設定します。

[ピボットグラフツール]の[書式]タブ

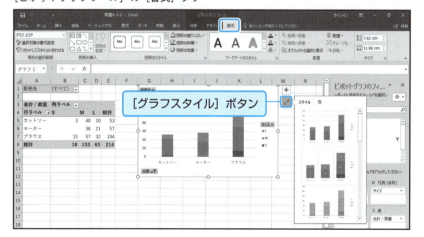

[グラフスタイル]ボタン

操作手順

❶ ワークシート「売上分析」のピボットグラフをクリックします。

❷ 右上に表示される [グラフスタイル] ボタンをクリックします。

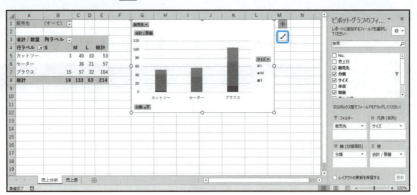

❸ [スタイル] の一覧から [スタイル2] をクリックします。

❹ ピボットグラフのスタイルが変更されます。

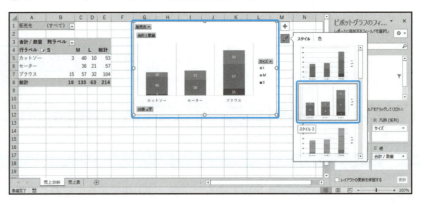

その他の操作方法

グラフのスタイルの設定

[ピボットグラフツール] の [デザイン] タブの [グラフスタイル] グループの [その他] ボタンをクリックしても、[グラフスタイル] ボタンと同じ一覧が表示されます。

4-3-4 ピボットグラフを使ってドリルダウン分析をする

練習問題

問題フォルダー
└問題 4-3-4.xlsx

解答フォルダー
└解答 4-3-4.xlsx

【操作 1】ワークシート「売上分析」のピボットグラフの横軸に月別の明細を追加します。
【操作 2】スライサーを使用して、単価が 1 万円以上の商品の数量を集計します。

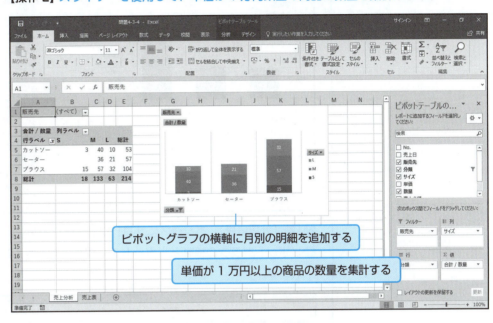

機能の解説

重要用語

- ドリルダウン
- フィールドの追加
- スライサー
- タイムライン

その他の操作方法

詳細データの表示

フィールドの追加はピボットテーブルの行ラベルまたは列ラベルの任意のアイテムをダブルクリックして表示される［詳細データの表示］ダイアログボックスでも行えます（「4-2-3」参照）。この方法で追加したフィールドはそのアイテムでだけ展開され、他のアイテムは折りたたまれた状態になります。

概要データから詳細データへと対象を掘り下げていくことを「ドリルダウン」といいます。ピボットグラフに詳細データを表示する場合は、軸（分類項目）や凡例（系列）に、内訳のフィールドを追加します（「4-3-1」参照）。詳細フィールドがあるグラフには ［フィールド全体の展開］ボタンと ［フィールド全体の折りたたみ］ボタンが表示され、クリックして詳細フィールドの表示／非表示を切り替えられます。

［ピボットグラフの横軸に月別の明細を追加］

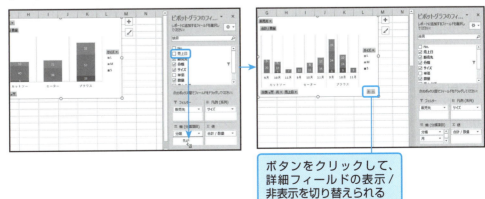

ピボットグラフでも、ピボットテーブルと同様にスライサーやタイムラインを使用することができます。スライサーを使用すると、ボタンをクリックするだけで、ピボットグラフに目的のデータだけを抽出して集計、表示することができます（「4-2-6」参照）。

操作手順

【操作1】

① ワークシート「売上分析」のピボットグラフをクリックします。

② [ピボットグラフのフィールド] 作業ウィンドウの [レポートに追加するフィールドを選択してください] の一覧の [売上日] を [軸（分類項目）] ボックスの [分類] の下にドラッグします。

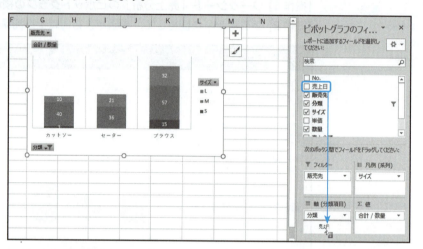

③ [軸（分類項目）] ボックスに [月] が表示されます。

④ ピボットグラフの横軸とピボットテーブルの行ラベルに分類と月別の明細が表示されます。

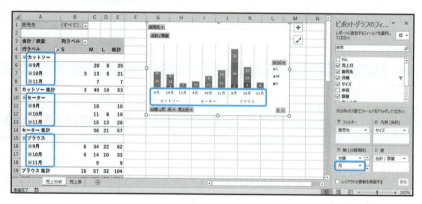

【操作2】

❺ [分析] タブの [スライサーの挿入] ボタンをクリックします。

❻ [スライサーの挿入] ダイアログボックスが表示されるので、[単価] チェックボックスをオンにします。

❼ [OK] をクリックします。

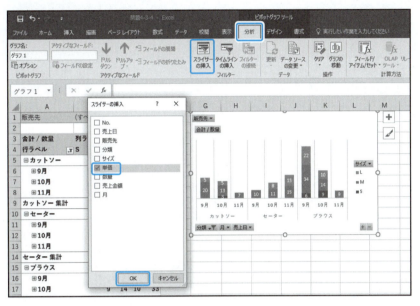

❽ [単価] スライサーが表示されるので、[10,000] から [15,000] までをドラッグします。

❾ ピボットグラフとピボットテーブルに単価が1万円以上の商品の数量が集計されます。

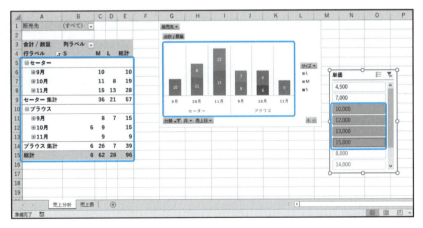

★ヒント

分類の表示

「カットソー」は単価が4500円でスライサーで抽出されないため、非表示になります。

4-3 ピボットグラフを作成する、管理する

索引

英数字

#DIV/0! 220
#N/A 220
#NAME? 220
#NULL! 220
#NUM! 220
#REF! 220
#VALUE! 220
2軸グラフ 241
2つの日付の間隔 169
AND 関数 134
AVERAGE 関数 128
AVERAGEIF 関数 144
AVERAGEIFS 関数 143
「Children」とは 199
COUNTIF 関数 144
COUNTIFS 関数 143,144
CUBEKPIMEMBER 関数 197
CUBEMEMBERPROPERTY 関数 197
CUBEMEMBER 関数 197
CUBERANKEDMEMBER 関数 196
CUBESET 関数 196
CUBESETCOUNT 関数 197
CUBEVALUE 関数 197
DATE 関数 164
DATEDIF 関数 169
DAY 関数 165
DAYS 関数 169
[Document Themes] 93
Excel データモデル 195
[Excel] テンプレート 2
[Excel のオプション] ダイアログボックスの [詳細設定] 63
[Excel のオプション] ダイアログボックスの [数式] 36,217
[Excel のオプション] ダイアログボックスの [セキュリティセンター] 9
[Excel のオプション] ダイアログボックスの [保存] 41
[Excel のオプション] ダイアログボックスの
　[リボンのユーザー設定] 23,110
[Excel マクロ有効ブック] 9
FV 関数 206
GETPIVOTDATA 関数 275
GETPIVOTDATA 関数の自動入力 276
GetPivotData の生成 276,276
HLOOKUP 関数 148,149
HOUR 関数 165
IF 関数 135,139
IF 関数とネストする 135

INDEX 関数 157
INDEX 関数（セル範囲形式） 157
INDEX 関数（配列形式） 157
INT 関数 131
IRR 関数 206
MATCH 関数 155
Microsoft Excel セキュリティセンター 9
MINUTE 関数 165
[Module1] 8
MONTH 関数 165
NETWORKDAYS 関数 169
NETWORKDAYS.INTL 関数 170
NOT 関数 134
NOW 関数 160
NPER 関数 206
[Office のカスタムテンプレート] フォルダー 2
OR 関数 134
PMT 関数 204
PV 関数 205
RATE 関数 206
ROUND 関数 130
ROUNDUP 関数 130
ROUNDDOWN 関数 130
SECOND 関数 165
SUMIF 関数 144
SUMIFS 関数 143
ThisWorkbookDataModel 196
TIME 関数 165
TODAY 関数 160
TRUNC 関数 130
VBA 101
VBA（Visual Basic for Applications） 8
VBE 102
VBE（Visual Basic Editor） 8
VBE の起動 11
VBE の構成 8
VLOOKUP 関数 148,149
VLOOKUP 関数に IF 関数を組み合わせる ... 139
WEEKDAY 関数 80,170
What-If 分析 188,191
[What-If] 分析ボタン 188,191
WORKDAY 関数 169
WORKDAY.INTL 関数 169
YEAR 関数 165

あ行

項目	ページ
アウトライン形式	263
[アクティブセルに設定されている書式]	88
値	251, 283
[値フィールドの設定] ダイアログボックス	268
[値フィールドの設定] ダイアログボックスの [計算の種類] タブ	268
[値フィールドの設定] ダイアログボックスの [集計方法] タブ	267
値フィールドの名前	268
[新しいクエリ] ボタン	175, 178, 181
[新しい書式ルール] ダイアログボックス	73, 79
[新しいセルのスタイル]	87
新しいセルのスタイルの作成	87
[新しいテーマのフォントパターンの作成] ダイアログボックス	122
[新しい名前] ダイアログボックス	225
[新しい配色パターンの作成] ダイアログボックス	98
[新しい範囲] ダイアログボックス	31
[新しいルール]	73
暗号化	46
位置による統合	183
移動平均	239
[色のカスタマイズ]	98
色の書式記号	53
[インポート]	176
ウィンドウの保護	40
[上へ移動] ボタン	83
ウォッチウィンドウ	214
[ウォッチウィンドウ] ボタン	214
[ウォッチウィンドウ] を閉じる	216
ウォッチ式の削除	216
[ウォッチ式の追加]	214
[ウォッチ式の追加] ダイアログボックス	214
[エクスポート]	9
[エクスポート] 画面	9
エラーインジケーター	217
エラーインジケーターを非表示にする	217
エラー値	220
[エラーチェックオプション] ボタン	218, 221
[エラーチェックルール]	217
エラーチェックルールの変更	218
エラーメッセージの種類	70
エラーを回避する	139
オートフィル	63
[オートフィルオプション] ボタン	57, 60
[おすすめグラフ] ボタン	242, 246
[お勧めのテンプレート]	3
[おすすめピボットテーブル] ボタン	252
[オプション]	9
オプションボタン	108, 259, 276

か行

項目	ページ
回帰式	238
回帰分析	238
[会計]	117
「会計」の表示形式	117
開始日と終了日の間の、土曜日と日曜日、祭日を除いた平日だけの日数を求める	169
[開発] タブ	11, 108
[開発] タブを非表示にする	110
[書き込みパスワード]	49
書き込みパスワードの設定	49
関数	128
関数の書式	129
関数の入力	131, 198
[関数の引数] ダイアログボックス	128
関数名の入力	140
関数を追加入力	128
起動時の確認	15
キューブ	195
キューブ関数	195
キューブ関数のネスト	201
[行/列の切り替え] ボタン	287
行全体に条件付き書式を設定	79
今日の日付を自動的に表示する	160
行ラベル	251
[許可]	32
近似曲線	238, 239
近似曲線の削除	240
[近似曲線の書式設定] 作業ウィンドウ	239
近似曲線の追加	240
近似曲線名	239
近似曲線を追加する系列	240
組	195
[空白行] ボタン	263
空白を表示する引数	135
[クエリエディター] ウィンドウ	176
[クエリと接続] 作業ウィンドウ	177
[クエリと接続] ボタン	177
[クエリと接続] ボタンがない場合	177
クエリとは	176
クエリの結合	176
国や地域に対応した表示形式	114
組の指定	199
[グラフスタイル] ボタン	289
グラフテンプレートに保存されない書式	248
グラフテンプレートの削除	246
グラフテンプレートの保存先	246
[グラフテンプレートの保存] ダイアログボックス	246
グラフのサムネイル表示	248
[グラフの種類の変更] ダイアログボックス	242, 283
[グラフの種類の変更] ボタン	242, 283
[グラフの挿入] ダイアログボックス	242, 246, 283
グラフのテンプレートを使ってグラフを作成する	246

グラフ名の変更	285
[グラフ要素] ボタン	239
グラフをテンプレートとして保存	246
[グループ化] ダイアログボックス	255
グループの解除	257
[警告を表示してすべてのマクロを無効にする]	9
[警告を表示せずにすべてのマクロを無効にする]	9
[計算の結果を表示]	221
[計算方法の設定]	36
[計算方法の設定] ボタン	35
現在の時刻だけを求める	162
[現在のテーマを保存]	93
[現在のテーマを保存] ダイアログボックス	93
現在の日時を自動的に表示する	160
[効果] ボタン	93
構造化参照	20
項目による統合	183
コードウィンドウ	8
ゴールシーク	188
[ゴールシーク] ダイアログボックス	188
[個人用] のテンプレート	3
[このデータをデータモデルに追加する] チェックボックス	195
コピー	15
[コピー] ボタン	14
[コンテンツの有効化]	7, 177
[コントロールの書式設定] ダイアログボックス	109
コンパクト形式	263
コンボボックス	108

さ行

再計算	35
[再計算実行] ボタン	35
再計算の実行	38
財務関数	204
財務関数の表示形式	207
作業状態ファイル	40
[削除]	177
[参照]	2, 208
参照先	208
参照先のトレース	212
参照先のトレースの終了	213
[参照先のトレース] ボタン	212
参照式	14
参照元	208
参照元のトレース	208
参照元のトレースの終了	210
[参照元のトレース] ボタン	208
時、分、秒を表す数値から時刻データを求める	165
[シート構成] チェックボックス	39
[シート構成とウィンドウの保護] ダイアログボックス	39
シート構成の保護	39
シート再計算	38
シートの保護	26, 27, 28, 31
[シートの保護] ダイアログボックス	28, 31
シートの保護の解除	28
[シートの保護の解除] ボタン	28
[シートの保護] ボタン	28
軸（分類項目）	282
[時刻]	114
時刻の書式記号	54
「時刻」の表示形式	114
指数近似	239
[下へ移動] ボタン	83
指定された範囲内でデータを検索し、見つかったデータがどの位置にあるかを求める	155
指定した行と列が交差するセルのデータやセル参照を取り出す	157
指定した条件を満たしているかいないかによって異なる処理をする	135
指定したセル範囲の左端の列で指定の値を検索し、見つかったセルと同じ行で、指定した列にあるセルのデータを取り出す	148
指定したセル範囲の上端の行で指定の値を検索し、見つかったセルと同じ列で、指定した行にあるセルのデータを取り出す	149
指定した複数の条件をすべて満たすセルに対応するセルの値の合計	143
指定した複数の条件をすべて満たすセルに対応するセルの値の平均値	143
指定した複数の条件をすべて満たすセルの個数	143
[自動]	35
自動回復用データを保存する	41
シナリオ	191
[シナリオの値] ダイアログボックス	191
シナリオの切り替え	194
[シナリオの追加] ダイアログボックス	191
[シナリオの登録と管理]	191
[シナリオの登録と管理] ダイアログボックス	191
シナリオの保護	193
[集計の方法] ボックス	183
週日	62
収束値	189
[手動]	35, 36
[小計] ボタン	263
条件付き書式	73
条件付き書式の解除	86
条件付き書式の条件に数式を設定	79
[条件付き書式] ボタン	73, 83
[条件付き書式ルールの管理] ダイアログボックス	83
条件付き書式ルールの削除	84
条件付き書式ルールの適用順の変更	83
条件付き書式ルールの編集	83
条件を満たしていないことを調べる	134
[条件を満たす場合は停止] チェックボックス	84
詳細データの表示	291
[詳細データの表示] ダイアログボックス	259
小数点以下を切り捨てて整数化	131
ショートカットキーの入力	103

［ショートカットキー］ボックス.................................101
書式記号..52
書式コピー...187
［書式設定］ボタン..88
書式の貼り付け先のセルの指定.................................186
［書式］ボタン..27
［書式ルールの表示］ボックス.....................................83
［書式ルールの編集］ダイアログボックス.................83
シリアル値..161, 165
［新規］画面..3
新規作成して保存しないで閉じたブックの回復.......42
数式コンプリート...129
数式入力支援機能の活用...200
数式の計算方法の設定...35
数式の検証..220, 222
［数式の検証］ダイアログボックス..........................220
［数式の検証］ボタン...221
数式のトラブルブルシューティング.........................208
数式の入力されているセルの選択...............................29
［数式を使用して、書式設定するセルを決定］.........79
数値の書式記号..53
数値を指定した桁数で切り上げる.............................130
数値を指定した桁数で切り捨てる.............................130
数値を指定した桁数で四捨五入する.........................130
スクロールバー...108
［スタイル］ダイアログボックス.................................87
［スタイル名］ボックス...88
図としてリンク貼り付け...14, 18
スピンボタン...108
［すべて更新］ボタン...177
［すべてのグラフ］タブの［組み合わせ］................242
［すべてのフォント］..121
［すべてのマクロを無効にする］....................................9
スライサー..271, 291
スライサーの移動...273
スライサーの削除...271
スライサーの書式設定...273
［スライサーの挿入］ダイアログボックス..............271
［スライサーの挿入］ボタン......................................271
正、負の値で異なる表示形式の設定...........................53
［セキュリティセンター］ダイアログボックス..........9
［セキュリティセンターの設定］....................................9
セキュリティの警告..15
［セキュリティの警告］メッセージバー......................7
［接続］ボタン..177
セット...195
［説明］ボックス..101
［セルの書式設定］...27
［セルの書式設定］ダイアログボックス....................27
［セルの書式設定］ダイアログボックスの
　　［表示形式］タブ..52, 114, 117, 268

セルのスタイルの削除...90
セルのスタイルの作成...87
セルのスタイルの変更...88
［セルのスタイル］ボタン...87
［セルのロック］..27
セルのロックの解除...26, 27
線形近似...239
［選択範囲から作成］ボタン.......................................228
［総計］ボタン...263
［挿入］ボタン...108
［その他のオプション］..2

た行

第 2 軸...241
第 2 軸の削除..244
第 2 軸の書式設定..242
対数近似...239
タイムライン..271, 291
タイムラインの移動...273
タイムラインの削除...271
タイムラインの書式設定...273
［タイムラインの挿入］ダイアログボックス..........271
［タイムラインの挿入］ボタン..................................271
多項式近似...239
タブの非表示...24
単一のセルに名前を付ける...224
チェックボックス...108
抽出の解除..254, 271
抽出の確認...288
［追加］...191
［通貨］...117
通貨記号..117, 120
「通貨」の表示形式...117
［次の数式を満たす場合に値を書式設定］ボックス...79
［データテーブル以外自動］..36
［データのインポート］ダイアログボックス..........176
［データの取得］ボタン...175
［データの取得］ボタンがない場合..........................178
［データの取り込み］ダイアログボックス..............176
データの入力規則...68
［データの入力規則］ダイアログボックス................68
［データの入力規則］ダイアログボックスの［エラーメッセージ］タブ.....70
［データの入力規則］ダイアログボックスの［設定］タブ.............................69
［データの入力規則］ダイアログボックスの［日本語入力］タブ.....70
［データの入力規則］ダイアログボックスの［入力時メッセージ］タブ....69
データの入力規則のクリア...72
［データの入力規則］ボタン...68
データ範囲に名前を付ける...228
データベース..250, 251
データベースのデータの選択.....................................251

データモデル	195
テーブル	20
テーブルの選択	231
テーブル名の変更	230
［テーブル名］ボックス	230
テーブルやピボットテーブルとしてインポート	175
テーマ	93, 122
［テーマの色］	97
テーマの色［Office］	97
テーマの色の削除	98, 100
テーマの削除	93, 96
テーマの設定の変更	96
テーマのフォント	121
テーマのフォント「Office」	121
テーマのフォントの削除	122, 125
［テーマ］ボタン	93
テーマ名を付けて保存	93
テキストファイルの取り込み	176
［テキストまたは CSV から］	175
［デジタル署名されたマクロを除き、すべてのマクロを無効にする］	9
テンプレート	2, 246
テンプレートとして保存	2, 246
テンプレートの削除	3
テンプレートの利用	3
統合	182
統合した表の書式設定	185
［統合の基準］	183
［統合の設定］ダイアログボックス	183
［統合］ボタン	183
［統合元データとリンクする］チェックボックス	183
統合元の削除	183
［統合元範囲］ボックス	183
［統合元］ボックス	183
登録した名前の確認	226, 229
［ドキュメントの暗号化］ダイアログボックス	46
特定のデータだけを絞り込んで集計	286
特定のデータだけを絞り込んで集計する	252
［閉じて次に読み込む］	176
［閉じて読み込む］ボタン	181
土曜日と日曜日、祭日を除いた平日だけの日数が経過した後の日付を求める	169
ドリルダウン	259, 291
トレース矢印	208, 212
トレース矢印の削除	209, 213
トレース矢印の表示	209
トレース矢印を利用したセルの選択	209

な行

［ナビゲーター］ウィンドウ	176
名前	224, 228
名前付き範囲	233
名前付き範囲のセル範囲の変更	233
名前付き範囲の名前の変更	233
名前として使用できない文字	225
［名前の管理］ダイアログボックス	231, 233
［名前の管理］ボタン	231, 233
名前の削除	226
［名前の定義］ボタン	225
［名前の編集］ダイアログボックス	234
名前ボックス	224
名前を個別のワークシートにだけ登録	225
［名前を付けて保存］	2, 9
［名前を付けて保存］画面	2
［名前を付けて保存］ダイアログボックス	2, 9
名前をブックに登録	225
入力したデータと同じ規則のデータを自動的に入力する	57
［入力値の種類］ボックス	69
ネスト	128
年、月、日を表す数値から、その日付データを求める	164

は行

バージョン	41
［配色］ボタン	93, 98
［パスワード］ダイアログボックス	47
パスワードでブックを暗号化	46
パスワードの解除	48
パスワードの設定	28, 32, 40, 47
パスワードの入力	46
［パスワードを使用して暗号化］	46
貼り付け先のセルの指定	16
［貼り付け］ボタン	14
範囲の編集の許可	31
［範囲の編集の許可］ダイアログボックス	31
範囲の編集の許可の解除	34
［範囲の編集を許可］ボタン	31
［範囲のロック解除］ダイアログボックス	32
［範囲］ボックス	225
［（範囲名）のアクセス許可］ダイアログボックス	32
凡例（系列）	282
比較演算子	135, 144
比較演算子の使用	145
引数に空白を指定する	139
引数に文字列を指定する	135
引数のセル範囲の指定	145
［日付］	114
日付／時刻関数	164, 168
日付と時刻をシリアル値にする	164
日付の指定	147
日付の書式記号	53
日付の停止値	62
「日付」の表示形式	114
ピボットグラフ	281, 282

299

索引項目	ページ
ピボットグラフの移動	283
[ピボットグラフの作成] ダイアログボックス	282
ピボットグラフの集計方法の変更	284
ピボットグラフの書式設定	283
ピボットグラフのスタイル	289, 290
[ピボットグラフのフィールド] 作業ウィンドウ	282, 286
ピボットグラフの変更できないグラフの種類	283
ピボットグラフのレイアウトの設定	283
ピボットグラフのレイアウトの変更	286
[ピボットグラフ] ボタン	282
ピボットテーブル	195, 250
[ピボットテーブルオプション] ダイアログボックス	259
[ピボットテーブルスタイル] グループの [その他] ボタン	264
[ピボットテーブルスタイルのオプション] グループの各チェックボックス	264
[ピボットテーブルツール] の [書式] タブ	289
ピボットテーブルにエラー値を表示	258
ピボットテーブルの内訳の追加	259
ピボットテーブルのオプションの変更	259
ピボットテーブルの空白セルに表示する値を指定	258
ピボットテーブルの更新	261
[ピボットテーブルの作成] ダイアログボックス	251
ピボットテーブルの集計結果の数値を取り出す	275
ピボットテーブルの集計フィールドの表示／非表示	263
ピボットテーブルの集計方法	267
ピボットテーブルの集計方法の変更	268
ピボットテーブルの詳細データの表示	259
ピボットテーブルのスタイル	254
ピボットテーブルのスタイルの変更	264
ピボットテーブルの表の形式の変更	263
[ピボットテーブルのフィールド] 作業ウィンドウ	251
[ピボットテーブルのフィールド] 作業ウィンドウの表示／非表示	251
ピボットテーブルのレイアウトの設定	251
ピボットテーブルのレイアウトの変更	255
[ピボットテーブル] ボタン	251, 259, 276
ピボットテーブルレポート	251, 282
表形式	263
[表示]	191
[表示形式]	268
表示形式を標準に戻す	56
[表示しない] チェックボックス	27
[標準の色]	97
[標準モジュール]	8
[ファイルから]	175
[ファイルの種類の変更]	9
ファイルを開くときにピボットテーブルのデータを更新する	258
フィールド	250
フィールドのグループ化	255, 257
[フィールドのグループ化] ボタン	255
フィールドの削除	255
[フィールドの設定] ボタン	267
フィールドの追加	291
フィールドの表示順の変更	255
フィールドのボタン	287
フィールドのレイアウトの変更	255
フィルター	251, 283
[フィル] ボタン	57
[フィル] ボタンの一覧	58
フォームコントロール	108
フォームコントロールのサイズの変更	111
フォームコントロールの削除	112
フォームコントロールの選択と解除	111
[フォントのカスタマイズ]	122
[フォント] ボタン	93, 122
[フォント] ボックス	121
[復元]	45
複合グラフ	241
複合参照	79
複数の言語に対応した表示形式	117
複数の条件のいずれかを満たしているかどうかを調べる	134
複数の条件をすべて満たしているかどうかを調べる	134
[ブックから]	175
ブックの回復	41
[ブックの管理]	42
[ブックの管理] ボタン	42
ブックの構成の保護	39
ブックのバージョン	41
[ブックの保護]	28, 39
ブックの保護の解除	40
[ブックの保護の解除] ダイアログボックス	40
[ブックの保護] ボタン	39, 46
[ブックの保存前に再計算を行う] チェックボックス	36
フラッシュフィル	57
フラッシュフィルの設定	60
[フラッシュフィル] ボタン	58
[プロジェクト] ウィンドウ	8
プロパティ	108
[プロパティ] ボタン	109
別のブックと統合	183
[変化するセル] ボックス	193
[変更]	88
[編集]	8, 176
編集者の許可	32
[保護解除]	28
[保護] タブ	27
[保存されていないブックの回復]	42
保存したテーマの設定の変更	93
ボタン	108
「本文」のフォント	121

ま行

項目	ページ
マクロ	7, 101
［マクロ］ダイアログボックス	8
マクロとして記録	101
［マクロの記録］	101
［マクロの記録］ダイアログボックス	101, 103
マクロのコピー	8
マクロの作成	101
マクロの実行	12, 102
［マクロの終了］	102
マクロの設定	9, 9
マクロの変更	102
［マクロの保存先］ボックス	101
［マクロ］ボタン	8, 101, 103
マクロ名	101
［マクロ名］ボックス	101
［マクロ有効ブック］	9, 102
マクロ有効ブックとして保存	9, 102
マクロを有効にして開く	24
マクロを有効にする	7
間違った操作を取り消すには	103
「見出し」のフォント	121
明細データを別のワークシートに表示	259
メジャー	197
メジャーの指定	200
メンバー	195
メンバー式	197
文字の書式記号	54
文字列を含む引数	138

や行

項目	ページ
ユーザー設定リスト	63
ユーザー設定リストに登録したリストの削除	64
［ユーザー定義］	52
ユーザー定義の表示形式	52
ユーザー独自の表示形式の削除	53
ユーザー独自の表示形式の保存	55
［ユーザーの設定リストの編集］	63
［ユーザ - の設定リスト］ダイアログボックス	64
［予測］の種類	240
［読み込み］	176
［読み込み］ボタン	179
［読み取りパスワード］	49

ら行

項目	ページ
リストボックス	108
リボンの非表示のタブを表示	23
［リボンのユーザー設定］	23
リレーションシップ	195
［リンクされた図］	14
リンクするセル	109
リンクの解除	16
リンク貼り付け	14, 16
累乗近似	239
［ルールの管理］	83
［ルールの編集］	83
列ラベル	251
［レポートのレイアウト］ボタン	263
［連続データ］ダイアログボックス	59
［連続データの作成］	59
連続入力	63
［ロケール（国または地域）］ボックス	114
ロケールの選択	115
［ロックされたセル範囲の選択］	28
［ロックされていないセル範囲の選択］	28

わ行

項目	ページ
ワークシートの保護	26
ワイルドカード	144
ワイルドカードの使用	147
枠線に合わせて配置する	111

模擬練習問題

マルチプロジェクトという試験形式に慣れるための模擬問題です。プロジェクト単位で解答が終了したらファイルを保存し、解答（PDFファイル）および完成例ファイルと比較し、答え合わせを行ってください。解答に必要なファイル、解答（PDFファイル）、完成例ファイルは、[ドキュメント]フォルダーの[Excel2016 エキスパート（実習用）]フォルダーにある[模擬練習問題]フォルダーに入っています。もしファイルがない場合は、「実習用データ」のインストールを行ってください。解答（PDFファイル）およびそれを印刷したものは、本書を購入したお客様だけがご利用いただけます。第三者への貸与、賃貸、販売、譲渡はおことわりいたします。

●模擬練習問題 1

プロジェクト1　模擬 1-1_ローン計算

自動車の使用年数が長い顧客に対して新車購入時のローン返済額をシミュレーションします。

【1】ワークシート「顧客一覧」の「使用年数」の列に、本日の年から「前回購入日」の年を引いた数値を表示します。なお、計算結果が正しく表示されない場合は[再計算実行]ボタンをクリックします。

【2】ワークシート「顧客一覧」のセル範囲 C4:C20 に設定されている条件付き書式を削除し、前回購入年の値が 2011 年以降の場合には緑の丸、2008 年以降の場合は黄色の丸、2008 年より前の場合は赤の十字が表示されるように条件付き書式を設定します。ただし、行が追加された場合も書式が適用されるようにします。

【3】関数を使用して、ワークシート「ローン計算」のセル B4 に、セル B3 の顧客 ID に基づき、ワークシート「顧客一覧」の表から、対応する顧客名を表示します。ただし、セル B3 が空欄だった場合には、何も表示しないようにします。

【4】関数を使用して、ワークシート「ローン計算」のセル範囲 B11:B19 に、自動車のローンの返済月額を求めます。返済額は価格から頭金を引いた金額で、毎月 1 回の月末払いの元利均等返済、返済期間中に利率の変動はないものとします。なお、計算結果が正しく表示されない場合は[再計算実行]ボタンをクリックします。

【5】データが変更されたときに、手動で再計算する設定にし、ブックを保存するときに再計算が行われない設定にします。

プロジェクト2　模擬 1-2_ツアー申込

バスツアーの申し込み人数を集計し、目標人数を試算しましょう。

【1】標準のテーマ（Office）の「アクセント 6」の配色を、標準の色の「紫」に変更し、「オリジナル」という名前で保存します。

【2】ワークシート「ツアー」のセル範囲 D4:D10 の表示形式を分類「通貨」、小数点以下の桁数「2」、記号「$」にします。

【3】GETPIVOTDATA 関数を使用して、ワークシート「予約状況」のピボットテーブルの各ツアーの申込人数の合計を、ワークシート「ツアー」のセル範囲 F4 ～ F10 に表示します。

【4】予測機能を使用して、ワークシート「目標人数試算」の目標売上が 300,000 になるように、セル B6 の目標人数を設定します。

【5】ワークシートの移動やコピー、ワークシート名の変更などができないように、パスワード「tour」を設定してブックを保護します。

プロジェクト3　模擬 1-3_お取り寄せ

お取り寄せギフトの売り上げを集計しています。今後の売上を予測するグラフを設定し、商品別の数量と金額の合計を集計するピボットテーブルを作成しましょう。

【1】関数を使用して、ワークシート「売上一覧」のセル範囲 J4:J441 に、同じ行の「数量」が 10 以上、または「金額」が 30000 以上であれば「無料」、そうでなければ「500」と表示します。

【2】ワークシート「売上一覧」の表を基に、新しいワークシート「商品別集計」に、行ラベルを商品名として、数量と金額の合計を集計するピボットテーブルを作成します。

【3】ワークシート「商品一覧」のセル範囲 C4:C22 に範囲の編集を許可します。その際、範囲のタイトルを「単価入力」、範囲パスワードを「Tanka」にします。ワークシート「商品一覧」をセルの選択はできるようにして、パスワードは設定せずに保護します。

【4】ワークシート「通販サイト」のテーブルに設定された名前を「通販サイト一覧」に変更します。

【5】ワークシート「商品別売上集計」のピボットテーブルをアウトライン形式にし、各アイテムの後ろに空白行を挿入します。

【6】ワークシート「月別集計」のグラフの金額合計に近似曲線の「指数近似」を追加し、3か月先までを予測して表示し、近似曲線名を「3カ月予測」とします。

プロジェクト4　模擬 1-4_パン教室

パン教室の 1 日体験講習会の申込状況の集計を行っています。集計表を完成させ、ピボットテーブルを月別に集計するように変更しましょう。

【1】ワークシート「予約状況」の申込人数の値に、セル G2 に入力されている値より大きい整数を入力すると、スタイルが「停止」、タイトルが「入力エラー」、「定員以下の整数を入力してください。」というエラーメッセージが表示されるようにします。ただし、行が追加された場合もメッセージが表示されるようにします。

【2】関数を使用して、ワークシート「予約状況」の「状況」の列に、残席が 1 ～ 3 の場合に「残席わずか」と表示します。

【3】AND 関数と OR 関数を使用して、ワークシート「予約状況」のセル範囲 G5:G34 に、同じ行の残席が 0 で、かつ開催地が「有楽町」または「新宿」であれば、「教室追加検討対象」の意味で「TRUE」と表示し、そうでなければ「FALSE」と表示します。

【4】ワークシート「開催地別集計」のセル範囲 B4:E8 に、ワークシート「予約状況」の表の開催地、セミナーごとの申込人数の合計を求めます。

【5】ワークシート「月別集計」のピボットテーブルの日付をグループ化して年単位と月単位で表示します。

プロジェクト5　模擬 1-5_宅配サービス

宅配サービスの注文一覧を集計しています。注文の一覧表を完成させ、売れ筋の商品を分析しましょう。

【1】セルのスタイル「表見出し」のセルの背景色を RGB の赤「48」、緑「78」、青「26」に、文字の配置を中央揃えに変更します。

【2】ワークシート「注文一覧」のテーブルの「送料」の列に、INDEX 関数と MATCH 関数を使用して、ワークシート「送料表」の送料を表示します。

【3】ワークシート「注文一覧」のセル範囲 D5:D76 に、会員種別が「一般会員」で、かつ利用回数がセル F2 に入力されている値以上の場合に、フォントが太字、色が「テーマの色」の「オレンジ、アクセント 2、黒＋基本色 50％」の書式を適用します。

【4】ワークシート「セット別集計」にスライサーを挿入し、「ファミリーセット」と「定番セット」の売上金額を集計します。
【5】ワークシート「注文一覧」のセル範囲A4:G76を基に、ワークシート「会員種別集計グラフ」のセルA1を基点とする位置に、会員種別ごとの注文セット別の注文数を集計する積み上げ横棒のピボットグラフを作成します。なお、注文数の集計には、会員番号フィールドを使います。

●模擬練習問題2

プロジェクト1　模擬2-1_勤務管理

勤務管理表を作成しています。時給を求め、表の体裁を整えましょう。

【1】関数を使用して、ワークシート「勤務管理」のセルG3に、セルC4（結合セル）の累計勤務時間に基づき、ワークシート「時給」の表から対応する時給を表示します。
【2】ワークシート「勤務管理」のセルB8から影響を受けるセルをすべてトレースします。
【3】領域内のセルを除いた数式がエラーとしてチェックされないように、エラーチェックルールを設定します。
【4】日付が土日の行に、パターンの色RGBの赤「255」、緑「90」、青「210」、パターンの種類「実線 左下がり斜線 縞」を設定します。曜日を取り扱う際は、月曜日を1、日曜日を7とみなします。
【5】ブックを「勤務管理表_bp」という名前のテンプレートとして、[Officeのカスタムフォルダー]に保存します。

プロジェクト2　模擬2-2_スタッフ検索

派遣スタッフの検索表を作成しています。検索条件を指定して該当者と人数を表示するようにコンボボックスや数式を作成しましょう。

【1】テーマの色を「黄色がかったオレンジ」、テーマのフォントを「Garamond-TrebuchetMs」に変更し、「スタッフ」という名前のテーマとして保存します。
【2】ワークシート「スタッフ一覧」のセルC3付近に、フォームコントロールのコンボボックスを設定し、ワークシート「職種一覧」の職種名がリストから選択できるようにして、セルC3にリンクします。その後、コンボボックスから「OA事務」を選択します。
【3】ワークシート「スタッフ一覧」のセルE4に、検索条件に該当する30代の人数を求める数式を入力します。ただし、数式には「年齢」と「該当」のセルを使用して、スタッフが増えても人数が求められるようにします。
【4】ワークシート「職種一覧」のセル範囲A3:B7を「職種コード」という名前で登録します。名前の適用範囲はブックにします。また、名前付き範囲「検索条件」の参照範囲に表の見出しのセルも含むように変更します。
【5】ワークシート「職種構成」のピボットグラフを「職種構成比グラフ」という名前のテンプレートとして保存します。

プロジェクト3　模擬2-3_担当者別売上

担当者別の売上を集計しています。部署別の売り上げを比較し、参考データを他のブックから読み込みましょう。

【1】ワークシート「担当者別売上」のセル範囲A4:A51が、4～6月の最大売上が1,000,000以上のときに、背景色がRGBの赤「210」、緑「200」、青「45」なるように設定します。
【2】ワークシート「支店別売上」のピボットテーブルの各列のみに総計を表示し、数値を千単位で表示します。
【3】ワークシート「国内売上」のピボットグラフで支店別部署別の売り上げを比較します。ただし、海外営業部は除きます。
【4】ワークシート「参考_担当者別売上1～3月」のセルA3を基点とする位置に、「模擬練習問題」フォルダーのブック「担当者別売上（1～3月）_bp」のワークシート「1～3月」の「所属」、「前期売上」、「達成率」の列を除いたデータをテーブルとして取得します。
【5】5分ごとに自動回復用データを保存し、保存しないで終了した場合に最後に自動保存されたデータを残す設定にします。さらに、警告を表示してすべてのマクロを無効にする設定にします。

プロジェクト4　模擬2-4_食器売上記録

食器の売上を集計しています。集計表を完成させ、売上を分析するピボットグラフを作成しましょう。

【1】テーブル「商品別集計」の数式を変更し、テーブル「売上記録表」の商品別の売上数と売上金額を集計します。
【2】AND関数とOR関数を使用して、ワークシート「売上記録」の「ペア」列に、同じ行の数量が「2」で、分類が「グラス」または「カップ」であれば、「TRUE」と表示し、そうでなければ「FALSE」と表示します。
【3】ワークシート「年代別売上」のピボットテーブルのすべての小計をグループの末尾に表示します。
【4】ワークシート「年代別売上」のピボットテーブルはこのブックのデータモデルを使用して作成したものです。セルD4に2つのキューブ関数を使用して、20～30代で最も売上金額が大きい商品名を表示します。
【5】ワークシート「売上記録」のテーブルを基に、ワークシート「売上分析」のセルA3を基点とする位置に、軸（分類項目）に分類、凡例（系列）に性別を設定して、購入金額を集計する集合縦棒のピボットグラフを作成します。性別の並び順が「男」「女」になるようにします。

プロジェクト5　模擬2-5_ツアー申込

バスツアーの料金表を完成させ、予約状況を分析しましょう。

【1】ワークシート「ツアー」のセルF1（結合セル）の日付を英語（米国）の「14-Mar-2012」の形式で表示します。
【2】ワークシート「ツアー」のセル範囲A6:A10に、フィル機能を使用して「9月」を表示します。書式は変更しません。
【3】ウォッチウィンドウに、ワークシート「予約」の「人数」の列と「金額」の列の合計の値を表示します。表示後、ウィンドウを閉じます。
【4】ワークシート「予約状況」のピボットテーブルのデータが、ファイルを開いたときに自動的に更新されるように設定します。
【5】ワークシート「予約状況」のピボットグラフの「金額／合計」を面グラフに変更し、第2軸で表します。
【6】ワークシート「目標人数試算」のセルB3のツアーIDを、ワークシート「ツアー」のセル範囲B4:B10のリストから選択して入力できるようにします。それ以外のデータを入力した場合は、スタイルが「注意」、タイトルが「ツアーIDの入力」の「リストから選択してください。」というメッセージが表示されるようにします。

模擬テストプログラムの使い方

1. 模擬テスト実施前に必ずお読みください

模擬テストプログラム「MOS 模擬テスト Excel 2016 エキスパート」（以下、本プログラム）をご利用の際は、以下を必ずご確認ください。

●判定基準
正誤判定は弊社独自の基準で行っています。MOS 試験の判定基準と同じであるという保証はしておりません。

●利用環境による影響
本プログラムの正解判定は、利用環境によって変わる可能性があります。Office の各種設定を既定以外にしている場合や、Office が更新された場合などに、正解操作をしても不正解と判定されることや正解操作ができないことがあります。正解操作と思われる場合は正解と判断し学習を進めてください。

●複数の操作がある場合の判定
解答操作の方法が複数ある場合は、どの方法で解答しても、実行した結果が同じであれば同じ判定結果になります。［解答を見る］および後ろのページにある「模擬テストプログラム　問題と解答」ではそのうちの一つの操作方法だけ（解答の例）を記述しているので、ほかの操作方法でも正解と判定されることがあります。

●起動前に Excel 2016 を終了する
Excel 2016 が起動していると、本プログラムを起動できません。事前に Excel 2016 を終了させてください。

● Office 2016 のインストールを確認する
本プログラムは、Office 2016 日本語版以外のバージョンや Microsoft 以外の互換 Office では動作いたしません。また、Office 2016 とほかのバージョンや Microsoft 以外の互換 Office が混在した環境では、本プログラムの動作を保証しておりません。なお、Office 2016 日本語版であってもストアアプリ版では動作しません。その場合は、デスクトップアプリ版に入れ替えてご利用ください。お使いの Office 2016 がどちらのタイプか確認する方法およびデスクトップ版に入れ替える方法は、http://ec.nikkeibp.co.jp/msp/TXT/importance/mos_2016uwp.shtml を参照してください。

●インストールが進行しない場合
「インストールしています」の画面が表示されてからインストールが開始されるまで、かなり長い時間がかかる場合があります。インストールの進行を示すバーが変化しなくても、そのまましばらくお待ちください。

●ダイアログボックスは閉じる

Excel のダイアログボックスを開いたまま、［採点］、［次のページ］、［レビューページ］、［リセット］、［テスト中止］をクリックすると、正しく動作しないことがあります。ダイアログボックスを閉じてからボタンをクリックしてください。

●本プログラムが異常終了した場合はマクロの設定を確認する

本プログラムにはマクロを実行する問題が含まれるため、実行中はマクロの設定を一時的に変更しています。そのため、エラーの発生やコンピューターの停止などにより正常に終了できなかった場合、マクロの設定が変更されたままになっている可能性があります。その場合は Excel を起動して［ファイル］タブの［オプション］から［Excel のオプション］ダイアログボックスを開き、［セキュリティセンター］で［セキュリティセンターの設定］ボタンをクリックしてください。そして［セキュリティセンター］ダイアログボックスの［マクロの設定］で［警告を表示してすべてのマクロを無効にする］をオンにしてください。

●ダイアログボックスのサイズが大きいとき

Windows で［ディスプレイ］の設定を 100%より大きくしていると、一部の項目や文字が表示されなくなることが あります。その場合は表示の設定を 100%にしてください。

●保存したファイルが残る場合

ファイルやテンプレートに名前を付けて保存する問題で、問題の指示と異なる名前で保存したり、異なるフォルダーに保存したりすると、テスト終了後にファイルが残ってしまう場合があります。その場合は、該当の保存先を開いてファイルを削除してください。［ドキュメント］フォルダーに保存する指示がある場合、OneDrive の［ドキュメント］ではなくコンピューターの［ドキュメント］に保存するよう気をつけてください。

●ディスクの空き容量が少ない場合

本番モードで模擬テストを実施し、［テスト終了］ボタンをクリックすると、「保存先のディスクに十分な空き容量がないか、準備ができていません。」というメッセージが表示されることがあります。成績ファイルを保存するフォルダーの変更は［オプション］ダイアログボックスで行います。

●英数字の入力

特別な指示がない場合、英数字は半角で入力します。入力する文字列が「」で囲む形式で指示されている問題では、「」内の文字だけを入力します。

●正しい操作をしているのに不正解と判定される場合

主に Office の更新などに伴い、環境によっては正解操作をしても本プログラムが不正解と判定することがあります。その場合は、正しい操作で解答していることを確認したうえで、判定は不正解でも実際には正解であると判断して学習を進めてください。

2. 利用環境

本プログラムを利用するには、次の環境が必要です。以下の条件を満たしていても、コンピューターの個別の状態などにより利用できない場合があります。

OS	Windows 7、Windows 8.1、Windows 10
アプリケーションソフト	デスクトップアプリ版 Microsoft Office 2016（日本語版、32 ビットおよび 64 ビット）をインストールし、ライセンス認証を完了させた状態。
インターネット	本プログラムの実行にインターネット接続は不要ですが、本プログラムの更新プログラムの適用にはインターネット接続が必要です。
ハードディスク	200 MB 以上の空き容量が必要です。
画面解像度	横 1280 ピクセル以上を推奨します。
CD-ROM ドライブ	本プログラムのインストールが完了していれば不要です。

※ 本プログラムは、Office 2016 以外のバージョンや Microsoft 以外の互換 Office では動作いたしません。また、Office 2016 とほかのバージョンや Microsoft 以外の互換 Office が混在した環境では、本プログラムの動作を保証しておりません。

※ Office 2016 は、本プログラムのインストールより先にインストールしてください。本プログラムのインストール後に Office のインストールや再インストールを行う場合は、いったん本プログラムをアンインストールしてください。

3. プログラムの更新

本プログラムは、問題の正解判定に影響があるような Office の更新が行われた場合や、データの誤りが判明した場合などに、更新プログラムを提供することがあります。コンピューターがインターネットに接続されている場合、更新プログラムがあるとその数を以下のようにかっこで表示します。

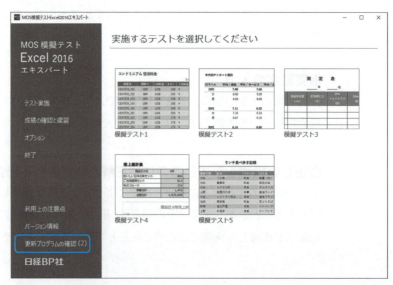

［更新プログラムの確認］をクリックすると、更新内容が確認できますので、必要に応じて［インストール］ボタンをクリックしてください。あとは自動で更新が行われます。その際、Windows の管理者のパスワードを求められることがあります。

4. 模擬テストの実施

① Excel が起動している場合は終了します。
② デスクトップの [MOS 模擬テスト Excel2016 エキスパート] のショートカットアイコンをダブルクリックします。
③ [テスト実施] 画面が表示されます。

●[テスト実施] 画面

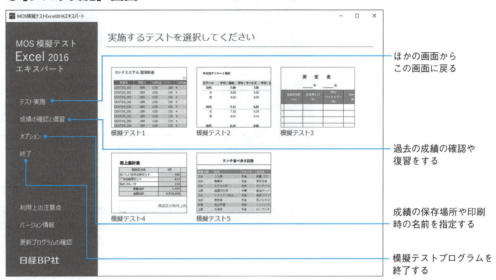

●練習モードで模擬テストを実施

一つのタスクごとに採点するモードです。

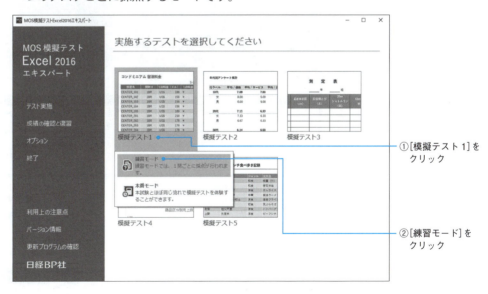

模擬テストプログラムの使い方 | 307

出題するタスクを選択する画面が表示されます。チェックボックスを使って出題されるタスクを選択します。

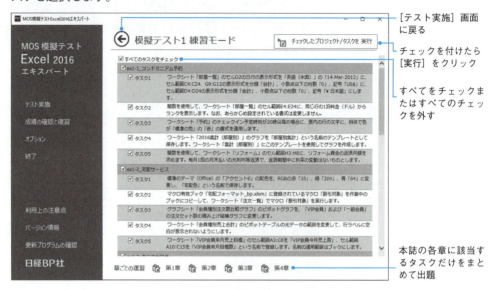

問題文に従って解答操作を行い、[採点] をクリックします。

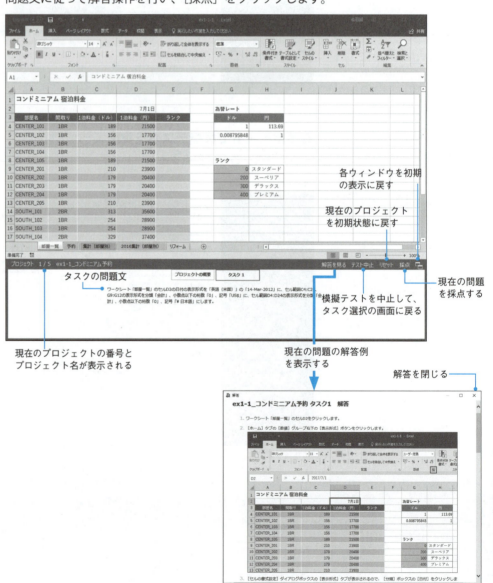

●本番モードで模擬テストを実施

MOS試験と同様、50分で1回分のテストを行い最後に採点するモードです。制限時間を過ぎると自動的に終了します。

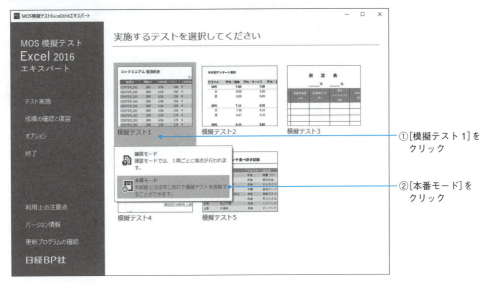

① [模擬テスト1]をクリック
② [本番モード]をクリック

プロジェクト中の全部のタスクを解答またはスキップしたら次のプロジェクトに移行します。

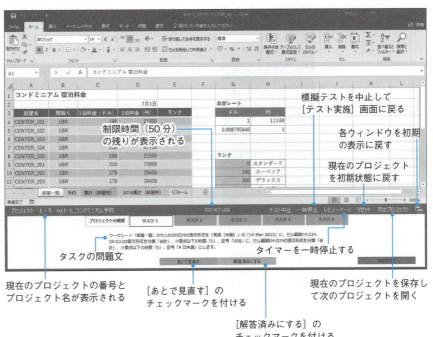

模擬テストを中止して[テスト実施]画面に戻る
各ウィンドウを初期の表示に戻す
現在のプロジェクトを初期状態に戻す
制限時間(50分)の残りが表示される
タスクの問題文
現在のプロジェクトの番号とプロジェクト名が表示される
[あとで見直す]のチェックマークを付ける
[解答済みにする]のチェックマークを付ける
タイマーを一時停止する
現在のプロジェクトを保存して次のプロジェクトを開く

模擬テストプログラムの使い方 | 309

全部のプロジェクトが終了したら、レビューページが表示されます。タスク番号をクリックすると試験の操作画面に戻ります。

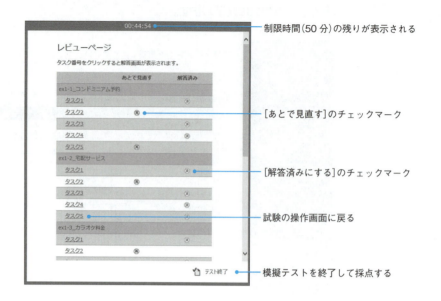

- 制限時間(50分)の残りが表示される
- [あとで見直す]のチェックマーク
- [解答済みにする]のチェックマーク
- 試験の操作画面に戻る
- 模擬テストを終了して採点する

●[結果レポート]画面

本番モードを終了すると、合否と得点、各問題の正解/不正解を示す[結果レポート]画面が表示されます。

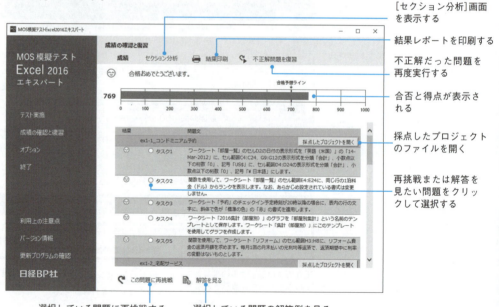

- [セクション分析]画面を表示する
- 結果レポートを印刷する
- 不正解だった問題を再度実行する
- 合否と得点が表示される
- 採点したプロジェクトのファイルを開く
- 再挑戦または解答を見たい問題をクリックして選択する
- 選択している問題に再挑戦する
- 選択している問題の解答例を見る

[採点したプロジェクトを開く]

模擬テスト終了時のExcel画面が表示され、確認することができます（文書に保存されないオプション設定は反映されません）。模擬テスト終了時の文書を保存したい場合は、Excelで［名前を付けて保存］を実行し、適当なフォルダーに適当なファイル名で保存してください。Excel画面を閉じると、［結果レポート］画面に戻ります。

[セクション分析]

本誌のどの章（セクション）で説明されている機能を使うかでタスクを分類し、セクションごとの正答率を示します。

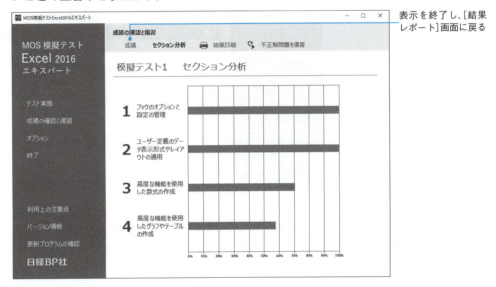

表示を終了し、［結果レポート］画面に戻る

[印刷]

模擬テストの結果レポートを印刷できます。

印刷を終了し、［結果レポート］画面に戻る

印刷を開始する

模擬テストプログラムの使い方 | 311

● ［成績の確認と復習］画面

これまでに実施した模擬テストの成績の一覧です。問題ごとに正解/不正解を確認したり復習したりするときは、各行をクリックして［結果レポート］画面を表示します。成績は新しいものから20回分が保存されます。

成績はWindowsにサインイン/ログオンするアカウントごとに記録されます。別のアカウントで模擬テストを実施した場合、それまでの成績は参照できないのでご注意ください。

各行の成績を削除する

各行をクリックするとその模擬テストの［結果レポート］画面が表示される

● ［オプション］ダイアログボックス

成績ファイルを保存するフォルダーと、成績を印刷する場合の既定のお名前を指定できます。

成績ファイルを保存するフォルダーは、現在のユーザーの書き込み権限と、約80MB以上の空き容量が必要です。［保存先フォルダー］ボックスを空白にして［OK］ボタンをクリックすると、既定のフォルダーに戻ります。

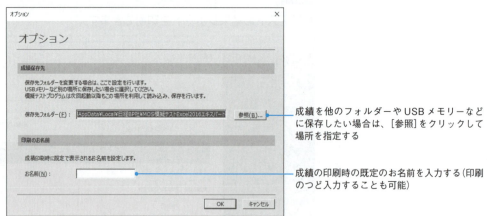

成績を他のフォルダーやUSBメモリーなどに保存したい場合は、［参照］をクリックして場所を指定する

成績の印刷時の既定のお名前を入力する（印刷のつど入力することも可能）

● 終了

［テスト実施］画面で［終了］をクリックすると、模擬テストプログラムが終了します。

模擬テストプログラム 問題と解答

●模擬テスト1

プロジェクト1　コンドミニアム予約

【タスク1】 ワークシート「部屋一覧」のセルD2の日付の表示形式を「英語（米国）」の「14-Mar-2012」に、セル範囲C4:C24、G9:G12の表示形式を分類「会計」、小数点以下の桁数「0」、記号「US$」に、セル範囲D4:D24の表示形式を分類「会計」、小数点以下の桁数「0」、記号「¥ 日本語」にします。

① ワークシート「部屋一覧」のセルD2をクリックします。
② ［ホーム］タブの［数値］グループ右下の［表示形式］ボタンをクリックします。
③ ［セルの書式設定］ダイアログボックスの［表示形式］タブが表示されるので、［分類］ボックスの［日付］をクリックします。
④ ［ロケール（国または地域）］ボックスの▼をクリックし、一覧から［英語（米国）］をクリックします。
⑤ ［種類］ボックスの一覧から［14-Mar-2012］をクリックします。
⑥ ［サンプル］に「1-Jul-2017」と表示されたことを確認し、［OK］をクリックします。
⑦ セルD2の日付が「1-Jul-2017」の形式になります。
⑧ セルC4～C24を範囲選択します。
⑨ Ctrlキーを押しながら、セルG9～G12を範囲選択します。
⑩ ［ホーム］タブの［数値］グループ右下の［表示形式］ボタンをクリックします。
⑪ ［セルの書式設定］ダイアログボックスの［表示形式］タブが表示されるので、［分類］ボックスの［会計］をクリックします。
⑫ ［記号］ボックスの▼をクリックし、一覧から［US$］をクリックします。
⑬ ［小数点以下の桁数］ボックスを「0」にします。
⑭ ［サンプル］に「US$-」などと表示されたことを確認し、［OK］をクリックします。
⑮ セルC4～C24とセルG9～G12の数値が、「US$」の会計表示形式になります。
⑯ セルD4～D24を範囲選択します。
⑰ ［ホーム］タブの［数値］グループ右下の［表示形式］ボタンをクリックします。
⑱ ［セルの書式設定］ダイアログボックスの［表示形式］タブが表示されるので、［分類］ボックスの［会計］をクリックします。
⑲ ［記号］ボックスの▼をクリックし、一覧から［¥ 日本語］をクリックします。
⑳ ［小数点以下の桁数］ボックスを「0」にします。
㉑ ［サンプル］に「¥21,500」などと表示されたことを確認し、［OK］をクリックします。
㉒ セルC4～C24の数値が、「¥ 日本語」の会計表示形式になります。

【タスク2】 関数を使用して、ワークシート「部屋一覧」のセル範囲E4:E24に、同じ行の1泊料金（ドル）からランクを表示します。なお、あらかじめ設定されている書式は変更しません。

① ワークシート「部屋一覧」のセルE4をクリックします。
② ［数式］タブの［検索/行列］ボタンをクリックします。
③ 一覧から［VLOOKUP］をクリックします。
④ VLOOKUP関数の［関数の引数］ダイアログボックスが表示されるので、［検索値］ボックスにカーソルが表示されていることを確認し、セルC4をクリックします。
⑤ ［検索値］ボックスに「C4」と表示されます。
⑥ ［範囲］ボックスをクリックし、セルG9～H12を範囲選択し、F4キーを1回押します。
⑦ ［範囲］ボックスに「$G$9:$H$12」と表示されます。
⑧ ［列番号］ボックスをクリックし、「2」と入力します。
⑨ ［検索方法］ボックスをクリックし、「TRUE」を入力します。
※ ［検索方法］ボックスには何も入力しないか、「0」以外の数値を入力してもかまいません。
⑩ 数式の結果としてセルC4の1泊料金（ドル）に対応するランク「スタンダード」が表示されていることを確認します。
⑪ ［OK］をクリックします。
⑫ 数式バーに「=VLOOKUP(C4,$G$9:$H$12,2,TRUE)」と表示されたことを確認します。
※ ［関数の引数］ダイアログボックスを使わずに、この数式を直接セルに入力してもかまいません。
⑬ セルE4に、セルC4の1泊料金（ドル）に対応するランク「スタンダード」が表示されていることを確認します。
⑭ セルE4の右下のフィルハンドルをポイントし、マウスポインターの形が＋に変わったら、ダブルクリックします。
⑮ セルE4の数式がセルE5～E24にコピーされ、同じ行の1泊料金（ドル）に応じたランクが表示されます。
⑯ E列の右にある［オートフィルオプション］ボタンをクリックし、一覧から［書式なしコピー（フィル）］をクリックします。
⑰ セルE5～E24の塗りつぶしの色と罫線が元に戻ります。

【タスク3】 ワークシート「予約」のチェックイン予定時刻が20時以降の場合に、表内の行の文字に、斜体で色が「標準の色」の「赤」の書式を適用します。

① ワークシート「予約」のセルA4～J56を範囲選択します。
② ［ホーム］タブの［条件付き書式］ボタンをクリックします。
③ ［新しいルール］をクリックします。
④ ［新しい書式ルール］ダイアログボックスが表示されるので、［ルールの種類を選択してください］の一覧から［数式を使用して、書式設定するセルを決定］をクリックします。
⑤ ［ルールの内容を編集してください］の［次の数式を満たす場合に値を書式設定］ボックスに「=$F4>=TIME(20,0,0)」と入力します。
⑥ ［書式］をクリックします。
⑦ ［セルの書式設定］ダイアログボックスが表示されるので、［フォント］タブの［スタイル］ボックスの［斜体］をクリックします。
⑧ ［色］ボックスの▼をクリックし、［標準の色］の一覧から［赤］をクリックします。
⑨ ［プレビュー］で、フォントのスタイルが斜体、色が赤色になっていることを確認し、［OK］をクリックします。
⑩ ［新しい書式ルール］ダイアログボックスの［プレビュー］がフォントのスタイルが斜体、色が赤色になっていることを確認し、［OK］をクリックします。
⑪ セルF4～F56のチェックイン予定時刻が20時以降の場合は、該当する行でフォントのスタイルが斜体、色が赤色になります。

【タスク4】 ワークシート「2016集計（部屋別）」のグラフを「部屋別集計」という名前のテンプレートとして保存します。ワークシート「集計（部屋別）」にこのテンプレートを使用してグラフを作成します。

① ワークシート「2016集計（部屋別）」のグラフを右クリックし、ショートカットメニューの［テンプレートとして保存］をクリックします。
② ［グラフテンプレートの保存］ダイアログボックスが表示されるので、［ファイルの場所］ボックスが［Charts］フォルダーになっていること、［ファイルの種類］ボックスが［グラフテンプレートファイル］になっていることを確認します。
③ ［ファイル名］ボックスに「部屋別集計」と入力します。
④ ［保存］をクリックします。

⑤ ワークシート「集計（部屋別）」のシート見出しをクリックし、セル A3 〜 F24 の範囲内の任意のセルをクリックします。
⑥ ［挿入］タブの［おすすめグラフ］ボタンをクリックします。
⑦ ［グラフの挿入］ダイアログボックスが表示されるので、［すべてのグラフ］タブの［テンプレート］をクリックします。
⑧ ［マイテンプレート］の一覧から［部屋別集計］をクリックします。
⑨ ［OK］をクリックします。
⑩ ワークシート「2016 集計（部屋別）」のグラフと同様の、項目軸が部屋名、4 〜 7 月宿泊日数が積み上げ縦棒、4 〜 7 月金額合計（千円）が折れ線で第 2 軸のグラフが表示されます。

【タスク 5】関数を使用して、ワークシート「リフォーム」のセル範囲 H3:H8 に、リフォーム資金の返済月額を求めます。毎月 1 回の月末払いの元利均等返済で、返済期間中に利率の変動はないものとします。

① ワークシート「リフォーム」のセル H3 をクリックします。
② ［数式］タブの［財務］ボタンをクリックします。
③ 一覧から［PMT］をクリックします。
④ PMT 関数の［関数の引数］ダイアログボックスが表示されるので、［利率］ボックスにカーソルが表示されていることを確認し、セル E3 をクリックします。
⑤ ［利率］ボックスに「E3」と表示されるので、F4 キーを押して、「$E$3」にします。
⑥ 月単位の利率にするため、続けて「/12」と入力します。
⑦ ［期間］ボックスをクリックし、セル G3 をクリックします。
⑧ ［期間］ボックスに「G3」と表示されるので、月単位の期間にするため、続けて「*12」と入力します。
⑨ ［現在価値］ボックスをクリックし、セル E2 をクリックし、F4 キーを押して、「$E$2」にします。
⑩ ［将来価値］ボックスには何も入力しないか、「0」を入力します。
⑪ ［支払期日］ボックスには何も入力しないか、「0」を入力します。
⑫ 数式の結果として「-1347318.538」が表示されていることを確認します。
⑬ ［OK］をクリックします。
⑭ 数式バーに「=PMT($E$3/12,G3*12,$E$2)」または「=PMT($E$3/12,G3*12,$E$2,0,0)」と表示されたことを確認します。
※ ［関数の引数］ダイアログボックスを使わずに、この数式を直接セルに入力してもかまいません。
⑮ セル H3 に、「¥-1,347,319」と赤字で表示されていることを確認します。
⑯ セル H3 の右下のフィルハンドルをポイントし、マウスポインターの形が＋に変わったら、ダブルクリックします。
⑰ セル H3 の数式がセル H4 〜 H9 にコピーされ、同じ行の年数に応じた返済月額が表示されます。

プロジェクト 2　宅配サービス

【タスク 1】標準のテーマ（Office）の「アクセント 6」の配色を、RGB の赤「35」、緑「209」、青「64」に変更し、「宅配色」という名前で保存します。

① ［ページレイアウト］タブの［配色］ボタンをクリックします。
② ［Office］の［Office］が選択されていることを確認します。
③ ［色のカスタマイズ］をクリックします。
④ ［新しい配色パターンの作成］ダイアログボックスが表示され、［名前］ボックスに「ユーザー定義 1」が選択されているので、代わりに「宅配色」と入力します。
⑤ ［テーマの色］の［アクセント 6］の色のボタンをクリックします。
⑥ ［その他の色］をクリックします。
⑦ ［色の設定］ダイアログボックスが表示されるので、［ユーザー設定］タブの［カラーモデル］ボックスに「RGB」が表示されていることを確認し、［赤］ボックスを「35」、［緑］ボックスを「209」、［青］ボックスを「64」にします。

⑧ ［新規］に明るい緑色が表示されていることを確認し、［OK］をクリックします。
⑨ ［新しい配色パターンの作成］ダイアログボックスの［アクセント 6］の色のボタンに明るい緑色が表示されます。
⑩ ［保存］をクリックします。
⑪ テーマの色の「アクセント 6」が設定されていた箇所（ワークシート「注文一覧」のセル A1 のフォントの色、セル F2 〜 F3、セル A5 〜 H5 の塗りつぶしの色など）が明るい緑色に変わります。

【タスク 2】マクロ有効ブック「宅配フォーマット _bp.xlsm」に登録されているマクロ「割引対象」を作業中のブックにコピーして、ワークシート「注文一覧」でマクロ「割引対象」を実行します。

① ［表示］タブの［マクロ］ボタンをクリックします。
② ［マクロ］ダイアログボックスが表示されるので、［マクロ名］の一覧に［宅配フォーマット _bp.xlsm! 割引対象］が表示されていることを確認し、［編集］をクリックします。
③ VBE（Microsoft Visual Basic for Applications の編集ウィンドウ）が起動します。
④ ［プロジェクト］作業ウィンドウの［VBAProject（宅配フォーマット .xlsm）］の［標準モジュール］の［Module1］を［VBAProject（ex1-2_ 宅配サービス _bp.xlsm）］（練習モードでは「ex1-2-2.xlsm」）にドラッグします（ドラッグしている間はマウスポインターの形が＋の付いた形になります）。
⑤ マウスのボタンから指を離すと、［VBAProject（ex1-2_ 宅配サービス _bp.xlsm）］の下に［標準モジュール］がコピーされます。
⑥ VBE（Microsoft Visual Basic for Applications の編集ウィンドウ）の閉じるボタンをクリックして、VBE を閉じます。
⑦ 作業中のブック「ex1-2_ 宅配サービス _bp」（練習モードの場合は「ex1-2-2」）のワークシート「注文一覧」のシート見出しをクリックします。
⑧ ［表示］タブの［マクロ］ボタンをクリックします。
⑨ ［マクロ］ダイアログボックスが表示されるので、［マクロ］ボックスの［割引対象］が選択されていることを確認し、［実行］をクリックします。
⑩ マクロ「割引対象」が実行され、会員種別が「VIP 会員」で利用回数が 30 回以上の行の塗りつぶしの色がピンクに設定されます。

【タスク 3】グラフシート「会員種別注文数比較グラフ」のピボットグラフを、「VIP 会員」および「一般会員」の注文セット数の積み上げ縦棒グラフに変更します。

① グラフシート「会員種別注文数比較グラフ」のピボットグラフをクリックします。
② ［ピボットグラフのフィールド］作業ウィンドウの［軸（分類項目）］ボックスの［注文セット］を［凡例（系列）］ボックスにドラッグします。
③ 注文セットがグラフの横軸から凡例（系列）に変更されます。
④ ［デザイン］タブの［グラフの種類の変更］ボタンをクリックします。
⑤ ［グラフの種類の変更］ダイアログボックスが表示されるので、［縦棒］の［積み上げ縦棒］をクリックします。
⑥ ［OK］をクリックします。
⑦ 会員種別ごとの注文セット数の積み上げグラフに変更されます。
⑧ グラフ内の［会員種別］ボタンをクリックし、［お試し］チェックボックスをオフにします。
⑨ ［OK］をクリックします。
⑩ グラフの項目の「お試し会員」が非表示になり、［凡例］の「お試しセット」も非表示になります。

【タスク4】ワークシート「会員種別売上合計」のピボットテーブルの元データの範囲を変更して、行ラベルに空白が表示されないようにします。

① ワークシート「会員種別売上合計」のピボットテーブル内の任意のセルをクリックします。
② [分析] タブの [データソースの変更] ボタンをクリックします。
③ [ピボットテーブルのデータソースの変更] ダイアログボックスが表示されるので、[分析するデータを選択してください。] の [テーブルまたは範囲を選択] が選択されていることを確認し、[テーブル／範囲] の「注文一覧!$A$5:$H$80」を「注文一覧!$A$5:$H$77」に変更します。
④ [OK] をクリックします。
⑤ ワークシート「会員種別売上合計」のピボットテーブルの行ラベルの「(空白)」がなくなります。

【タスク5】ワークシート「VIP会員来月売上目標」のセル範囲A3:C8を「VIP会員今月売上数」、セル範囲A10:C15を「VIP会員来月目標数」という名前で登録します。名前の適用範囲はブックにします。

① ワークシート「VIP会員来月売上目標」のセルA3～C8を範囲選択します。
② [数式] タブの [名前の定義] ボタンをクリックします。
③ [新しい名前] ダイアログボックスが表示されるので、[名前] ボックスに「VIP会員今月売上数」と入力します。
④ [範囲] ボックスに「ブック」と表示されていることを確認します。
⑤ [参照範囲] ボックスに「=VIP会員売上目標!$A$3:$C$8」と表示されていることを確認します。
⑥ [OK] をクリックします。
⑦ 同様にセルA10～C15を「VIP会員来月目標数」という名前で、範囲が「ブック」であることを確認して登録します。

プロジェクト3　カラオケ料金

【タスク1】ワークシート「料金計算」のセルG1（結合セル）に現在の日付と時刻を、「2012/3/14 1:30 PM」の形式で表示します。

① ワークシート「料金計算」のセルG1（結合セル）に「=NOW()」と入力し、Enterキーを押します。
② 現在の日付と時刻が「2012/3/14 13:30」の形式で表示されます。
③ セルG1（結合セル）をクリックします。
④ [ホーム] タブの [数値] グループ右下の [表示形式] ボタンをクリックします。
⑤ [セルの書式設定] ダイアログボックスの [表示形式] タブが表示されるので、[分類] ボックスの [日付] をクリックします。
⑥ [種類] ボックスの [2012/3/14 1:30 PM] をクリックします。
⑦ [サンプル] に「2018/1/15 1:57 PM」などと表示されたことを確認し、[OK] をクリックします。
⑧ セルG1の日付と時刻が「2012/3/14 1:30 PM」の表示形式になります。

【タスク2】INDEX関数を使用して、ワークシート「料金計算」のセルD7に、会員種類をもとに、ワークシート「料金表」を参照して、昼間の料金を表示する数式を入力します。さらに、数式をコピーして、セルD8に、夜間の料金を表示します。なお、あらかじめ設定されている書式は変更しません。

① ワークシート「料金計算」のセルD7をクリックします。
② [数式] タブの [検索/行列] ボタンをクリックします。
③ 一覧から [INDEX] をクリックします。
④ INDEX関数の [引数の選択] ダイアログボックスが表示されるので、[引数] の [配列,行番号,列番号] をクリックします。
⑤ [OK] をクリックします。
⑥ INDEX関数の [関数の引数] ダイアログボックスが表示されるので、[配列] ボックスにカーソルがあることを確認し、ワークシート「料金表」のシート見出しをクリックします。
⑦ セルC4～D6をドラッグします。
⑧ [配列] ボックスに「料金表!C4:D6」と表示されるので、F4キーを押して、「料金表!$C$4:$D$6」とします。
⑨ [行番号] ボックスをクリックして、ワークシート「料金計算」のセルD4をクリックします。
⑩ [行番号] ボックスに「D4」と表示されるので、F4キーを押して、「$D$4」にします。
⑪ [列番号] ボックスをクリックして、セルB7をクリックします。
⑫ [列番号] ボックスに「B7」と入力されます。
⑬ 数式の結果として、現在選択されている会員種類「一般」のときの昼間の料金「¥250」が表示されます。
⑭ [OK] をクリックします。
⑮ 数式バーに「=INDEX(料金表!$C$4:$D$6,$D$4,B7)」と表示されます。
※ [関数の引数] ダイアログボックスを使わずに、この数式を直接セルに入力してもかまいません。
⑯ セルD7に現在選択されている会員種類「一般」の昼間の料金「¥250」が表示されます。
⑰ セルD7の右下のフィルハンドルをポイントし、マウスポインターの形が+に変わったら、ダブルクリックします。
⑱ セルD8に数式がコピーされ、会員種類「一般」の夜間の料金「¥500」が表示されます。
⑲ セルD8の右下にある [オートフィルオプション] ボタンをクリックし、一覧から [書式なしコピー（フィル）] をクリックします。
⑳ セルD8の塗りつぶしの色が元に戻ります。

【タスク3】ワークシート「料金計算」のセルC11のチェックボックスがオンの場合にセルD11に「TRUE」、オフの場合に「FALSE」と表示されるよう設定します。

① リボン上で右クリックし、ショートカットメニューの [リボンのユーザー設定] をクリックします。
② [Excelのオプション] ダイアログボックスの [リボンのユーザー設定] が表示されるので、[リボンのユーザー設定] の下側のボックスの一覧の [開発] チェックボックスをオンにします。
③ [OK] をクリックします。
④ リボンに [開発] タブが表示されます。
⑤ ワークシート「料金計算」のセルC11のチェックボックスを、Ctrlキーを押しながらクリックします。
⑥ [開発] タブの [プロパティ] ボタンをクリックします。
⑦ [コントロールの書式設定] ダイアログボックスの [リンクするセル] ボックスをクリックします。
⑧ セルD11をクリックします。
⑨ [リンクするセル] ボックスに「$D$11」と表示されます。
⑩ [OK] をクリックします。
⑪ セルD11に「TRUE」と表示されます。

【タスク4】ワークシート「料金表」のセル範囲C4:D6に範囲の編集を許可します。その際、範囲のタイトルを「料金入力」、範囲パスワードを「1234」にします。ワークシート「料金表」をパスワードを設定せずに保護します。

① ワークシート「料金表」のセルC4～D6を範囲選択します。
② [校閲] タブの [範囲の編集を許可] ボタンをクリックします。
③ [範囲の編集の許可] ダイアログボックスが表示されるので、[新規] ボタンをクリックします。
④ [新しい範囲] ダイアログボックスが表示されるので、[タイトル] ボックスに「料金入力」と入力します。
⑤ [セル参照] ボックスに「=$C$4:$D$6」と表示されていることを確認します。

⑥ ［範囲パスワード］ボックスに「1234」と入力します。
※ 画面上には「****」と表示されます。
⑦ ［OK］をクリックします。
⑧ ［パスワードの確認］ダイアログボックスが表示されるので、「パスワードをもう一度入力してください。」ボックスに再度「1234」と入力します。
⑨ ［OK］をクリックします。
⑩ ［範囲の編集を許可］ダイアログボックスの［シートが保護されているときにパスワードでロックを解除する範囲］ボックスに、タイトル「料金入力」、セルの参照に「$C$4:$D$6」と表示されていることを確認します。
⑪ ［シートの保護］をクリックします。
⑫ ［シートの保護］ダイアログボックスが表示されるので、［シートの保護を解除するためのパスワード］ボックスには入力せずに、［シートとロックされたセルの内容を保護する］チェックボックスがオンになっていることを確認します。
⑬ ［このシートのすべてのユーザーに許可する操作］ボックスの［ロックされたセル範囲の選択］と［ロックされていないセル範囲の選択］チェックボックスがオンになっていることを確認します。
⑭ ［OK］をクリックします。

【タスク5】ワークシート「都内店舗」のセル B3 を基点とする位置に、「ドキュメント」フォルダーのブック「カラオケ店舗_bp」のワークシート「店舗一覧」の「部屋数」の列を除いた「東京都」の店舗のデータをテーブルとして取得します。

① ワークシート「都内店舗」のセル B3 をクリックします。
② ［データ］タブの［データの取得］ボタンをクリックします。
※ ［データの取得］ボタンがない場合は［新しいクエリ］ボタンをクリックします。
③ ［ファイルから］の［ブックから］をクリックします。
④ ［データの取り込み］ダイアログボックスが表示されるので、［ファイルの場所］ボックスに［ドキュメント］が表示されていることを確認し、［カラオケ店舗_bp］をクリックします。
⑤ ［インポート］をクリックします。
⑥ ［ナビゲーター］ウィンドウが表示されるので、［カラオケ店舗_bp.xlsx］の［店舗一覧］をクリックします。
⑦ ［編集］をクリックします。
⑧ ［店舗一覧 - クエリエディター］ウィンドウが表示されるので、［住所］の▼をクリックします。
⑨ ［検索］ボックスに「東京都」と入力します。
⑩ 東京都のデータだけが抽出されます。
⑪ ［部屋数］をクリックします。
⑫ ［部屋数］の列が選択されます。
⑬ ［ホーム］タブの［列の削除］ボタンをクリックします。
⑭ ［部屋数］の列が削除されます。
⑮ ［ホーム］タブの［閉じて読み込む］ボタンの▼をクリックします。
⑯ ［閉じて次に読み込む］をクリックします。
⑰ ［データのインポート］ダイアログボックスが表示されるので、［このデータをブックでどのように表示するかを選択してください。］の［テーブル］が選択されていることを確認します。
※ ②で［新しいクエリ］を選んだ場合は、［読み込み先］ダイアログボックスが表示されるので、「ブックでデータを表示する方法を選んでください。」の［テーブル］が選択されていることを確認します。
⑱ ［データを返す先を選択してください。］の［既存のワークシート］をクリックします。
※ ［読み込み先］ダイアログボックスでは、「データの読み込み先を選びます。」の［既存のワークシート］をクリックします。
⑲ 下のボックスに「=$B$3」と表示されていることを確認します。
⑳ ［OK］をクリックします。
※ ［読み込み先］ダイアログボックスでは、［読み込み］をクリックします。

㉑ ワークシート「都内店舗」のセル B3 を基点とする位置にテーブルがインポートされます。
㉒ ［クエリと接続］作業ウィンドウに、「店舗一覧 31 行読み込まれました。」と表示されていることを確認します。
㉓ ［閉じる］ボタンをクリックして、［クエリと接続］作業ウィンドウを閉じます。

プロジェクト4　チケット予約

【タスク1】セルのスタイル「表見出し」の文字の配置を中央揃えに変更します。

① ［ホーム］タブの［セルのスタイル］ボタンをクリックします。
② ［ユーザー設定］の［表見出し］を右クリックし、ショートカットメニューの［変更］をクリックします。
③ ［スタイル］ダイアログボックスが表示されるので、［書式設定］をクリックします。
④ ［セルの書式設定］ダイアログボックスが表示されるので、［配置］タブの［文字の配置］の［横位置］ボックスの▼をクリックします。
⑤ 一覧から［中央揃え］をクリックします。
⑥ ［OK］をクリックします。
⑦ ［スタイル］ダイアログボックスの［OK］をクリックします。
⑧ スタイル「表見出し」が設定されているセル（ワークシート「9月公演一覧」のセル A3 ～ A7、セル B3 ～ F3 など）の文字の配置が中央揃えに変わります。

【タスク2】ワークシート「9月公演チケット予約」のテーブルの「振込期限」の列に、予約日から土日とセル C2 の祭日を除いた 10 日後の日付を、「○月○日」の形式で表示します。なお、週末の曜日を指定できる関数は使用しません。

① ワークシート「9月公演チケット予約」のセル J4 をクリックします。
② ［数式］タブの［日付/時刻］ボタンをクリックします。
③ 一覧から［WORKDAY］をクリックします。
④ WORKDAY 関数の［関数の引数］ダイアログボックスが表示されるので、［開始日］ボックスにカーソルが表示されていることを確認し、セル B4 をクリックします。
⑤ ［開始日］ボックスに「[@予約日]」と表示されます。
⑥ ［日数］ボックスをクリックし、「10」と入力します。
⑦ ［祭日］ボックスをクリックし、セル C2 をクリックし、F4 キーを1 回押します。
⑧ ［祭日］ボックスに「$C$2」と表示されます。
⑨ 数式の結果として「42901」が表示されていることを確認します。
⑩ ［OK］をクリックします。
⑪ 数式バーに「=WORKDAY([@予約日],10,$C$2)」と表示されたことを確認します。
※ ［関数の引数］ダイアログボックスを使わずに、この数式を直接セルに入力してもかまいません。
⑫ セル J4 に、セル B4 の予約日から 10 日後の日付のシリアル値「42901」が表示されます。
⑬ セル J5 ～ J30 にも自動的に数式が設定され、同じ行の予約日から 10 日後の日付のシリアル値が表示されます。
⑭ セル J4 ～ J30 を範囲選択します。
⑮ ［ホーム］タブの［数値］グループ右下の［表示形式］ボタンをクリックします。
⑯ ［セルの書式設定］ダイアログボックスが表示されるので、［分類］ボックスの［日付］をクリックします。
⑰ ［種類］ボックスの一覧から［3月14日］をクリックします。
⑱ ［サンプル］に「6月15日」と表示されたことを確認し、［OK］をクリックします。
⑲ セル J4 ～ J30 に、同じ行の予約日から 10 日後の日付が、「○月○日」の形式で表示されます。

【タスク3】ワークシート「9月公演チケット売上集計」のピボットテーブルの日付をグループ化して月単位で表示し、ピボットテーブル名を「9月公演集計」とします。

① ワークシート「9月公演チケット売上集計」のピボットテーブルの行ラベルの任意の日付のセルをクリックします。
② [分析] タブの [フィールドのグループ化] ボタンをクリックします。
③ [グループ化] ダイアログボックスが表示されるので、[単位] ボックスの [月] が選択されていることを確認します。
④ [OK] をクリックします。
⑤ 列ラベルの日付がグループ化され、月単位で集計されます。
⑥ [分析] タブの [ピボットテーブル] ボタンをクリックします。
※ パソコンによっては、[ピボットテーブル] ボタンは [ピボットテーブル] グループとして表示される場合があります。
⑦ [ピボットテーブル名] ボックスに「9月公演集計」と入力します。

【タスク4】ワークシート「年度別集計」のグラフの会員数に近似曲線の「線形近似」を追加し、2年先までを予測して表示し、近似曲線名を「2年後予測」とします。

① ワークシート「年度別集計」のグラフの [系列 "会員数"]（青の折れ線）をクリックします。
② 右側の表示される [グラフ要素] ボタンをクリックします。
③ [グラフ要素] の [近似曲線] をポイントし、右側に表示される▼をクリックします。
④ [その他のオプション] をクリックします。
⑤ [近似曲線の書式設定] 作業ウィンドウが表示されるので、[近似曲線] オプションの [線形近似] が選択されていることを確認します。
⑥ [近似曲線名] の [ユーザー設定] をクリックし、右側のボックスをクリックして、「2年後予測」と入力します。
⑦ [予測] の [前方補外] ボックスをクリックして「2」と入力します。
⑧ Enter キーを押します。
⑨ グラフの会員数に2年後までの線形近似で予測する近似曲線が追加されます。
⑩ 凡例の近似曲線名が「2年後予測」となっていることを確認します。
⑪ [閉じる] ボタンをクリックして、[近似曲線の書式設定] 作業ウィンドウを閉じます。

【タスク5】ワークシート「友の会名簿」のテーブルを基に、ワークシート「会員集計」のセル A1 を基点とする位置に、ピボットテーブルを作成します。行に「入会年月日」の「年」と「四半期」、列に「職業」、値に「会員番号」の個数、フィルターに「会員種別」を設定し、会員種別が「一般」のデータを集計します。

① ワークシート「友の会名簿」のテーブル内の任意のセルをクリックします。
② [挿入] タブの [ピボットテーブル] ボタンをクリックします。
③ [ピボットテーブルの作成] ダイアログボックスが表示されるので、[分析するデータを選択してください。] の [テーブルまたは範囲を選択] が選択されていて、[テーブル/範囲] ボックスに「友の会名簿」と表示されていることを確認します。
④ [ピボットテーブルレポートを配置する場所を指定してください。] の [既存のワークシート] をクリックします。
⑤ [場所] ボックスをクリックし、ワークシート「会員集計」のシート見出しをクリックして、セル A1 をクリックします。
⑥ [場所] ボックスに「会員集計!$A$1」と表示されたことを確認し、[OK] をクリックします。
⑦ ワークシート「会員集計」のセル A1 を基点とする位置に空白のピボットテーブルレポートが表示されます。
⑧ [ピボットテーブルのフィールド] 作業ウィンドウの [レポートに追加するフィールドを選択してください] の一覧の [入会年月日] を [行] ボックスにドラッグします。
⑨ [行] ボックスに「年」と「四半期」、「入会年月日」が表示されます。

⑩ 同様に [職業] を [列] ボックスにドラッグします。
⑪ 同様に [会員番号] を [値] ボックスにドラッグします。
⑫ [値] ボックスに「個数/会員番号」と表示されます。
⑬ 同様に [会員種別] を [フィルター] ボックスにドラッグします。
⑭ ピボットテーブルの行ラベルに年、列ラベルに職業、値に会員番号の個数、フィルターに会員種別が表示されます。
⑮ フィルターの [会員種別] の [(すべて)] の▼をクリックします。
⑯ [一般] をクリックします。
⑰ [OK] をクリックします。
⑱ 会員種別が「一般」のデータが集計されます。

プロジェクト5　担当者別売上

【タスク1】数式を使わずに、ワークシート「担当者別売上」の「所属」の列にセル D4 と同様に支店名、「支店」の文字列、部署名を続けた所属を入力します。

① ワークシート「担当者別売上」のセル D5 をクリックします。
② [ホーム] タブの [フィル] ボタンをクリックします。
③ 一覧から [フラッシュフィル] をクリックします。
④ セル D5 〜 D51 に、同じ行の所属名、「支店」の文字列、部署名を続けた所属が入力されます。

【タスク2】ワークシート「担当者別売上」のセル範囲 I4:I51 に、ブック「前期売上管理_bp」のワークシート「前期売上」のセル範囲 G4:G51 を貼り付けます。元データが更新されたときは自動的に反映されるようにします。

① [表示] タブの [ウィンドウの切り替え] ボタンをクリックします。
② 一覧から [前期売上管理_bp] をクリックします。
③ ブック「前期売上管理_bp.xlsx」が表示されるので、ワークシート「前期売上」のセル G4 〜 G51 を範囲選択します。
④ [ホーム] タブの [コピー] ボタンをクリックします。
⑤ [表示] タブの [ウィンドウの切り替え] ボタンをクリックします。
⑥ 一覧から [ex1-5_担当者別売上_bp]（練習モードでは「ex1-5-2」）をクリックします。
⑦ ブック「ex1-5_担当者別売上_bp」が表示されるので、ワークシート「担当者別売上」のセル I4 をクリックします。
⑧ [ホーム] タブの [貼り付け] ボタンの▼をクリックします。
⑨ [その他の貼り付けオプション] の一覧から [リンク貼り付け] をクリックします。
⑩ セル I4 〜 I51 に、それぞれコピー元の対応するセルを参照する数式が入力されます。

【タスク3】関数を使用して、ワークシート「担当者別売上」の「備考」の列に、5〜6月の売上が前月を上回る場合に「毎月売上アップ」と表示します。

① ワークシート「担当者別売上」のセル K4 をクリックします。
② [数式] タブの [論理] ボタンをクリックします。
③ 一覧から [IF] をクリックします。
④ IF 関数の [関数の引数] ダイアログボックスが表示されるので、[論理式] ボックスにカーソルがあることを確認し、名前ボックスの▼をクリックして、一覧から [AND] をクリックします。
※ 名前ボックスの一覧に [AND] がない場合は、[その他の関数] をクリックし、表示される [関数の挿入] ダイアログボックスの [関数の分類] ボックスの▼をクリックして [論理] または [すべて表示] をクリックし、[関数名] ボックスの一覧から [AND] をクリックし、[OK] をクリックします。
⑤ AND 関数の [関数の引数] ダイアログボックスが表示されるので、[論理式1] ボックスにカーソルが表示されていることを確認し、セル F4 をクリックします。
⑥ [論理式1] ボックスに「F4」と表示されるので、続けて「>」を入力します。

⑦ 続けてセル E4 をクリックします。
⑧ ［論理式1］ボックスに「F4>E4」と表示されます。
⑨ ［論理式2］ボックスをクリックし、同様に「G4>F4」と入力します。
⑩ 数式バーの「IF」部分をクリックします。
⑪ IF関数の［関数の引数］ダイアログボックスが表示されるので、［論理式］ボックスに「AND(F4>E4,G4>F4)」と入力されていることを確認します。
⑫ ［真の場合］ボックスをクリックし、「毎月売上アップ」と入力します。
⑬ ［偽の場合］ボックスをクリックし、「""」（ダブルクォーテーション2つ）を入力します。
⑭ 数式の結果として、何も表示されていない（空白が表示されている）いることを確認します。
⑮ ［OK］をクリックします。
⑯ 数式バーに「=IF(AND(F4>E4,G4>F4)," 毎月売上アップ ","")」と表示されたことを確認します。
※ ［関数の引数］ダイアログボックスを使わずに、この数式を直接セルに入力してもかまいせん。
⑰ セル K4 が空白になります。
⑱ セル K4 の右下のフィルハンドルをポイントし、マウスポインターの形が＋に変わったら、セル K51 までドラッグします。
⑲ セル K4 の数式がセル J51 にコピーされ、同じ行の 5 月売上が 4 月売上より多く、かつ 6 月売上が 5 月売上より多いセルに「毎月売上アップ」と表示されます。

【タスク4】ワークシート「支店別売上」のピボットテーブルにスライサーを挿入し、「営業1部」と「営業2部」の売上を集計します。

① ワークシート「支店別売上」のピボットテーブル内をクリックします。
② ［分析］タブの［スライサーの挿入］ボタンをクリックします。
③ ［スライサーの挿入］ダイアログボックスが表示されるので、［部署］チェックボックスをオンにします。
④ ［OK］をクリックします。
⑤ ［部署］のスライサーが表示されるので、［営業1部］をクリックし、Ctrl キーを押しながら［営業2部］をクリックします。
⑥ ピボットテーブルとピボットグラフに、「営業1部」と「営業2部」の売上が集計されます。

【タスク5】ワークシート「横浜支店売上平均」のセル範囲 C4:C6 に、ワークシート「担当者別売上」の表の横浜支店の部署ごとの売上平均を求めます。

① ワークシート「横浜支店売上平均」のセル C4 をクリックします。
② ［数式］タブの［その他の関数］ボタンをクリックします。
③ ［統計］の一覧から［AVERAGEIFS］をクリックします。
④ AVERAGEIFS 関数の［関数の引数］ダイアログボックスが表示されるので、［平均対象範囲］ボックスにカーソルが表示されていることを確認し、ワークシート「担当者別売上」のシート見出しをクリックして、セル H4 ～ H51 を範囲選択し、F4 キーを 1 回押します。
⑤ ［平均対象範囲］ボックスに「担当者別売上 !$H$4:$H$51」と表示されます。
⑥ ［条件範囲1］ボックスをクリックし、ワークシート「担当者別売上」のシート見出しをクリックして、セル B4 ～ B51 を範囲選択し、F4 キーを 1 回押します。
⑦ ［条件範囲1］ボックスに「担当者別売上 !$B$4:$B$51」と表示されます。
⑧ ［条件1］ボックスをクリックし、「横浜」と入力します。
⑨ ［条件範囲2］ボックスをクリックし、ワークシート「担当者別売上」のシート見出しをクリックして、セル C4 ～ C51 を範囲選択し、F4 キーを 1 回押します。
⑩ ［条件範囲2］ボックスに「担当者別売上 !$C$4:$C$51」と表示されます。

⑪ ［条件2］ボックスをクリックし、セル B4 をクリックします。
⑫ ［条件2］ボックスに「B4」と表示されます。
⑬ 数式の結果として、横浜支店の営業1部の売上合計の平均「1,987,384」が表示されます。
⑭ ［OK］をクリックします。
⑮ 数式バーに「=AVERAGEIFS(担当者別売上 !$H$4:$H$51, 担当者別売上 !$B$4:$B$51," 横浜 ", 担当者別売上 !$C$4:$C$51,B4)」と表示されたことを確認します。
※ ［関数の引数］ダイアログボックスを使わずに、この数式を直接セルに入力してもかまいせん。
⑯ セル C4 に、横浜支店の営業1部の売上合計の平均「1,987,384」が表示されます。
⑰ セル C4 の右下のフィルハンドルをポイントし、マウスポインターの形が＋に変わったら、ダブルクリックします。
⑱ セル C4 の数式がセル C5 ～ C6 にコピーされ、横浜支店の各部署の売上合計の平均が表示されます。

【タスク6】ワークシート「横浜支店売上平均」のセル範囲 D4:D6 に、横浜支店の来期売上平均目標を営業1部「2100000」、営業2部「2500000」、海外営業部「2500000」とした場合のシナリオ「来期売上平均目標」を登録し、結果を表示します。

① ワークシート「横浜支店売上平均」のセル D4 ～ D6 を範囲選択します。
② ［データ］タブの［What-If 分析］ボタンをクリックします。
③ ［シナリオの登録と管理］をクリックします。
④ ［シナリオの登録と管理］ダイアログボックスが表示されるので、［追加］をクリックします。
⑤ ［シナリオの追加］ダイアログボックスが表示されるので、［シナリオ名］ボックスに「来期売上平均目標」と入力します。
⑥ ［変化させるセル］ボックスに「D4:D6」と表示されていることを確認します。
⑦ ［OK］をクリックします。
⑧ ［シナリオの値］ダイアログボックスが表示されるので、［$D$4］ボックスに「2100000」、［$D$5］ボックスに「2500000」、［$D$6］ボックスに「2500000」と入力します。
⑨ ［OK］をクリックします。
⑩ ［シナリオの登録と管理］ダイアログボックスの［シナリオ］ボックスに「来期売上平均目標」が表示されて選択されていることを確認し、［表示］をクリックします。
⑪ セル D4 ～ D6 にシナリオに登録した値が表示されます。
⑫ ［閉じる］をクリックします。

●模擬テスト2

プロジェクト1 アンケート集計

【タスク1】 ワークシート「アンケートデータ」の評価の値が8以上の場合には緑の丸、5以上の場合は黄色の丸、5未満の場合は赤のひし形が表示されるように条件付き書式を設定します。ただし、行が追加された場合も書式が適用されるようにします。

① ワークシート「アンケートデータ」の列番号Kをクリックします。
② [ホーム] タブの [条件付き書式] ボタンをクリックします。
③ [アイコンセット] の [図形] の一覧から [3つの信号 (枠なし)] をクリックします。
④ K列に、緑、黄、赤の丸のアイコンセットが表示されます。
⑤ K列を選択した状態のまま、[ホーム] タブの [条件付き書式] ボタンをクリックします。
⑥ 一覧から [ルールの管理] をクリックします。
⑦ [条件付き書式ルールの管理] ダイアログボックスが表示されるので、ルールの一覧から [アイコンセット] をクリックします。
※ すでに選択されている場合は、直接 [ルールの編集] をクリックしてもかまいません。
⑧ [ルールの編集] をクリックします。
⑨ [書式ルールの編集] ダイアログボックスが表示されるので、[次のルールに従って各アイコンを表示] の1つ目のルールの [アイコン] に緑の丸が表示されていることを確認します。
⑩ [種類] の [パーセント] と表示されているボックスの▼をクリックし、一覧から [数値] をクリックします。
⑪ [値] ボックスに「8」と入力し、左側のボックスに「>=」が表示されていることを確認します。
⑫ 同様に2つ目のルールの [アイコン] に黄色の丸が表示されていることを確認し、[種類] ボックスに [数値]、[値] ボックスに「5」を指定し、その左側のボックスに「>=」が表示されていることを確認します。
⑬ 3つ目のルールの [アイコン] の赤い丸の▼をクリックし、一覧から [赤のひし形] をクリックします。
⑭ [OK] をクリックします。
⑮ [条件付き書式ルールの管理] ダイアログボックスの [OK] をクリックします。
⑯ 「評価」が8以上のセルに緑の丸、5以上のセルに黄色の丸、5未満のセルに赤のひし形が表示されたことを確認します。

【タスク2】 ワークシート「アンケートデータ」の価格から店員の値に、1~10の整数以外のデータを入力するとスタイルが「注意」、タイトルに「入力エラー」、エラーメッセージに「1から10の整数を入力してください。」と表示されるように入力規則を設定します。ただし、行が追加された場合も規則が適用されるようにします。

① ワークシート「アンケートデータ」の列番号F~Jをドラッグします。
② [データ] タブの [データの入力規則] ボタンをクリックします。
③ [データの入力規則] ダイアログボックスが表示されるので、[設定] タブの [条件の設定] の [入力値の種類] ボックスの▼をクリックします。
④ 一覧から [整数] をクリックします。
⑤ [データ] ボックスが [次の値の間] になっていることを確認します。
⑥ [最小値] ボックスに「1」と入力します。
⑦ [最大値] ボックスに「10」と入力します。
⑧ [エラーメッセージ] タブの [無効なデータが入力されたらエラーメッセージを表示する] チェックボックスがオンになっていることを確認します。
⑨ [無効なデータが入力されたときに表示するエラーメッセージ] の [スタイル] ボックスの▼をクリックします。
⑩ 一覧から [注意] をクリックします。
⑪ [タイトル] ボックスに [入力エラー] と入力します。
⑫ [エラーメッセージボックス] に「1から10の整数を入力してください。」と入力します。
⑬ [OK] をクリックします。

【タスク3】 ワークシート「店舗評価」のピボットテーブルの各列のみに総計を表示します。

① ワークシート「店舗評価」のピボットテーブル内の任意のセルをクリックします。
② [デザイン] タブの [総計] ボタンをクリックします。
③ 一覧から [列のみ集計を行う] をクリックします
④ ピボットテーブルに列の総計が表示されます。

【タスク4】 ワークシート「店舗評価詳細」のピボットテーブルの「平均/店員」の右側に評価の平均を追加し、小数点以下第2位まで表示します。

① ワークシート「店舗評価詳細」のピボットテーブル内の任意のセルをクリックします。
② [ピボットテーブルのフィールド] 作業ウィンドウの [レポートに追加するフィールドを選択してください] の一覧の [評価] を [値] ボックスの [平均/店員] の下にドラッグします。
③ [値] ボックスに [合計/評価] と表示されるのでクリックします。
④ [値フィールドの設定] をクリックします。
⑤ [値フィールドの設定] ダイアログボックスが表示されるので、[集計方法] タブの [選択したフィールドのデータ] ボックスの [平均] をクリックします。
⑥ [表示形式] をクリックします。
⑦ [セルの書式設定] ダイアログボックスが表示されるので、[分類] ボックスの [数値] をクリックします。
⑧ [小数点以下の桁数] ボックスを「2」にします。
⑨ [OK] をクリックします。
⑩ [値フィールドの設定] ダイアログボックスの [OK] をクリックします。
⑪ [値] ボックスと、ピボットテーブルの「平均/店員」の右側に [平均/評価] が表示され、小数以下第2位まで表示されます。

【タスク5】 ワークシート「年代別評価」のピボットテーブルをコンパクト形式にし、各アイテムの後ろに空白行を挿入します。

① ワークシート「年代別評価」のピボットテーブル内の任意のセルをクリックします。
② [デザイン] タブの [レポートのレイアウト] ボタンをクリックします。
③ 一覧から [コンパクト形式で表示] をクリックします。
④ ピボットテーブルがコンパクト形式になります。
⑤ [デザイン] タブの [空白行] ボタンをクリックします。
⑥ 一覧から [各アイテムの後ろに空行を入れる] をクリックします。
⑦ ピボットテーブルの各年代の間に空白行が挿入されます。

プロジェクト2 成績集計

【タスク1】 ワークシート「個人成績」のセル範囲F4:F104に筆記の点数の偏差値を求めます。偏差値は「(点数−平均点)÷標準偏差×10+50」という式で計算します。数式には登録されている名前を使用します。

① ワークシート「個人成績」のセルF4をクリックします。
② 「=(」と入力し、セルE4をクリックします。
③ 「=(E4」と表示されるので、続けて「-」を入力し、セルM4をクリックします。
④ 「=(E4-筆記平均」と表示されるので、続けて「)/」と入力します。
⑤ セルM5をクリックします。

⑥「=(E5-筆記平均)/筆記標準偏差」と表示されるので、続けて「*10+50」と入力します。
⑦ Enterキーを押します。
⑧ セルF4に「54.45」と表示されます。
⑨ セルF4をクリックします。
⑩ セルF4の右下のフィルハンドルをポイントし、マウスポインターの形が+に変わったら、ダブルクリックします。
⑪ セルF4の数式がセルF5～F104にコピーされ、同じ行の筆記の点数の偏差値が表示されます。

【タスク2】1つの関数を使用して、ワークシート「個人成績」のセル範囲J4:J104に、筆記と実技の両方が50点以上の場合に「TRUE」、そうでない場合に「FALSE」と表示します。

① ワークシート「個人成績」のセルJ4をクリックします。
② [数式]タブの[論理]ボタンをクリックします。
③ 一覧から[AND]をクリックします。
④ AND関数の[関数の引数]ダイアログボックスが表示されるので、[論理式1]ボックスにカーソルがあることを確認し、セルE4をクリックします。
⑤ [論理式1]ボックスに「E4」と表示されるので、続いて「>=50」と入力します。
⑥ [論理式2]ボックスをクリックし、セルG4をクリックします。
⑦ [論理式2]ボックスに「G4」と表示されるので、続いて「>=50」と入力します。
⑧ 数式の結果として「TRUE」が表示されていることを確認します。
⑨ [OK]をクリックします。
⑩ 数式バーに「=AND(E4>=50,G4>=50)」と表示されたことを確認します。
※ [関数の引数]ダイアログボックスを使わずに、この数式を直接セルに入力してもかまいません。
⑪ セルJ4に「TRUE」が表示されます。
⑫ セルJ4の右下のフィルハンドルをポイントし、マウスポインターの形が+に変わったらダブルクリックします。
⑬ セルJ4の数式がセルJ5～J104にコピーされ、同じ行の筆記と実技の両方が50点以上の場合に「TRUE」、それ以外の場合に「FALSE」と表示されます。

【タスク3】ワークシート「クラス別平均」のセル範囲A3:D7を基に、筆記と実技を集合縦棒、合計をマーカー付き折れ線の第2軸で表す複合グラフを作成します。グラフタイトルを「クラス別平均」にします。

① ワークシート「クラス別平均」のセルA3～D7の任意のセルをクリックします。
② [挿入]タブの[おすすめグラフ]ボタンをクリックします。
③ [グラフの挿入]ダイアログボックスが表示されるので、[すべてのグラフ]タブの[組み合わせ]をクリックします。
④ [筆記]と[実技]の系列の[グラフの種類]ボックスが[集合縦棒]になっていることを確認します。
⑤ [合計]の系列の[グラフの種類]ボックスの▼をクリックします。
⑥ [折れ線]の一覧から[マーカー付き折れ線]をクリックします。
⑦ [第2軸]チェックボックスをオンにします。
⑧ グラフのプレビューで、横(項目)軸がクラス(組)、筆記と実技が集合縦棒、合計がマーカー付き折れ線で第2軸を使用して表示されていることを確認します。
⑨ [OK]をクリックします。
⑩ 横(項目)軸がクラス(組)、筆記と実技が集合縦棒、合計がマーカー付き折れ線、第2軸のグラフが表示されます。
⑪ [グラフタイトル]をクリックします。
⑫ 「グラフタイトル」の文字列をドラッグします。
⑬ 「クラス別平均」と上書き入力します。
⑭ グラフタイトル以外の場所をクリックして、グラフタイトルの選択を解除します。

【タスク4】ワークシート「クラス別成績」のピボットテーブルはこのブックのデータモデルを使用して作成したものです。セルD4に2つのキューブ関数を使用して、3組の合計点が1位の氏名を表示します。

① ワークシート「クラス別成績」のセルD4をクリックします。
② 「=cu」と入力します。
※ 「CUBERANKEDMEMBER」の最初の数文字であれば何文字でもかまいません。
※ この問題では、関数を手入力して、表示される引数の候補を利用します。
③ 「CU」で始まる関数の一覧が表示されるので、[CUBERANKEDMEMBER]をダブルクリックします。
④ 「= CUBERANKEDMEMBER(」と表示されるので、「"」を入力します。
⑤ [ThisWorkbookDataModel]と表示されるので、ダブルクリックします。
⑥ 「…ThisWorkbookDataModel」と入力されるので、「",cu」と入力します。
※ 「CUBESET」の最初の数文字であれば何文字でもかまいません。
⑦ 「CU」で始まる関数の一覧が表示されるので、[CUBESET]をダブルクリックします。
⑧ 「…,CUBESET(」と入力されるので、「"」を入力します。
⑨ [ThisWorkbookDataModel]と表示されるのでダブルクリックします。
⑩ 「…ThisWorkbookDataModel」と入力されるので、「","(」と入力します。
⑪ 一覧が表示されるので、[[範囲]]をダブルクリックします。
⑫ 「…[範囲]」と入力されるので、「.」を入力します。
⑬ 一覧が表示されるので、[[範囲].[クラス]]をダブルクリックします。
⑭ 「…[範囲].[クラス]」と入力されるので、「.&[3組],」と入力します。
⑮ 一覧が表示されるので、[[範囲]]をダブルクリックします。
⑯ 「…[範囲]」と入力されるので、「.」を入力します。
⑰ 一覧が表示されるので、[[範囲].[氏名]]をダブルクリックします。
⑱ 「…[範囲].[氏名]」と入力されるので、「.Children)",」と入力します。
※ 「Children」は「children」でもかまいません。
⑲ 一覧が表示されるので、[2-降順]をダブルクリックします。
⑳ 「…2]」と入力されるので、「,」と入力します。
㉑ 一覧が表示されるので、[[Measures]]をダブルクリックします。
㉒ 「…[Measures]」と入力されるので、「.[合計 / 合計]"),1)」と入力します。
※ フィールド名と同じにするため、「[合計 / 合計]」は「/」の前後に半角スペースが必要です。
㉓ 「=CUBERANKEDMEMBER("ThisWorkbookDataModel",CUBESET("ThisWorkbookDataModel","([範囲].[クラス].&[3 組],[範囲].[氏名].Children)",2,"[Measures].[合計 / 合計]"),1)」と入力されたことを確認します。
㉔ Enterキーを押します。
㉕ セルD4に3組の1位の氏名「野村久乃」が表示されます。

【タスク5】ワークシートの移動やコピー、ワークシート名の変更などができないように、パスワード「Seiseki」を設定してブックを保護します。

① [校閲]タブの[ブックの保護]をクリックします。
② [シート構成とウィンドウの保護]ダイアログボックスが表示されるので、[パスワード(省略可)]ボックスに「Seiseki」と入力します。
※ 画面上には「*******」と表示されます。
③ [保護対象]の[シート構成]チェックボックスがオンになっていることを確認します。
④ [OK]をクリックします。
⑤ [パスワードの確認]ダイアログボックスが表示されるので、[パスワードをもう一度入力してください。]ボックスに再度「Seiseki」と入力します。
⑥ [OK]をクリックします。

プロジェクト3　キッズスクール

【タスク1】関数を使用して、ワークシート「秋葉原教室」のセルG2に現在の日付を表示します。

① ワークシート「秋葉原教室」のセルG2に「=TODAY()」と入力します。
② Enterキーを押します。
③ 現在の日付が表示されます。

【タスク2】ワークシート「秋葉原教室（小学生、ビギナー）」の小学生のビギナーコースの会員だけを表示するマクロ「小学生ビギナー」を作業中のブックに作成します。ワークシート「横浜教室（小学生、ビギナー）」でマクロ「小学生ビギナー」を実行します。

① ワークシート「秋葉原教室（小学生、ビギナー）」のシート見出しをクリックします。
② ［表示］タブの［マクロ］ボタンの▼をクリックします。
③ ［マクロの記録］をクリックします。
④ ［マクロの記録］ダイアログボックスが表示されるので、［マクロ名］ボックスに「小学生ビギナー」と入力します。
⑤ ［マクロの保存先］ボックスが［作業中のブック］になっていることを確認します。
⑥ ［OK］をクリックします。
⑦ セルC4（「種別」の列の見出しのセル）の▼をクリックします。
⑧ ［中学生］チェックボックスをオフにします。
⑨ ［小学生］チェックボックスがオンになっていることを確認し、［OK］をクリックします。
⑩ 種別が「小学生」のデータだけが抽出されます。
⑪ セルF4（「コース」の列の見出しのセル）の▼をクリックします。
⑫ ［(すべて選択)］チェックボックスをオフにします。
⑬ ［ビギナー］チェックボックスをオンにします。
⑭ ［OK］をクリックします。
⑮ 種別が「小学生」でコースが「ビギナー」のデータだけが抽出されます。
⑯ ［表示］タブの［マクロ］ボタンの▼をクリックします。
⑰ ［記録終了］をクリックします。
⑱ ワークシート「横浜教室（小学生、ビギナー）」のシート見出しをクリックします。
⑲ ［表示］タブの［マクロ］ボタンをクリックします。
⑳ ［マクロ］ダイアログボックスが表示されるので、［マクロ名］ボックスの一覧から［小学生ビギナー］をクリックします。
㉑ ［実行］をクリックします。
㉒ 種別が「小学生」でコースが「ビギナー」のデータだけが抽出されます。

【タスク3】ワークシート「横浜教室」のセル範囲A4:H32を基に、ワークシート「コース別グラフ」のセルA1を基点とする位置に、小学校、中学校の学年ごとに、コース別の人数を集計するピボットテーブルと集合縦棒のピボットグラフを作成します。なお、人数の集計には会員番号を使います。ピボットテーブルではすべての小計をグループの先頭に表示します。

① ワークシート「横浜教室」のセルA4～H32の任意のセルをクリックします。
② ［挿入］タブの［ピボットグラフ］ボタンをクリックします。
③ ［ピボットグラフの作成］ダイアログボックスが表示されるので、［分析するデータを選択してください。］の［テーブルまたは範囲を選択］が選択されていて、［テーブル/範囲］ボックスに「横浜教室!$A$4:$H$32」と表示されていることを確認します。
④ ［ピボットグラフの配置先を選択してください。］の［既存のワークシート］をクリックします。
⑤ ［場所］ボックスをクリックし、ワークシート「コース別グラフ」のシート見出しをクリックして、セルA1をクリックします。
⑥ ［場所］ボックスに「コース別グラフ!$A$1」と表示されたことを確認し、［OK］をクリックします。
⑦ ワークシート「コース別グラフ」のセルA1を基点とする位置に空白のピボットテーブルレポートとピボットグラフが表示されます。
⑧ ［ピボットグラフのフィールド］作業ウィンドウの［レポートに追加するフィールドを選択してください］の一覧の［種別］を［軸（分類項目）］ボックスにドラッグします。
⑨ ［学年］を［軸（分類項目）］ボックスの［種別］の下にドラッグします。
⑩ ［コース］を［凡例（系列）］ボックスにドラッグします。
⑪ ［会員番号］を［値］ボックスにドラッグします。
⑫ ［値］ボックスに「個数/会員番号」と表示されます。
⑬ ピボットテーブルの行ラベルに「種別」と「学年」、列ラベルに「コース」、値に「個数/会員番号」が表示されます。
⑭ ピボットグラフの軸（分類項目）に「種別」と「学年」、凡例（系列）に「コース」、値に「個数/会員番号」が表示されます。
⑮ ピボットテーブル内の任意のセルをクリックします。
⑯ ［デザイン］タブの［小計］ボタンをクリックします。
⑰ ［すべての小計をグループの先頭に表示する］をクリックします。
⑱ ピボットテーブルの種別ごとの集計が先頭行に表示されます。
※ あらかじめ小計がグループの先頭に表示されている場合は手順⑮～⑱の操作は必要ありません。

【タスク4】ワークシート「会員情報」のセル範囲H1:I2にフォームコントロールのボタンを作成し、マクロ「会員検索」を登録します。コマンドボタンの表示名は「検索」とします。なお、マクロ「会員検索」には、セルG2に入力された会員番号のデータを抽出するコードが登録されています。

① ワークシート「会員情報」のシート見出しをクリックします。
② リボン上で右クリックし、ショートカットメニューの［リボンのユーザー設定］をクリックします。
③ ［Excelのオプション］ダイアログボックスの［リボンのユーザー設定］が表示されるので、［リボンのユーザー設定］の下側のボックスの一覧の［開発］チェックボックスをオンにします。
④ ［OK］をクリックします。
⑤ リボンに［開発］タブが表示されます。
⑥ ［開発］タブの［挿入］ボタンをクリックします。
⑦ ［フォームコントロール］の一覧から［ボタン（フォームコントロール）］をクリックします。
⑧ マウスポインターの形が＋に変わるので、セルH1～I2の左上から右下に向かってドラッグします。
⑨ ボタンが作成され、［マクロの登録］ダイアログボックスが表示されます。
⑩ ［マクロ名］ボックスの一覧から［会員検索］をクリックします。
⑪ ［OK］をクリックします。
⑫ 作成されたコマンドボタンが選択されていることを確認して、「検索」と入力します。
⑬ 任意のセルをクリックします。
⑭ ボタンが確定され、表示名が「検索」となります。

【タスク5】名前付きセル範囲「コース一覧」に空白行が含まれないように変更します。

① 名前ボックスの▼をクリックします。
② 一覧から［コース一覧］をクリックします。
③ ワークシート「会員」のセルA4～D10が選択され、10行目の空白行が含まれていることを確認します。
④ ［数式］タブの［名前の管理］ボタンをクリックします。
⑤ ［名前の管理］ダイアログボックスが表示されるので、［名前］の［コース一覧］が選択されていて、［参照範囲］ボックスに「=会費!$A$4:$D$10」と表示されていることを確認し、「=会費!$A$4:$D$9」に変更します。
⑥ ［閉じる］をクリックします。
⑦ 「名前の参照への変更を保存しますか？」と表示されるので、［はい］をクリックします。

【タスク6】データが変更されたときに、手動で再計算する設定にし、ブックを保存するときにも再計算が行われる設定にします。

① [ファイル] タブをクリックします。
② [オプション] をクリックします。
③ [Excel のオプション] ダイアログボックスが表示されるので、[数式] をクリックします。
④ [計算方法の設定] の [手動] をクリックします。
⑤ [ブックの保存前に再計算を行う] チェックボックスがオンになっていることを確認します。
⑥ [OK] をクリックします。

プロジェクト4 問い合わせ対応

【タスク1】ワークシート「問い合わせ記録」のセル I3 に、問い合わせ内容が「操作方法」で、未解決だった件数を求めます。

① ワークシート「問い合わせ記録」のセル I3 をクリックします。
② [数式] タブの [その他の関数] ボタンをクリックします。
③ [統計] の一覧から [COUNTIFS] をクリックします。
④ COUNTIFS 関数の [関数の引数] ダイアログボックスが表示されるので、[検索条件範囲1] ボックスにカーソルが表示されていることを確認し、セル C4 〜 C100 を範囲選択します。
⑤ [検索条件範囲1] ボックスに「C4:C100」と表示されます。
⑥ [検索条件1] ボックスをクリックし、「操作方法」と入力します。
⑦ [検索条件範囲2] ボックスをクリックし、セル E4 〜 E100 を範囲選択します。
⑧ [検索条件範囲2] ボックスに「E4:E100」と表示されます。
⑨ [検索条件2] ボックスをクリックし、「〇」と入力します。
⑩ [OK] をクリックします。
⑪ 数式バーに「=COUNTIFS(C4:C100," 操作方法 ",E4:E100," 〇 ")」と表示されたことを確認します。
※ [関数の引数] ダイアログボックスを使わずに、この数式を直接セルに入力してもかまいません。
⑫ セル I3 に、問い合わせ内容が「操作方法」で、未解決だった件数「16」が表示されます。

【タスク2】関数を使用して、ワークシート「問い合わせ記録」の「対応」の列に、問い合わせ内容が「故障」で未解決の場合に「修理」と表示します。

① ワークシート「問い合わせ記録」のセル F4 をクリックします。
② [数式] タブの [論理] ボタンをクリックします。
③ 一覧から [IF] をクリックします。
④ IF 関数の [関数の引数] ダイアログボックスが表示されるので、[論理式] ボックスにカーソルがあることを確認し、名前ボックスの▼をクリックして、一覧から [AND] をクリックします。
※ 名前ボックスの一覧に [AND] がない場合は、[その他の関数] をクリックし、表示される [関数の挿入] ダイアログボックスの [関数の分類] ボックスの▼をクリックして [論理] または [すべて表示] をクリックし、[関数名] ボックスの一覧から [AND] をクリックし、[OK] をクリックします。
⑤ AND 関数の [関数の引数] ダイアログボックスが表示されるので、[論理式1] ボックスにカーソルが表示されていることを確認し、セル C4 をクリックします。
⑥ [論理式1] ボックスに「C4」と表示されるので、続けて「=" 故障 "」と入力します。
⑦ [論理式2] ボックスをクリックし、同様に「E4=" 〇 "」と入力します。
⑧ 数式バーの「IF」部分をクリックします。
⑨ IF 関数の [関数の引数] ダイアログボックスが、[論理式] ボックスに AND 関数の式が設定された状態で再び表示されるので、[真の場合] ボックスをクリックし、「修理」と入力します。
⑩ [偽の場合] ボックスをクリックし、「""」(ダブルクォーテーション2つ) を入力します。
⑪ [OK] をクリックします。
⑫ 数式バーに「=IF(AND(C4=" 故障 ",E4=" 〇 ")," 修理 ","")」と表示されたことを確認します。
※ [関数の引数] ダイアログボックスを使わずに、この数式を直接セルに入力してもかまいません。
⑬ セル F4 が空白になります。
⑭ セル F4 の右下のフィルハンドルをポイントし、マウスポインターの形が+に変わったら、ダブルクリックします。
⑮ セル F4 の数式がセル F5 〜 F100 にコピーされ、同じ行の問い合わせ内容が「故障」で未解決の場合に「修理」と表示されます。

【タスク3】ワークシート「担当者別集計」のピボットテーブルに設定された名前を「担当者別集計表」に変更します。

① ワークシート「担当者別集計」のテーブル内の任意のセルをクリックします。
② [分析] タブの [ピボットテーブル] ボタンをクリックします。
※ パソコンによっては、[ピボットテーブル] ボタンは [ピボットテーブル] グループとして表示される場合があります。
③ [ピボットテーブル名] ボックスをクリックし、「担当者別集計表」と入力します。
④ Enter キーを押します。

【タスク4】ワークシート「担当者別集計」のピボットテーブルに問い合わせ内容を抽出するスライサーを挿入し、「契約変更」の件数だけを表示します。

① ワークシート「担当者別集計」のピボットテーブル内の任意のセルをクリックします。
② [分析] タブの [スライサーの挿入] ボタンをクリックします。
③ [スライサーの挿入] ダイアログボックスが表示されるので、[問い合わせ内容] チェックボックスをオンにします。
④ [OK] をクリックします。
⑤ [問い合わせ内容] のスライサーが表示されます。
⑥ [問い合わせ内容] スライサーの一覧から [契約変更] をクリックします。
⑦ ピボットテーブルに、問い合わせ内容が「契約変更」の件数だけが表示されます。

【タスク5】ワークシート「担当者別グラフ」のピボットグラフのスタイルを「スタイル4」、色を「カラフルなパレット2」に変更します。

① ワークシート「担当者別グラフ」のピボットグラフをクリックします。
② 右上に表示される [グラフスタイル] ボタンをクリックします。
③ [スタイル] の一覧から [スタイル4] をクリックします。
④ グラフのスタイルが変更されます。
⑤ [色] タブの [カラフル] の一覧の [カラフルなパレット2] をクリックします。
⑥ グラフの色が変更されます。

プロジェクト5 店舗別売上

【タスク1】ワークシート「南青山店」に設定されている条件付き書式をすべて削除します。

① ワークシート「南青山店」のシート見出しをクリックします。
② [ホーム] タブの [条件付き書式] ボタンをクリックします。
③ [ルールのクリア] の [シート全体からルールをクリア] をクリックします。
④ ワークシート「南青山店」に設定されているすべての条件付き書式が削除されます。

【タスク2】ワークシート「南青山店」「西新宿店」「自由が丘店」の売上表を、上端行と左端列を基準にワークシート「上半期集計」の表に統合し、合計を表示します。

① ワークシート「上半期集計」のセルA3をクリックします。
② [データ]タブの[統合]ボタンをクリックします。
③ [統合の設定]ダイアログボックスが表示されるので、[集計の方法]ボックスが[合計]になっていることを確認します。
④ [統合元範囲]ボックスにカーソルが表示されていることを確認し、ワークシート「南青山店」のシート見出しをクリックして、セルA3～I10を範囲選択します。
⑤ [統合元範囲]ボックスに「南青山店!$A$3:$I$10」と表示されます。
⑥ [追加]をクリックします。
⑦ [統合元]ボックスに「南青山店!$A$3:$I$10」が追加されます。
⑧ ワークシート「西新宿店」のシート見出しをクリックします。
⑨ [統合元範囲]ボックスに「西新宿店!$A$3:$I$10」と表示されていることを確認します。
⑩ [追加]をクリックします。
⑪ [統合元]ボックスに「西新宿店!$A$3:$I$10」が追加されます。
⑫ 同様に[統合元]ボックスに「自由が丘店!$A$3:$I$10」を追加します。
⑬ [統合の基準]の[上端行]と[左端列]の各チェックボックスをオンにします。
⑭ [OK]をクリックします。
⑮ ワークシート「上半期集計の」セルA3～I10に、ワークシート「南青山店」「西新宿店」「自由が丘店」のセルA3～I10のデータが統合され、数値の合計が表示されます。

【タスク3】スタイル「見出し」のセルの背景色を、RGBの赤「185」、緑「245」、青「200」に変更します。

① [ホーム]タブの[セルのスタイル]ボタンをクリックします。
② [ユーザー設定]の[見出し]を右クリックし、ショートカットメニューの[変更]をクリックします。
③ [スタイル]ダイアログボックスが表示されるので、[書式設定]をクリックします。
④ [セルの書式設定]ダイアログボックスが表示されるので、[塗りつぶし]タブの[背景色]の[その他の色]をクリックします。
⑤ [色の設定]ダイアログボックスが表示されるので、[ユーザー設定]タブの[カラーモデル]ボックスに「RGB」と表示されていることを確認し、[赤]ボックスを「185」、[緑]ボックスを「245」、[青]ボックスを「200」にします。
⑥ [新規]にうすい緑色が表示されていることを確認し、[OK]をクリックします。
⑦ [セルの書式設定]ダイアログボックスの[サンプル]にうすい緑色の塗りつぶしが表示されていることを確認し、[OK]をクリックします。
⑧ [スタイル]ダイアログボックスの[OK]をクリックします。
⑨ スタイル「見出し」が設定されていた表のタイトルや見出しの背景色がうすい緑色に変更されます。

【タスク4】ウォッチウィンドウにワークシート「南青山店」のセル範囲I4:I9の値を表示し、ウォッチウィンドウを閉じます。

① ワークシート「南青山店」のセルI4～I9を範囲選択します。
② [数式]タブの[ウォッチウィンドウ]ボタンをクリックします。
③ [ウォッチウィンドウ]が表示されるので、[ウォッチ式の追加]をクリックします。
④ [ウォッチ式の追加]ダイアログボックスが表示されるので、[値をウォッチするセル範囲を選択してください]ボックスに「=南青山店!$I$4:$I$9」と表示されていることを確認します。
⑤ [追加]をクリックします。
⑥ [ウォッチウィンドウ]にワークシート「南青山店」のセルI4～I9が追加され、値と数式が表示されます。
⑦ [閉じる]ボタンをクリックします。

【タスク5】ワークシート「価格表」のセル範囲B4:B9を特定のユーザーにしか編集できないようにします。範囲のタイトルを「単価」、パスワードを「admin」にします。ただし、解答に際してはワークシートは保護しないようにします。

① ワークシート「価格表」のセルB4～B9を範囲選択します。
② [校閲]タブの[範囲の編集を許可する]ボタンをクリックします。
③ [範囲の編集の許可]ダイアログボックスが表示されるので、[新規]をクリックします。
④ [新しい範囲]ダイアログボックスが表示されるので、[タイトル]ボックスに「単価」と入力します。
⑤ [セル参照]ボックスに「=$B$4:$B$9」と表示されていることを確認します。
⑥ [範囲パスワード]ボックスに「admin」と入力します。
※ 画面上には「*****」と表示されます。
⑦ [OK]をクリックします。
⑧ [パスワードの確認]ダイアログボックスが表示されるので、[パスワードをもう一度入力してください。]ボックスに再度「admin」と入力します。
⑨ [OK]をクリックします。
⑩ [範囲の編集の許可]ダイアログボックスの[シートが保護されているときにパスワードでロックを解除する範囲]ボックスに、タイトル「単価」、セルの参照に「$B$4:$B$9」と表示されていることを確認します。
⑪ [OK]をクリックします。

●模擬テスト3

プロジェクト1　体力テスト

【タスク1】 ワークシート「体力面」の「握力」のグラフに、本校平均の6年までの値を予測する線形の近似曲線を追加します。

① ワークシート「体力面」の「握力」のグラフの[系列"本校平均"]（灰色の折れ線）をクリックします。
② データ元のセルD5～D10が青枠で囲まれるので、セルD10の右下の■をポイントし、マウスポインターの形が両方矢印になったら、セルD8までドラッグします。
③ データ元の範囲から「未測定」のセルD9～D10が除外されます。
④ グラフの右上に表示されている[グラフ要素]ボタンをクリックします。
⑤ [グラフ要素]の[近似曲線]をポイントし、右側に表示される▼をクリックします。
⑥ [その他のオプション]をクリックします。
⑦ [近似曲線の書式設定]作業ウィンドウが表示されるので、[近似曲線のオプション]の[線形近似]が選択されていることを確認します。
⑧ [予測]の[前方補外]ボックスをクリックして「2」と入力します。
⑨ Enterキーを押します。
⑩ グラフの本校平均に5年、6年の値を線形近似で予測する近似曲線が追加されます。
⑪ [閉じる]ボタンをクリックして、[近似曲線の書式設定]作業ウィンドウを閉じます。

【タスク2】 ワークシート「運動能力」の5～10行目の値を小数点以下第1位まで表示します。新しい列を追加した場合も書式が適用されるようにします。

① ワークシート「運動能力」の行番号5～10をドラッグします。
② [数値]グループ右下の[表示形式]ボタンをクリックします。
③ [セルの書式設定]ダイアログボックスが表示されるので、[表示形式]タブの[分類]ボックスの[数値]をクリックします。
④ [小数点以下の桁数]ボックスを「1」にします。
⑤ [OK]をクリックします。
⑥ テスト結果の値が小数点以下第1位まで表示されます。

【タスク3】 連続データの入力機能を使って、ワークシート「測定表」のセル範囲A7:A17に5月10日～3月10日までの毎月10日の日付を入力します。

① ワークシート「測定表」のセルA6をクリックします。
② セルA6の右下のフィルハンドルをポイントし、マウスポインターの形が+に変わったら、セルA17までドラッグします。
③ セルA7～A17に4月11日～4月21日までの日単位の連続データが入力されます。
④ セルA17の右下にある[オートフィルオプション]ボタンをクリックし、一覧から[連続データ（月単位）]をクリックします。
⑤ セルA7～A17に5月10日～3月10日までの毎月10日の日付が入力されます。

【タスク4】 データが変更されたときに再計算が自動で行われないように設定し、ブックの保存前にも再計算が行われないようにします。

① [ファイル]タブをクリックします。
② [オプション]をクリックします。
③ [Excelのオプション]ダイアログボックスが表示されるので、[数式]をクリックします。
④ [計算方法の設定]の[手動]をクリックします。
⑤ [ブックの保存前に再計算を行う]チェックボックスをオフにします。
⑥ [OK]をクリックします。

【タスク5】 ブックの保護をパスワード「Tairyoku」で解除し、ワークシート「測定表」を一番左に移動します。

① [校閲]タブの[ブックの保護]ボタンをクリックします。
② [ブック保護の解除]ダイアログボックスが表示されるので、[パスワード]ボックスに「Tairyoku」と入力します。
※ 画面上には「********」と表示されます。
③ [OK]をクリックします。
④ ワークシート「測定表」のシート見出しを左方向にドラッグし、ワークシート「体力面」の左側に▼が表示されたら、マウスのボタンから指を離します。
⑤ ワークシート「測定表」がワークシート「体力面」の左側に移動します。

プロジェクト2　契約履歴

【タスク1】 ワークシート「契約履歴_1月」のセルF1に「Dual」、セルF2に「Single」という名前を付けます。名前の適用範囲はワークシート「月額料金表」にします。

① ワークシート「契約履歴_1月」のセルF1をクリックします。
② [数式]タブの[名前の定義]ボタンをクリックします。
③ [新しい名前]ダイアログボックスが表示されるので、[名前]ボックスの「Dual」を残して後ろを削除します。
④ [範囲]ボックスの▼をクリックし、一覧から[月額料金表]をクリックします。
⑤ [参照範囲]ボックスに「=契約履歴_1月!$F$1」と表示されていることを確認します。
⑥ [OK]をクリックします。
⑦ 同様にセルF2を「Single」という名前で、ワークシート「月額料金表」に登録します。

【タスク2】 ワークシート「契約履歴_1月」のテーブルの「曜日番号」の列に数式を設定して、契約日の曜日を数値で表します。数値は月曜日が1、日曜日が7になるようにします。

① ワークシート「契約履歴_1月」のセルB5をクリックします。
② [数式]タブの[日付/時刻]ボタンをクリックします。
③ 一覧から[WEEKDAY]をクリックします。
④ WEEKDAY関数の[関数の引数]ダイアログボックスが表示されるので、[シリアル値]ボックスにカーソルがあることを確認し、セルA5をクリックします。
⑤ [シリアル値]ボックスに「[@契約日]」と表示されます。
⑥ [種類]ボックスをクリックし、「2」と入力します。
⑦ 数式の結果として「7」が表示されていることを確認します。
⑧ [OK]をクリックします。
⑨ 数式バーに「=WEEKDAY([@契約日],2)」と表示されたことを確認します。
※ [関数の引数]ダイアログボックスを使わずに、この数式を直接セルに入力してもかまいません。
⑩ セルB5に、セルA5の「1/8」の曜日番号「7」が表示されます。
⑪ B6～B79にも自動的に数式が設定され、同じ行のA列の日付の曜日番号が表示されます。

【タスク3】ワークシート「契約履歴_1月」のテーブルの「月額料金」の列に、INDEX関数とMATCH関数を使用して、ワークシート「月額料金表」の料金を表示します。

① ワークシート「契約履歴_1月」のセルE5をクリックします。
② [数式] タブの [検索/行列] ボタンをクリックします。
③ 一覧から [INDEX] をクリックします。
④ INDEX関数の [引数の選択] ダイアログボックスが表示されるので、[引数] ボックスの [配列, 行番号, 列番号] が選ばれていることを確認して、[OK] をクリックします。
⑤ INDEX関数の [関数の引数] ダイアログボックスが表示されるので、[配列] ボックスにカーソルがあることを確認し、ワークシート「月額料金表」のシート見出しをクリックします。
⑥ セルC4〜E5を範囲選択し、F4キーを押します。
⑦ [配列] ボックスに「月額料金表!$C$4:$E$5」と表示されたことを確認します。
⑧ [行番号] ボックスをクリックし、名前ボックスの▼をクリックして、一覧から [MATCH] をクリックします。
※ 名前ボックスの一覧に [MATCH] がない場合は、[その他の関数] をクリックし、表示される [関数の挿入] ダイアログボックスの [関数の分類] ボックスの▼をクリックして [検索/行列] または [すべて表示] をクリックし、[関数名] ボックスの一覧から [MATCH] をクリックし、[OK] をクリックします。
⑨ MATCH関数の [関数の引数] ダイアログボックスが表示されるので、[検査値] ボックスにカーソルが表示されていることを確認し、セルC5をクリックします。
⑩ [検査値] ボックスに「[@タイプ]」と表示されます。
⑪ [検査範囲] ボックスをクリックし、「月額料金表」のシート見出しをクリックします。
⑫ セルB4〜B5を範囲選択し、F4キーを押します。
⑬ [検査範囲] ボックスに「月額料金表!$B$4:$B$5」と表示されます。
⑭ [照合の種類] ボックスをクリックし、「0」を入力します。
⑮ 数式バーの「INDEX」部分をクリックします。
⑯ INDEX関数の [引数の選択] ダイアログボックスが表示されるので、[引数] ボックスの [配列, 行番号, 列番号] が選ばれていることを確認して、[OK] をクリックします。
※ この画面が表示されず、直接、手順⑰の画面が表示されることがあります。
⑰ INDEX関数の [関数の引数] ダイアログボックスが、[行番号] ボックスにMATCH関数の式が設定された状態で再び表示されるので、[列番号] ボックスをクリックし、名前ボックスの▼をクリックして、一覧から [MATCH] をクリックします。
⑱ MATCH関数の [関数の引数] ダイアログボックスが表示されるので、[検査値] ボックスにカーソルが表示されていることを確認し、セルD5をクリックします。
⑲ [検査値] ボックスに「[@通信データ量]」と表示されます。
⑳ [検査範囲] ボックスをクリックし、「月額料金表」のシート見出しをクリックします。
㉑ セルC3〜E3を範囲選択し、F4キーを押します。
㉒ [検査範囲] ボックスに「月額料金表!$C$3:$E$3」と表示されます。
㉓ [照合の種類] ボックスをクリックし、「0」を入力します。
㉔ 数式バーの「INDEX」部分をクリックします。
㉕ INDEX関数の [関数の引数] ダイアログボックスが表示されるので、数式の結果として「900」が表示されていることを確認します。
㉖ [OK] をクリックします。
㉗ 数式バーに「=INDEX(月額料金表!$C$4:$E$5,MATCH([@タイプ],月額料金表!$B$4:$B$5,0),MATCH([@通信データ量],月額料金表!$C$3:$E$3,0))」と表示されたことを確認します。
※ [関数の引数] ダイアログボックスを使わずに、この数式を直接セルに入力してもかまいません。
㉘ セルE5に、セルC5の「Single」とセルD5の「3GB」の月額料金「900」が表示されます。
㉙ E6〜E79にも自動的に数式が設定され、同じ行のタイプと通信データ量の月額料金が表示されます。

【タスク4】ワークシート「契約履歴_1月」のセルJ3に、タイプが「Dual」で通信データ量が5GB以上の契約件数の合計を求めます。

① ワークシート「契約履歴_1月」のセルJ3をクリックします。
② [数式] タブの [数学/三角] ボタンをクリックします。
③ 一覧から [SUMIFS] をクリックします。
④ SUMIFS関数の [関数の引数] ダイアログボックスが表示されるので、[合計対象範囲] ボックスにカーソルが表示されていることを確認し、セルF5〜F79を範囲選択します。
⑤ [合計対象範囲] ボックスに「契約1月[件数]」と表示されます。
⑥ [条件範囲1] ボックスをクリックし、セルC5〜C79を範囲選択します。
⑦ [条件範囲1] ボックスに「契約1月[タイプ]」と表示されます。
⑧ [条件1] ボックスをクリックし、「Dual」と入力します。
⑨ [条件範囲2] ボックスをクリックし、D5〜D79をドラッグします。
⑩ [条件範囲2] ボックスに「契約1月[通信データ量]」と表示されます。
⑪ [条件2] ボックスをクリックし、「>=5」と入力します。
※ 契約件数はユーザー定義の表示形式で数値に容量の単位「GB」を付けて表示するよう設定されているため、条件では数値のみを指定します。
⑫ [OK] をクリックします。
⑬ 数式バーに「=SUMIFS(契約1月[件数],契約1月[タイプ],"Dual",契約1月[通信データ量],">=5")」と表示されたことを確認します。
※ [関数の引数] ダイアログボックスを使わずに、この数式を直接セルに入力してもかまいません。
⑭ セルJ3に、タイプが「Dual」で通信データ量が5GB以上の契約件数の合計「47」が表示されます。

【タスク5】ワークシート「契約履歴_1月」のテーブル「契約1月」を基に、ワークシート「担当者別契約件数」のセルA1を基点とする位置に、担当者ごとにタイプ別の通信データ量の契約件数を集計するピボットテーブルと、積み上げ縦棒のピボットグラフを作成します。ピボットテーブルではすべての小計をグループの先頭に表示します。

① ワークシート「契約履歴_1月」のテーブル内の任意のセルをクリックします。
② [挿入] タブの [ピボットグラフ] ボタンをクリックします。
③ [ピボットグラフの作成] ダイアログボックスが表示されるので、[分析するデータを選択してください。] の [テーブルまたは範囲を選択] が選択されていて、[テーブル/範囲] ボックスに「契約1月」と表示されていることを確認します。
④ [ピボットグラフの配置先を選択してください。] の [既存のワークシート] をクリックします。
⑤ [場所] ボックスをクリックし、ワークシート「担当者別契約件数」のシート見出しをクリックして、セルA1をクリックします。
⑥ [場所] ボックスに「担当者別契約件数!$A$1」と表示されたことを確認し、[OK] をクリックします。
⑦ ワークシート「担当者別契約件数」のセルA1を基点とする位置に空白のピボットテーブルと、ピボットグラフが表示されます。
⑧ [ピボットグラフのフィールド] 作業ウィンドウの [レポートに追加するフィールドを選択してください] の一覧の [担当者] を [軸 (分類項目)] ボックスにドラッグします。
⑨ [タイプ] を [軸 (分類項目)] ボックスの [担当者] の下にドラッグします。
⑩ [通信データ量] を [凡例 (系列)] ボックスにドラッグします。
⑪ [件数] を [値] ボックスにドラッグします。
⑫ [値] ボックスに「合計/件数」と表示されます。

⑬ ピボットテーブルの行ラベルに「担当者」と「タイプ」、列ラベルに「通信データ量」、値に「合計／件数」が表示されます。
⑭ ピボットグラフの軸（項目）に「担当者」と「タイプ」、凡例（系列）に「通信データ量」、値に「合計／件数」が表示されます。
⑮ ピボットグラフが選択された状態で、［デザイン］タブの［グラフの種類の変更］ボタンをクリックします。
⑯ ［すべてのグラフ］タブの［縦棒］の一覧から［積み上げ縦棒］をクリックします。
⑰ ［OK］をクリックします。
⑱ グラフの種類が積み上げ縦棒に変更されます。
⑲ ピボットテーブル内の任意のセルをクリックします。
⑳ ［デザイン］タブの［小計］ボタンをクリックします。
㉑ ［すべての小計をグループの先頭に表示する］をクリックします。
㉒ ピボットテーブルの担当者ごとの集計が先頭行に表示されます。
※ あらかじめ小計がグループの先頭に表示されている場合は手順⑲〜㉒の操作は必要ありません。

プロジェクト3　マンション情報

【タスク1】 ワークシート「物件一覧」の「築年数」の列に、セルB3の日付の年から「築年」を引いた数値が0の場合は「新築」、そうでない場合は数値そのものを表示します。

① ワークシート「物件一覧」のセルH6をクリックします。
② ［数式］タブの［論理］ボタンをクリックします。
③ 一覧から［IF］をクリックします。
④ IF関数の［関数の引数］ダイアログボックスが表示されるので、［論理式］ボックスにカーソルが表示されていることを確認し、名前ボックスの▼をクリックし、一覧から［YEAR］をクリックします。
※ 名前ボックスの一覧に［YEAR］がない場合は、［その他の関数］をクリックし、表示される［関数の挿入］ダイアログボックスの［関数の分類］ボックスの▼をクリックして［日付／時刻］または［すべて表示］をクリックし、［関数名］ボックスの一覧から［YEAR］をクリックし、［OK］をクリックします。
⑤ YEAR関数の［関数の引数］ダイアログボックスが表示されるので、［シリアル値］ボックスにカーソルが表示されていることを確認したうえで、セルB3をクリックし、F4キーを1回押します。
⑥ ［シリアル値］ボックスに「$B$3」と表示されます。
⑦ 数式バーの「IF」をクリックします。
⑧ IF関数の［関数の引数］ダイアログボックスが、［論理式］ボックスにYEAR関数の式が設定された状態で再び表示されるので、［論理式］ボックスの末尾をクリックし、「-」と入力します。
⑨ セルG6をクリックします。
⑩ ［論理式］ボックスに「YEAR($B$3)-G6」と表示されるので、続けて「=0」と入力します。
⑪ ［真の場合］ボックスをクリックし、「新築」と入力します。
⑫ ［論理式］ボックスの「YEAR($B$3)-G6」をドラッグします。
⑬ ［ホーム］タブの［コピー］ボタンをクリックします。
⑭ ［偽の場合］ボックスをクリックします。
⑮ ［ホーム］タブの［貼り付け］ボタンをクリックします。
⑯ ［偽の場合］ボックスに「YEAR($B$3)-G6」と表示されます。
※ コピー／貼り付け機能を使わずに、4〜9と同様の手順で数式を設定するか、数式を直接入力してもかまいません。
⑰ 数式の結果として「2」が表示されていることを確認します。
⑱ ［OK］をクリックします。
⑲ 数式バーに「=IF(YEAR($B$3)-G6=0," 新築 ",YEAR($B$3)-G6)」と表示されたことを確認します。
※ ［関数の引数］ダイアログボックスを使わずに、この数式を直接セルに入力してもかまいません。
⑳ セルH6に、「2」が表示されます。
㉑ セルH6の右下のフィルハンドルをポイントし、マウスポインターの形が＋に変わったら、ダブルクリックします。
㉒ セルH6の数式がセルH7〜H48にコピーされ、築年数または「新築」の文字列が表示されます。

【タスク2】 ワークシート「物件分析」に、間取り別の平均価格を縦棒、物件数を面の第2軸で表すグラフを作成します。グラフタイトルを「間取り別平均価格と物件数」にします。

① ワークシート「物件分析」のセルA5〜C11を範囲選択します。
② ［挿入］タブの［おすすめグラフ］ボタンをクリックします。
③ ［グラフの挿入］ダイアログボックスが表示されるので、［すべてのグラフ］タブの［組み合わせ］をクリックします。
④ ［平均価格］の系列のグラフの種類が［集合縦棒］になっていることを確認します。
⑤ ［物件数］の系列の［グラフの種類］ボックスの▼をクリックし、［面］の［面］をクリックします。
⑥ ［物件数］の系列の［第2軸］チェックボックスをオンにします。
⑦ グラフのプレビューで、横（項目）軸が間取り、平均価格が集合縦棒、物件数が面で第2軸を使用して表示されていることを確認します。
⑧ ［OK］をクリックします。
⑨ 横（項目）軸が間取り、平均価格が縦棒、物件数が面で第2軸のグラフが表示されます。
⑩ ［グラフタイトル］をクリックします。
⑪ ［グラフタイトル］の文字列をドラッグして全て選択します。
⑫ 「間取り別平均価格と物件数」と上書き入力します。
⑬ グラフタイトル以外の場所をクリックして、グラフタイトルの選択を解除します。

【タスク3】 ワークシート「間取り別物件数」のピボットグラフに、2LDKの契約形態別件数が表示されるようにします。

① ワークシート「間取り別物件数」のピボットテーブルの行ラベルの［2LDK］をダブルクリックします。
② ［詳細データの表示］ダイアログボックスが表示されるので、［詳細データを表示するフィールドを選択してください］の一覧から［契約形態］をクリックします。
③ ［OK］をクリックします。
④ ピボットテーブルとピボットグラフに2LDKの契約形態が表示されます。

【タスク4】 ワークシート「エリア別価格」のピボットテーブルに価格の平均が桁区切りスタイルで表示されるようにし、エリア別の総計は表示せず、各間取りごとの総計のみが表示されるようにします。

① ワークシート「エリア別価格」のセルA1をクリックします。
② ［分析］タブの［アクティブなフィールド］ボックスに「合計／価格（万円）」と表示されていることを確認します。
③ ［分析］タブの［フィールドの設定］ボタンをクリックします。
④ ［値フィールドの設定］ダイアログボックスが表示されるので、［選択したフィールドのデータ］ボックスの一覧から［平均］をクリックします。
⑤ ［表示形式］をクリックします。
⑥ ［セルの書式設定］ダイアログボックスが表示されるので、［分類］ボックスの［数値］をクリックします。
⑦ ［桁区切り（,）を使用する］チェックボックスをオンにします。
⑧ ［OK］をクリックします。
⑨ ［値フィールドの設定］ダイアログボックスの［OK］をクリックします。
⑩ セルA1が「平均／価格（万円）」に変わり、値に3桁区切りの「,」（カンマ）が表示されます。
⑪ ［デザイン］タブの［総計］ボタンをクリックします。
⑫ ［列のみ集計を行う］をクリックします。
⑬ 行の総計（エリア別の総計）が非表示になり、列の総計（間取り別の総計）のみが表示されます。

【タスク5】ワークシート「借入可能額」のセルC9に、借入可能額を求めます。毎月1回の月末払いの元利均等返済で、返済期間中に利率の変動はないものとします。

① ワークシート「借入可能額」のセルC9をクリックします。
② [数式] タブの [財務] ボタンをクリックします。
③ 一覧から [PV] をクリックします。
④ PV関数の [関数の引数] ダイアログボックスが表示されるので、[利率] ボックスにカーソルが表示されていることを確認し、セルC5をクリックします。
⑤ [利率] ボックスに「C5」と表示されます。
⑥ 月単位の利率にするため、続けて「/12」と入力します。
⑦ [期間] ボックスをクリックし、セルC7をクリックします。
⑧ [期間] ボックスに「C7」と表示されるので、月単位の期間にするため、続けて「*12」と入力します。
⑨ [定期支払額] ボックスをクリックし、セルC3をクリックします。
⑩ [定期支払額] ボックスに「C3」と表示されます。
⑪ [将来価値] ボックスには何も入力しないか、「0」を入力します。
⑫ [支払期日] ボックスには何も入力しないか、「0」を入力します。
⑬ 数式の結果として「-29759422.95」が表示されていることを確認します。
⑭ [OK] をクリックします。
⑮ 数式バーに「=PV(C5/12,C7*12,C3)」と表示されたことを確認します。
※ [関数の引数] ダイアログボックスを使わずに、この数式を直接セルに入力してもかまいません。
⑯ セルC9に、「¥-29,759,423」と赤字で表示されます。

プロジェクト4 実験結果

【タスク1】ワークシート「測定結果」の練習時間の表示形式を「mm:ss」にします。

① セルD2～D21を範囲選択します。
② [ホーム] タブの [数値] グループ右下の [表示形式] ボタンをクリックします。
③ [セルの書式設定] ダイアログボックスが表示されるので、[分類] ボックスの [ユーザー定義] をクリックします。
④ [種類] ボックスの [mm:ss] をクリックします。
⑤ [サンプル] に「02:19」と表示されたことを確認します。
⑥ [OK] をクリックします。
⑦ セルD2～D21の時間が「mm:ss」の形式で表示されます。

【タスク2】ワークシート「測定結果」の値のばらつき（1回目から4回目までの最大値と最小値の差）を求めます。

① ワークシート「測定結果」のセルI2をクリックします。
② [ホーム] タブの [オートSUM] ボタンの▼をクリックします。
③ 一覧から [最大値] をクリックします。
④ 「=MAX(E2:H2)」と表示されるので、数式バーの数式の末尾をクリックして「-」と入力します。
⑤ 名前ボックスの▼をクリックして、一覧から [MIN] をクリックします。
※ 名前ボックスの一覧に [MIN] がない場合は、[その他の関数] をクリックし、表示される [関数の挿入] ダイアログボックスの [関数の分類] ボックスの▼をクリックして [統計] または [すべて表示] をクリックし、[関数名] ボックスの一覧から [MIN] をクリックし、[OK] をクリックします。
⑥ MIN関数の [関数の引数] ダイアログボックスが表示されるので、[数値] ボックスに「E2:H2」と表示されていることを確認します。
⑦ MIN関数の計算結果として「6.6」、数式の結果として「9.2」が表示されていることを確認します。
⑧ [OK] をクリックします。
⑨ セルI2に「9.2」と表示されます。

⑩ セルI2の右下のフィルハンドルをポイントし、マウスポインターの形が+に変わったら、ダブルクリックします。
⑪ セルI2の数式がセルI3～I21にコピーされ、同じ行の1回目から4回目の最大値と最小値の差が表示されます。

【タスク3】ワークシート「測定結果」の条件付き書式ルールを変更し、赤の塗りつぶしが1回目から4回目までの全体での上位10%に適用されるようにします。

① ワークシート「測定結果」のシート見出しをクリックします。
② [ホーム] タブの [条件付き書式] ボタンをクリックします。
③ 一覧から [ルールの管理] をクリックします。
④ [条件付き書式ルールの管理] ダイアログボックスが表示されるので、[書式ルールの表示] ボックスの▼をクリックし、一覧から [このワークシート] をクリックします。
⑤ [ルール] の [セルの値 >=10]（書式が赤の塗りつぶし）をクリックします。
⑥ [ルールの編集] をクリックします。
⑦ [書式ルールの編集] ダイアログボックスが表示されるので、[ルールの種類を選択してください] の一覧の [上位または下位に入る値だけを書式設定] をクリックします。
⑧ [次に入る値を書式設定] で [上位]、「10」が表示されていることを確認し、[%] チェックボックスをオンにします。
⑨ プレビューで赤の塗りつぶしが設定されていることを確認し、[OK] をクリックします。
⑩ [条件付き書式ルールの管理] ダイアログボックスで、赤の塗りつぶしのルール名が「上位10%」に変わったことを確認します。
⑪ [OK] をクリックします。
⑫ 値の上位10%のセルに赤の塗りつぶしが設定されます。

【タスク4】ワークシート「測定結果」のセルL2付近に、フォームコントロールのコンボボックスを設定し、A列の被験者名がリストから選択できるようにして、セルL2にリンクします。その後、コンボボックスから「A」を選択します。

① リボン上で右クリックし、ショートカットメニューの [リボンのユーザー設定] をクリックします。
② [Excelのオプション] ダイアログボックスの [リボンのユーザー設定] が表示されるので、[リボンのユーザー設定] の下側のボックスの一覧の [開発] チェックボックスをオンにします。
③ [OK] をクリックします。
④ リボンに [開発] タブが表示されます。
⑤ [開発] タブの [挿入] ボタンをクリックします。
⑥ [フォームコントロール] の [コンボボックス（フォームコントロール）] をクリックします。
⑦ マウスポインターの形が十字に変わるので、セルL2の左上から右下に向かってドラッグします。
⑧ コンボボックスが作成されます。
⑨ コンボボックスを選択した状態のまま、[開発] タブの [プロパティ] ボタンをクリックします。
⑩ [コントロールの書式設定] ダイアログボックスの [入力範囲] ボックスをクリックし、セルA2～A21をドラッグします。
⑪ [入力範囲] ボックスに「$A$2:$A$21」と表示されます。
⑫ [リンクするセル] ボックスをクリックし、「L2」と入力します。
⑬ [OK] をクリックします。
⑭ コンボボックス以外の場所をクリックして選択を解除します。
⑮ コンボボックスの▼をクリックし、一覧から [A] をクリックします。
⑯ セルL6に被験者Aの1回目の値「12.8」が表示されます。

【タスク5】ワークシート「規格グラフ」のグラフを「規格グラフ」という名前のテンプレートとして保存します。

① ワークシート「規格グラフ」のグラフを右クリックし、ショートカットメニューの［テンプレートとして保存］をクリックします。
② ［グラフテンプレートの保存］ダイアログボックスが表示されるので、［ファイルの場所］ボックスが［Charts］フォルダーになっていること、［ファイルの種類］ボックスが［グラフテンプレートファイル］になっていることを確認します。
③ ［ファイル名］ボックスに「規格グラフ」と入力します。
④ ［保存］をクリックします。

プロジェクト5　チケット予約

【タスク1】現在のテーマを「チケット予約」という名前で保存します。

① ［ページレイアウト］タブの［テーマ］ボタンをクリックします。
② ［現在のテーマを保存］をクリックします。
③ ［現在のテーマを保存］ダイアログボックスが表示されるので、［ファイルの場所］が「Document Themes」となっていることを確認し、［ファイル名］ボックスに「チケット予約」と入力します。
④ ［保存］をクリックします。

【タスク2】ワークシート「9月公演一覧」の編集ができないように、ワークシートを保護します。ただし、セルの選択とセル、行、列の書式設定はできるようにします。パスワードは設定しません。

① ワークシート「9月公演一覧」のシート見出しをクリックします。
② ［校閲］タブの［シートの保護］ボタンをクリックします。
③ ［シートの保護］ダイアログボックスが表示されるので、［シートとロックされたセルの内容を保護する］チェックボックスがオンになっていることを確認します。
④ ［このシートのすべてのユーザーに許可する操作］の［ロックされたセル範囲の選択］と［ロックされていないセル範囲の選択］チェックボックスがオンになっていることを確認します。
⑤ ［セルの書式設定］チェックボックスをオンにします。
⑥ ［列の書式設定］チェックボックスをオンにします。
⑦ ［行の書式設定］チェックボックスをオンにします。
⑧ ［OK］をクリックします。

【タスク3】ワークシート「9月公演チケット予約」のセル D4 から影響を受けるセルをすべてトレースします。

① ワークシート「9月公演チケット予約」のセル D4 をクリックします。
② ［数式］タブの［参照先のトレース］ボタンをクリックします。
③ セル D4 からとセル E4 とセル F4 に向かうトレース矢印が表示されます。
④ 再び［参照先のトレース］ボタンをクリックします。
⑤ セル F4 からとセル H4 に向かうトレース矢印が表示されます。
⑥ 再び［参照先のトレース］ボタンをクリックします。
⑦ 新たなトレース矢印は表示されないので、参照先のすべてのセルがトレースされたことがわかります。

【タスク4】ワークシート「9月公演チケット売上集計」のピボットテーブルのすべての小計をグループの先頭に表示し、各アイテムの下に空白行を挿入します。

① ワークシート「9月公演チケット売上集計」のピボットテーブル内の任意のセルをクリックします。
② ［デザイン］タブの［小計］ボタンをクリックします。
③ ［すべての小計をグループの先頭に表示する］をクリックします。
④ ピボットテーブルの月ごとの集計が先頭行に表示されます。
⑤ ［デザイン］タブの［空白行］ボタンをクリックします。
⑥ ［各アイテムの後ろに空行を入れる］をクリックします。
⑦ ピボットテーブルの各月の間に空白行が入ります。

【タスク5】ワークシート「9月公演チケット売上集計」のセル C24 をウォッチ式に追加し、ウォッチウィンドウを閉じます。

① ワークシート「9月公演チケット売上集計」のセル C24（「料金」の集計のセル）をクリックします。
② ［数式］タブの［ウォッチウィンドウ］ボタンをクリックします。
③ ［ウォッチウィンドウ］が表示されるので、［ウォッチ式の追加］をクリックします。
④ ［ウォッチ式の追加］ダイアログボックスが表示されるので、［値をウォッチするセル範囲を選択してください］ボックスに「='9月公演チケット売上集計'!$C$24」と表示されていることを確認し、［追加］をクリックします。
⑤ ［ウォッチウィンドウ］にワークシート「9月公演チケット売上集計」のセル C24 が追加され、値が表示されます。
⑥ ［閉じる］ボタンをクリックして、［ウォッチウィンドウ］を閉じます。

【タスク6】ワークシート「会員名簿_一般」のセル A1 を基点とする位置に、タブ区切りのテキストファイル「会員名簿_bp」をテーブルとして読み込みます。その際、会員種別が「一般会員」のみを抽出し、会員種別の列を削除します。

① ワークシート「会員名簿_一般」のセル A1 をクリックします。
② ［データ］タブの［テキストまたは CSV から］ボタンをクリックします。
※ Excel のバージョンによっては、［データ］タブの［テキストまたは CSV から］ボタンが表示されない場合があります。その場合は、［新しいクエリ］ボタンをクリックし、［ファイルから］の［テキストから］をクリックします。「互換性の警告」を示すダイアログボックスが表示されることがありますが、そのまま閉じて作業を続けてかまいません。
③ ［データの取り込み］ダイアログボックスが表示されるので、［会員名簿_bp］をクリックします。
④ ［インポート］をクリックします。
⑤ ［会員名簿_bp.txt］ウィンドウが表示されます。
⑥ ［編集］をクリックします。
⑦ ［会員名簿_bp - クエリエディター］ウィンドウが表示されるので、［会員種別］の▼をクリックします。
⑧ ［特別］チェックボックスをオフにします。
⑨ ［一般］チェックボックスがオンになっていることを確認し、［OK］をクリックします。
⑩ 会員種別が「一般」のデータだけが抽出されます。
⑪ ［会員種別］の列が選択された状態なのでそのまま、［ホーム］タブの［列の削除］ボタンをクリックします。
⑫ ［会員種別］の列が削除されます。
⑬ ［ホーム］タブの［閉じて読み込む］ボタンの▼をクリックします。
⑭ ［閉じて次に読み込む］をクリックします。
⑮ ［データのインポート］ダイアログボックスが表示されるので、［このデータをブックでどのように表示するかを選択してください。］の［テーブル］が選択されていることを確認します。
⑯ ［データを返す先を選択してください。］の［既存のワークシート］をクリックします。
⑰ 下のボックスに「=$A$1」と表示されていることを確認します。
⑱ ［OK］をクリックします。
⑲ ワークシート「会員名簿_一般」のセル A1 を基点とする位置にテーブルがインポートされます。
⑳ ［クエリと接続］作業ウィンドウに、「会員名簿_bp　64 行読み込まれました。」と表示されていることを確認します。
※ 環境によって、作業ウィンドウ名が［ブッククエリ］になることがあります
㉑ ［閉じる］ボタンをクリックして、作業ウィンドウを閉じます。

●模擬テスト4

プロジェクト1　お取り寄せギフト

【タスク1】 日本語文字用の見出しのフォントが「HGP創英角ゴシックUB」、日本語文字用の本文のフォントが「メイリオ」である新しいテーマのフォント「ギフト」を作成します。

① ［ページレイアウト］タブの［フォント］ボタンをクリックします。
② ［フォントのカスタマイズ］をクリックします。
③ ［新しいテーマのフォントパターンの作成］ダイアログボックスが表示されるので、［名前］ボックスに「ギフト」と入力します。
④ ［日本語文字用のフォント］の［見出しのフォント（日本語）］ボックスの▼をクリックし、一覧から［HGP創英角ゴシックUB］をクリックします。
⑤ ［本文のフォント（日本語）］ボックスの▼をクリックし、一覧から［メイリオ］をクリックします。
⑥ ［保存］をクリックします。
⑦ ブックのテーマのフォントが変更されます。

【タスク2】 ワークシートの順序を変更できないようにします。パスワードは設定しません。

① ［校閲］タブの［ブックの保護］をクリックします。
② ［シート構成とウィンドウの保護］ダイアログボックスが表示されるので、［保護対象］の［シート構成］チェックボックスがオンになっていることを確認します。
③ ［パスワード（省略可）］ボックスには入力せずに、［OK］をクリックします。

【タスク3】 ワークシート「売上一覧」のセル範囲D4:D441に、同じ行の商品区分を基にワークシート「商品一覧」の商品区分名を表示します。

① ワークシート「売上一覧」のセルD4をクリックします。
② ［数式］タブの［検索/行列］ボタンをクリックします。
③ 一覧から［HLOOKUP］をクリックします。
④ HLOOKUP関数の［関数の引数］ダイアログボックスが表示されるので、［検索値］ボックスにカーソルが表示されていることを確認し、セルC4をクリックします。
⑤ ［検索値］ボックスに「C4」と表示されます。
⑥ ［範囲］ボックスをクリックし、ワークシート「商品一覧」のシート見出しをクリックして、セルE4～G5を範囲選択し、F4キーを押します。
⑦ ［範囲］ボックスに「商品一覧!$E$4:$G$5」と表示されます。
⑧ ［行番号］ボックスをクリックし、「2」と入力します。
⑨ ［検索方法］ボックスをクリックし、「FALSE」または「0」を入力します。
⑩ 数式の結果としてセルC4の商品区分「J」の商品区分名「おいしい日本の味セット」が表示されていることを確認します。
⑪ ［OK］をクリックします。
⑫ 数式バーに「=HLOOKUP(C4,商品一覧!$E$4:$G$5,2,FALSE)」または「=HLOOKUP(C4,商品一覧!$E$4:$G$5,2,0)」と表示されたことを確認します。
※［関数の引数］ダイアログボックスを使わずに、この数式を直接セルに入力してもかまいません。
⑬ セルD4に、セルC4の商品区分「J」の商品区分名「おいしい日本の味セット」が表示されていることを確認します。
⑭ セルD4の右下のフィルハンドルをポイントし、マウスポインターの形が＋に変わったら、ダブルクリックします。
⑮ セルD4の数式がセルD5～D441にコピーされ、同じ行の商品区分に応じた商品区分名が表示されます。

【タスク4】 ワークシート「売上一覧」のセル範囲J4:J441に、出荷日が未入力、または注文日から出荷日までが5日以上たっている場合に、塗りつぶしの色、RGBの赤「248」、緑「196」、青「190」を設定します。

① ワークシート「売上一覧」のセルJ4～J441を範囲選択します。
② ［ホーム］タブの［条件付き書式］ボタンをクリックします。
③ ［新しいルール］をクリックします。
④ ［新しい書式ルール］ダイアログボックスが表示されるので、［ルールの種類を選択してください］の一覧から［数式を使用して、書式設定するセルを決定］をクリックします。
⑤ ［ルールの内容を編集してください］の［次の数式を満たす場合に値を書式設定］ボックスに「=OR(J4="",J4-A4>=5)」と入力します。
⑥ ［書式］をクリックします。
⑦ ［セルの書式設定］ダイアログボックスが表示されるので、［塗りつぶし］タブの［その他の色］をクリックします。
⑧ ［色の設定］ダイアログボックスが表示されるので、［ユーザー設定］タブの［カラーモデル］ボックスに「RGB」と表示されていることを確認し、［赤］ボックスを「248」、［緑］ボックスを「196」、［青］ボックスを「190」にします。
⑨ ［新規］にピンク色が表示されていることを確認し、［OK］をクリックします。
⑩ ［セルの書式設定］ダイアログボックスの［サンプル］にピンク色の塗りつぶしが表示されていることを確認し、［OK］をクリックします。
⑪ ［新しい書式ルール］ダイアログボックスの［プレビュー］にピンク色の塗りつぶしが表示されていることを確認し、［OK］をクリックします。
⑫ 出荷日が未入力、注文日から出荷日までが5日以上たっている出荷日のセルにピンク色の塗りつぶしが設定されます。

【タスク5】 ワークシート「月別集計」のグラフに、金額合計のデータを折れ線グラフで追加し、第2軸を設定します。

① ワークシート「月別集計」のセルA8～D8を範囲選択します。
② ［ホーム］タブの［コピー］ボタンをクリックします。
③ グラフ内をクリックします。
④ ［ホーム］タブの［貼り付け］ボタンをクリックします）。
⑤ グラフに金額合計の系列が追加され、凡例に「金額合計」と表示されます。
⑥ 金額合計の系列をクリックします。
⑦ ［デザイン］タブの［グラフの種類の変更］ボタンをクリックします。
⑧ ［グラフの種類の変更］ダイアログボックスが表示され、［すべてのグラフ］タブのグラフの一覧の［組み合わせ］が選択されていることを確認します。
⑨ 右側の［データ系列に使用するグラフの種類と軸を選択してください］で商品区分名の系列のグラフの種類が3つとも［集合縦棒］になっていることを確認します。
⑩ ［金額合計］の系列の［グラフの種類］ボックスの▼をクリックし、［折れ線］の一覧から［折れ線］をクリックします。
⑪ ［金額合計］の系列の［第2軸］チェックボックスをオンにします。
⑫ グラフのプレビューで、金額合計の系列が第2軸を使用した折れ線グラフで表示されていることを確認します。
⑬ ［OK］をクリックします。
⑭ 金額合計の系列が折れ線グラフになり、第2軸を使用して表示されます。

プロジェクト2　見積・請求書

【タスク1】ワークシート「見積書」を開いた状態のとき、セル範囲 A9:A13、E9:E13 のデータを消去するマクロ「データ消去」を作成し、作業中のブックに保存します。ワークシート「請求書」で「データ消去」マクロを実行します。

① ワークシート「見積書」のシート見出しをクリックします。
② ［表示］タブの［マクロ］ボタンの▼をクリックします。
③ ［マクロの記録］をクリックします。
※ 手順 2 ～ 3 は、［開発］タブの［マクロの記録］ボタンをクリックしてもかまいません。
④ ［マクロの記録］ダイアログボックスが表示されるので、［マクロ名］ボックスに「データ消去」と入力します。
⑤ ［マクロの保存先］ボックスが［作業中のブック］になっていることを確認します。
⑥ ［OK］をクリックします。
⑦ ワークシート「見積書」のセル A9 ～ A13 をドラッグし、Ctrl キーを押しながらセル E9 ～ E13 をドラッグします。
⑧ Delete キーを押します。
⑨ セル A9 ～ A13、セル E9 ～ E13 のデータが削除されます。
⑩ ［表示］タブの［マクロ］ボタンの▼をクリックします。
⑪ ［記録終了］をクリックします。
※ 手順 10 ～ 11 は、［開発］タブの［記録終了］ボタンをクリックしてもかまいません。
⑫ ワークシート「請求書」のシート見出しをクリックします。
⑬ ［表示］タブの［マクロ］ボタンをクリックします。
⑭ ［マクロ］ダイアログボックスが表示されるので、［マクロ名］ボックスに「データ消去」が選択されていることを確認し、［実行］をクリックします。
⑮ ワークシート「請求書」のセル A9 ～ A13、E9 ～ E13 のデータが削除されます。

【タスク2】ワークシート「請求書」の注文番号を、ワークシート「商品一覧」の注文番号のリストから選択して入力できるようにします。それ以外のデータを入力した場合は、スタイルが「停止」、タイトルが「入力エラー」の「リストから選択してください。」というエラーメッセージが表示されるようにします。

① ワークシート「請求書」のセル A9 ～ A13 を範囲選択します。
② ［データ］タブの［データの入力規則］ボタンをクリックします。
③ ［データの入力規則］ダイアログボックスの［設定］タブが表示されるので、［条件の設定］の［入力値の種類］ボックスの▼をクリックします。
④ 一覧から［リスト］をクリックします。
⑤ ［ドロップダウンリストから選択する］チェックボックスがオンになっていることを確認します。
⑥ ［元の値］ボックスをクリックします。
⑦ ワークシート「商品一覧」のシート見出しをクリックし、セル C5 ～ C45 をドラッグします。
⑧ ［元の値］ボックスに「= 商品一覧 !$C$5:$C$45」と表示されたことを確認します。
⑨ ［エラーメッセージ］タブの［無効なデータが入力されたらエラーメッセージを表示する］チェックボックスがオンになっていることを確認します。
⑩ ［無効なデータが入力されたときに表示するエラーメッセージ］の［スタイル］ボックスに［停止］と表示されていることを確認します。
⑪ ［タイトル］ボックスに「入力エラー」と入力します。
⑫ ［エラーメッセージ］ボックスに「リストから選択してください。」と入力します。
⑬ ［OK］をクリックします。
⑭ セル A9 の右側にリストを表示するための▼が表示されます。

【タスク3】関数を使用して、ワークシート「商品一覧」のセル L4 に、在庫が 100 個以上で色がブルー系の商品の数を求めます。

① ワークシート「商品一覧」のセル L4 をクリックします。
② ［数式］タブの［その他の関数］ボタンをクリックします。
③ ［統計］の一覧から［COUNTIFS］をクリックします。
④ COUNTIFS 関数の［関数の引数］ダイアログボックスが表示されるので、［検索条件範囲 1］ボックスにカーソルが表示されていることを確認し、セル J5 ～ J45 を範囲選択します。
⑤ ［検索条件範囲 1］ボックスに「商品一覧 [在庫]」と表示されます。
⑥ ［検索条件 1］ボックスをクリックし、「>=100」と入力します。
⑦ ［検索条件範囲 2］ボックスをクリックし、G5 ～ G45 をドラッグします。
⑧ ［検索条件範囲 2］ボックスに「商品一覧 [色]」と表示されます。
⑨ ［検索条件 2］ボックスをクリックし、「* ブルー」または「* ブルー *」と入力します。
⑩ ［OK］をクリックします。
⑪ 数式バーに「=COUNTIFS(商品一覧 [在庫],">=100", 商品一覧 [色],"* ブルー ")」または「=COUNTIFS(商品一覧 [在庫],">=100", 商品一覧 [色],"* ブルー *")」と表示されたことを確認します。
※ ［関数の引数］ダイアログボックスを使わずに、この数式を直接セルに入力してもかまいません。
⑫ セル L4 に、在庫が 100 個以上で色がブルー系の商品の数「6」が表示されます。

【タスク4】文字列形式の数値がエラーとしてチェックされないよう、エラーチェックルールを設定します。

① ［ファイル］タブをクリックします。
② ［オプション］をクリックします。
③ ［Excel のオプション］ダイアログボックスが表示されるので、［数式］をクリックします。
④ ［エラーチェックルール］の［文字列形式の数値、またはアポストロフィで始まる数値］チェックボックスをオフにします。
⑤ ［OK］をクリックします。
⑥ ワークシート「商品一覧」のセル F5 ～ F45 のエラーインジケーターがなくなります。

【タスク5】「開発」タブを非表示にします。

① リボン上で右クリックし、ショートカットメニューの［リボンのユーザー設定］をクリックします。
② ［Excel のオプション］ダイアログボックスの［リボンのユーザー設定］が表示されるので、［リボンのユーザー設定］の下側のボックスの一覧の［開発］チェックボックスをオフにします。
③ ［OK］をクリックします。
④ リボンの［開発］タブが非表示になります。

プロジェクト3　入会キャンペーン

【タスク1】2 つの関数を使用して、ワークシート「入会者数」の「エリア 2」の列に、A 列のエリアが空白でない場合はそのエリアを表示、エリアが空白の場合は 1 つ上の行のエリアを表示します。

① ワークシート「入会者数」のセル B6 をクリックします。
② ［数式］タブの［論理］ボタンをクリックします。
③ 一覧から［IF］をクリックします。
④ IF 関数の［関数の引数］ダイアログボックスが表示されるので、［論理式］ボックスにカーソルが表示されていることを確認し、名前ボックスの▼をクリックし、一覧から［NOT］をクリックします。
※ 名前ボックスの一覧に［NOT］がない場合は、［その他の関数］をクリックし、表示される［関数の挿入］ダイアログボックスの［関数の分類］ボックスの▼をクリックして［論理］または［すべて表示］をクリックし、［関数名］ボックスの一覧から［NOT］をクリックし、［OK］をクリックします。

⑤ NOT 関数の［関数の引数］ダイアログボックスが表示されるので、［論理式］ボックスにカーソルがあることを確認し、セル A6 をクリックします。
⑥ ［論理式］ボックスに「A6」と表示されるので、続いて「=""」と入力します。
⑦ 数式バーの「IF」をクリックします。
⑧ IF 関数の［関数の引数］ダイアログボックスが、［論理式］ボックスに NOT 関数の式が設定された状態で再び表示されるので、［真の場合］ボックスをクリックし、セル A6 をクリックします。
⑨ ［真の場合］ボックスに「A6」と表示されます。
⑩ ［偽の場合］ボックスをクリックし、セル B5 をクリックします。
⑪ ［偽の場合］ボックスに「B5」と表示されます。
⑫ 数式の結果として「関東」が表示されていることを確認します。
⑬ ［OK］をクリックします。
⑭ 数式バーに「=IF(NOT(A6=""),A6,B5)」と表示されたことを確認します。
※ ［関数の引数］ダイアログボックスを使わずに、この数式を直接セルに入力してもかまいません。
⑮ セル B6 に、セル A6 と同じエリア「関東」が表示されます。
⑯ セル B6 の右下のフィルハンドルをポイントし、マウスポインターの形が＋に変わったら、ダブルクリックします。
⑰ セル B6 の数式がセル B7 ～ B42 にコピーされ、同じ行にエリアが入力されている場合はそのエリア、空白の場合は 1 つ上の行と同じエリアが表示されます。

【タスク 2】ワークシート「入会者数」の「W ゼロ _ 入会率」の列に、体験チケット配布数が 0 より大きい場合は入会者数合計を体験チケット配布数で割って四捨五入した値を、体験チケット配布数が 0 の場合は 0 を、表示します。なお、表示形式「パーセンテージ」、小数点以下の桁数「1」は設定済です。

① ワークシート「入会者数」のセル I6 をクリックします。
② ［数式］タブの［論理］ボタンをクリックします。
③ 一覧から［IF］をクリックします。
④ IF 関数の［関数の引数］ダイアログボックスが表示されるので、［論理式］ボックスにカーソルが表示されていることを確認し、セル D6 をクリックします。
⑤ ［論理式］ボックスに「D6」と表示されるので、続けて「>0」と入力します。
⑥ ［真の場合］ボックスをクリックし、名前ボックスの▼をクリックし、一覧から［ROUND］をクリックします。
※ 名前ボックスの一覧に［ROUND］がない場合は、［その他の関数］をクリックし、表示される［関数の挿入］ダイアログボックスの［関数の分類］ボックスの▼をクリックして［数学 / 三角］または［すべて表示］をクリックし、［関数名］ボックスの一覧から［ROUND］をクリックし、［OK］をクリックします。
⑦ ROUND 関数の［関数の引数］ダイアログボックスが表示されるので、［数値］ボックスにカーソルが表示されていることを確認し、セル H6 をクリックします。
⑧ ［数値］ボックスに「H6」と表示されるので、続けて「/」を入力し、セル D6 をクリックします。
⑨ ［数値］ボックスに「H6/D6」と表示されます。
⑩ ［桁数］ボックスに「3」と入力します。
⑪ 数式の結果として「11.4%」が表示されていることを確認します。
⑫ 数式バーの「IF」をクリックします。
⑬ IF 関数の［関数の引数］ダイアログボックスが、［真の場合］ボックスに ROUND 関数の式が設定された状態で再び表示されるので、［偽の場合］ボックスをクリックし、「0」と入力します。
⑭ 数式の結果として「11.4%」が表示されていることを確認します。
⑮ ［OK］をクリックします。
⑯ 数式バーに「=IF(D6>0,ROUND(H6/D6,3),0)」と表示されたことを確認します。
※ ［関数の引数］ダイアログボックスを使わずに、この数式を直接セルに入力してもかまいません。

⑰ セル I6 に、「11.4%」が表示されていることを確認します。
⑱ セル I6 の右下のフィルハンドルをポイントし、マウスポインターの形が＋に変わったら、ダブルクリックします。
⑲ セル I6 の数式がセル I7 ～ I42 にコピーされ、それぞれの店舗の W ゼロキャンペーンの入会率が表示されます。

【タスク 3】ワークシート「入会者数」の「店舗名」の列に入力されている店舗名を、ユーザー設定リストに追加します。

① ワークシート「入会者数」のセル C6 ～ C42 を範囲選択します。
② ［ファイル］タブをクリックします。
③ ［オプション］をクリックします。
④ ［Excel のオプション］ダイアログボックスが表示されるので、［詳細設定］をクリックします。
⑤ ［全般］の［ユーザー設定リストの編集］をクリックします。
⑥ ［ユーザー設定リスト］ダイアログボックスが表示されるので、［ユーザー設定リスト］タブの［リストの取り込み元範囲］ボックスに「$C$6:$C$42」と表示されていることを確認し、［インポート］をクリックします。
⑦ ［リストの項目］ボックスと［ユーザー設定リスト］ボックスに、店舗名がセル範囲に入力されている順序で表示されます。
⑧ ［OK］をクリックします。
⑨ ［Excel のオプション］ダイアログボックスの［OK］をクリックします。

【タスク 4】名前付きセル範囲「手ぶらキャンペーン」に、ワークシート「入会者数」の「店舗名」の列が含まれるように変更します。

① ［数式］タブの［名前の管理］ボタンをクリックします
② ［名前の管理］ダイアログボックスが表示されるので、［名前］の［手ぶらキャ…］をクリックします。
③ ［参照範囲］ボックスの「= 入会者数 !$J$5:$O$42」の後ろをクリックして、「,」（半角のカンマ）を入力します。
④ ワークシート「入会者数」のセル C5 ～ C42 を範囲選択します。
⑤ 「= 入会者数 !$J$5:$O$42, 入会者数 !$C$5:$C$42」と入力されます。
⑥ ［参照範囲］ボックスの左側の✓ボタンをクリックします。
⑦ ［閉じる］をクリックします。

【タスク 5】警告を表示してすべてのマクロを無効にする設定にします。

① ［ファイル］タブをクリックします。
② ［オプション］をクリックします。
③ ［Excel のオプション］ダイアログボックスが表示されるので、［セキュリティセンター］をクリックします。
④ ［セキュリティセンターの設定］をクリックします。
⑤ ［セキュリティセンター］ダイアログボックスが表示されるので、［マクロの設定］をクリックします。
⑥ ［マクロの設定］の［警告を表示してすべてのマクロを無効にする］をクリックします。
⑦ ［OK］をクリックします。
⑧ ［Excel のオプション］ダイアログボックスの［OK］をクリックします。

プロジェクト 4 ラーニングカフェ

【タスク 1】このブックの他のデータとの接続を削除します。

① ［データ］タブの［クエリと接続］ボタンをクリックします。
※ ［クエリと接続］ボタンがない場合は、［データ］タブの［接続］ボタンをクリックします。
② ［クエリと接続］作業ウィンドウが表示されるので、「1 の接続」の［会員管理］を右クリックし、ショートカットメニューの［削除］をクリックします。

※ 手順①で［接続］ボタンをクリックした場合は、［ブックの接続］ウィンドウが表示されるので、［会員管理］をクリックして［削除］ボタンを押します
③「接続を削除すると、このブックがデータソースから分離され、ブックのデータの更新が正しく機能しなくなります。…」と表示されるので、［OK］をクリックします。
④［会員管理］がなくなり、「0 の接続」と表示されます。
※ 手順①で［接続］ボタンをクリックした場合は、「0 の接続」の表示はありません。
⑤［閉じる］ボタンをクリックして、［クエリと接続］作業ウィンドウを閉じます。
※ 手順①で［接続］ボタンをクリックした場合は、［閉じる］ボタンをクリックして、［ブックの接続］ウィンドウを閉じます。

【タスク2】ワークシート「会員利用記録」のセル D4 の数式の参照元をトレースします。（なお、本番モードの際は、このタスクを解答後にタスク1の操作をした場合、プログラムの仕様上、採点前に再度このタスクに解答する必要があります）

①ワークシート「会員利用記録」のセル D4 をクリックします。
②［数式］タブの［参照元のトレース］ボタンをクリックします。
③セル G1 とセル C4 から、セル D4 に向かうトレース矢印が表示されます。

【タスク3】ワークシート「利用状況分析」のピボットテーブルが「20-29」「30-39」「40-49」「50-59」という年代で集計されるようにします。

①ワークシート「利用状況分析」のピボットテーブルの列ラベルの任意の数値のセルをクリックします。
②［分析］タブの［フィールドのグループ化］ボタンをクリックします。
③［グループ化］ダイアログボックスが表示されるので、［先頭の値］ボックスに「20」と入力します。
④［末尾の値］ボックスに「59」と入力します。
⑤［単位］ボックスが「10」になっていることを確認します。
⑥［OK］をクリックします。
⑦列ラベルの数値が 10 単位でグループ化され、「20-29」「30-39」「40-49」「50-59」と表示されます。

【タスク4】ワークシート「利用状況分析」のピボットテーブルで、利用時間の平均が「h:mm」の形式で集計されるようにします。

①ワークシート「利用状況分析」のピボットテーブルの任意の値をクリックします。
②［分析］タブの［アクティブなフィールド］が［個数 / 利用時間］になっていることを確認し、［フィールドの設定］ボタンをクリックします。
③［値フィールドの設定］ダイアログボックスが表示されるので、［集計方法］タブの［選択したフィールドのデータ］ボックスの［平均］をクリックします。
④［表示形式］ボタンをクリックします。
⑤［セルの書式設定］ダイアログボックスが表示されるので、［表示形式］タブの［分類］ボックスの［時刻］をクリックします。
⑥［種類］ボックスの［13:30］をクリックします。
⑦［OK］をクリックします。
⑧［値フィールドの設定］ダイアログボックスの［OK］をクリックします。
⑨ピボットテーブルに利用時間の平均が「h:mm」の形式で表示されます。

【タスク5】ワークシート「利用状況分析」のピボットグラフのスタイルを「スタイル 8」にし、データラベルを表示します。

①ワークシート「利用状況分析」のピボットグラフをクリックします。
②右上に表示される［グラフスタイル］ボタンをクリックします。
③［スタイル］の一覧から［スタイル 8］をクリックします。
④グラフのスタイルが変更されます。
⑤［グラフ要素］ボタンをクリックします。
⑥［グラフ要素］の［データラベル］チェックボックスをオンにします。
⑦グラフにデータラベルが表示されます。

プロジェクト 5　セミナー管理

【タスク1】ワークシート「申込状況」のテーブルに「セミナー申込状況」という名前を付けます。

①ワークシート「申込状況」のテーブル内の任意のセルをクリックします。
②［デザイン］タブの［テーブル名］ボックスをクリックし、「セミナー申込状況」と入力します。
③ Enter キーを押します。

【タスク2】ワークシート「申込状況」のテーブルの条件付き書式の適用順を、1 番目が集客率が 100% のセルの書式、2 番目が集客率が 60% 未満のセルの書式、3 番目が開催日が土日の行の書式になるように変更します。

①ワークシート「申込状況」のテーブル内の任意のセルをクリックします。
②［ホーム］タブの［条件付き書式］ボタンをクリックします。
③［ルールの管理］をクリックします。
④［条件付き書式ルールの管理］ダイアログボックスが表示されるので、［書式ルールの表示］ボックスに「このテーブル」と表示されていることを確認します。
⑤［ルール（表示順で適用）］の一覧の［数式：=WEEK…］をクリックします。
⑥［下へ移動］ボタンを 2 回クリックします。
⑦このルールが一番下に移動します。
⑧ 1 番目のルールが「セルの値 =1」、2 番目のルールが「セルの値 <0.6」となっていることを確認します。
⑨［OK］をクリックします。
⑩条件付き書式ルールの適用順が変更され、開催日が土日よりも集客率が 60% 未満の書式設定が優先されるようになります。

【タスク3】ワークシート「申込人数集計」のセル範囲 B3:D7 に、位置を基準として、ワークシート「銀座」「池袋」「秋葉原」のセル範囲 B3:D7 を統合し、合計を求めます。

①ワークシート「申込人数集計」のセル B3 をクリックします。
②［データ］タブの［統合］ボタンをクリックします。
③［集計の方法］の「合計」が選択されていることを確認します。
④［統合元範囲］ボックスをクリックし、ワークシートの「銀座」のシート見出しをクリックして、セル B3 〜 D7 を範囲選択します。
⑤［統合元範囲］ボックスに「銀座 !$B$3:$D$7」と表示されます。
⑥［追加］をクリックします。
⑦［統合元］ボックスに「銀座 !$B$3:$D$7」が追加されます。
⑧ワークシート「池袋」のシート見出しをクリックします。
⑨［統合元範囲］ボックスに「池袋 !$B$3:$D$7」と表示されます。
⑩［追加］をクリックします。
⑪［統合元］ボックスに「池袋 !$B$3:$D$7」が追加されます。
⑫ワークシート「秋葉原」のシート見出しをクリックします。
⑬［統合元範囲］ボックスに「秋葉原 !$B$3:$D$7」と表示されます。
⑭［追加］をクリックします。
⑮［統合元］ボックスに「秋葉原 !$B$3:$D$7」が追加されます。

⑯ [OK] をクリックします。
⑰ ワークシート「申込人数集計」のセル B3 ～ D7 に、ワークシート「銀座」「池袋」「秋葉原」のセル B3 ～ D7 のデータが統合され、数値の合計が表示されます。

【タスク4】 ワークシート「売上集計」のピボットテーブルの列ラベルが「ワード」「エクセル」「パワーポイント」「アクセス」の順に並ぶようにします。

① ワークシート「売上集計」のピボットテーブルの列ラベルの[ワード]をクリックします。
② 枠線上をポイントし、マウスポインターの形が十字の付いた矢印になったら、A列とB列の間にドラッグし、A列とB列の間にI形の太線が表示されたらマウスのボタンから指を離します。
③ 「ワード」の列がB列に移動します。
④ 同様に「アクセス」の列をE列に移動します。
⑤ 列ラベルが「ワード」「エクセル」「パワーポイント」「アクセス」の順に並びます。

【タスク5】 GETPIVOTDATA 関数を使用して、ワークシート「売上集計」のピボットテーブルの銀座教室の総計を、ワークシート「銀座」のセルF2に表示します。

① ワークシート「銀座」のセル F2 をクリックします。
② [数式]タブの[検索/行列]ボタンをクリックします。
③ [GETPIVOTDATA]をクリックします。
④ GETPIVOTDATA 関数の[関数の引数]ダイアログボックスが表示されるので、[データフィールド]ボックスに「売上金額」と入力します。
⑤ [ピボットテーブル]ボックスをクリックし、ワークシート「売上集計」のシート見出しをクリックします。
⑥ セル A3 をクリックします。
※ セル A3 に限らず、ピボットテーブル内のセルであればどのセルをクリックしてもかまいません。
⑦ 「ピボットテーブル」ボックスに「売上集計!A3」と表示されます。
※ 環境によっては「売上集計!$A$3」になることがあります。
⑧ [フィールド1]ボックスをクリックし、「教室」と入力します。
⑨ [アイテム1]ボックスをクリックし、「銀座」と入力します。
⑩ [OK]をクリックします。
⑪ 数式バーに「=GETPIVOTDATA("売上金額",売上集計!A3,"教室","銀座")」と表示されていることを確認します
※ 環境によっては、「=GETPIVOTDATA("売上金額",売上集計!$A$3,"教室","銀座")」になることがあります。
※ [関数の引数]ダイアログボックスを使わずに、この数式を直接セルに入力してもかまいません。
※ [Excel のオプション]ダイアログボックスの[数式]で[ピボットテーブル参照に GetPivotData 関数を使用する]にチェックが付いている場合、数式の入力中にピボットテーブルの中のセルをクリックすると、自動的にその位置のデータを取り出す GETPIVOTDATA 関数の式が入力されます。
⑫ セルF2に、ワークシート「売上集計」のピボットテーブルの「教室」が「銀座」の総計「1238000」が表示されます。

【タスク6】 ワークシート「売上集計」のピボットテーブルに開催日の日単位のタイムラインを挿入します。

① ワークシート「売上集計」のピボットテーブル内の任意のセルをクリックします。
② [分析]タブの[タイムラインの挿入]ボタンをクリックします。
③ [タイムラインの挿入]ダイアログボックスが表示されるので、[開催日]チェックボックスをオンにします。
④ [OK]をクリックします。
⑤ [開催日]タイムラインが表示されるので、[月]をクリックします。
⑥ 一覧から[日]をクリックします。
⑦ タイムラインの単位が日になります。

●模擬テスト5
プロジェクト1 丼売上記録

【タスク1】 ワークシート「売上記録」の商品名の列に名前付き範囲「商品一覧」のデータがドロップダウンリストから選択して入力できるように設定します。なお、現在未入力の行にデータを入力する場合にもドロップダウンリストから選択できるようにします。

① ワークシート「売上記録」の列番号Dをクリックします。
② [データ]タブの[データの入力規則]ボタンをクリックします。
③ [データの入力規則]ダイアログボックスが表示されるので、[設定]タブの[条件の設定]の[入力値の種類]ボックスの▼をクリックします。
④ 一覧から[リスト]をクリックします。
⑤ [元の値]ボックスをクリックします。
⑥ [数式]タブの[数式で使用]ボタンをクリックします。
⑦ 一覧から[商品一覧]をクリックします。
⑧ [元の値]ボックスに「=商品一覧」と表示されます。
⑨ [OK]をクリックします。
⑩ D列のセルをクリックすると▼が表示され、クリックすると商品名の一覧が表示されます。

【タスク2】 ワークシート「売上記録」の表の、性別が男性で、時刻が時間帯内(開始時刻以上で終了時刻未満)の価格の合計を、ワークシート「男性時間帯別売上」のセル範囲 C5:C7 に表示します。なお、ワークシート「売上記録」の表の列の範囲は、各列の見出しの名前で登録されています。

① ワークシート「男性時間帯別売上」のセル C5 をクリックします。
② [数式]タブの[数学/三角]ボタンをクリックします。
③ 一覧から[SUMIFS]をクリックします。
④ SUMIFS 関数の[関数の引数]ダイアログボックスが表示されるので、[合計対象範囲]ボックスにカーソルが表示されていることを確認し、[数式]タブの[数式で使用]ボタンをクリックします。
⑤ 一覧から[価格]をクリックします。
⑥ [合計対象範囲]ボックスに「価格」と表示されます。
⑦ [条件範囲1]ボックスをクリックし、[数式]タブの[数式で使用]ボタンをクリックします。
⑧ 一覧から[性別]をクリックします。
⑨ [条件範囲1]ボックスに「性別」と表示されます。
⑩ [条件1]ボックスをクリックし、「男」と入力します。
⑪ [条件範囲2]ボックスをクリックし、[数式]タブの[数式で使用]ボタンをクリックします。
⑫ 一覧から[時刻]をクリックします。
⑬ [条件範囲2]ボックスに「時刻」と表示されます。
⑭ [条件2]ボックスをクリックし、「">="&」と入力し、セルA5をクリックします。
⑮ [条件2]ボックスに「">="&A5」と表示されます。
⑯ [条件範囲3]ボックスをクリックし、[数式]タブの[数式で使用]ボタンをクリックします。
⑰ 一覧から[時刻]をクリックします。
⑱ [条件範囲3]ボックスに「時刻」と表示されます。
⑲ [条件3]ボックスをクリックし、「"<"&」と入力し、セルB5をクリックします。
⑳ [条件3]ボックスに「"<"&B5」と表示されます。
㉑ 数式の結果として、男性の11時台の売上合計「¥550」が表示されます。
㉒ [OK]をクリックします。
㉓ 数式バーに「=SUMIFS(価格,性別,"男",時刻,">="&A5,時刻,"<"&B5)」と表示されたことを確認します。

※［関数の引数］ダイアログボックスを使わずに、この数式を直接セルに入力してもかまいません。
㉔ セル C5 に、男性の 11 時台の売上合計「¥550」が表示されます。
㉕ セル C5 の右下のフィルハンドルをポイントし、マウスポインターの形が＋に変わったら、ダブルクリックします。
㉖ セル C5 の数式がセル C6 ～ C7 にコピーされ、12 時台、13 時台の男性の売上合計が表示されます。

【タスク 3】ワークシート「男性時間帯別売上」のセル F1 に現在の時刻を「h:mm」の形式で表示します。

① ワークシート「男性時間帯別売上」のセル F1 をクリックします。
② 「=NOW()」と入力します。
③ Enter キーを押します。
④ セル F1 に現在の日付と時刻が表示されます。
⑤ セル F1 をクリックします。
⑥ ［ホーム］タブの［数値］グループ右下の［表示形式］ボタンをクリックします。
⑦ ［セルの書式設定］ダイアログボックスが表示されるので、［表示形式］タブの［分類］ボックスの［ユーザー定義］が選択されていることを確認し、［種類］ボックスの［h:mm］をクリックします。
⑧ ［サンプル］に現在の時刻が「時：分」の形式で表示されます。
⑨ ［OK］をクリックします。
⑩ セル F1 の時刻が「時：分」の形式になります。

【タスク 4】ワークシート「売上記録」の表を基に、新しいワークシート「男女別販売数量」に、行ラベルを性別、列ラベルを商品名として、販売数量を集計するピボットテーブルを作成します。なお、販売数量の集計には、価格フィールドを使います。

① ワークシート「売上記録」のセル A3 ～ F23 の任意のセルをクリックします。
② ［挿入］タブの［ピボットテーブル］ボタンをクリックします。
③ ［ピボットテーブルの作成］ダイアログボックスが表示されるので、［分析するデータを選択してください。］の［テーブルまたは範囲を選択］が選択されていて、［テーブル／範囲］ボックスに「売上記録!$A$3:$F$23」と表示されていることを確認します。
④ ［ピボットテーブルレポートを配置する場所を選択してください。］の［新規ワークシート］が選択されていることを確認します。
⑤ ［OK］をクリックします。
⑥ 新しいワークシートに、空白のピボットテーブルが作成されます。
⑦ 新しいワークシートのシート見出しをダブルクリックし、「男女別販売数量」と入力します。
⑧ Enter キーを押します。
⑨ ワークシート名が、「男女別販売数量」になります。
⑩ ［ピボットテーブルのフィールド］作業ウィンドウの［レポートに追加するフィールドを選択してください］の一覧の［性別］を［行］ボックスにドラッグします。
⑪ 同様に［商品名］を［列］ボックスにドラッグします。
⑫ 同様に［価格］を［値］ボックスにドラッグします。
⑬ ［値］ボックスに「合計／価格」と表示されるので、クリックします。
⑭ 一覧から［値フィールドの設定］をクリックします。
⑮ ［値フィールドの設定］ダイアログボックスが表示されるので、［集計方法］タブの［選択したフィールドのデータ］ボックスの［個数］をクリックします。
⑯ ［OK］をクリックします。
⑰ ピボットテーブルに販売数量が表示されます。

【タスク 5】デジタル署名されたマクロのみを有効にします。

① ［ファイル］タブをクリックします。
② ［オプション］をクリックします。
③ ［Excel のオプション］ダイアログボックスが表示されるので、［セキュリティセンター］をクリックします。
④ ［セキュリティセンターの設定］をクリックします。
⑤ ［セキュリティセンター］ダイアログボックスが表示されるので、［マクロの設定］をクリックします。
⑥ ［マクロの設定］の［デジタル署名されたマクロを除き、すべてのマクロを無効にする］をクリックします。
⑦ ［OK］をクリックします。
⑧ ［Excel のオプション］ダイアログボックスの［OK］をクリックします。

プロジェクト 2　健康情報管理

【タスク 1】VLOOKUP 関数と IF 関数を使用して、ワークシート「健康情報記録」のセル A4 の性別とセル B4 の年齢に基づき、ワークシート「血圧平均値」の表から、対応する最高血圧の平均値をセル E4 に表示します。

① ワークシート「健康情報記録」のセル E4 をクリックします。
② ［数式］タブの［検索／行列］ボタンをクリックします。
③ 一覧から［VLOOKUP］をクリックします。
④ VLOOKUP 関数の［関数の引数］ダイアログボックスが表示されるので、［検索値］ボックスにカーソルが表示されていることを確認し、セル B4 をクリックします。
⑤ ［検索値］ボックスに「B4」と表示されます。
⑥ ［範囲］ボックスをクリックし、ワークシート「血圧平均値」のシート見出しをクリックして、セル A5 ～ C10 を範囲選択します。
⑦ ［範囲］ボックスに「血圧平均値!A5:C10」と表示されます。
⑧ ［列番号］ボックスをクリックします。
⑨ 名前ボックスの▼をクリックして、一覧から［IF］をクリックします。
※ 名前ボックスの一覧に［IF］がない場合は、［その他の関数］をクリックし、表示される［関数の挿入］ダイアログボックスの［関数の分類］ボックスの▼をクリックして［論理］または［すべて表示］をクリックし、［関数名］ボックスの一覧から［IF］をクリックし、［OK］をクリックします。
⑩ IF 関数の［関数の引数］ダイアログボックスが表示されるので、［論理式］ボックスにカーソルが表示されていることを確認し、セル A4 をクリックします。
⑪ ［論理式］ボックスに「A4」と表示されるので、続けて「="男"」（または「="女"」）と入力します。
⑫ ［真の場合］ボックスをクリックし、「2」（［論理式］ボックスに「="女"」と入力した場合は「3」）と入力します。
⑬ ［偽の場合］ボックスをクリックし、「3」（［論理式］ボックスに「="女"」と入力した場合は「2」）と入力します。
⑭ 数式バーの「VLOOKUP」部分をクリックします。
⑮ VLOOKUP 関数の［関数の引数］ダイアログボックスが、［列番号］ボックスに IF 関数の式が設定された状態で再び表示されるので、［検索方法］ボックスをクリックし、「TRUE」と入力します。
※ ［検索方法］ボックスには何も入力しないか、「0」以外の数値を入力してもかまいません。
⑯ 数式の結果としてワークシート「血圧平均値」の 40 代の女性の最高血圧の平均値「118.1」が表示されていることを確認します。
⑰ ［OK］をクリックします。
⑱ 数式バーに「=VLOOKUP(B4,血圧平均値!A5:C10,IF(A4="男",2,3),TRUE)」または「=VLOOKUP(B4,血圧平均値!A5:C10,IF(A4="女",3,2),TRUE)」と表示されたことを確認します。
※ ［関数の引数］ダイアログボックスを使わずに、この数式を直接セルに入力してもかまいません。
⑲ セル E4 に、ワークシート「血圧平均値」の 40 代の女性の最高血圧の平均値「118.1」が表示されます。

【タスク2】ワークシート「健康情報記録」のセル範囲 A7:A16 に入力されている日付を「8/1 (火)」のような形式で表示します。曜日のかっこは半角で、日付と曜日の「(」の間は半角スペースを空けます。

① ワークシート「健康情報記録」のセル A7 ～ A16 を範囲選択します。
② [ホーム] タブの [数値] グループ右下の [表示形式] ボタンをクリックします。
③ [セルの書式設定] ダイアログボックスが表示されるので、[分類] ボックスの [ユーザー定義] をクリックします。
④ [種類] ボックスに「yyyy/m/d」と表示されるので、「yyyy/」を削除して「m/d」とし、「d」の後ろに半角スペースと「(aaa)」を入力します。
⑤ [サンプル] に「8/1 (火)」と表示されたことを確認します。
⑥ [OK] をクリックします。
⑦ セル A7 ～ A16 の日付が「8/1 (火)」の形式で表示されます。

【タスク3】ワークシート「健康情報記録」の表で体重が前日より増えている場合に、表内の行の塗りつぶしの色を RGB の赤「205」、緑「255」、青「50」にします。

① ワークシート「健康情報管理」のセル A8 ～ F16 を範囲選択します。
② [ホーム] タブの [条件付き書式] ボタンをクリックします。
③ [新しいルール] をクリックします。
④ [新しい書式ルール] ダイアログボックスが表示されるので、[ルールの種類を選択してください] の一覧から [数式を使用して、書式設定するセルを決定] をクリックします。
⑤ [ルールの内容を編集してください] の [次の数式を満たす場合に値を書式設定] ボックスに「=$B8>$B7」と入力します。
⑥ [書式] をクリックします。
⑦ [セルの書式設定] ダイアログボックスが表示されるので、[塗りつぶし] タブの [その他の色] をクリックします。
⑧ [色の設定] ダイアログボックスが表示されるので、[ユーザー設定] タブの [カラーモデル] ボックスに「RGB」と表示されていることを確認し、[赤] ボックスを「205」、[緑] ボックスを「255」、[青] ボックスを「50」にします。
⑨ [新規] に黄緑色が表示されていることを確認し、[OK] をクリックします。
⑩ [セルの書式設定] ダイアログボックスの [サンプル] に黄緑色の塗りつぶしが表示されていることを確認し、[OK] をクリックします。
⑪ [新しい書式ルール] ダイアログボックスの [プレビュー] に黄緑色の塗りつぶしが表示されていることを確認し、[OK] をクリックします。
⑫ 体重が前日よりも増えた行（8 行目と 13 行目）に黄緑色の塗りつぶしが設定されます。

【タスク4】ワークシート「推移グラフ」のグラフ「体重・血圧推移」で「最高血圧」と「最低血圧」を第 2 軸の目盛で表します。また、第 1 軸を最小値「50」、最大値「64」、第 2 軸を最小値「30」、最大値「150」にします。

① ワークシート「推移グラフ」のグラフをクリックします。
② [デザイン] タブの [グラフの種類の変更] ボタンをクリックします。
③ [グラフの種類の変更] ダイアログボックスが表示されるので、[最高血圧 (mmHg)] と [最低血圧 (mmHg)] の [第 2 軸] チェックボックスをオンにします。
④ グラフのプレビューで、最高血圧と最低血圧が折れ線グラフで、第 2 軸を使用して表示されていることを確認します。
⑤ [OK] をクリックします。
⑥ 最高血圧と最低血圧が折れ線で、第 2 軸を使用したグラフに変更されます。
⑦ 縦（値）軸をダブルクリックします。

⑧ [軸の書式設定] 作業ウィンドウが表示されるので、[軸のオプション] の [境界値] の [最小値] ボックスをクリックし、「50」と入力します。
※ [最小値] ボックスも「50.0」と小数点以下第 1 位までの表示に変わります。
⑨ [最大値] ボックスをクリックすると「64.0」に自動的に変更されます。
⑩ 第 2 軸縦（値）軸をクリックします。
⑪ [軸の書式設定] 作業ウィンドウが第 2 軸のものに変わるので、[軸のオプション] の [境界値] の [最小値] ボックスをクリックし、「30」と入力します。
⑫ [最大値] ボックスをクリックし、「150」と入力し、Enter キーを押します。
⑬ グラフの第 1 軸と第 2 軸の最小値、最大値が変更されます。

【タスク5】テーマの色を「シック」、テーマのフォントを「Century Gothic」に変更し、「健康管理用」という名前のテーマとして保存します。

① [ページレイアウト] タブの [配色] ボタンをクリックします。
② [Office] の一覧から [シック] をクリックします。
③ テーマの色が設定されていたセルの色やグラフの色が変更されます。
④ [ページレイアウト] タブの [フォント] ボタンをクリックします。
⑤ [Office] の一覧から [Century Gothic] をクリックします。
⑥ テーマのフォントが設定されていた箇所のフォントが変更されます。
⑦ [ページレイアウト] タブの [テーマ] ボタンをクリックします。
⑧ [現在のテーマを保存] をクリックします。
⑨ [現在のテーマを保存] ダイアログボックスが表示されるので、[ファイルの場所] が「Document Themes」となっていることを確認し、[ファイル名] ボックスに「健康管理用」と入力します。
⑩ [保存] をクリックします。

プロジェクト 3　食べ歩き記録

【タスク1】ワークシート「記録」のテーブル名を「ランチ記録」にします。

① ワークシート「記録」のテーブル内の任意のセルをクリックします。
② [デザイン] タブの [テーブル名] ボックスをクリックし、「ランチ記録」と入力します。
③ Enter キーを押します。

【タスク2】ワークシート「集計」のピボットテーブルの空白セルに「0」が表示され、ファイルを開いたときにデータが更新される設定にします。

① ワークシート「集計」のピボットテーブル内の任意のセルをクリックします。
② [分析] タブの [ピボットテーブル] ボタンをクリックします。
※ パソコンによっては、[ピボットテーブル] ボタンは [ピボットテーブル] グループとして表示される場合があります。
③ [オプション] をクリックします。
④ [ピボットテーブルオプション] ダイアログボックスが表示されるので、[レイアウトと書式] タブの [書式] の [空白セルに表示する値] チェックボックスがオンになっていることを確認し、右側のボックスをクリックして「0」を入力します。
⑤ [データ] タブの [ファイルを開くときにデータを更新する] チェックボックスをオンにします。
⑥ [OK] をクリックします。
⑦ 「[開くときに更新する] オプションを変更すると、同じデータを基にしたピボットテーブルレポートのオプションも変更されます。…」と表示されるので、[OK] をクリックします。
⑧ ワークシート「集計」のピボットテーブルの空白だったセルに「0」が表示されます。

【タスク3】ワークシート「集計（割合）」のピボットテーブルを総計に対する比率に変更し、小数点以下第1位までのパーセント表示にします。

① ワークシート「集計（割合）」のセルA3（［合計/価格］のセル）をクリックします。
② ［分析］タブの［アクティブなフィールド］が［合計/価格］になっていることを確認し、［フィールドの設定］ボタンをクリックします。
③ ［値フィールドの設定］ダイアログボックスが表示されるので、［計算の種類］タブの［計算の種類］ボックスの▼をクリックします。
④ 一覧から［総計に対する比率］をクリックします。
⑤ ［表示形式］をクリックします。
⑥ ［セルの書式設定］ダイアログボックスが表示されるので、［分類］ボックスの［パーセンテージ］が選択されていることを確認し、［小数点以下の桁数］ボックスを「1」にします。
⑦ ［OK］をクリックします。
⑧ ［値フィールドの設定］ダイアログボックスの［OK］をクリックします。
⑨ ピボットテーブルの値が総計に対する比率になり、小数点以下第1位までのパーセント表示になります。

【タスク4】ワークシート「高評価」のピボットグラフの横軸に、ジャンル別の明細を追加し、スライサーを使用して評価が7以上の店舗数を表示します。

① ワークシート「高評価」のピボットグラフをクリックします。
② ［ピボットグラフのフィールド］作業ウィンドウの［レポートに追加するフィールドを選択してください］の一覧の［ジャンル］を［軸（分類項目）］ボックスの［最寄り駅］の下にドラッグします。
③ ピボットグラフの横軸に最寄り駅とジャンル別の明細が表示されます。
④ ［分析］タブの［スライサーの挿入］ボタンをクリックします。
⑤ ［スライサーの挿入］ダイアログボックスが表示されるので、［評価］チェックボックスをオンにします。
⑥ ［OK］をクリックします。
⑦ ［評価］スライサーが表示されるので、［7］から［10］までをドラッグします。
⑧ ピボットテーブルとピボットグラフに評価が7以上の店舗数が集計されます。

【タスク5】GETPIVOTDATA関数を使用し、ワークシート「和食支出」のセル範囲B4:B6に、A列の各最寄り駅について和食の支出の合計を、ワークシート「集計」のピボットテーブルから求めます。

① ワークシート「和食支出」のセルB4をクリックします。
② ［数式］タブの［検索/行列］ボタンをクリックします。
③ ［GETPIVOTDATA］をクリックします。
④ GETPIVOTDATA関数の［関数の引数］ダイアログボックスが表示されるので、［データフィールド］ボックスに「価格」と入力します。
⑤ ［ピボットテーブル］ボックスをクリックし、ワークシート「集計」のシート見出しをクリックします。
⑥ セルA3をクリックし、F4キーを押します。
※ セルA3に限らず、ピボットテーブル内のセルであればどのセルをクリックしてもかまいません。
⑦ 「ピボットテーブル」ボックスに「集計!$A$3」と表示されます。
⑧ ［フィールド1］ボックスをクリックし、「ジャンル」と入力します。
⑨ ［アイテム1］ボックスをクリックし、「和食」と入力します。
⑩ ［フィールド2］ボックスをクリックし、「最寄り駅」と入力します。
⑪ ［アイテム2］ボックスをクリックし、セルA4をクリックします。
⑫ ［アイテム2］ボックスに「A4」と入力されます。
⑬ 数式の結果として「7200」が表示されていることを確認します。
⑭ ［OK］をクリックします。

⑮ 数式バーに「=GETPIVOTDATA("価格",集計!$A$3,"ジャンル","和食","最寄り駅",A4)」と表示されます。
※ ［関数の引数］ダイアログボックスを使わずに、この数式を直接セルに入力してもかまいません。
※ ［Excelのオプション］ダイアログボックスの［数式］で［ピボットテーブル参照にGetPivotData関数を使用する］にチェックが付いている場合、数式の入力中にピボットテーブルの中のセルをクリックすると、自動的にその位置のデータを取り出すGETPIVOTDATA関数の式が入力されます。
⑯ セルB4に、ワークシート「集計」のピボットテーブルの「池袋」で「和食」の合計が表示されます。
⑰ セルB4の右下のフィルハンドルをポイントし、マウスポインターの形が+に変わったらダブルクリックします。
⑱ セルB4の数式がセルB5～B6にコピーされ、和食の同じ行の最寄り駅の支出が表示されます。

プロジェクト4　売上試算

【タスク1】ワークシート「競合店調査①」のセル範囲C4:D6の表示形式を分類「通貨」、小数点以下の桁数「0」、記号「₩ 韓国語」にします。

① ワークシート「競合店調査①」のセルC4～D6を範囲選択します。
② ［ホーム］タブの［数値］グループ右下の［表示形式］ボタンをクリックします。
③ ［セルの書式設定］ダイアログボックスの［表示形式］タブが表示されるので、［分類］ボックスの［通貨］をクリックします。
④ ［記号］ボックスの▼をクリックし、一覧から［₩ 韓国語］をクリックします。
⑤ ［小数点以下の桁数］ボックスを「0」にします。
⑥ ［サンプル］に「₩ 1,513,000」などと表示されたことを確認し、［OK］をクリックします。
⑦ セルC4～D6の数値が、「₩」の通貨表示形式になります。

【タスク2】ワークシート「来客数」のセルC4が参照しているすべてのセルと、さらにその先のセルが参照しているすべてのセルをトレース矢印で表示します。ほかのワークシートのセル（範囲）を参照している場合は、そのセル（範囲）へジャンプします。

① ワークシート「来客数」のセルC4をクリックします。
② ［数式］タブの［参照元のトレース］ボタンをクリックします。
③ セルA4とセルB4から、セルC4に向かうトレース矢印が表示されます。
④ ［数式］タブの［参照元のトレース］ボタンをクリックします。
⑤ 他のワークシートを示すアイコンからセルB4へ向かう点線のトレース矢印が表示されます。
⑥ 点線のトレース矢印をダブルクリックします。
⑦ ［ジャンプ］ダイアログボックスが表示されるので、［移動先］ボックスの［ '[ex5-4_ 売上試算 .xlsx] 競合店調査② '!$D$4:$D$6］（練習モードの場合は［ '[ex5-4-2.xlsx] 競合店調査② '!$D$4:$D$6］）をクリックします。
⑧ ［参照先］ボックスに「 '[ex5-4_ 売上試算 .xlsx] 競合店調査② '!$D$4:$D$6」（練習モードの場合は「 '[ex5-4-2.xlsx] 競合店調査② '!$D$4:$D$6」）と表示されます。
⑨ ［OK］をクリックします。
⑩ ワークシート「競合店調査②」のセルD4～D6が選択されます。

【タスク3】ワークシート「試算」のセルE2に、今日からセルC2の日付までの残り日数を表示します。

① ワークシート「試算」のセルE2をクリックします。
② 「=」を入力し、セルC2をクリックします。
③ セルE2に「=C2」と表示されるので、続けて「-TODAY()」と入力します。

④ Enter キーを押します。
⑤ セル E2 の数値が日付の表示形式で表示されます。
⑥ セル E2 をクリックします。
⑦ [ホーム] タブの [数値の書式] ボックスの▼をクリックします。
⑧ 一覧から [標準] をクリックします。
⑨ セル E2 に今日から開業予定日までの日数が表示されます。

【タスク4】予測機能を使用して、ワークシート「試算」の粗利益が 100 万￦になるように、セル A5 の平均客単価を設定し直します。

① ワークシート「試算」のセル F5 をクリックします。
② [データ] タブの [What-If 分析] ボタンをクリックします。
③ [ゴールシーク] をクリックします。
④ [ゴールシーク] ダイアログボックスが表示されるので、[数式入力セル] ボックスに「F5」と表示されていることを確認します。
⑤ [目標値] ボックスをクリックし、「1000000」と入力します。
⑥ [変化させるセル] ボックスをクリックし、セル A5 をクリックします。
⑦ [変化させるセル] ボックスに「$A$5」と表示されます。
⑧ [OK] をクリックします。
⑨ [ゴールシーク] ダイアログボックスが表示され、「セル F5 の収束値を探索しています。解答が見つかりました。目標値：1000000 現在値：1,000,000」と表示されます。
⑩ [OK] をクリックします。
⑪ セル A5 の平均客単価が「17,286」になります。
⑫ セル F5 に「1,000,000」と表示されたことを確認します。

【タスク5】ワークシート「東京店実績」のグラフに、2 カ月先までを線形で予測する近似曲線を表示します。グラフの下に凡例として「売上金額（千円）」と「2 カ月後予測」が表示されるようにします。

① ワークシート「東京店実績」のグラフの系列（青の折れ線）をクリックします。
② 右側に表示される [グラフ要素] ボタンをクリックします。
③ [グラフ要素] の [近似曲線] をポイントし、右側に表示される▼をクリックします。
④ [その他のオプション] をクリックします。
⑤ [近似曲線の書式設定] 作業ウィンドウが表示されるので、[近似曲線] オプションの [線形近似] が選択されていることを確認します。
⑥ [近似曲線名] の [ユーザー設定] をクリックし、右側のボックスをクリックして、「2 カ月後予測」と入力します。
⑦ [予測] の [前方補外] ボックスをクリックして「2」と入力して、Enter キーを押します。
⑧ グラフに 2 カ月後までの線形近似で予測する近似曲線が追加されます。
⑨ グラフの右側の [グラフ要素] ボタンをクリックします。
⑩ [グラフ要素] の [凡例] をポイントし、右側に表示される▼をクリックします。
⑪ [下] をクリックします。
⑫ グラフの下に凡例として「売上金額（千円）」と「2 カ月後予測」が表示されます。

プロジェクト 5　社内試験評価

【タスク1】ワークシート「筆記試験」に設定されている条件付き書式を変更して、各科目の上位 3 位の点数に書式が適用されるようにします。

① ワークシート「筆記試験」のシート見出しをクリックします。
② [ホーム] タブの [条件付き書式] ボタンをクリックします。
③ [ルールの管理] をクリックします。
④ [条件付き書式ルールの管理] ダイアログボックスが表示されるので、[書式ルールの表示] ボックスの▼をクリックします。

⑤ 一覧から [このワークシート] をクリックします。
⑥ [ルール] に「上位 3 位」が表示されるので、[適用先] ボックスの「=$B$4:$D$13」を「=$B$4:$B$13」に変更します。
⑦ [OK] をクリックします。
⑧ 「関係法規」のセル B4 〜 B13 の上位 3 位に書式が適用されます。
⑨ セル B4 をクリックします。
⑩ [ホーム] タブの [書式のコピー / 貼り付け] ボタンをダブルクリックします。
⑪ マウスポインターの形が刷毛に変わるので、セル C4 〜 C13 をドラッグします。
⑫ 「経営学」のセル C4 〜 C13 の上位 3 位に書式が適用されます。
⑬ マウスポインターの形が刷毛のままの状態で、セル D4 〜 D13 をドラッグします。
⑭ 「商品知識」のセル D4 〜 D13 の上位 3 位に書式が適用されます。
⑮ [ホーム] タブの [書式のコピー / 貼り付け] ボタンをクリックしてオフにします。
⑯ マウスポインターの形が元に戻ります。

【タスク2】ワークシート「筆記試験平均」のセル範囲 B3:B5 に、構造化参照を使って、ワークシート「筆記試験」のテーブル「筆記結果」の各科目の平均点を求めます。

① ワークシート「筆記試験平均」のセル B3 をクリックします。
② [ホーム] タブの [合計] ボタンの▼をクリックします。
③ [平均] をクリックします。
④ セル B3 に「=AVERAGE()」と入力されるので、ワークシート「筆記試験」のシート見出しをクリックします。
⑤ セル B4 〜 B13 を範囲選択します。
⑥ 数式バーに「=AVERAGE(筆記試験 [関係法規])」と表示されます。
※ [合計] ボタンを使わずに、この数式を直接セルに入力してもかまいません。
⑦ [ホーム] タブの [合計] ボタンをクリックします。
⑧ ワークシート「筆記試験平均」のセル B3 に「78.3」と表示されます。
⑨ セル B3 の右下のフィルハンドルをポイントし、マウスポインターの形が+に変わったらダブルクリックします。
⑩ セル B3 の数式がセル B4 〜 B5 にコピーされます。
⑪ セル B4 をクリックし、数式バーの「関係法規」を「経営学」に書き換えます。
⑫ Enter キーを押します。
⑬ セル B4 に「78.6」と表示されます。
⑭ セル B5 をクリックし、「関係法規」を「商品知識」に書き換えます。
⑮ Enter キーを押します。
⑯ セル B5 に「75」と表示されます。

【タスク3】ワークシート「実技試験 2」のセル範囲 E5:E14 には、チェックポイント 1 〜 3 に「○」が 3 個なら「A」、2 個なら「B」、それ以外なら「C」と表示する数式が入力されていますが、正しく表示されていません。数式の検証機能を使用して、正しい数式に修正します。

① ワークシート「実技試験 2」のセル E5 をクリックします。
② [数式] タブの [数式の検証] ボタンをクリックします。
③ [数式の検証] ダイアログボックスが表示され、[検証] ボックスにセル E5 の数式が表示され、「COUNTIF(B5:D5," ○ ")」の部分に下線が付いていることを確認します。
④ [検証] をクリックします。
⑤ 下線の部分がその式の結果である「2」に変化し、さらにこれを含む「2=3」の部分に下線が付きます。
⑥ [検証] をクリックします。
⑦ 下線の部分がその式の結果である「FALSE」に変化し、「COUNTIF(B5:D5," O ")」の部分に下線が付きます。
⑧ [検証] をクリックします。

⑨ 下線の部分がその式の結果である「0」に変化し、さらにこれを含む「0=2」の部分に下線が付きます。最初の「COUNTIF(B5:D5,"○")」の結果は「2」だったのにここでは「0」になっているので、この部分の式に問題があることが分かります。
⑩ [閉じる] をクリックします。
⑪ 数式バーの式の2番目の「COUNTIF(B5:D5," O ")」の部分を確認します。「O」が英字の「O」になっており、最初の式の「○」と違うことがわかります。
⑫ 「O」を記号の「○」に修正します。
⑬ Enter キーを押します。
⑭ セル E5 に「B」と表示されます。同じ行の「○」が2個なので、正しい評価です。
⑮ セル E5 をクリックします。
⑯ セル E5 の右下のフィルハンドルをマウスポインターの形が+に変わったらダブルクリックします。
⑰ セル E5 の数式がセル E6 〜 E14 にコピーされ、同じ行の「○」の数に基づいた評価が正しく表示されます。

【タスク4】AND 関数と OR 関数を使用して、ワークシート「合否判定」のセル範囲 E4:E13 に、同じ行の「筆記試験」の結果が 240 点以上で、かつ「実技試験1」または「実技試験2」のどちらか一方でも「A」であれば、「合格」の意味で「TRUE」と表示し、そうでなければ「FALSE」と表示します。

① ワークシート「合否判定」のセル E4 をクリックします。
② [数式] タブの [論理] ボタンをクリックします。
③ 一覧から [AND] をクリックします。
④ AND 関数の [関数の引数] ダイアログボックスが表示されるので、[論理式 1] ボックスにカーソルが表示されていることを確認し、セル B4 をクリックします。
⑤ [論理式 1] ボックスに「B4」と表示されるので、続けて「>=240」と入力します。
⑥ [論理式 2] ボックスをクリックします。
⑦ 名前ボックスの▼をクリックして、一覧から [OR] をクリックします。
※ 名前ボックスの一覧に [OR] がない場合は、[その他の関数] をクリックし、表示される [関数の挿入] ダイアログボックスの [関数の分類] ボックスの▼をクリックして [論理] または [すべて表示] をクリックし、[関数名] ボックスの一覧から [OR] をクリックし、[OK] をクリックします。
⑧ OR 関数の [関数の引数] ダイアログボックスが表示されるので、[論理式 1] ボックスにカーソルが表示されていることを確認し、セル C4 をクリックします。
⑨ [論理式 1] ボックスに「C4」と表示されるので、続けて「="A"」と入力します。
⑩ [論理式 2] ボックスをクリックします。
⑪ セル D4 をクリックします。
⑫ [論理式 2] ボックスに「D4」と表示されるので、続けて「="A"」と入力します。
⑬ OR 関数の計算結果として「TRUE」が、数式の結果として「FALSE」が表示されていることを確認します。
⑭ [OK] をクリックします。
⑮ 数式バーに「=AND(B4>=240,OR(C4="A",D4="A"))」と表示されます。
※ [関数の引数] ダイアログボックスを使わずに、この数式を直接セルに入力してもかまいません。
⑯ セル E4 に「FALSE」と入力されます。
⑰ セル E4 をクリックします。
⑱ セル E4 の右下のフィルハンドルをポイントし、マウスポインターの形が+に変わったらダブルクリックします。
⑲ セル E4 の数式がセル E5 〜 E13 にコピーされ、同じ行の筆記試験が 240 点以上で、かつ「実技試験1」または「実技試験2」のどちらか一方でも「A」であれば、「TRUE」と表示され、そうでなければ「FALSE」と表示されます。

【タスク5】名前付き範囲「受験者氏名」を削除します。

① [数式] タブの [名前の管理] ボタンをクリックします。
② [名前の管理] ダイアログボックスが表示されるので、[名前] の一覧にある [受験者氏名] が選択されていることを確認し、[削除] をクリックします。
③ 「名前 受験者氏名 を削除しますか?」と表示されるので、[OK] をクリックします。
④ [閉じる] をクリックします。

【タスク6】ワークシート「受験者名簿」を新しいブックにコピーし、パスワード「Shikaku8」を設定して、[ドキュメント] フォルダーに「受験者名簿」というファイル名を付けて保存します。

① ワークシート「受験者名簿」のシート見出しを右クリックし、ショートカットメニューの [移動またはコピー] をクリックします。
② [シートの移動またはコピー] ダイアログボックスが表示されるので、[移動先ブック名] ボックスの▼をクリックします。
③ [(新しいブック)] をクリックします。
④ [コピーを作成する] チェックボックスをオンにします。
⑤ [OK] をクリックします。
⑥ 新しいブックにワークシート「受験者名簿」がコピーされます。
⑦ [ファイル] タブをクリックします。
⑧ [情報] 画面が表示されるので、[ブックの保護] ボタンをクリックします。
⑨ 一覧から [パスワードを使用して暗号化] をクリックします。
⑩ [ドキュメントの暗号化] ダイアログボックスが表示されるので、[パスワード] ボックスに「Shikaku8」と入力します。
※ 画面上には [********] と表示されます。
⑪ [OK] をクリックします。
⑫ [パスワードの確認] ダイアログボックスが表示されるので、[パスワードの再入力] ボックスに「Shikaku8」と入力します。
⑬ [OK] をクリックします。
⑭ [ブックの保護] の下に「このブックを開くにはパスワードが必要です。」と表示されます。
⑮ [名前を付けて保存] をクリックします。
⑯ [名前を付けて保存] 画面が表示されるので、[この PC] をクリックします。
⑰ ファイルの場所として [ドキュメント] が表示されるので、[ここにファイル名を入力してください] ボックスに「受験者名簿」と入力します。
⑱ [保存] をクリックします。

模擬テストプログラムの使用許諾契約について

　以下の使用許諾契約書は、お客様と株式会社日経BP（以下、「日経BP」といいます）との間に締結される法的な契約書です。本プログラムおよびデータ（以下、「プログラム等」といいます）を、インストール、複製、ダウンロード、または使用することによって、お客様は本契約書の条項に拘束されることに同意したものとします。本契約書の条項に同意されない場合、日経BPは、お客様に、プログラム等のインストール、複製、アクセス、ダウンロード、または使用のいずれも許諾いたしません。

●使用許諾契約書

1. 許諾される権利について
日経BPは、本契約に基づき、以下の非独占的かつ譲渡不可能な使用権をお客様に許諾します。
（1）プログラム等のコピー1部を、1台のコンピューターへインストールし、1人が当該コンピューター上で使用する権利。
（2）保存のみを目的とした、プログラム等のバックアップコピー1部を作成する権利。

2. 著作権等
（1）プログラム等およびプログラム等に付属するすべてのデータ、商標、著作、ノウハウおよびその他の知的財産権は、日経BPまたは著作権者に帰属します。これらのいかなる権利もお客様に帰属するものではありません。
（2）お客様は、プログラム等およびプログラム等に付属する一切のデータは、日経BPおよび著作権者の承諾を得ずに、第三者へ、賃貸、貸与、販売、または譲渡できないものとします。
（3）本許諾契約の各条項は、プログラム等を基に変更または作成されたデータについても適用されます。

3. 保証の限定、損害に関する免責
（1）プログラム等を収録した媒体に物理的損傷があり、使用不能の場合には、日経BPは当該メディアを無料交換いたします。ただし、原則として、交換できるのは購入後90日以内のものに限ります。
（2）前項の場合を除いては、日経BPおよび著作権者は、プログラム等およびプログラム等に付属するデータに関して生じたいかなる損害についても保証いたしません。
（3）本契約のもとで、日経BPがお客様またはその他の第三者に対して負担する責任の総額は、お客様が書籍購入のために実際に支払われた対価を上限とします。

4. 契約の解除
（1）お客様が本契約に違反した場合、日経BPは本契約を解除することができます。その場合、お客様は、データの一切を使用することができません。またこの場合、お客様は、かかるデータの複製等すべてを遅滞なく破棄する義務を負うものとします。
（2）お客様は、プログラム等およびそれに付属するデータ、プログラム等の複製、プログラム等を基に変更・作成したデータの一切を破棄することにより、本契約を終了することができます。ただし、本契約のもとでお客様が支払われた一切の対価は返還いたしません。

5. その他
（1）本契約は、日本国法に準拠するものとします。
（2）本契約に起因する紛争が生じた場合は、東京簡易裁判所または東京地方裁判所のみをもって第1審の専属管轄裁判所とします。
（3）お客様は事前の承諾なく日本国外へプログラム等を持ち出すことができないものとします。日経BPの事前の承諾がない場合、お客様の連絡・通知等一切のコンタクトの宛先は、日本国内に限定されるものとします。

■ 本書は著作権法上の保護を受けています。
　本書の一部あるいは全部について（ソフトウェアおよびプログラムを含む）、日経BP社から文書による許諾を得ずに、いかなる方法においても無断で複写、複製することを禁じます。購入者以外の第三者による電子データ化および電子書籍化は、私的使用を含め一切認められておりません。
　無断複製、転載は損害賠償、著作権法の罰則の対象になることがあります。

■ 本書についての最新情報、訂正、重要なお知らせについては、下記Webページを開き、書名もしくはISBNで検索してください。

　https://project.nikkeibp.co.jp/bnt/

■ 本書に掲載した内容および模擬テストプログラムについてのお問い合わせは、下記Webページのお問い合わせフォームからお送りください。電話およびファクシミリによるご質問には一切応じておりません。なお、本書の範囲を超えるご質問にはお答えできませんので、ご了承ください。ご質問の内容によっては、回答に日数を要する場合があります。

　https://nkbp.jp/booksQA

装　　　　丁 ●折原カズヒロ
編 集 協 力 ●株式会社ZUGA
ＤＴＰ制作 ●真壁 みき
模擬テスト
プログラム開発 ●エス・ビー・エス株式会社

MOS攻略問題集 Excel 2016 エキスパート

2018年　2月26日　初版第1刷発行
2021年　3月18日　初版第6刷発行

著　　　者：土岐 順子
発 行 者：村上 広樹
発　　　行：日経BP社
　　　　　　〒105-8308　東京都港区虎ノ門4-3-12
発　　　売：日経BPマーケティング
　　　　　　〒105-8308　東京都港区虎ノ門4-3-12
印　　　刷：大日本印刷株式会社

・本書に記載している会社名および製品名は、各社の商標または登録商標です。なお、本文中に ™、®マークは明記しておりません。
・本書の例題または画面で使用している会社名、氏名、他のデータは、一部を除いてすべて架空のものです。

©2018 Junko Toki, Nikkei Business Publications, Inc.,

ISBN978-4-8222-5333-2　Printed in Japan